フランスの学校教育におけるキャリア教育の成立と展開

京免徹雄著

風間書房

目　　次

序章　本書の基本的枠組み……………………………………………1
  1．問題の所在　1
  2．本書のキーワードと目的　2
  3．先行研究との関係　11
  4．本書の意義―国際的視野にみるフランスの進路指導―　18

第1章　学校教育における職業指導と進学指導の成立…………33
  第1節　学校教育における「職業指導」概念の生成―1871年以前―………35
    1．アンシャン・レジーム期における職業指導　36
    2．フランス革命期における職業指導　40
    3．産業革命期における職業指導　43
    4．第二共和政から第三共和政にかけての職業指導　46
  第2節　学校教育における職業指導の発展―1871年から1910年代―………53
    1．職業指導としての「手工」の条件　54
    2．職業学校における「手工」の実態　57
    3．普通義務教育における職業指導と「手工」　60
    4．教科書を用いた職業指導　64
  第3節　職業指導の校外移転と進学指導の誕生
         ―1920年代から1945年―……………………………………76
    1．学校教育における職業指導の盛衰　76
    2．職業指導センターにおける職業指導の展開　79
    3．中等教育における進学指導の成立　84
    4．ゼイ改革による進学指導の発展に向けた萌芽　88

小結―戦前における「診断的概念」と「教育的概念」の関係―……………97

第 2 章　戦後期における進路決定システムの形成…………… 101
　第 1 節　ベルトワン改革による「観察課程」の設置 …………… 104
　　1．観察課程設置の背景と経緯　104
　　2．小学校における進路指導　106
　　3．観察課程における進路指導　112
　　4．進路に関する不平等が発生するメカニズム　120
　第 2 節　フーシエ改革による観察課程の修正とその影響 ……………… 129
　　1．フーシエ改革の背景と内容　129
　　2．観察指導課程における進路指導の方法　132
　　3．学級評議会の運営と課題　137
　　4．社会階層と生徒の進路形成　141
　　5．進路指導による不平等拡大のメカニズム　146
　第 3 節　アビ改革による診断的進学指導の確立とその綻び ………… 153
　　1．アビ改革の背景と内容　153
　　2．統一コレージュにおける進路指導　157
　　3．進路選択の実態からみたアビ改革の影響　160
　　4．『シュワルツ報告』にみる移行支援　166
　　5．『シュワルツ報告』の影響―「診断的概念」脱却に向けて―　171
　　小結―戦後における「診断的概念」と「教育的概念」の関係―……………… 178

第 3 章　「進路教育」による進路指導モデルの転換 …………… 183
　第 1 節　「進路教育」の理念・理論と導入経緯…………………… 184
　　1．「進路教育」の理念とその限界　184
　　2．「進路教育」の基盤となる理論　187
　　3．進路指導政策にみる「進路教育」導入の経緯　193

4．研究開発校における「進路教育」の試行　196
　第2節　「進路教育」のカリキュラム構造……………………………… 203
　　1．進路指導における「進路教育」の位置　203
　　2．「進路教育」の教育課程基準　207
　　3．トレンズ中学校の学校教育プロジェクト　210
　　4．ル・ルドゥネ中学校の学校教育プロジェクト　218
　　5．ジェラール・フィリップ中学校の学校教育プロジェクト　220
　　6．「進路教育」における教育課程編成の特色　223
　第3節　「進路教育」における教員の役割……………………………… 226
　　1．進路指導にみる教員の役割変化　226
　　2．「進路教育」に対する教員の意識　227
　　3．「進路教育」と「学級生活の時間」の関係　234
　　4．「学級生活の時間」を用いた「進路教育」の実践　235
　小結—進路指導史にみる「進路教育」導入の意味— ……………… 247

第4章　「職業」による進路指導と教科指導の融合 ……………… 251
　第1節　科目「職業発見」における教育的進路指導 ………………… 252
　　1．「職業発見」の創設とその社会背景　252
　　2．DP3のカリキュラム—一般教養の拡大と補完—　256
　　3．活動ノートからみるDP3の実践原理　259
　　4．DP6のカリキュラム—学習に対する動機付け—　265
　　5．進路指導におけるDP3とDP6の位置　268
　　6．「職業発見」の現実的課題　272
　第2節　「職業と教育・訓練の発見行程」を通じた移行支援 ……… 277
　　1．PDMF導入の背景と経緯　277
　　2．PDMFの基本的構造　281
　　3．各段階におけるPDMFの展開　285

第3節　教科指導を通した進路形成に向けた挑戦……………………296
　　1．進路指導と教科指導の統合プロセス　296
　　2．「職業と教育・訓練の発見行程」(PDMF)における教科指導　302
　小結―進路指導と教科指導の関係性の再検討―………………………311

第5章　進路指導における学校と外部機関の連携………………317
　第1節　学校内外における進路指導心理相談員の役割……………319
　　1．情報・進路指導センター内部におけるCOPの役割　319
　　2．学校内部におけるCOPの役割　324
　　3．COPが直面する職務遂行上の困難　331
　第2節　教育困難校における教員と進路指導心理相談員との連携……335
　　1．調査の概要と対象校の進路指導プログラム　335
　　2．授業外における教員とCOPとの連携　342
　　3．授業を通じた教員とCOPとの連携　344
　　4．連携を阻害する要因とその改善策　346
　第3節　進路指導サービスの「質保証」をめぐる葛藤……………349
　　1．進路指導心理相談員の免許状と養成制度　349
　　2．国立労働・職業指導研究所のCOP養成課程　355
　　3．国家免許状創設の意義と課題　358
　　4．欧州における進路指導の質保証に向けた動き　359
　　5．質保証の方法―3つのパターン―　361
　　6．COPに関する政府の事前規制　364
　　7．進路指導サービスの評価―事前規制から事後監視へ―　369
　小結―「教育的概念」の具現化による連携の揺らぎ―………………375

終章　進路指導の展開過程にみる機能変容とその帰結…………381
　　1．結論　381

2．本書の課題　388

参考文献 …………………………………………………………… 391
関係法令 …………………………………………………………… 405
初出（関連論文）一覧 …………………………………………… 407
年表：フランスにおける進路指導の動き ……………………… 411
あとがき …………………………………………………………… 417

序章　本書の基本的枠組み

1．問題の所在

　青少年が社会的弱者に陥っている多くの先進諸国において，国家が「学ぶ世界」から「働く世界」への移行を公的に保障することが喫緊の課題となっている。そのためには，経済政策による雇用創出，教育制度や労働市場の再設計と並んで，学校での教育実践を通して進路形成に必要な知識・技能・経験等を継続的に発達させることが求められる。

　日本においては，2011（平成23）年にキャリア教育が「一人一人の社会的・職業的自立に向け，必要な基盤となる能力や態度を育成することを通して，キャリア発達を促す教育」[1]として定義され，初等・中等・高等教育における推進が謳われている。一方で，「自立」を中核とする進路形成モデルが，果たして子どもの進路保障に結びつくのか，筆者には一抹の危惧もある。このような状況にあって，日本のキャリア教育を他国との比較を通して相対的に捉え，教育学的観点から進路を公的に保障する仕組みについて思案してみることは，重要なことではないだろうか。

　ところで，日本におけるキャリア教育研究では，従来からアメリカの理論や実践に関するものが大部分を占め，それ以外の国にはあまり光が当てられてこなかった。しかし，ヨーロッパ諸国は経済・文化・教育機会・就職機会などにおける格差拡大や，その背景としての移民問題，社会的包摂・排除問題等に直面する中で，アメリカとは異なるアプローチで独自の成果を上げてきた。日本にも共通する，あるいは日本を先取りするこれらの社会問題の解決には，教育による進路保障が重要な意味をもつ。

　フランスも例外ではなく，進路保障のための教育活動がこれまで盛んに実

施されてきたし，今後のさらなる充実が求められている。ただし，フランスで「キャリア教育」（l'éducation carrière）という言葉は一般的でなく，学校における進路指導（orientation），特に教育的進路指導が子どもの進路保障の中核を担ってきた。

本書では，フランスにおける進路指導（キャリア教育）の展開について，その成立から現代に至るまで通史的に，教育制度と教育実践の両面から検討し，子どもの進路形成に関する機能の変容，およびそれがもたらした影響を明らかにする。

2．本書のキーワードと目的

まず，本書の鍵となるいくつかの概念を整理することで，本研究の目的について論じてみたい。

(1) 「進路指導」（「職業指導」・「進学指導」）

進路指導は，フランス語で"orientation"と表記される。それは，『ロベール・フランス語辞典』によると，「ある決まった方向を付与する行為」を意味する言葉であり[2]，進路形成を問題対象とする場合，「将来に向けて人間を特定の方向に進むように導くこと」と定義することができる。英語では進路指導を，集団指導としての講義や演習，及び一般的情報提供を行う"career guidance"と，個人面接・相談を典型とする対個人的援助を行う"career counseling"に区別することも多いが[3]，"orientation"は2つを包含する幅広い概念である。ただし，"guidance"や"counseling"は基本的に教科の外部での実践を意味するのに対して，"orientation"は教科指導を通した方向付けも含む。

日本語の「オリエンテーション」は，新たな環境に入った人を対象とする順応のための教育指導（組織の仕組み，ルール，学習や仕事の進め方など）を意味するが，"orientation"は新たな環境に入る前に，環境の選択および選

先での適応を支援することに重点を置いており，両者は全く異なると考えてよい。

　ところで，"orientation" は誰が誰を導くのかという解釈をめぐって大きく2つの可能性を孕んでいる。すなわち，ある主体が「方向を付与する」のは，他者に対してであるかもしれないし，主体自身であるかもしれない。学校教育における進路指導を想定してみると，教員が子どもの進路を方向付けると解釈することもできれば，子どもが自分自身の進路を方向づけると解釈することも可能であろう。

　これらの点を明確に区分したのが，ダンベール（Francis Danvers）であり，"orientation" を「とりわけ，学業と職業に関することにおいて，他者を方向付ける行為，あるいは自分自身を方向付ける行為」[4]としている。さらにこの定義は，方向付けの範囲が「学業」（les études）と「職業」（la profession）に区別されている。これはフランスの進路指導が，職業指導（orientation professionnelle）と進学指導（orientation scolaire）という2つの形態において別々に発展してきた歴史をふまえてのことである。ルエルプ（Marcel Leherpeux）によると，職業指導が「学校後，より正確には学校を卒業した直後に提示される問題」を取り扱うのに対して，進学指導は「進学する教育コースが提供する多様な選択肢に向けて生徒を導くこと」を意味している[5]。実際には，両者には重複する部分も多く，特に戦後に就学期間が長期化してからは，これらを包含する呼称として「進路指導」が用いられるようになった。

(2)進路指導の「機械モデル」と「人間モデル」

　ダンベールは，「他者」に方向付けをしてもらう場合と「自分自身」が方向づけを行う場合，2つのパターンを示しているが，どちらにウェイトを置くかによって進路指導が果たす機能は異なる。前者の機能は，子どもの適性や能力を観察し，それに見合った進路に方向づけることである。対して後者

の機能は，自分自身を適切な進路に方向付けることができる子どもを育成すること，換言すれば子どもの進路形成能力を高めることである。

　本書の分析の枠組みとなるこの2つの機能の成立過程について，語源を手がかりに簡潔な考察を試みたい。キエス（Jean-Marie Quiesse）によると，"orientation" の語源は，"orient"（東方）に由来するものである[6]。東の空から太陽が昇るため，そこから "lumière"（光）という言葉が生まれ，「星の光」といった物質的な意味に加えて，「知識や人生の意義を照らす光」（啓蒙）といった象徴的な意味で用いられた。したがって，"orient" とはそのような光を発する源であり，「長い時間をかけて構築されてきた表象（symbole）の奥底を喚起し，呼び覚ます」[7]ことを示しているという。目覚めた表象から，進路選択に向けて「人間を動かすもの」（ce qui meut l'humain），すなわち「動機付け」（motivation）が醸成される。そして，人々は動機について熟考するために，世界における自分の位置を知ろうとしたり，他者を評価したり，他者から評価されたりするのである。

　このように，"orientation" は個人の進路探索に結びつけられる漠然とした「神話」（mythe）的側面を有している。もっとも，進路指導が「神話」として扱われたのは，進路が階級など既存の社会構造によって固定化されていた時代にすぎない。近代以降，進路選択に関して個人の自由に委ねられる余地が拡大されると，進路指導は実存的アプローチ（une démarche existentielle）を形成する1つの「現実」（réalité）としてみなされるようになる。国民国家の発展が最優先された20世紀には，「能力，学習成果，進路希望」と「雇用や職業訓練の需要」とを一致させる「機械モデル」（modèle de la machine）が出現し，進路指導はその機能を独占する専門組織に一任された。

　しかし，語源に示されるように進路指導は本来，人間の文化的・想像的な流れと共にあり，教育の分野に属するアプローチを構成する[8]。進路に向けて教育することの本質は，より広範な進路決定に関する自律性の獲得に向けた各人の歩みに伴走する（accompagner）ことにある。これを具現化したのが，

1990年代以降に主流となる進路指導の「人間モデル」(modèle de l'humain)であり，子どもが自らの希望と可能な限り近い形で世界に存在することを目的に，多様な環境を考慮に入れて進路決定に必要な能力や態度を発達させる。

(3)進路指導の「診断的概念」と「教育的概念」

フランスを含め，世界の進路指導は「機械モデル」から「人間モデル」へという変化の軌跡を描いてきたと考えられている。それは，マクロレベルで把握されるおおまかな潮流としては妥当であるかもしれないが，現場レベルや実践レベルでみたとき，進路指導の機能的変容とその影響はより複雑な様相を呈する。事実，レオン（Antoine Léon, 1922-1998）は，フランスにおける職業指導の成立期において，既に「診断的概念」(conception diagnostique)と「教育的概念」(conception éducative)という2つの機能があったことを示している[9]。

第1に，テストや検査を用いて子どもの職業適性の特徴を明らかにし，それを職業に必要とされる条件と付き合わせることによって，職業適合を援助するという働きである。無論，個人の職業適性や職業に必要とされる条件は時代と環境によって変化するが，それは「誤差の範囲」(marge d'erreur)としてみなされる。この考え方は，職業指導の「診断的概念」と呼ばれ，心理学者などの専門家が子どもの能力を診断し，その能力に適した職業につくように指導するというものである。

第2に，「職業に関する将来の構築へ子どもを積極的に参加させる」[10]という働きである。そこでは，子どもの職業適性というのは常に変化するものであり，特定の職業と機械的に適合させることはできないということが前提となっている。職業適合とは，「労働生活のすべてを通して提示される技術的・社会的な問題を解決するために，個人が実行する行動の常に最新かつ効果的な形式から生じた結果」[11]なのである。したがって，支援者にできることは，個人が将来の進路を入念に準備できるように教育上有益な環境を整備

することにとどまる。この考え方は、職業指導の「教育的概念」と呼ばれ、職業選択や進路構築を主体的に行う能力の育成に向けて、学校などにおいて継続的な教育活動が行われる。

こうした職業指導に関する2つの機能は、進路指導のもう1つの側面を構成する進学指導にも応用可能であると思われる。すなわち、生徒の適性・能力を測定し、それに合った学習コースに振り分ける機能を「診断的概念」、学習コースを選択する能力を育成するために、自己理解や教育・訓練の理解を深める機能を「教育的概念」とみなすことができる。

以上のことをふまえて、本書では、「適性や能力を科学的に測定することで子どもを方向付ける」機能を進路指導の「診断的概念」、「進路形成能力を発達させることで子ども自身による方向付けを支援する」機能を「教育的概念」と定義し、進路指導の展開過程を分析する際の枠組みとする。また、「診断的概念」が相対的に重視される進路指導の制度を「機械モデル」、「教育的概念」が相対的に重視される制度を「人間モデル」と呼ぶことにする。

(4) 教育的営為としての進路指導

本書は、学校教育における進路指導を考察対象としており、ゆえに進路指導を教育的営為として捉えている。しかし、広い意味で日本語の「教育」に対応するフランス語は様々である。ここでは、それらの用語の概念整理を行い、"orientation"の占める位置を提示することで、「教育」と「進路指導」の多元的な関係について確認する。

① "éducation"

「人格教育」を意味する"éducation"は、ラテン語の"dux, ducis"（指導者・指揮者）を語源としており、そこから"ducere"（導く・命令する）という動詞が派生し、さらに"educere"（外に引き出す）と"educare"（外から育てる・形成する・教え込む）という相関関係にある動詞が派生した。こうした語

源をふまえて，フルキエ（Paul Foulquié）は「教育する（éduquer）とは，子どもをそれ以前の状態から脱皮させることである」と定義している[12]。また，ユベール（René Hubert）は，"éducation"とは「成熟に到達するという目的に対応した，若者の中にあらゆる種類の能力を育てるというねらいに向けて，ある1人の人間が別の人間に対して，一般的には成人が若者に対して行う，自発的な活動や影響の総体」[13]であるとしている。

② "instruction"
しかし，フランス社会において"éducation"の用語が一般的に普及するのは，比較的最近のことである。主知主義（intellectualisme）を重視するフランスで伝統的に用いられたのは，「誰かに知識を伝達する活動」を意味し，「習慣，振る舞い，性格，道徳性の発達に適用される"éducation"と対立する」"instruction"であった[14]。"instruire"という言葉は，元々「組み立てる（assembler），形作る（bâtir），設ける（équiper）」という意味であり，それが次第に「教える」（enseigner）こと，特に国家，教会，軍隊などの権力機関による知識の教授を意味するようになったとされる。コンドルセ（Nicolas de Condorcet, 1743-1794）は「"instruction"は解放者であり，人間のための権利と国家のための義務を構築する」と述べ，フランス革命において"instruction publique"（公教育）という表現を使用した。これが"éducation nationale"（国民教育）という専門用語に変わったのは，エリオット（Edouard Herriot）が首相を務めた1932年のことであり，その背景には学校が知育を越えて，より包括的な教育機能を発揮するようになったことがある。

③ "enseignement"
さらに，"instruction"と意味が近く，「教える」という側面を強調した言葉として，"enseignement"が挙げられる。"signes"（記号）と語源が同じであり，本来は「印をつけ，区別し，目立たせる」ことを意味していたが，転

じて「記号を用いて生徒の知識を発達させるという確かな利益」を示すようになった[15]。アルト（Marguerite Altet）によると，現代においてそれは以下の2つの実践領域をカバーしているという[16]。

1. 教師による情報の管理と知識の構造化，および生徒によるそれらの獲得，すなわち教科指導法（la didactique）の領域
2. 関連する実践経験に応じた知識における情報の処理と加工，および学習者のための教育状況の組織化に応じた授業での教師の行動，すなわち教育方法（la pédagogie）

また，"éducation"や"instruction"が教育対象（子どもなど）に注目する傾向があるのに対して，"enseignement"は教育内容（科目など）に注目することが多い[17]。

④ "formation"

最後に，教育を意味する最も広い概念が"formation"であり，「"éducation"，"instruction"，"enseignement"を統合する，必要不可欠な生命活動」として認識されている[18]。

"former"は元来「創造する（créer），構成する（constituer），組み立てる（composer），考案する（concevoir）」という意味であり，「存在と形態とを切り離さない，極めて徹底的・本質的・包括的な関与」を示す[19]。"former"の名詞形である"formes"は，12世紀にラテン語の"forma"から派生して使われるようになったが，14世紀に"éducation"が登場すると，その下位概念として扱われるようになる。

しかし，19世紀以降，ワロン（Henri Wallon, 1879-1962），ピアジェ（Jean Piaget, 1896-1980）などの科学者によって，様々な学問分野で"formes"に代わって"formation"が用いられた。前者が，定まった変化のない静的状態を示すのに対して，後者は"formes"が連続的に生み出される動的状態を示す。特に教育分野においては，"formes"はほとんど見られなくなり，

「人間形成」を意味する"formation"の概念が発展していったのである。

　20世紀後半になると，専門用語としての"formation"の増加がさらに加速し，時間的・空間的広がりを伴って活用されるようになった[20]。"éducation"が一般的に成人世代から若者世代への行為を示すのに対し，"formation"は世代を問わず，生涯にわたる「教育・訓練」の多様な実践・制度を示しており，「成人教育」や「職業訓練」の意味で使用される場合もある。

⑤ "orientation"と「教育」の位置関係

　"orientation"が選択による連続的な進路形成を支援する行為であることを考えると，生涯にわたる人間形成を意味する"formation"と重なる部分は多い。"orientation"とは，どの方向性に向けて"formation"していくかを選択・決定し，過去から現在を経て未来に向けて時間軸を歩んでいくための教育的営為である。ゆえに，"formation"の前後には必ず"orientation"があると考えられなくもないが，現実には"formation"は"orientation"の機能を備えているし，"orientation"は"formation"の機能を備えている。表裏一体の関係にある"orientation"と"formation"が繰り返されることによって，個人に固有の進路（人生）が構築されていく。

　さらに，"orientation"を2つの機能に分けて考えて「教育」との関係を考えてみたい。詳しくは本論にて論じるが，「教育的概念」は従来，"instruction"および"enseignement"と相互補完の関係にあり，知育を中心とする進路選択支援を実現するものである。しかし，"instruction"から"éducation"へ学校教育の役割がシフトするにつれ，知育に限らず進路選択に必要なあらゆる能力を育成することが重視されるようになり，「教育的概念」はéducation"との関わりを深めていった。他方，「診断的概念」は"éducation"，"instruction"，"enseignement"とのつながりは強くないが，個人と進路をマッチングする過程は人間形成の一環をなしているため，

"formation" に結びついていると解釈できる。

⑥職業・技術教育（enseignement professionnell et technique）との関係

フランス社会において，職業教育と技術教育は明確に区別されていない。というのも，「職業」（la profession）と「技術」（la technique）は密接に結びついており，「職業が存在して以来，技術が存在しており，職業は労働に結び付けられるものであり，労働は人間がこの世界に誕生して以来，存在している」からである[21]。そこで，『ロベール・フランス語辞典』の記述を手がかりに，本書における定義を示しておきたい。

職業教育とは，職業に関する知識や「職人的技能」（métier）を伝達する教育であるとされる[22]。特定の職業に対する準備教育を示す場合もあれば，職業社会や職業生活について広く学習することを指す場合もある。本研究では前者の意味に限定して，「一定又は特定の職業・産業に従事するために必要な知識，技能，能力，態度を育てる教育」と定義し，職業高校など専門的な教育機関での教育を指すものとする。

他方，技術教育とは，「生産や経済の経験的・実践的領域において，理論的知識や純粋科学を応用する」ための知識やノウハウを伝達する教育であるとされる[23]。しかし，これでは対象とする範囲が広く，「職業教育」との違いも曖昧である。したがって，本書では「技術」の内容を生産技術に限定し，「器具，機械，装置，施設などの技術的手段を用いて，自然物たる材料を一定の目的物に変形する方法と技能を習得するための教育」[24]と定義する。技術そのものの習熟を目的とする場合（実質陶冶）と，技術習得の過程を通した人間形成を目的とする場合（形式陶冶）があるが，この定義はその両者を包含する。

このような職業・技術教育は，進路指導の「教育的概念」を補完するものであり，その制度的変遷は進路指導の展開にも大きな影響を及ぼしている。

⑸ **本書の目的**

　フランスにおける進路指導の展開とは、まさに「診断的概念」と「教育的概念」の関係が紡ぎ出す歴史に他ならず、両者の共存、対立、補完、融合によって形づくられてきた。本研究では、そのプロセスを時系列的に追い、両概念に基づく政策を検討することを通して進路指導の機能的変容を描き出し、さらにそれが進路指導の制度や実践をどのように変化させてきたか、「帰結」を解明する。

　本書において取り扱う範囲は、進路指導前史（18～19世紀）、および進路指導（職業指導）が成立する1870年代から2010年までの初等・中等教育である。この140年間における進路指導の展開を対象に、いかなる教育制度、教育内容、教育方法、教育課程の開発が試みられたか、「診断的概念」と「教育的概念」それぞれに着目して検討する。さらに、そのことを通して、「診断的概念」との対比の観点から「教育的概念」に依拠した進路指導、すなわち日本でいうところのキャリア教育の意義を問う。それは、様々な限界を有する学校教育において、広範囲にわたるキャリア教育のどの部分を、誰が、いかなる形で担うことが望ましいかという普遍的問いに対して示唆を与えるであろう[25]。

3．先行研究との関係

　本書は、フランスにおける進路指導の成立から今日に至るまで、140年という長期間にわたる展開過程を、「教育的概念」と「診断的概念」の関係を軸に論じる大胆かつ挑戦的な試みであり、そのことが先行研究と比べた最大の特色である。従来の研究の中に、戦前と戦後、さらに現状をも含めて通史的に進路指導を論じたものは存在しない。そのことをふまえた上で、本研究と日仏における代表的な先行研究との関連について提示しておきたい。

(1)和文の先行研究

1990年代以降を対象に、フランスにおける進路指導を扱った和文の研究は管見の限り見当たらず、とりわけ日本の「キャリア教育」に相当する「進路教育」（EAO）について論じているのは本書のみである。ここでは1980年代までについて、戦前と戦後に分けて主な研究成果を分析したい。

①戦前を対象とする研究

第1に、職業指導に関しては、フランスにおける公的制度の成立が1920年代であることから、この時代以降を射程とする研究が大部分を占める。最も古いものとして、東京府少年職業相談所の資料が挙げられるが[26]、その内容は職業学校の紹介に限定される。普通教育に関しては、木村正義と細谷俊夫が著作の一部で簡潔に触れているにすぎない[27]。小学校の職業指導を初めて本格的に扱ったのは夏目達也の論考であり[28]、1936年の義務教育年限の延長によって、職業準備の性格を付与する方向で教科内容に改編が加えられたことが記述されている。

これらの研究はいずれも学校教育における職業指導を論じたものであるが、筆者はさらに学校の外部、具体的には職業指導センター（Centre d'orientation professionnelle）の実態についても検討し、「診断的概念」と「教育的概念」の関係を明かにする。さらに本書は、日本で扱われてこなかった「職業指導」概念の成立過程、および1870年代〜1910年代の職業指導の展開についても射程に収めている。「職業指導」の文言が公的文書に登場する以前に、体系的なものではないといえ、教科指導と関連づけられた職業指導が実践されていたことは、新たな歴史的事実である（第1章）。

第2に、中等教育を中心に発展した進学指導については、1937年に国民教育大臣ジャン・ゼイ（Jean Zay、在位1936-1939）によって導入された「進路指導学級」（classes d'orientation）に研究が集中している。田崎徳友は、「実験的試行の発達過程」という観点からではあるが、「進路指導学級」における進

路指導の方法を示し，ゼイ改革の意義を論じている[29]。また夏目達也は，中等教育改革をとりまく1920年代以降の諸議論を整理することで，ゼイ改革の背景と経緯を考察している[30]。本書では，これらの成果を参考にしつつも，1910年代以前の進学指導との関連，および戦後の進路指導の基盤形成という視点からゼイ改革を分析し，進学指導の歴史にみる「進路指導学級」の意味を再評価したい（第1章）。

②戦後を対象とする研究

戦後に構築された進路指導制度については，1960年代～1970年代に文部省および国立教育研究所を中心とする研究成果が数多く残されている。当時，世界各国では教育の民主化を目的とした抜本的改革が実施され，学校教育制度が分岐型から単線型に移行しつつあった。その結果，中等教育進学者が戦前に比べて急増し，伝統的な中等教育の考え方は変更を余儀なくされる。日本においても，高等学校および大学の進学希望者の増加を背景に，中等教育における進路指導体制の整備が強く求められた[31]。こうした状況の中，フランスにおける進路指導の組織と方法，とりわけ能力・適性の観察に基づいて生徒を振り分ける「観察課程」（cycle d'observation）は，偏差値によらない進路指導として教育関係者の注目を浴び，1960年代には文部省に観察課程研究会も組織された。以下では，具体的な先行研究の概要について，簡潔に検討する。

手塚武彦，内藤貞，原田種雄，吉田正晴は「ランジュヴァン・ワロン教育改革案」（le plan Langevin-Wallon）の理念を実現する過程として，ベルトワン改革（1959年）とフーシエ改革（1963年）に着目し，両改革において考案された観察課程制度を紹介している[32]。その手法は，法令を中心とする公的文書を翻訳し，観察課程における進路指導の組織・方法・役割を明らかにするというものである。しかしながら，この仕組みが実際にどのように機能したかについての記述は少なく，観察課程修了直後の生徒の進路データが示されて

いるにすぎない。進路指導の結果を教育的観点からどう評価するかという視点に欠け，特に実際の進路の不平等に触れられていない。また対象期間が1960年代前半までであるため，進路指導の展開過程の中で観察課程設置がもつ意味についてほとんど吟味されていない。森藤吉の研究もこれらと同種であるが，生徒の観察に使用する「指導要録」(dossier scolaire)の様式が原文掲載されており資料的価値は高い[33]。

他方，前期中等教育と後期中等教育を一括して扱っているとはいえ，田崎徳友の論考は1930年代から1980年代という比較的長いスパンにおいて，戦後に実施された一連の進路指導政策を分析し，肯定的に評価している[34]。1975年のアビ改革によって確立された「進路指導手続き」(les procédures d'orientation)や，1982年に提出されたコレージュ改革案『ルグラン報告』(Rapport Legrand)の概要を明らかにしているのは，他研究にはみられない特色である。ただし，社会階層に基づく進路の不平等という観察課程の否定的側面の検証が充分になされていない点には変わりない。

本書では，上記の先行研究を参照にした上で，さらに以下のことを試みる（第2章）。第1に，観察課程における進路指導がどのように機能していたか，特に社会階層との関係から論じる。ランジュヴァン・ワロン教育改革案の目的が社会階層に応じた進路決定の是正であったことを考慮するならば，それが達成されたかどうかの検証は不可欠であろう。ゆえに，筆者は調査データに基づいて階層間の進路格差を提示し，社会学理論に依拠して不平等発生のメカニズムを実証的に解明する。第2に，その成果をふまえて，進路指導の展開過程において観察課程の創設がもつ意味を，「教育的概念」の欠如という観点から批判的に検討する。第3に，先行研究の範囲外である1980年代後半に焦点を当て，進路指導が「機械モデル」から「人間モデル」へ推移した背景を記述し，1990年代以降に教育的進路指導が開花するまでの道筋を明らかにする。

(2)仏文の先行研究

　フランスにおける進路指導研究は，進路指導の理論的基盤が心理学に置かれたため，この学問分野が中心となっている。教育学を専門とする研究者の成果が相対的に少なく，また歴史的研究に偏っている。1960年代以降，フランスの教育学は一般的に「教育科学」(les sciences de l'éducation) と呼ばれることが多い。それは，思弁的考察や技術論を中心とする伝統的な「教育実践学」(pédagogie) から決別し，教育研究に科学的基礎づけを求めることを意味している。ミヤラレによると，教育科学は「教育的状況および教育事象について，その存在・機能・発展の条件を研究する一群の諸学問分野から成り立っている」のである[35]。したがって，それは隣接科学との密接な連携を意味する学際性と，教育の事象と状況の客観的研究への結集を意味する総合性を特色としている。

　日本の教育学も学際性を特色とするが，フランスでいうところの教育科学と実践教育学の境界線は曖昧であり，両者が複雑に絡み合っているように思われる[36]。

①教育学の立場からの研究

　第1に，進路指導を歴史的に考察した研究として，国立労働・職業指導研究所（INETOP）研究指導官，パリ第5大学名誉教授を歴任したレオンによるものが挙げられる。1957年に刊行された『職業指導の教育心理学』[37]では，職業指導の概念が誕生し，制度化され，現場で機能するまでのプロセスが戦前までを対象に示されている。また1961年刊行の『技術教育史』[38]では，13世紀から1950年代までの技術教育の思想や政策が通史的に記されており，第三共和政期における職業指導の成立過程についても一部言及されている。また，国立教育研究所研究員であったルエルプは，第三共和政期から1950年代までの進路指導史をコンパクトにまとめている[39]。職業指導と進学指導を明確に区分した上で政策の変遷を明らかにし，両者の相違を際立たせている点

が特徴的である。

　本書も両人の成果に依拠するところが少なくないが，思想と制度のみならず学校現場での実践にも光を当て，現代の教育実践との結びつきを強く意識した視点から進路指導史を記述している（第1章・第2章）。また，レオンもルエルプも職業指導制度の成立を20世紀としているが，本書ではそれ以前から学校内部で職業指導的機能を果たす活動が実現されていたことを新たに証明している（第1章）。

　その他に，シノアールは，研究者ではなく職業指導の実践者としての立場から，自身が指導員を務めた職業指導センターの行う支援の内容と方法を記録している[40]。戦前期において専門機関が学校外部で実施した職業指導の内実を示す貴重な資料であると判断される。

　第2に，1990年代以降の進路指導を扱った唯一の教育学研究者として挙げられるのが，リール第3大学のダンベールである。代表的な教科書出版社であるナターン社（Nathan）の『教育・人間形成百科事典』では，限られた紙幅ながら進路指導の成立から現代に至るまでの政策的展開とその問題点を明らかにしている[41]。また，「進路教育」(EAO) に関しても多様な成果を残しているが，特に第三共和政期から続く「教育的概念」との理念的連続性を指摘したことは画期的であろう[42]。しかし，進路指導の展開過程の解明という点では，「診断的概念」との関係性からの解釈が不足している。したがって本書では，教育的進路指導が再活性化された背景にある，「教育的概念」と「診断的概念」のバランスの変化に着目し，その意味を把握するよう努めている（第3章）。

　ダンベールを除くと，EAOを対象とする研究は，進路指導の現場や行政に携わる実務家によるものである。EAOを導入した国民教育視学官デュサルジェ（Paul Ricaud-Dussarget）は，教育行政の責任者としての立場から関係法令を解釈し，そこに示されたEAOの理念を提示している[43]。また，国民教育視学官・モンペリエ大学区情報・進路指導局長であるブリューネル（Olivier Brunel）は，EAO の実践者に向けて『「進路教育」に関する99の質問』[44]を編集している。進路指導心理相談員（COP）や情報・進路指導センター（CIO）の所長など同大学区の関係者20名により執筆されたこの著作には，EAO の理念と制度，特にその目的，役割，実施方法等が一問一答形式で掲載されている。さらにヴェルサイユの CIO 所長を務めたデスクロー（Bernard Desclaux）は，従来の進路指導との比較の観点から EAO の教育理念と教育課程に関する特徴をまとめ，その意義を明らかにしている[45]。

上記のように，EAO の「あるべき姿」については一定の研究の蓄積がある一方で，学校現場での実態についてはほとんど報告がなされていない。本書では，教員が EAO をどのように捉え，いかなる形で実践していたかにまで踏み込んで考察することで，EAO 導入が学校教育に与えた影響を確認する（第3章）。

②心理学の立場からの研究

心理学を専門とする研究者による成果は極めて多数存在するが，本書の趣旨に鑑みて精査すると，先行研究として挙げられるのは教育学分野に比較的近いものであり，大部分が，進路指導研究の専門機関であり COP 養成機関でもある国立労働・職業指導研究所の研究者によるものである。

ギシャール（Jean Guichard）とユト（Michel Huteau）が記した『職業・進学指導』[46]では，進路指導の基盤となる理論の変遷，若者の進路問題，それらを解決するための政策や支援について，1990年代以降を中心にまとめられている。概略的であるとはいえ，進路指導を通史的に見通した数少ない研究であり，マクロな視点で進路指導を取り巻く諸事象を理解することができる有用な文献である。

また，同研究所のウブリエ - ボナ（Régis Ouvrier-Bonnaz）は，カシャン高等師範学校のクランダル（Alain Crindal）と共に，2005年に導入された「職業発見」（DP）について，導入経緯，カリキュラム，社会的役割などを幅広

く分析している[47]。「職業発見」を対象とする数少ない研究であり，「職業や労働というものをいかに子どもに教えるか」という興味深いテーマを扱っているが，進路指導との関連性はほとんど言及されていない。本書では，両人の研究成果に依拠しつつ，さらに授業用教材の分析によって「職業発見」の実践原理を導き出し，EAOの構成要素としての意義を明確にする（第4章）。

以上，仏文における主たる研究成果について本書との関係を中心に述べたが，管見の限り先行研究が見当たらない内容もある。第1に2009年度から開始された「職業と教育・訓練の発見行程」（PDMF）であり，実施されて間もないことが理由として考えられる。筆者は公的文書と現地で入手した資料を手がかりに，PDMFという新たな試みが進路指導と教科指導の関係をどのように変化させたかについて論じる（第4章）。第2に進路指導のキーパーソンともいえる進路指導心理相談員（COP）の職務，とりわけ教員との連携に関する実態である。本書では公的調査に示されたマクロなデータ，および関係者に対するインタビューを手がかりに，学校と外部機関との連携というテーマに迫りたい（第5章）。

4．本書の意義—国際的視野にみるフランスの進路指導—

産業や経済の構造的変化に伴う雇用形態の多様化・流動化が起きている多くの先進諸国にとって，子どもの職業社会への移行（insertion）[48]は学校教育の重要な役割の1つである。しかし，移行支援に対する各国のスタンスは多様であり，またそれぞれの国の内部においても試行錯誤が繰り返されている。ここでは，フランスの進路指導を研究対象とする意義について，日本とアメリカにおける進路指導との比較を通じて確認しておきたい。アメリカは世界で最初に職業相談所が開設された，いわば進路指導発祥の地でもあり，その後もこの分野において，理論・実践の両面から国際的に大きな影響を与え続けている[49]。

(1)フランスにおける進路指導（キャリア教育）の特色
　①公役務（service publique）としての進路指導
　フランスでは中央集権的な教育制度が採用されていることもあり，国家を中心とする公的セクターが進路指導を牽引し，子どもの進路保障に対する責任を引き受けてきた。その象徴は，現行の教育基本法であり，「進路に関する助言を受ける権利」と「教育と職業に関する情報を受ける権利」が規定されている[50]。

　既に1920年代には，公共職業安定所とは別に子どもの進路指導を専門に取り扱う公立の職業指導センターが設立されていた。これらは1971年に国立の情報・進路指導センター（CIO）として整備され，進路支援のネットワークが全国に張り巡らせることになった。進路情報に関しても公的セクターの果たす役割は大きく，1970年に設立された国立教育・職業情報局（ONISEP）とその支部は，膨大な量の進路情報を学校や家庭に提供し続けている。

　学校教育における進路指導についても国家政策の影響は強く，特に1990年代以降は，「進路教育」（EAO）など斬新な取り組みを体系的なカリキュラムとして全国一律に導入してきた。その反面，各学校における教育実践は他国に比べて多様性に乏しく，また私企業をはじめとする民間セクターを中心とする進路支援も発展途上にある。

　②進路選択の手段としての進路指導
　戦後のフランスでは，就学期間中の進級と進学を「選抜」によらずに，「進路指導」とそれに基づく「振り分け」によって決定している。すなわち，生徒，保護者，教員など教育関係者の合議を通じて，子どもの進路選択が行われてきたのである。受験による選抜が存在しないにもかかわらず，各教育コースで付与される学位や職業資格が就職にあたって重視されており，ゆえに進路指導は学校教育の果たす役割の中でひときわ大きなウェイトを占めている。この事実は，進路指導の機能が「診断的概念」から「教育的概念」に

移行した現代においても，揺らいでいない。

　③主知主義に則った進路指導

　1990年代以降の教育的進路指導においては，進路選択に向けて子どもの表象（イメージ）を醸成することが重視された。その手段として，コンピテンシーの習得に加えて，職業社会や教育・訓練の仕組みを知識として理解することが目指されている。その象徴は2004年に導入された「職業発見」（DP）であり，普通教育である前期中等教育に職業理解に特化した科目が存在することは国際的にみても稀である。このような措置は普通教育と職業教育との距離を縮め，職業社会への移行を見据えた長期的な視野のもとでの進路形成を可能にしている。さらに，2008年に創設された「職業と教育・訓練の発見行程」（PDMF）では，上級学校への円滑な移行に向けて教育と職業訓練の現状を把握することが求められている。このように，伝統的教育理念である主知主義が進路指導にも反映されているのである。

(2)アメリカにおける進路指導・キャリア教育の特色

　地方分権的なシステムのもと，各州教育局が学校教育を管轄しているアメリカでは，進路指導に対する国家の直接的関与は必ずしも強くない。連邦教育局の主たる任務は，教育プログラムを開発し，法令によって活用のための予算措置を講じることによって，各州における進路指導を推進することにある。

　1960年代までのアメリカの進路指導は，スクールカウンセラーによるカウンセリングに依存してきた[51]。特に1958年の「国家防衛教育法」（National Defence Act）の制定を契機に，ハイスクール（後期中等教育機関）へのスクールカウンセラー配置が急激に進展し，職業ガイダンスが制度化された。ただし，1997年に制定されたスタンダードからも明らかなように，彼らは学校生活全般に関わるガイダンスとカウンセリングを司る存在であり，その業務は多岐

に渡る[52]。この点で，進路指導業務のみを担当するフランスの進路指導心理相談員（COP）とは異なっている。

さて，ガイダンス一辺倒の進路指導を大きく転換させたのが，知的教育と職業教育の乖離の是正を目的とする「キャリアエデュケーション」運動である。1971年，連邦教育局長官に就任したマーランド（Marland, S. P., Jr.）は，重点政策8項目の中の筆頭にキャリアエデュケーションを位置づけた。これに伴って，「連邦教育局キャリア教育モデル」（U.S. Office of Career Education Model）が開発され，6州のパイロット地区で実践された。その目標は，幼稚園から第12学年にわたる児童・生徒を対象に，「自己についての自覚と自己の興味・能力の理解を深める」こと，および「職業や仕事の個人的・社会的・経済的意義についての考え方や態度を発展させる」ことにあるとされる[53]。ジュニア・ハイスクールでは，直接体験活動，現場観察，教室での学習を通して，特定の職業群について調べる活動が実践された。

1977年には，「キャリアエデュケーション奨励法」（The Career Education Incentive Act）が可決され，各州・各学校区の実践に対して1979年から5年間，総額3.25億ドルの連邦補助が支出されることが決定された。同法によると，キャリアエデュケーションは以下のように定義される。

> 「個人が生活の一部としての仕事に就くことに関して学び，それに対して準備することを通して，また，個人が仕事以外の様々な役割（例えば家庭生活での役割）と仕事をめぐる価値観とを相互に関係づけて理解することを通して，偏見やステレオタイプから脱却できるように計画された経験の全体である」[54]

自己概念理論を中核とするスーパー（Donald E. Super, 1910-1994）の職業的発達理論を基盤に，キャリア発達に必要とされる8つの要素が抽出され，キャリアエデュケーションの全国基準が策定された[55]。この基準に基づき，各地でスクールカウンセラーが中心となって，個々の児童・生徒のニーズに適したプログラムを開発したのである。

しかし，1970年代後半以降，新連邦主義に基づく「小さな政府」が志向されたことにより，連邦主導の推進力は弱まらざるを得なかった。また，世界におけるアメリカの経済的優位性の揺らぎを背景に学力向上を求める声が高まり，キャリアエデュケーションはそれに寄与しないとの烙印が押されるようになった。こうして1982年，キャリアエデュケーション奨励法は時限まで2年を残して廃止されたのである[56]。

1980年代以降，進路指導は連邦教育法第44章「職業教育」（Vocational Education），および連邦労働法の枠組みの中で展開されるようになる[57]。1984年に「パーキンス法」（The Carl D.Vocational Education Act）が制定され（1990年，1998年，2006年改正），不利な立場におかれた者に対する連邦予算の支出と，総合的キャリアガイダンス・カウンセリングプログラムの導入が決定された。さらに，1990年の改正では，アカデミックな教育と職業教育とを有機的に接合するシステムの開発が目指された。

1980年代以降の一連の施策では相対的にハイスクール段階の進路指導に重点が置かれているが，これはアメリカの学校制度との関係が深い。すなわち，ハイスクールは義務教育機関として位置づけられており，生徒は入学者選抜を経ることなく，学校区教育委員会が設定する通学区域ごとに指定された学校に在籍する[58]。多様な能力・興味・関心をもった生徒が単一の学校に集うため，公立ハイスクールの圧倒的多数は総合制である。学校内部では，重層的かつ継続的なトラッキングのメカニズムが作用しており，この「負の機能」を最大限に抑制するための施策が必要とされたのである。ここに，進路の分化を控えた前期中等教育段階での進路指導が重視されるフランスとの大きな違いがある。

1994年には「学校から職業への移行機会法」（School-to-Work Opportunities Act）が成立し，ハイスクールにおいてインターンシップの派遣が大幅に増加した[59]。

(3)日本における進路指導・キャリア教育の特色

　日本の学校教育に初めて正式に職業指導が位置づけられるのは，1927（昭和2）年の文部省訓令第20号「児童生徒ノ個性尊重及職業指導ニ関スル件」においてである。そこでは，「一般的陶冶」と「職業的陶冶」の融合が主張されているが，現実には職業指導の原理をめぐる「理論」（適性に見合った適職への誘導）と「実際」（労働市場の現実に即して失業者を生み出さないようにする）の論争に決着がつかず，その方法論は2つに分裂していった[60]。

　「実際」を選択した学校では，職業紹介所と連携した積極的な就職斡旋に乗り出し，学校という存在が就職システムの中に組み込まれていった。他方で，「理論」を選択した学校では，適性検査の限界という問題に直面し，次第に「職業精神の涵養」へと傾斜していくが，そこで語られたのは修身における既出徳目と大差ないような精神論と，個々の職業に関する抽象的な「適性」であった。いずれの場合も，従来の学校教育の枠組みやそこでの教育内容に，職業との関係性から大きな変更が加えられることはなかったのである。

　戦後になると，職業指導は学校教育法第36条2号において中学校，第42条2号において高等学校の教育目標の1つとして掲げられる。しかし，小学校の目標の中では言及されず，職業指導が初等教育から切り離されることになった。1947（昭和22）年に刊行された『学習指導要領一般編（試案）』では，中学校に「職業科」（農業，商業，水産，工業，家庭）が設置され，必修科目として週4時間，選択科目として週1時間～4時間が配当された。このように，戦後初期には教科を中心とする職業指導が企図され，社会に必要な各種職業についての知識・技能の啓発が目指されたのである[61]。

　しかし，職業科は1951（昭和26）年に「職業・家庭科」，さらには1958（昭和33）年の学習指導要領改訂で「技術・家庭科」に改められ，職業指導的内容は教科から除外されてしまった。以後，職業について体系的に理解する科目は中学校には設置されていない。進路指導は特別教育活動における学級活動に移され[62]，知識を重点とする指導から担任教員によるガイダンスへと移

行した。

　1969（昭和44）年の中学校学習指導要領の改訂では，進路指導は総則に明記されたことで，領域ではなく機能として捉えられるようになり，学校の教育活動全体を通じて生徒の社会的・職業的自己実現を支援することが重視された。1974（昭和49）年に作成された『進路指導の手引』では，進路指導を以下のように定義している。

　　「進路指導とは，生徒の個人的資料，進路情報，啓発的経験および相談を通して，生徒がみずから，将来の進路の選択，計画をし，就職または進学して，さらにその後の生活によりよく適応し，進歩する能力を伸長するように，教師が組織的，継続的に指導・援助する過程である。」[63]

　①生徒理解，②進路情報，③啓発的経験，④進路相談，⑤進路先選択・決定への支援，⑥追指導という進路指導の6機能を通じて，「生き方の指導」を行い，「生徒が自らの進路を考え主体的に進路を選択する」[64]必要が強調されている。しかし，実際には受験戦争の激化もあって就職や進学といった出口指導に偏り，偏差値による進路決定が常態化していた。1991（平成2）年の中央教育審議会答申では，当時の状況が次のように記されている。

　　「中学校側では，生徒や親の希望を背景に，偏差値による序列の高い高等学校への入学者を少しでも多くしようとし，一方では中学浪人を出さないようにしようとするため，偏差値に大きく依存した進路指導……このような進路指導は，反面，余りに夢のない不自由な現実を生徒や親に強いることとなり，高等学校への不本意入学者を生み，ひいては学校不適応者や中途退学者を増大させる一因となっている。」[65]

　文部省は，1993（平成4）年に業者テストの排除を各教育委員会に通達するなどの対策を講じたが，進路指導が本来の理念を取り戻すためには，「出口指導」から「生き方の指導」への抜本的転換が図られなければならなかった。そこで1999年に公的文書に登場したのが「キャリア教育」の文言である。

　　「学校と社会及び学校間の円滑な接続を図るためのキャリア教育（望

ましい職業観・勤労観及び職業に関する知識や技能を身に付けさせるとともに，自己の個性を理解し，主体的に進路を選択する能力・態度を育てる教育）を小学校段階から発達段階に応じて実施する必要がある。」[66]

これまで切り離されていた小学校段階から「主体的に進路を選択する能力・態度」を育てるという方向性が示され，その手段として職業観・勤労観の育成が掲げられた意義は大きい。2002年には全米キャリア発達ガイドラインをもとに，「職業観・勤労観を育む学習プログラムの枠組み（例）」が開発され，キャリア教育の「4領域・8能力」が示された[67]。それは，冒頭で述べた2011（平成23）年のキャリア教育の再定義に伴って「基礎的・汎用的能力」に組み換えられ，各地の小・中・高等学校において育成が進められている[68]。このように日本では能力・態度を身につけることに重きが置かれており，職業や教育・訓練に関する知識の習得を重視するフランスとは異なる。

日本のキャリア教育における政府の役割は，プログラム開発や研究事業の指定等を通じたキャリア教育の普及である。ゆえに，公的セクターの関与は必ずしも強くなく，学校の自発的実践に任されている余地が大きい[69]。また，キャリア教育を担当するのは，主に担任教員や進路指導主事であり，国家公務員の専門職であるCOPとの連携を基盤に進路指導が成立しているフランスとの違いは大きい。進路情報に関しても，政府が責任を負う体制は整備されておらず，大部分を情報サービス関連企業に依存している。

また，職業観・勤労観をめぐって，自立した「強い個人」をモデルとするキャリア教育は，①「態度主義」（勤労への心構えや忍耐力を教え込む），②適応主義（既存の社会構造に合わせて主体の側を変える），③心理主義（社会問題の解決を個人の心の在り方に持ち込む）に陥る可能性があり，公的な進路保障にはなりにくいという批判もある[70]。

その反面，国家による緩やかな統制が自由で豊かな発想を呼び込み，地域の実態に応じたキャリア教育を可能にしているという実態も指摘される。特に近年は，家庭，地域住民，産業界，NPO，地域団体などの民間セクター

と連携した多様な実践が増加しつつあり[71]，フランスとは異なる方向性での発展をみているといえよう。

以上のように，フランスの進路指導を日本およびアメリカと比較すると，①公的セクターの関与が大きい，②子どもを各進路に配分する制度として機能している，③主知主義を重視した指導を行っている，という特徴が浮かび上がる[72]。このようなフランスの進路指導を対象に機能の変容とその帰結を明らかにすることは，教育学的観点から子どもの進路を公的に保障する仕組みを追求することに寄与するであろう。

【註】

1 中央教育審議会答申「今後の学校におけるキャリア教育・職業教育の在り方について」平成23年1月31日。
2 Paul Robert, *Le grand Robert de la langue française dictionnaire alphabétique et analogique de la langue française*, deuxième édition, Le Robert, 1985, p. 986.
3 Ginzberg, E., *Career Guidance*, McGraw-Hill, 1971, p. 6.
4 Francis Danvers, 〈orientation〉, in Philippe Champy, Christiane Étévé (dir.), *Dictionnaire encyclopédique de l'éducation et de la formation*, 3e édition, Retz, 2005, p. 687.
5 Marcel Leherpeux, 〈orientation professionnelle et scolaire〉, in Institut pédagogique national, *Encyclopédie pratique de l'éducation en France*, Société d'édition de dictionnaires et encyclopédies, 1960, p. 913 .
6 Jean-Marie Quiesse, "l'éducation à l'orientation, mythe ou réalité?", Olivier Brunel (coord.), *99 questions sur...l'éducation à l'orientation*, CNDP, 2001, question1.
7 *Ibid.*
8 Jean-Marie Quiesse, *op.cit.*
9 Antoine Léon, *Psychopédagogie de l'orientation professionnelle*, nouvelle encyclopédie pédagogique 31, Presses Universitaire de France, 1957, pp. 9-30.
10 *Ibid.*, p. 12.
11 *Ibid.*, p. 13.

12 Paul Foulquié, *Dictionnaire de la langue pédagogique*, Presses Universitaires de France, 1971, p. 166.
13 René Hubert, *Traité de pédagogie générale*, Presses Universitaires de France, 1946, p. 5.
14 Michel Soëtard, 〈instruction〉, in Philippe Champy, Christiane Étévé (dir.), *op.cit.*, p. 523.
15 Marguerite Altet, *Les pédagogies de l'apprentissage*, Presses Universitaires de France, 1997, p. 11.
16 *Ibid.*, p. 11.
17 例えば，フランス語教育（国語）は"l'enseignement du français"であり，"l'éducation du français"とは表記しない。
18 Gaston Pineau, 〈formation〉, in Philippe Champy, Christiane Étévé (dir.), *op.cit.*, p. 418.
19 *Ibid.*, p. 418.
20 *Ibid.*, p. 417.
21 René Cauêt, René Guillemoteau, 〈l'enseignement technique〉, in Institut pédagogique national, *op.cit.*, p. 160.
22 Paul Robert, *op.cit.* p. 800.
23 *Ibid.*, p. 192.
24 この定義は，細谷俊夫著『技術教育概論』東京大学出版会，1978における「技術教育」の定義を参考にしている。
25 教育には人，金，時間といった資源上の限界と，教育する側の意図通りの成功はすべての子どもに起こり得ないという確率論的限界があり，これらの限界をふまえた上で「無限の可能性」を約束しない教育をどうデザインしていくかが求められる（広田照幸著『教育には何ができないか教育神話の解体と再生の試み』春秋社，2003，3-31頁）。
26 東京府少年職業相談所，『佛国における徒弟予備教育と職業指導』職業指導参考資料第2集，1926，2-9頁。
27 木村正義著『職業指導』隆文館，1930，165-229頁。
細谷俊夫著，前掲書，77-78頁。
28 夏目達也「フランスにおける初等教育改革と職業指導—1920-1930年代を中心に—」『名古屋大学教育学部紀要』（教育学科），第29巻，1982，261-270頁。
29 田崎徳友「フランス中等教育改革における「実験的試行」の位置と意義—ジャン・

ゼイの「指導学級」を中心として—」『広島大学教育学部紀要』（第一部），22巻，1973，49-60頁。
30 夏目達也「フランス統一学校論における「進路指導期」の形成過程」『名古屋大学教育学部紀要』（教育学科），第31巻，1984，195-203頁。
夏目達也「フランス第2段教育における進路指導の形成過程」『名古屋大学教育学部紀要』（教育学科），第32巻，1985，265-275頁。
31 1966年に中央教育審議会が「後期中等教育の拡充整備について」（昭和38年6月24日）を答申していることからも，そのことが窺える。
32 手塚武彦著『フランスの観察・指導課程』日本職業指導協会，1966。
内藤貞著『フランスの観察指導期—進路指導の組織と方法』（教育調査第72集），文部省大臣官房，1967。
原田種雄「フランス中等教育の改革の動向と課題—ベルトゥアン改革の進展と観察課程の運営を中心に—」『レファレンス』166号，1964，61-97頁。
吉田正晴「フランス教育改革と進路指導—中等教育の機会均等のために—」『レファレンス』121号，1961，70-90頁。
33 森藤吉喜『フランスにおける教育改革と進路指導—特にその観察指導について—』萬字堂，1968。
34 田崎徳友「フランスの中等教育における進路指導政策—バカロレア資格およびその他の資格と，それらへ向けての進路指導の現実—」『福岡教育大学紀要』第34号，第4分冊，教職科編，1984，1-50頁。
35 ガストン・ミヤラレ著，石堂常世訳『教育科学』白水社，1987，47頁。（Mialaret, G., *Les sciences de l'éducation*, Presses Universitaires de France, 1984.）
36 広田照幸著『ヒューマニティーズ教育学』岩波書店，2009，52-62頁参照。
37 Antoine Léon, 1957, *op.cit.*
38 Antoine Léon, *Histoire de l'éducation technique*, collection "Que sais-je?", No. 938, Presses Universitaires de France, 1961, pp. 39-41. アントワーヌ・レオン著，ものべながおき訳『フランスの技術教育の歴史』白水社，1968。
39 Marcel Leherpeux, *op.cit.*, pp. 913-921.
40 Guy Sinoir, *L'orientation professionnelle*, Presses Universitaire de France, deuxième édition entièrement revue, 1950, c1943, p. 26. ギー・シノアール著，日比行一訳『職業指導』白水社，1955。
41 Francis Danvers, 2005, *op.cit.*, pp. 687-692.
42 Francis Danvers, "L'émergence du concept 《Éducation à l'orientation》", in Fran-

序章　本書の基本的枠組み　29

43 cine Grosbras (coord.), *l'éducation à l'orientation au collège*, Hachette, 1998, pp. 11-28.
43 Paul Ricaud-Dussarget, "L'esprit des texts officiels de 1996", in Francine Grosbras (coord.), *l'éducation à l'orientation au collège*, Hachette, 1998, pp. 129-141.
44 Olivier Brunel (coord.), *99 questions sur...l'éducation à l'orientation*, CNDP, 2001.
45 Bernard Desclaux, "L'éducation à l'orientation en tant qu'innovation", in Francis Danvers (dir.), *Perspectives documentaries en éducation: l'éducation à l'orientation*, No 60, INRP, 2003, pp. 19-32.
46 Jean Guichard, Michel Huteau, *L'orientation scolaire et professionnelle*, Dunod, 2005.
47 Alain Crindal, Régis Ouvrier-Bonnaz, *La découverte professionnelle: guide pour les enseignants, les conseillers d'orientation psychologue et formateurs*, Delagrave, 2006.
48 "insertion" とは、「特に学校制度を卒業した若者が職業生活に入っていくこと」を意味し、一般的には「雇用にアクセスするプロセス」としての「職業的移行」(insertion professionnelle) と、「多様な次元での自立（住居、財政的独立など）を伴う若者の社会統合、および大人世代への移行」としての「社会的移行」(insertion sociale) に区別される (Claude Dubar, ⟨insertion⟩, in Philippe Champy, Christiane Étévé (dir.), *op.cit.*, p. 505)。
49 理論面ではパーソンズの職業選択理論やスーパーの職業的発達理論、実践面では1970年代に推進されたキャリア・エデュケーションなどが特に大きな影響を与えた。
50 Article L.313-1, *Code de l'éducation*, les éditions des journalaux officiels, 2008, p. 101.
51 藤田晃之著『キャリア開発教育制度研究序説』教育開発研究所、1997、124頁。
52 C. キャンベル、C. ダヒア著、中野良顯訳『スクールカウンセリングスタンダード』図書文化、2000。(Campbell, C. A. & Dahir, C. A., *The National standards for school counseling programs*, the American School Counselor Association, 1997.)
53 仙﨑武著『欧米におけるキャリアエデュケーション』文教大学出版部、1979、3頁。
54 ケネス・ホイト編著、仙﨑武、藤田晃之、三村隆男、下村英雄訳『キャリア教育—歴史と未来』社団法人雇用問題研究会、2005、64-65頁。(Kenneth B. Hoyt, *Career education: history and future*, The National Career Development Association, 2005.)

55 8つの要素とは,「判断力・態度」「自己意識」「意思決定」「教育意識」「進路意識」「経済意識」「技能意識・初歩技能」「雇用価値技能」である（仙﨑武, 1979, 前掲書, 14-19頁）。
56 藤田晃之「アメリカにおけるキャリア教育の最近の動向」, 日本キャリア教育学会編『キャリア教育概説』東洋館出版社, 2008, 190-191頁。
57 藤田晃之, 1997, 前掲書, 132-135頁。
58 藤田晃之「アメリカのキャリア教育と就業支援」, 小杉礼子, 堀有喜衣編『キャリア教育と就業支援』勁草書房, 2006, 60-63頁。
59 リン・オールソン著, 三村隆男, 渡辺三枝子訳, 仙﨑武監修『インターンシップが世界を変える』社団法人雇用問題研究会, 2000。(Lynn Olson, *The School-to-Work Revolution*, the Sagalyn Literacy Agency, 1997.)
60 石岡学著『「教育」としての職業指導の成立』勁草書房, 2011, 53-88頁。以下, 戦前の職業指導をめぐる記述は同書による。
61 藤田晃之, 1997, 前掲書, 183-222頁。
62 1957（昭和32）年の中央教育審議会答申「科学技術教育の振興方策について」の中で「進路指導」の用語が登場し, 以後「職業指導」に代わってこの文言の使用が一般的となった。
63 文部省『中学校・高等学校進路指導の手引―中学校学級担任編―』1974。
64 臨時教育審議会「教育改革に関する第二次答申」昭和61年4月23日。
65 中央教育審議会答申「新しい時代に対応する教育の諸制度の改革について」平成3年4月19日。
66 中央教育審議会答申「初等中等教育と高等教育との接続の改善について」平成11年12月16日。
67 国立教育政策研究所生徒指導研究センター『児童生徒の職業観・勤労観を育む教育の推進について（調査研究報告書）』, 2002。「職業観・勤労観プログラム」では, 小・中・高等学校の各段階におけるキャリア発達に必要な能力を, 人間関係形成能力（自他の理解能力, コミュニケーション能力）, 情報活用能力（情報収集・探索能力, 職業理解能力）, 将来設計能力（役割把握・認識能力, 計画実行能力）, 意志決定能力（選択能力, 課題解決能力）に分類している。
68 基礎的・汎用的能力は,「人間関係形成・社会形成能力」「自己理解・自己管理能力」「課題対応能力」「キャリアプランニング能力」の4つに整理される。その開発過程, および4領域8能力との関係は, 国立教育政策研究所生徒指導研究センター『キャリア発達にかかわる諸能力の育成に関する調査研究報告書』平成23年3月に

詳しい。
69 例外的に全国一律に実施されている取り組みとして,「職場体験」が挙げられる。兵庫県の「トライやる・ウィーク」を契機に広まり,2005年には「キャリア・スタート・ウィーク」事業によって5日間連続の体験が増加した。2009年度,職場体験を実施している公立中学校は94.5%（うち5日以上が19.2%）に達する。
70 児美川孝一郎著『権利としてのキャリア教育』明石書店,2007,129-156頁。
71 例えば,国立教育政策研究所生徒指導研究センター『キャリア教育体験活動事例集』2009を参照されたい。
72 日本キャリア教育学会編の前掲書ではイギリス,ドイツ,中国,韓国の進路指導の概要が,小杉礼子・堀有喜衣編の前掲書ではイギリス,ドイツ,スウェーデンの進路指導の現状が紹介されているが,これらの国々と比較してもフランスの3つの特色は際立っている。

第1章　学校教育における職業指導と進学指導の成立

　本章の目的は，戦前期における職業指導と進学指導の展開について歴史的に分析し，「診断的概念」と「教育的概念」のせめぎ合いの諸相を示すことである。論を展開するにあたって，職業指導および進学指導に期待された役割を考慮し，時代を3つに区分している。まず，第三共和政成立（1871年）以前であり，「職業指導」概念が徐々に社会に浸透しつつも，徒弟制による伝統的な職業社会への移行が行われた時代である。次に，1871年～1910年代であり，第三共和政の成立および公教育制度の整備にともなって，学校を中心に職業指導が開始された時代である。最後に，1920年代～1945年であり，第一次世界大戦の影響を受けて職業指導が初めて公式に定義され，学校外での実践が発展した時代である。同時に，学校教育において新たに「進学指導」導入に向けた動きが起こり始める時期でもある。

　本論に入るにあたり，第三共和政期から本格的に開始される職業指導のフランス的特徴について確認し，本章が考察対象とする範囲を明確にしておきたい。

　第1に，既に指摘したように，職業指導を機能的側面からみたとき，「診断的概念」と「教育的概念」という2つの概念が存在することである。前者に関しては，主に職業指導センター（Centre d'orientation professionnelle）によって，職業相談，適性判定，就職斡旋などの形で1920年代前後から具現化された。他方，後者に関しては，既に19世紀後半から学校教育において教科指導を通じて具現化されている。

　第2に，ルエルプが指摘するように，学校教育において職業指導が技術教育と結びついて発展してきたことである[1]。シノアールも技術教育を「一般的な知的教養と職業に関する理論的専門知識に重きを置いて，特に学校で実

施される手仕事の実践に向けた準備」と定義しており，職業指導と重なり合う部分も多いと考えている[2]。行政レベルでも，職業指導は1920年以降，技術教育政務次官官房（Sous-secrétariat d'Etat de l'enseignement technique）の管轄下に置かれてきた。

第3に，学校における職業指導が主に初等教育の系統において発展したという事実である[3]。第三共和政における教育制度は複線型学校体系であり，完全に断絶した2つの系統，すなわち初等教育コースと中等教育コースによって構成されていた（図1-1）。庶民階層が進む初等教育コース（図の左側）では，13歳で小学校を卒業した後に大部分の児童が就職するため，彼らに対する職業準備教育は必須であるとみなされる[4]。一部の優秀な児童は上級初等教育に進んだがその数は極めて少なく，1870年代以降に設立された種々の職業学校も労働者階級のエリート養成を目的としていた。いわゆる「職業教育」の分野において庶民を対象とした職業指導が開始されるのは，1919年の「アスティエ法」（loi Astier）制定以降のことである。

それに対して，コレージュやリセといった上流階層が進む中等教育コース（図の右側）は，大学などの高等教育に通じており，成人までに就職する者は

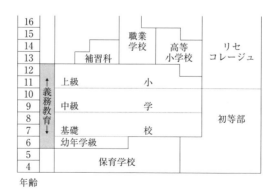

図1-1　1882年当時の学校制度
出典：Loi du 28 mars 1882, *J.O.*, 29 mars 1882, pp.1697-1699を参考に筆者作成。

ごくわずかに過ぎない。ゆえに，このコースでは職業準備教育としての職業指導に代わって，学校選択や科目選択を支援する進学指導が発達した[5]。それは「中等教育に固有のもの」として考えられ，「目的や方法に関して職業指導とは直接的に結びつかない」とみなされたのである[6]。

【註】

[1] Marcel Leherpeux, "orientation professionnelle et scolaire", in Institut pédagogique national, *Encyclopédie pratique de l'éducation en France*, Société d'édition de dictionnaires et encyclopédies, 1960, p. 913.
[2] Guy Sinoir, *L'orientation professionnelle*, Presses Universitaire de France, deuxième édition entièrement revue, 1950, c1943, pp. 23-24. ギー・シノアール著，日比行一訳『職業指導』白水社，1955，32頁参照。
[3] C. Chassage, *Éducation à l'orientation*, Magnard, 2002, p. 7.
[4] 1928年の時点で，小学校在籍者400万6,000人に対して，上級初等教育在籍者は17万2,000人，中等教育在籍者は37万1,000人であった。
[5] 他方，日本の職業指導の定義はフランスの「職業指導」と「進学指導」の両方を包含しており，1927（昭和2）年の文部省訓令第20号では「職業ノ選択又ハ上級学校ノ選択等ニ関シテハ適当ナル指導ヲナスコト」と規定されている。
[6] Marcel Leherpeux, *op.cit.*, p. 913.

第1節　学校教育における「職業指導」概念の生成
　　　―1871年以前―

　これまでフランスの多くの研究者は，職業指導の始まりを20世紀と考えてきた。具体的には，1908年にパーソンズ（Frank Parsons, 1854-1908）がアメリカのボストンに職業案内所（vocational bureau）を設置したことに端を発し，それがフランスへと移入されたことで普及したという解釈である[1]。例えば，シノアールは，「1913年5月17日の政令」を職業指導開始の指標としてい

る[2]。同政令は，労働心理学や職業適性に関する研究委員会を労働省に設置することを定めたものである。また，レオンは，職業指導の専門機関が初めてパリ第16区に設置された1910年をその創設年としている[3]。

　しかし当然ながら，「学校から職業への移行を支援する」という営みは，20世紀になって初めて行われたわけではない。確かに「職業指導」という用語はパーソンズに起因するものであるが，「職業指導」概念はそれ以前から存在しており，18世紀～19世紀の社会変動を通して次第に人々の意識の中で明確になっていったと考えられる。特に思想レベルでは，職業指導の多様な在り方が模索し続けられてきた。

1．アンシャン・レジーム期における職業指導

(1)家族と徒弟制度に依存した進路選択

　アンシャン・レジーム（Ancien Régime，フランス革命前の社会体制およびその時代）において，職業選択は専ら私的な活動であった。一義的には，家庭の中で父親が子どもの将来を引き受けており，父親は伝統的な規律を尊重した上で，子どもを観察し，自分の周囲から子どもを預けることができる人間を探し出し，適当な就職の機会を見出していた。これは，いわば個人間の「親密さ」に基づく就職斡旋システムであるといえよう。パスカル（Blaise Pascal, 1623-1662）も『パンセ』において，以下のように述べている。

> 「人生において最も重要なこと，それは職業の選択である。偶然こそがその選択を左右する。習慣こそが石工を，軍人を，やねふき職人を作り出す……子どものころに，ある職業を賞賛し，その他の職業を軽蔑するのをしきりに聞かされたならば，我々は賞賛された職業を選択するであろう。」[4]

　この一節にも示されるように，アリエス（Philippe Ariès, 1914-1984）によると，この時代の家族は，孤立して生きることができない世界における日常的な相互扶助，あるいは危機的状況に陥った場合の名誉と生命の防衛といった

役割に加えて,「家産を保持し, 1つの職業を代々伝え共有していく」という機能を備えていた[5]。家族内での子どもの生活は,あらかじめ定められた運命の一環を成しており,世代の連続性は自然の秩序に従って理解されたのである。

その一方で,価値と知識の伝達,すなわち子どもの社会化（socialisation）は家族によって行われるのではなく,子ども,若者,大人が共存する見習い訓練によって保障されていた。特に庶民階層の子弟においては,家の跡継ぎとなる子どもを除いて,その多くがすぐに両親から引き離されて他人の家へ奉公に出される。実地において職業に関する手ほどきを受けることで,生活に必要な知識・技術や社会規範を身に付けたのである[6]。職業生活と私生活の間には境界線がなく,実習は職業から切り離されたものではなかった。このように,見習い訓練によってある世代から次の世代への直接的伝授がなされていたのがアンシャン・レジーム期の特徴であったといえよう。

またレオンも,当時の職業・技術教育は徒弟制度に負うところが大きかったと指摘する[7]。10世紀～11世紀のコミューンの自治に伴って生じた同業組合は,国王の庇護のもと17世紀に入っても依然として大きな力を保っていた。1673年の法令において,財務総監コルベール（Jean-Baptiste Colbert, 1619-1683）はあらゆる職種を同業組合に編成することを宣言し,さらにルイ15世（Louis XV, 在位1715-1774）は各市町村（commune）に査察官を置き,これらの組合を統制した。こうした中,子どもは一定の年齢に達すると,特定の職業の親方と徒弟契約を結び,その監督のもとで職業訓練を受けるようになった。この同業組合を土台とする徒弟制度は,「現場で行われる,本来家族的な性質を備えた実践的職業訓練」[8]であったとされる。したがって,親方は一般教養の習得というよりも, 1つの職業のあらゆる面での習得を徒弟に求めた。これは学校での教育と大きく異なるが,徒弟も学校に通う児童も外部から保護された環境にあるという点では共通している。

ただし,一部ではあるが私教育という形で,学校において庶民階層のため

の職業教育が実施されていた。第1に挙げられるのが、キリスト教団の修道士学校である。例えば、ラ・サール（Jean-Baptiste de La Salle, 1651-1719）は、「手工や経済的知識」について教える学校を各地に設立している[9]。特に、サン・ヨン（Saint-Yon、現在のルーアン）に設立された寄宿舎学校では、地理学、水路測量、力学、物理学などの授業が実施された。第2に、1788年にリアンクール公であったラ・ロシュフコー伯爵（la Rochefoucauld, 1747-1827）によって設置された、孤児、貧しい労働者や兵士の子弟のための学校である。そこでは、基礎教育と並行して、特定の職業の技術習得が行われたという[10]。なお、この学校は1803年に政府によって国営化され、国立工芸学院（école nationale d'art et métier）と呼ばれるようになった。

(2)啓蒙主義の立場にみる「職業指導」概念

　国家のテクノラート養成を目的とした職業訓練の必要性は、この時代既によく認識されていた。例えば、ルイ13世の宰相リシュリュー（Richelieu, 1585-1642）は、自らの遺言において「きちんと整備された国家においては、リベラルアーツの指導者よりもメカニックアーツの指導者の数の方が多い」[11]と記している。一方で、庶民に対する職業・技術教育に関する言及は少ない。唯一、啓蒙主義の立場からそれを論じたのが、実証的な学問の価値を重視する百科全書派（les Encyclopédiste）の思想家であろう。彼らは現実的、具体的、漸進的な教育という原則に基づいて、「理論的な職業訓練と実践的な職業訓練を、一方によって他方を照らし出すことで関連付ける」[12]べきであると考えた。

　第1に、ディドロ（Denis Diderot, 1713-1784）は「科学的な方法によって職業や経済に関する知識を扱うこと、これらの知識について一般大衆に興味をもたせること」[13]には大きな価値があるとしている。さらに彼は『大学計画』の中で、科学的訓練が文学的訓練に優ることを明らかにし、「工芸」に基づく職業訓練の実施を勧めている。

第2に，ダランベール（Jean Le Rond d'Alember, 1717-1783）も『百科全書』(*encyclopedia*) の序説において，「自分自身が働き，自分の手で機械を動かし，その製品ができるのを目の前にみるのでなければ，それについて正確に語るのがむつかしいほど，非常に特異な職業や非常に手の込んだ操作がある」[14]と述べ，実地での教育の必要性を訴えている。

　第3に，ルソー（Jean-Jacques Rousseau, 1712-1778）も『エミール，あるいは教育について』の中で，青年期（13歳～15歳）における職業訓練の重要性を指摘している。「人間を互いに必要なものにしている工業と機械的な技術にあらゆる注意を集中させる」[15]ことによって，社会が分業と生産物の交換によって成り立っていることを実感させる必要があり，そのために徒弟として手仕事に従事することが望ましいという。さらに，青年期の子どもは何か職業について学習しなければならないが，それは「職人修行」ではなく「人間修行」であるべきだとされる。すなわち，「何か職業を知るためにそれを学ぶことよりも，むしろ職業というものを軽蔑する偏見を克服することが問題」[16]であり，知的労働の下に肉体労働を置く価値序列を排しなければならないのである。

　その一方で，ルソーは親が子どもの職業を選択し，特定の職業に向けて教育することは望ましくないと考え，次のように述べた。

　　「わたしの生徒を，将来，軍人にしようと，僧侶にしようと，法律家にしようと，それはわたしにはどうでもいいことだ。両親の身分にふさわしいことをするまえに，人間としての生活をするように自然は命じている。生きること，それがわたしの生徒に教えたいと思っている職業だ。」[17]

　このようにルソーは，子どもの職業決定権は子ども自身にあるという児童中心的な職業指導をアンシャンレジーム期に既に構想していたのである。

2．フランス革命期における職業指導

(1)同業組合の廃止による徒弟制度の衰退

　1789年に勃発したフランス革命は，以下の点において「職業指導」概念の成立に貢献した。

　第1に，子どもの将来決定に対する考え方を根本的に転換したことである。8月26日に採択された「人間および市民の権利の宣言」(Déclaration des droits de l'homme et du citoyen) では，「人間の権利」，すなわち自由に自己決定することに対する市民の権利が承認された。したがって，個人が自らの職業や進路を選択し決定することも，権利として広く認められたと解釈できる。このことは，少なくともその理念上において，社会階級が進路に与える影響を制限したという点で大きな意味をもつ。厳密に序列化した階級を備えた伝統的社会においては，長らく社会的出自によってその将来が規定されていた[18]。しかし，ある程度の平等という概念が明確に出現したことで，徐々に個々人にふさわしい固有の進路が存在するという考え方がなされるようになったのである。こうした思考の変化は，後述する産業革命の影響を受け19世紀を通して徐々に現実化されていった[19]。

　第2に，フランス革命が徒弟制度の退潮を加速させたことである。個人の自立と自由，特に経済活動の自由を過度に重視した革命の遂行者，すなわちブルジョワジーたちは，国家と国民の間に立つあらゆる中間団体の破壊を試みる[20]。制憲議会は「1791年3月17日の政令」(décret du 17 mars 1791)，いわゆるアラルド法 (Décret d'Allarde) を制定し，同業組合を禁止するという措置をとった。その結果，同業組合の規制を解かれた徒弟制度は私事化され，個人間の私的契約になってしまったのである。さらに労働者の力を恐れた制憲議会は，「1791年6月17日の法律」(loi du 17 juin 1791) によって労働者の団結権とストライキを禁止し，違反者に500リーブルの罰金と1年間の公民権剥奪を課すことを決定した。これが，いわゆるル・シャプリエ法 (Loi

Le Chapelier）であり，1884年に廃止されるまで存続している。これら２つの法令の採択によって，同業組合を基盤とする徒弟制度は徐々に弱体化していったが，一方でそれは，青少年の労働条件の悪化という思わぬ弊害をもたらすことになった。

(2) 国民教育論にみる「職業指導」概念

フランス革命期には多くの国民教育論が示されたが，とりわけ「職業指導」概念との関係で注目されるのが，次の２人の教育論である。

①コンドルセ（marquis de Condorcet, 1743-1794）

コンドルセは，国民教育に関する合計４つの覚書を残しているが，第１の覚書「公教育の本質と目的」において，職業指導の必要性について述べている。

「その趣味や素質はある職業に向いておりながら，公教育の不備のために，その教養の貧しさ故に適職からまったく締め出されたり，あるいはその職場で無能者扱いをされ，厄介者にされてしまうような人たちのために，そうした適職につく途を開いてやることは，実際上の平等にとって有益である。」[21]

ここでは，様々な職業に従事する人々の間により多くの平等を維持するための手段として，公的な職業指導の実施が主張されている。それは結果的に，人間の技術の進歩や職業の進歩に結びつくものであるという。

また，コンドルセは第４の覚書「職業に関する教育」において，「職業」を２つに大別している[22]。１つ目は個人の幸福や喜びを満たす目的で，自分の労働を利用しようとする職業，すなわち手仕事，機械的職業，自由学芸である。２つ目は，共通の有用性があり，社会のために時間と労働を提供する公務，すなわち兵学，医療，建設などである。その上で，前者に関する学習は公教育の対象となりうるとしている。ただし，それは決して職業訓練と同

じであってはならず，徒弟制度では学べない有用な知識が提供されなければならない。ゆえに，デッサン，物理学，科学，商用算術，実用幾何学などの知育こそが労働者の職業教育に適しているとみなされた。このようにコンドルセは公教育を知育に限定しており，それは職業教育といえども例外ではなかったのである。実際，1792年に国民議会に提出した「公教育の全般に関する報告および法案」の中で，初等学校で「技術および職業に関する知識」を，中等学校で「機械技術の原理」や「商業の実務初歩」などを教えることを提案している[23]。

以上のことから，コンドルセの考案していた「職業指導」概念は，進歩主義，平等主義，自由主義，知育中心主義を基調としたものであったといえるであろう。

②ルペルチエ（Louis-Michel Lepeletier, 1760-1793）
ルペルチエが徹底した訓育を目的に，全寮制の国民教育施設における義務教育の実践を提唱したことは，周知の通りであろう。11歳までの全国民を対象とするこの義務教育で特に重要視されたのが，労働作業を通して「労働の習慣」を身につけることであった。なぜならば，「勤勉な人間を特徴づけるところの，あの，つらいしごとを引き受ける勇気，それを実行するさいの行動，それをつづけてゆくねばりづよさ，それを成し遂げるまでの忍耐力」[24]を備えた人間の形成こそ，全ての国民に対する共通教育によって為されなければならないと考えられたからである。

こうした手仕事，労働への適応，労働に対する好みや要求や習慣の形成，それは労働を通した人格形成を企図すると同時に，多くの児童が卒業後に様々な作業場や農村に送り出されることをふまえて，職業準備を企図したものである。ゆえにルペルチエ案では，肉体が頑強になり精神が充分に発達した12歳になると，子どもは徒弟制度などによる産業教育に受け渡され，そこで特定の職業のための訓練が実施される。したがって，それまでの間に，

「どのような地位にあっても必要な道徳的・身体的習慣」と「どんな職業の市民にも有用な知識」を公教育によって習得させる必要があったのである[25]。

以上より，ルペルチエの考案していた「職業指導」概念は，平等主義，愛国主義，徳育中心主義に根ざしたものであったといえるであろう。

結局，コンドルセ案もルペルチエ案も実現に至ることはなく，最終的に採択されたのは，コンドルセ案のブルジョワ的歪曲ともいえる「ドヌー法」(loi Daunou) であった[26]。そのため，第一共和政あるいは第一帝政の時代には，高等教育を除いて庶民のための技術・職業教育は国民教育（公教育）の一部とみなされなかった[27]。「子どもの性向，体力，能力を診断すること，子どもを指導し，習得させた職業からどのような利点を引き出すことができるか探ること，これらは親が行うべきことである」[28]という考えが依然として主流であり，学校における職業指導の発達は，その後の時代を待たねばならなかったのである。しかし，実現には至らなかったとはいえ，国家政策としての職業指導という時代を先取りする思想が存在していたという事実のもつ重みは，過小評価されるべきではなかろう。

3．産業革命期における職業指導

(1)産業革命と労働者の誕生

フランスで19世紀の初頭から起こったとされる産業革命も，公的な職業指導の必要性を高めた出来事の1つである。この時代，科学技術が急速に発展し，急激な機械化が進むにつれて，マニュファクチュアに代わって工場による生産が主流となっていった。徹底した分業制が導入され，織物や金属など多くの製品が大量生産されるようになった結果，労働社会に大きな2つの変化がもたらされた。

1つ目は，炭鉱と鉄道の発達によって富を生み出すシステムが構築されたことに伴い，非識字者であった多くの農民たちが，基本的な職業行為を営む

労働者に変わっていったことである[29]。こうした中，国家はめまぐるしい経済発展に対応するため，新しく労働者になった者たちを教育し，健康かつある程度の技術を備えた労働力へと仕立て上げる必要があった。とりわけ，彼らが「早期に行われる専門化」あるいは「幼年期の末から始まる労働活動」といった技術者特有の文化を備えていたことを考慮すると，比較的低い年齢から適切な職業指導を施すことは，もはや避けては通れない問題だったのである。職業の増加と複雑化により，職種は前の世代が携わっていたものと大きく変容しており，父親が就いていた職業分野を息子に残すことは，かなりの確率で困難になっていった[30]。

　当初，子どもの職業選択を決定づけていたのは，衰退しつつあった個人的徒弟制度である。個人契約の中で職業教育や就職斡旋についての基準が作成され，その基準に従って振り分けがなされたのである。しかし，工業化によって伝統的な徒弟制度の慢性的危機が顕著になると，次第に国家の手による職業指導の実施が期待されるようになった。

　2つ目の大きな変化として，労働者，特に児童労働者の職場環境の急激な悪化が挙げられる。機械化の進展は，労働の知的側面と肉体的側面を切り離して，労働者の仕事を非個性的なものにした一方，非力な婦人と子どもの労働を可能にした。労働者の子弟の多くが6歳から工場で働いたが，1837年の調査では4歳の子どもが織物工業の単純作業に従事したという事例が明らかにされている[31]。児童労働は賃金の相場を引き下げ，さらにそれは労働者階級の生活水準にも負の影響を与え，彼らの身体的・精神的な健康を蝕んでいった。

　このような状況を背景に，児童労働の規制の法制化，さらには初等教育への就学によって多くの子どもを奴隷状態から解放するとともに，適切な職業指導を施すことが求められるようになっていった。徐々に高まりつつあった労働者の要求や不満は，2月革命へと結びついていく。

(2)経済生活の基本的要素としての人間領域の研究

　以上で言及したような職業指導の導入に向けた潮流には，多くの科学理論や社会思想が関与している。特に精神生理学，実験心理学，差異心理学の研究成果や，コント（Auguste Comte, 1798-1857）の実証主義，スペンサー（Herbert Spencer, 1820-1903）の進化論，テーラー（Frederick Taylor, 1856-1915）の科学的管理法などが与えた影響は大きい[32]。ここでは，スペンサーにも影響を及ぼしたコント，およびマネジメントの概念を確立したテーラーに注目し，その思想を職業指導の観点から簡潔に読み解いてみたい。

　コントは，人間が精神の変化に従って，「神学的段階」（信仰）—「形而上学的段階」（哲学）—「実証的段階」（科学）という過程を単線的に辿るように，社会は「軍事的段階」—「法律的段階」—「産業的段階」という過程を経て進歩すると考えた[33]。このようなコントの社会的発展論は「3段階の法則」（Loi des trois états）と呼ばれる。これに従うと，人類進歩の最高の段階は，実証的精神と産業的精神の統一をもって特徴とする。

　産業的段階の社会の到来を象徴するのが産業革命であり，それはコントにとって3つの重要な意味をもっていた。第1に産業の基礎が労働の科学的組織にあるという点，第2にその結果として富の著しい増大が生じるという点，第3に労働力が集中し，労働者大衆が生まれるという点である。このような新しい時代においては，産業者が世俗的権力を掌握することになるが，彼らの自由な活動に全てを委ねてしまうと，様々な弊害が起こりかねない。それを避けるためにコントは，産業者の世俗権力に並ぶ，あるいはそれを超えた，実証的科学者の精神的権力がなければならないと訴えている。実証的諸観念によって，社会を有機的に再組織する必要があるというのである。

　産業者を社会的に再構成するためには，彼らに対して実証主義的教育を施すことが求められる。実際，コントは1831年に「工芸協会」（Association Polytechnique）を設立し，パリ第3区の区役所において，一般労働者（無産者）を対象とする通俗天文学の無料公開講座を始めており，それは18年間に

わたって継続された。

　他方，アメリカの技術者テーラーは，別名テーラーシステムと呼ばれる科学的管理法（the principles of scientific management）を考案し，生産現場の近代化に大きく貢献した[34]。端的にいうならば，それは作業分割（job breakdown）を行い，要素ごとに時間研究（time study）を行って労働効率を上昇させるという方法である。またテーラーは，きちんと訓練を受け資格をもつ管理者と，協力的で革新的な労働者との協力によって，最良の結果が得られると考えた。この協力的かつ革新的な労働力を生み出すのが職業指導の役割であり，特にある一定の作業に最も適した者を選ぶためには，諸適性の認識が必要であることを強調している。

　以上のように，コントやテーラーらの思想は，経済生活における人間の在り方について探究したという点で特徴的である。しかし，フランスにおいて「職業指導」概念の発達に最も大きな影響を与えたのは，後述する社会主義者の思想であった。

4．第二共和政から第三共和政にかけての職業指導

(1) 2月革命以降の労働政策の展開

　1848年に起こった労働者の革命，すなわち2月革命も公的な職業指導の整備に向けた原動力となった。ルイ・フィリップ（Louis Philippe, 在位1830-1848）の亡命により7月王政が終焉を迎えると，自由主義者と社会主義者11人による臨時政府が樹立され，第二共和政（1848-1852）が開始された。この折，生存権や結社権と共に「労働権」（droit au travail）が宣言され，失業者に仕事を提供するための「国立作業所」（les ateliers nationaux）が創設されたことは注目される。また政府の社会主義者たちは，労働者の保護と教育という観点から，学校教育において職業・技術教育を実施する計画を数多く提出した。最も代表的なものは，カルノー（Hippolyte-Lazare Carnot, 1801-1888）が提案した法律であり，その第13条では「社会は無償の初等教育，職業教育，

雇い主と労働者との対等な関係，……失業者の雇用に適した公共的な労働の……確立によって，労働の発展を奨励かつ促進する」[35]ことが規定されている。しかしながら，教育の義務制，無償性，非宗教性を定めたカルノー法の成立は，革命思想の進展を恐れて聖職者に接近した自由主義的ブルジョワジーによって阻まれた。代わって成立したのは，教育の自由を広く認めた反動的なファルー法（la loi Falloux）であった。

　それでは，公的な職業指導の整備という労働者や経済界からの要求に対して，自由主義者はどのように応えたのであろうか。彼らの選んだ方法は，衰退しつつも依然として残っていた徒弟制度を利用する方法であり，第二共和政期には，徒弟契約について定めた「1851年2月22日の法律」（loi du 22 février 1851）が制定された[36]。同法は，「契約の自由」を前提とした徒弟の保護立法という性格を備えており，第10条では徒弟の労働時間規制が，第11条では普通教育の保障が明記されている。さらに第12条では「親方は，徒弟に契約の対象となっている技術，職業，ないし特殊な専門を徐々にかつ完全に教えなければならない」とされており，親方の技術教育に対する責任が定められた。もっとも，これはあくまで徒弟の個人的救済にすぎず，徒弟の数そのものが相対的に減少している状況においては，有効性に乏しかったとされる[37]。

　続く第二帝政（1852-1870）においても，労働者に対する職業教育を，徒弟制度のもとで現場において実施するべきか，それとも学校の中に作業場を設置して行うべきかが議論となった。1863年6月，農商務大臣ルエル（E. Rouher，在位1855-1863）によって設置された職業教育委員会が打ち出した方向性は前者，つまり熟練労働者の養成に関して公権力による新たな統制と組織化を広範囲に行うよりも，既存の宗教団体，産業団体，あるいは地方公共団体の「発意」を尊重して，その事業を支持・助成するという手法である。したがって，少なくとも1860年代頃までは，国家ではなく，商人や企業家たちの民間団体が将来の人材育成に対してイニシアティブを発揮することとな

った[38]。

　しかし，その後第三共和政（1871-1940）の時代に突入すると，政府や企業主の目にも徒弟制度の機能不全はもはや明らかであった。特に1867年のパリ万国博覧会において，フランスの工業生産力の乏しさが再認識されて以降は，国家主導で労働者の養成を行うべきであるとの論調が優勢となる。こうして，1879年には上院議員コルボン（A. Corbon）を長とする政府委員会から報告書が提出され，①若年労働者の訓練および労働条件の改善，②技術教育手段の開発，③初等教育への「手工」（le travail manuel）の導入，④公的な職業指導の組織化，という4種類の対策が提案された[39]。

(2)社会主義思想にみる「職業指導」概念

　2月革命以降の労働施策には，社会主義思想の影響をがみてとれる。その中でも，子どもの進路問題との関連で注目されるのが，空想的社会主義者とされるサン＝シモン（Saint-Simon, 1760-1825）とフーリエ（Charles Fourier, 1772-1837），そして科学的社会主義者とされるプルードン（Pierre Proudhon, 1809-1865）とマルクス（Karl Marx, 1818-1883）である。彼らは，職業指導の誤りというのは社会構造の責任であって，より正義にかなった社会，すなわち「生まれがどうあろうと，すべての子どもが自らの長所に適合する役割へと到達することができるように，その能力を発達させることができる」[40] 社会においては，このような誤りは消滅すると考えた。そのためには，子どもたちをよく観察した上で，彼らの意識をつなぎとめ，能力を開花させることができる事物を増やし，子どもの発達にとって最も有効な状況をつくりあげる必要があるという。フーリエが提唱した「統合教育」（éducation intégrale）やマルクスが考案した「総合技術教育」（enseignement polytechnique）の概念は，このような考え方に裏打ちされたものであったと推察される。

　ここでは，初等教育実践に理念的影響を及ぼしたフーリエに焦点を当ててみたい[41]。彼の教育思想の最大の特徴は，技術教育を百科全書派が提唱した

実学教育の復活ともいうべき，「統合教育」として捉えたことにある。彼は著書『産業的共同社会的新世界』において，人間的本性を抑圧する当時の「文明社会」(civilisation) の教育を批判し，「調和社会」(harmonie) の基盤である①「同志」(la cabaliste)，②「移り気」(la papillonne)，③「混合」(la composite) の3つの情念を発達させる教育を行うべきであると述べている[42]。この目的を達成するために最適だとされているのが，生産活動への参加，すなわち技術教育であった。それは，子どもたちが親密な共同体の中で（①同志），熱狂と興奮を呼び起こすために分業して（③混合），単調化を防ぐため短期間で繰り返し多様な作業を行う（②移り気）というものである。

フーリエによれば，「自然はそれぞれの子どもに約30にも及ぶ産業的本能を与えている」という[43]。ゆえに，農業，工業，科学，芸術などを一緒に取り入れて学習することによって，子どもはこの本能を発現させることが可能になる。したがって，両親や教師は，これらの活動を通して「子どもの産業的適性を開花させ，健康，財産，競争心，よき習慣の獲得に向けて，無償で子どもを指導するように最善を尽くす」[44]義務を有しているのである。

こうしたフーリエの思想を，レオンは「技術的ヒューマニズム」(humanism technique) と表現している[45]。それは技術的な作業を通して精神と肉体を同時に鍛え，人間のあらゆる面の完成を目指すというものであり，1つの職業技術の習得のみを目指す徒弟制度的訓練とは大きく異なっている。この「技術的ヒューマニズム」は，当時2つの社会的要請に応えるものであった。第1に，近代産業の急激な変化と多様な仕事に適応できるように労働者の準備教育を担うことで，技術的進歩の需要に応じることである。第2に，一般的な方法において，特定の技術活動に基づいて，人間の真の文化の発展を促進することである。

以上に示したフーリエの思想が，国家の教育政策や教育実践に直接反映されたかどうかは定かでない。しかし，19世紀末における公的技術教育の整備や小学校への教科として「手工」の導入は，子どものあらゆる能力を調和的

に発達させる職業指導の試みであり，そこにはフーリエの教育理念を読みとることができるのである。

【註】

1 Francis Danvers, 〈orientation〉, in Philippe Champy, Christiane Étévé (dir.), *Dictionnaire encyclopédique de l'éducation et de la formation*, 3e édition, Retz, 2005, p. 687.
2 Guy Sinoir, *L'orientation professionnelle*, Presses Universitaire de France, deuxième édition entièrement revue, 1950, c1943, p. 12. ギー・シノアール著，日比行一訳『職業指導』白水社，1955，20頁参照。
3 Marcel Leherpeux, "orientation professionnelle et scolaire", in Institut pédagogique national, *Encyclopédie pratique de l'éducation en France*, Société d'édition de dictionnaires et encyclopédies, 1960, p. 914.
4 *Pensées*, 1669, Section II, Misère de l'homme sans Dieu 97 (Pascal Blaise, *Pensées*, Hachette, 1950, p. 54).
5 Philippe Ariès, *L'enfant et la vie familiale sous l'ancien régime*, Éditions du Seuil, 1973, p. II. フィリップ・アリエス著，杉山光信，杉山恵美子訳『〈子供〉の誕生アンシァン・レジーム期の子供と家族生活』みすず書房，1980，2頁参照。
6 *Ibid.*, p. 411. 同書，343-344頁参照。
7 Antoine Léon, *Histoire de l'éducation technique*, collection "Que sais-je?", No. 938, Presses Universitaires de France, 1961, pp. 9-11. アントワーヌ・レオン著，ものべながおき訳『フランスの技術教育の歴史』白水社，1968，14-17頁参照。
8 *Ibid.*, p. 15. 同書，24頁参照。
9 *Ibid.*, pp. 21-22. 同書，32-33頁参照。
10 René Cauêt, René Guillemoteau, 〈l'enseignement technique〉, in Institut pédagogique national, *op.cit.*, p. 160.
11 *Ibid.*, p. 160. 実際，テクノラート養成のため1671年に王立建築学校（L'académie royale d'architecture），1682年に国立航海学校（L'école de navigation de l'etat），1751年に王立士官学校（L'école royale militaire）が設立された。
12 *Ibid.*, p. 160.
13 *Ibid.*, p. 160.
14 ディドロ，ダランベール編，桑原武夫訳編『百科全書序論および代表項目』岩波書

店，1971，157頁。
15　ルソー著，今野一雄訳『エミール』（上），岩波書店，1962，327頁。（Jean-Jacques Rousseau, *Émile, ou de l'éducation*, 1762.）
16　同書，349-350頁。
17　同書，31頁。
18　階級に応じた将来という考え方は，古来より存在していた。古代賢者ソロン（Solon）は，「年長の少年は，何よりもまず泳ぎ方と読み方を学ばなければならない。次いで，貧乏人は農業あるいは何か製造の訓練を受けなければならない。金持ちは音楽と乗馬の訓練を受け，練武場に頻繁に通い，狩りと哲学に熱中しなければならない」と述べている（René Hubert, *Histoire de la pédagogie*, Presses Universitaires de France, 1949, p. 20）。
19　C. Chassage, *Éducation à l'orientation*, Magnard, 2002, p. 7.
20　「人間および市民の権利の宣言」には結社の自由についての言及が見当たらない。ブルジョワジーにとって，現にある結社とは個人の解放を妨げている身分制集団であり，そうした「結社の自由」ではなく，「結社からの自由」を貫くことが革命の課題だったのである（樋口陽一『人権 一語の辞典』三省堂，1996，42-46頁）。
21　コンドルセ著，松島鈞訳「公教育の本質と目的―公教育に関する第一覚え書」梅根悟，勝田守一監修『公教育の原理』（世界教育学選集），明治図書，1963，13頁。(Condorcet, "Nature et objet de l'instruction publique", *Bibliothèque de l'homme public*, 1791.)
22　堀内達夫著『フランス技術教育成立史の研究―エコール・ポリテクニックと技術者養成―』多賀出版，1995，104-107頁。
23　コンドルセ著，松島鈞訳「公教育の全般に関する報告および法案―1792年四月二十日および二一日，公教育委員会の名によって国民議会に提出された」梅根悟，勝田守一監修，1963，前掲書，180-182頁。(Condorcet, "Rapport et projrt de décret sur organisation générale de l'instruction publique", les 20 et 21 avril 1792.)
24　ルペルチエ著，志村鏡一郎訳「ミシェル・ルペルチエの国民教育計画」梅根悟，勝田守一監修『フランス革命期の教育改革構想』（世界教育学選集），明治図書，1972，144頁。(Plan d'éducation nationale de Michel Lepeletier présenté à la Convention Nationale par Maximilien Robespièrre.)
25　同書，166頁。
26　ドヌー法によって中等教育機関である中央学校が整備され，エリート主義的複線型教育が実施されることになったのに対して，初等教育は比重が小さく，教育内容は

読み・書き・算と道徳教育に限定された。また同法は教育の無償性の原則を定めていない。これらのことが「ブルジョワ的歪曲」といわれる所以である（ドヌー著，阪上孝訳「公教育組織に関する法令」コンドルセ他著，阪上孝編訳『フランス革命期の公教育論』岩波書店，2002，403-415頁）。

27 高等教育段階に関しては，国民公会が「理工科学校」（L'école polytechnique），「国立工芸学院」（Le conservatoire des arts et métiers）など，いくつかの職業学校を創設している。

28 Antoine Léon, 1961, *op.cit.*, p. 52. アントワーヌ・レオン著，1968，前掲訳書，76頁参照。

29 Francis Danvers, "L'émergence du concept 《Éducation à l'orientation》", in Francine Grosbras（coord.）, *l'éducation à l'orientation au collège*, Hachette, 1998, p. 12.

30 C. Chassage, *op.cit.*, p. 7.

31 Antoine Léon, 1961, *op.cit.*, pp. 39-41. アントワーヌ・レオン著，1968，前掲訳書，83-88頁参照。

32 Francis Danvers,〈orientation〉, *op.cit.*, pp. 687-688.

33 オーギュス・コント著，霧生和夫訳「社会的再組織に必要な科学的作業のプラン」清水幾太郎編『世界の名著36 コント スペンサー』中央公論，1970，51-139頁。(Auguste Comte, "plan des travaux scientifiques nécessaires pour réorganiser la société", 1822.) 以下，コントの思想に関する記述は，同論考によるものとする。

34 テーラー著，上野陽一訳『科学的管理法』技報堂，1957。

35 Antoine Léon, 1961, *op.cit.*, p. 64. アントワーヌ・レオン著，1968，前掲訳書，94頁参照。

36 堀内達夫「フランス第2帝制における技術教育の展開—徒弟制度の「危機」への対応」教育史学会機関誌編集委員会編『日本の教育史学』教育史学会紀要，第30集，1987，112-128頁。第二共和政と第二帝政下の徒弟制度をめぐる記述は，同論文による。

37 パリ市において，労働者のうち契約を結んだ徒弟が占める割合は，1848年では18分の1であったが，1860年には21分の1まで低下している（同書，116頁）。

38 René Cauêt, René Guillemoteau, *op.cit.*, p. 160.

39 Antoine Léon, *Histoire de l'enseignement en France*, collection "Que sais-je?", No. 393, Presses Universitaires de France, 1967, p. 97. アントワーヌ・レオン著，池端次郎訳『フランス教育史』白水社，1969，99-100頁参照。

40 Antoine Léon, 1961, *op.cit.*, p. 74. アントワーヌ・レオン著，1968，前掲訳書，107

頁参照。ただし，4人の考えは完全に一致しているわけではなく，特に空想的社会主義者であるフーリエ・サン＝シモンと，科学的社会主義者であるプルードン・マルクスの主張の差は大きい。
41 フーリエは，人間本性の中に12の情念を発見し，その全てが満たされるとき人間の幸福は最大になるという「情念引力」を提唱した。12の情念は3つの基本情念，すなわち感覚的情念（「味覚」「触覚」「視覚」「聴覚」「嗅覚」），感情的情念（「友情」「野心」「恋愛」「家族愛」），機制的情念（「同志」「移り気」「混合」）に分けられる。このうち，機制的情念は，社会関係において満たされる情念であり，調和社会の基盤をなす。
42 Charles Fourier, *Le nouveau monde industriel et sociétaire, ou, Invention du procédé d'industrie attrayante et naturelle distribuée en séries passionnées*, Bossange, 1829, p.283. フーリエ著，西出不二雄訳「調和社会の教育」梅根悟，勝田守一監修『空想的社会主義教育論』（世界教育学選集），明治図書，1970，112頁参照。西出による翻訳書は，原書 *Le nouveau monde industriel et sociétaire* の第3部（pp.195-286）を訳出したものである。
43 *Ibid.*, p.212. 同書，32頁参照。
44 *Ibid.*, p.275. 同書，103頁参照。
45 Antoine Léon, 1961, *op.cit.*, pp.76-79. アントワーヌ・レオン著，1968，前掲訳書，110-113頁参照。

第2節　学校教育における職業指導の発展
　　　　―1871年から1910年代―

　本節では，1871年〜1910年代に焦点を当て，学校教育において児童に対する職業指導がいかなる形で実施されていたか明らかにしたい。シノアールによると，職業指導とは「家庭の状況や労働市場の状態を考慮しつつ，子どもの総合的な能力，その水準，最初に示された好みに最も適した職業分野へ子どもを導くことができるように，家庭を支援すること」[1]であり，その任務は専門家が担うべきであるとされる。これは職業指導の「診断的概念」に依

拠した定義であり，1920年代には職業指導センターの指導員が，いかなる職業が子どもの個性に最も合致しているか，またどのような職業活動ならば子どもが容易に実行でき，かつすぐれた成果を残すことができるか判断した。

その一方で，シノアールは「教育的概念」を完全に無視していたわけではない。「職業的人間形成」（formation professionnelle）という意味でのより広義の職業指導は，「家庭における一般的，特に道徳的な人間形成として，また保育学校に入学後は学校教育として始まり，それは就学期が終わるまでの数年間続く」[2] ものであるとしている。学校では子どもに対し，職業とは何か，職業のもつ魅力，多様な職業の相違点を教える必要があるし，教員は教育活動を通して子どもから鋭敏な能力を引き出し，訓練し，さらにそれらを再編成して総括することにより，彼らに職業的能力を習得させなければならないという。特に道徳心の育成と職業精神の涵養は重視され，成長の途上にある自分の能力と限界や，職業に到達する手段を自覚させることで，子どもを職業生活へ方向づけていく。シノアールは，これらの過程について「果実を摘みとることに職業選択をたとえることができるならば，教育の役割はこの果実が充分に成熟するようにしていく」[3] ことであると表現しており，それは職業指導の「教育的概念」に相当すると考えられる。

この時代，職業指導センターはまだ整備されておらず，移行支援の役割は学校が一身に引き受けていた。そのため，実際の「職業指導」とは，初等義務教育修了後に就職する子どもを主たる対象として，学校の教員が「教育的概念」に基づいて職業選択や職業生活の準備をさせる営為であったといえよう。

1．職業指導としての「手工」の条件

「教育的概念」に基づく職業指導を担ったのは，第三共和政期に飛躍的に発展した公教育であった。多くの先行研究では，特に初等教育および上級初等教育に導入された「手工」（le travail manuel）のもつ職業指導としての意

義が強調されている[4]。確かに，フランスは手工教育をいちはやく学校に導入した「先進国」であり，スウェーデンの「スロイド手工」と並んで各国の手工科にも大きな影響を与えている[5]。しかし，当時の「手工」は，単なる技術習得を超え，子どもの職業選択にも役立ったのであろうか。

レオンは，「手工」を学校における職業指導の教育方法の1つと見なしており，その理由として次の2点を挙げている[6]。

第1に，多目的な手作業への入門指導が，子どもの職業的視野を拡大し，興味・関心や適性の発達に寄与することである。また同時に，教員は「手工」の多様な場面において起こる児童の変化，活動に対する姿勢，活動成果の肯定的要素に注目し，それらに説明をつけることで，児童の特性を的確に把握することができるという。すなわち，「手工」は児童の個性を十分に理解し，それをどの方向性において，より良く，より効果的にどこまで発達させることができるか知るための手段になりうるのである。レオンによると，「手工」が上記のような機能を発揮するために，次の方法が有効であるという[7]。

―実際に使うことができる品物の制作を児童に提案し，その構想に児童を参加させる。
―実習の内容を多彩なものにする。
―使用する技術と材料（木，金属箔編，糸，紙，生地など）を多彩なものにする。
―手工が児童の「知的人間形成」(la formation intellectuelle) に役立つようにする。そのために，活動に先立って，あるいは活動に伴って児童が内省を試みるように指導する。
―個別化された教育活動に重要な位置を与える。

ここでは，「手工」の技術的側面を知育と対立するものとして捉えておらず，両者を一体化することの必要性が説かれている。子ども自身が思考する機会を設けるべきであるとの指摘は，手作業を知育と両立し，職業指導に結

びつけるための工夫であると解釈できる。また，児童中心主義的な視点が導入されていることも特徴的であり，子ども1人1人が主体的に活動を展開することは，自らの関心や適性を把握することにつながり，将来的の職業選択に役立つと考えられている。

「手工」が職業指導の機能をもつ第2の理由は，手工が「技術発展への入門指導」(une initiation à l'évolution des techniques) の延長線上にあることである。職業指導とは常に未来に向かって営まれるものであり，絶えず科学技術の進歩に対して気を配らなければならない。学校で習得した技術が，子どもが職業社会に出るときに陳腐化しているということも十分にあり得る。特に，優れた機械が開発されるに従って「手工」は知性化される傾向にあり，それに対応するために教員は以下のことに取り組まねばならないとされる[8]。

　—工作機械の操作とその機能の学習
　—工具から工作機械，そして自動機械への移行に関する学習。機械を用いた作業の技術的な利点の分析 (正確さ，外見上の長所，迅速な製作)
　—多様な職業において利用される機械に共通する特徴を明確にする (調節のための目盛りつきドラムの使用，切断速度の計算，点検器具の使用)。
　—普通教育と実習との間にある複数の関連性を明確にする (数学，科学，製図の役割)。
　—様々な職業の発展と相互依存について明確にする。

このように「手工」では，職業世界や労働世界の実態を強く意識して，手作業を通じて技術と知識を習得することが目指される。また，普通教育と実習とを結びつけていくのもこの教科に特有の働きである。普通教育と技術革新には明確な関連があり，「手工」によってそれが明示されることにより，職業や労働が普通教育に包含される。すなわち，職業は普通教育と対峙するものではなく，「手工」を媒介として学校教育の中に入り込むことが可能と考えられているのである。

以上のように，レオンは手作業が知育と融合し，普通教育の一環として行

われることが,「手工」が職業指導としての意義をもつ重要な条件であると考えた（第一条件）。さらにレオンは,「手工」が職業指導の役割を果たす物理的・人的条件として，以下の2つを挙げている[9]。まず，教員が充分な量の物的設備，特に小型の工作機械を使いこなせることである（第二条件）。次に，作業のための専用の工作室が設置されていることである（第三条件）。工作室が不足している場合は,「手工」よりも職業に関する映画上映や学校・職場訪問を行うほうが効果的であるとされる。第2項と第3項では，これら三条件を基準に職業学校および小学校における「手工」の実態を分析し，職業指導として機能していたか検証したい。

2．職業学校における「手工」の実態

学校教育への「手工」の導入は，第二帝政下の職業教育委員会において吟味されたが，生計の糧を与えるべき労働を学習の一環として行うことは子どもの知的・道徳的発達を損なうとの理由から，退けられた。しかし，フランスの工業生産力の乏しさから，政府は学校教育を通した技術者養成に踏み切らざるを得なくなる。1873年，パリにディドロ学校が創立されたのを契機に，1880年代〜1890年代には6つの職業学校が出現した。そこでは，小学校卒業後に3年間,「手工」を含む中級技術教育が行われたが，これらの都市学校は比較的裕福な労働者階級を対象としており，一般庶民を対象としたものではなかった。学費は年間1,000〜2,000フラン以上と非常に高く，また就学期間中に賃金労働を中断しなければならないことも大きな負担であったとされる[10]。

一方で，庶民のための職業学校として挙げられるのが，1880年に創設された「徒弟手工学校」(les écoles manuelles d'apprentissage) である。「1880年12月11日の法律」の第1条では次のように定められている。

　　「手工の職業に就くことを目指す青少年において，必要な巧みさと技術的知識を発達させるために，市町村および県によって設立される徒弟

学校は，公立初等教育機関の数に加える。公立初等補習学校は，徒弟手工学校に相当する職業教育の講座あるいはクラスを教育課程に含む。」[11]

同法により，市町村立あるいは県立の徒弟手工学校が公立初等教育機関の一部としてみなされるようになり，同時に職業科を設置する高等小学校補習課程が徒弟手工学校と同様に扱われるようになった。この措置によって，徒弟手工学校と高等小学校職業科が並置され，これらの学校を通じた公的技術教育の振興が試みられたのである。だが，1881年に前者が商業省，後者が公教育省の管轄に属することが決定されると，両省の間に財源争いが勃発し[12]，さらに教育方針に関するイデオロギー対立も顕在化してくる（表1-1）。すなわち，徒弟手工学校が従来の徒弟制度に匹敵する専門的技術を備えた労働者の育成を目指したのに対して，初等普通教育の完成を目的とする高等小学校職業科は，手作業に対する興味や関心を喚起し，「生まれた環境が予定する職業に生徒を向かわせる」[13]ことを目的としたのである。

結局，商業省の財源不足のために徒弟手工学校は全く発展せず，他方で高等小学校職業科は1892年に「商工業実践学校」（écoles pratiques de commerce et d'industrie）と改称され，商業省の管轄下に置かれることになる。それ以降，商工業実践学校は上級初等教育とは全く異なる独自の道を歩み，労働者階級のエリートを養成すべく工作室での実習を重視するようになっていった。表1-2は，ヴィエンヌにあった商工業実践学校を，リヨンにあった高等小学校と比較したものである。商工業実践学校で実施された「手工」は高度な実務教育としての色彩が強く，庶民階級に対する職業準備教育と呼べるものではなかった[14]。

その他，1881年7月に，「国立職業高等小学校」（écoles nationale d'enseignemant primaire supérieur et professionnel）が創設されていることも付け加えておきたい[15]。ヴィエルゾンに設立されたモデル校を皮切りに，アルマンティエール，ヴァアロン，ナント，タルブと各地に拡大していった。後にこれらの学校は「国立職業学校」（les écoles nationales professionnelles）へ改編され，

表1-1　教育方針に関するイデオロギー対立

学校の種類	徒弟手工学校	高等小学校職業科
管轄省	商業省	公教育省
機能	1つの職業の準備	職業訓練
活動場所	工作室	学校
教育方針	具体的	抽象的
	専門的	一般的
	実践	理論
	手を使う	頭を使う

出典：Alain Crindal, Régis Ouvrier-Bonnaz, *La découverte professionnelle*, Delagrave, 2006, p.15より筆者作成。

表1-2　商工業実践学校と高等小学校の比較

		商工業実践学校	高等小学校
工作室での授業時間（1週間）	第1学年	19.5h	4h
	第2学年	24h	7h
	第3学年	27h	7h
生徒1人あたりの数値	作業場面積	9.75㎡	1.25㎡
	材料価格	930F	41F
	一年の経費	152F	34.5F

出典：Antoine Prost, *L'Enseignement en France(1800-1967)*, Armand Colin, 1968, p.309.

商工業実践学校と同様に上級初等教育（普通教育）から次第に離れ，エリート技術者の養成機関になっていったとされる。

以上のように，19世紀末から20世紀前半においては，商工業実践学校と国立職業学校という2本柱の教育機関が中級技術教育を担っていた。しかしながら，それらは単純労働者の養成を目的とするものではなく，普通教育とは一線を画した専門的技術教育であった。ゆえに，知育との融合という第一条件を満たしておらず，「手工」に職業指導としての意義はあまりなかったと

判断される。

3．普通義務教育における職業指導と「手工」

(1)教科指導を通した職業指導

　小学校における「手工」について考察するのに先立ち，学校教育において「教育的概念」に依拠した職業指導が求められた背景を指摘しておく必要があろう。1879年から約4年間にわたって公教育大臣を務めたフェリー（Jules Ferry, 1832-1893）によってなされた初等教育の無償・義務・世俗の法制化は，職業指導の発展との関連が非常に深い。とりわけ，「フェリーの学校」（l'école de Ferry）と呼ばれた共和国の小学校は，労働者階級の子弟の教育という観点から2つの期待を背負っていたとされる。

　1つ目は，大人が行うべき労働から子どもを遠ざけることである。産業革命による機械化の進展以降，労働者の子弟の多くが6歳から工場で働かされたが，それは子どもの健全な発達を損なうとしてしばしば問題視されてきた[16]。1841年，1846年，1852年，1874年には児童労働を規制する法令が制定されたものの，これらは現実にはほとんど適用されなかったという。それに対して，「1882年3月28日の法律」の第4条は義務教育の期限を6歳から13歳までと定め，子どもを小学校という教育機関へと保護したのである[17]。一方で，それはアリエスが「就学化」（scolarisation）と呼ぶところの弊害，すなわち子どもを学校空間に閉じ込めることで，現実世界や職業世界から隔離するという状況をもたらしたことも否定できない[18]。子どもが労働する大人の中に混じり，実地で職業や人生について直接的に学んだ時代は，終焉を迎えたといえよう。

　そこで2つ目に期待されたのが，学校で児童に読み・書き・算という基礎教育を与えるだけでなく，市民および労働者としてのアイデンティティーを形成するために必要な社会的態度を習得させることであった[19]。ゆえに，職業指導を通じて労働者になるための準備を行うことも義務教育の役割とみな

され，教員は職業社会と接触して情報を保持し，児童に労働，農業，商業，工業の世界とのつながりを取り戻させる必要に迫られたのである。

このような状況の中で提案されたのが，職業指導に結びつける形で教科指導を実施することであった。「1882年7月27の省令」[20]により，小学校には「手工」「体育」「読みとり」「地理」「道徳」など17の教科が正式に設置され，同時に教育組織が幼年学級（la classe enfatine, 6歳～7歳）と，基礎課程（cours élémentaire, 7歳～9歳），中級課程（cours moyen, 9歳～11歳），上級課程（cours supérieur, 11歳～13歳）の三段階に編成された。教育課程は同心円状に配置され，各課程とも同じ教科を扱っている。これらの教科のうち，特に「手工」と「読みとり」（lecture）に職業指導としての役割が期待されたが，まずは前者について論じてみたい。

(2)小学校における手工の実態

週2時間あるいは3時間の必修科目として導入された「手工」は，児童の職業的・社会的な使命と不可分に結びついたものであった（図1-2）。フェリーはリヨンでの演説の中で，全ての職業につながる普通教育において鉄工と木工を扱うことの重要性を強調している。

> 「小学校に入ってすぐ労働者の子弟に木工と鉄工を教えること，それは彼らをしかるべき適切な位置に置くということであり，また一人前の大人の年齢，事実を十分に心得た上で自らの職業を選択できる年齢になったときに，労働者を堕落させ隷属させる過度の専門化を免れるための方法を彼らに提供するということである」[21]

このようにフェリーは小学校における職業指導の中核をなす活動として，「手工」を想定していたといえよう。「1882年7月27日の省令」に示された「手工」の学習指導要領（programme）によると，その目的は多様な職業の道具を使用することによって，「男児には労働者や兵士としての将来の活動，女児には家事や女性の労働のための素地を与え，それらの活動に向けて準備

図1-2　小学校における「手工」の授業風景

「1883年にトリュフェムによって出品された絵画は，子どもたちが木工を学ぶ工作台のまわりで，忙しく働く教師たちを描いている。しかし，悲しいかな，この絵画は現実を映し出したものではない。このような豪華な技術設備を所有する学校はほとんどなかったのである。」

出典：Françoise Mayeur,《de la Révolution à l'École républicaine》, *Histoire générale de l'enseignement et de l'éducation en France*, TomeⅢ, Nouvelle librairie de France, 1981, p. 261.

させる」[22]ことであるとされる。つまり，工作室で造形作業に従事し，人間にとって有用な品物を生産することを通して，男児は手作業を行うための初歩的な規則を学習し，女児は良き妻や母になるための訓練を行ったのである。この方法は，児童が使用する材料や道具を分類識別するための土台を形成するにあたって有用であり，全職業に共通する能力の発達に寄与すると考えられた。「手工」の導入に尽力したベール（Paul Bert）も，「手工」は特定の職種への就業を目的とするものではなく，小学校が職業学校化するようなことがあってはならないと述べている[23]。

　ただし，「手工」は単なる技術の習得を目指していたわけではない。とりわけ重視されたのは「極めて早期に職業的活動の習慣と関心を身につけさせる」[24]こと，すなわち児童の道徳的・人格的発達であった。「手工」研究の大家とされるルボム（Joël Lebeaume）によると，当時，この教科を担当した公教育視学官サリシス（Gustave Salicis）は，「手工」は職業訓練ではなく，「感

覚の正確さ，環境に対する経験的理解，手作業に対する嗜好の三者を結びつける」ものであり，道徳教育の一端を担うものであると説明したという[25]。この考え方は，社会主義者フーリエが提唱した「技術的ヒューマニズム」に共通するものであろう。すなわち，技術的作業を通して精神と肉体を同時に鍛え，人間のあらゆる面の完成を目指すという思想である。

ルボムが「手工は身体の教育の一部であって，知育とは分離されていた」[26]と指摘しているように，「手工」は本来，手作業による技術習得とそれを通じた徳育を企図していた。サリシスが作成した「手工」のカリキュラムは，以下の4種類の内容によって構成されており，技術教育がその大部分を占める[27]。

① 木工
② 調整，ろくろ，鍛冶
③ 線図，模型工作，鋳型，審美的・幾何学的方法を志向した彫刻
④ 操作，化学における科学実験，物理学，博物学

しかしながら，この理念の実現には2つの大きな障壁が存在した。第1に，財源不足のため，多くの学校に工作室が設置されなかったことである。実際，1887年の時点で小学校の60％は専用の工作室を備えていなかったとされる[28]。第2に，「手工」を指導する教員の養成が不十分であったことである[29]。1887年からバカンス中に師範学校で行われた29日間の「手工」の特別講座は失敗に終わり，1889年には消滅している。

このような状況下で，1890年にサリシスの後任に就いたルブラン（René Leblanc）は，「手工」を知育，特に科学法則の発見と結びつけ，「工作室なき手工」という方法を発展させた。彼は中等教育と競合関係にあった初等教育の精神を守ることを尊重しており，「手工」は，「上級課程へのアクセスと早期の職業教育の回避にとって有用な，知育の最初の段階」[30]であるとみなしている。その結果，「手工」は幾何学を中心とする学問的な教科と統合され，ルブランの言葉を借りるならば，「数理科学」あるいは「物理・自然科学」

の授業のようになったのである。新しい「手工」からは「木工」と「金工」が排除され,「レイアウト」と「切り取り」と「模型製作」のみが残された。

さらに，1904年に「線図」の教科が独立すると，「手工」は手作業を伴わない幾何学のための教育的手段に成り下がり，本来の教育理念は骨抜きになってしまった。これに対してクラ (Charles Kula) など一部の研究者は，学校での学習内容と社会との関連を確保するべきであり，そのために「手を使うという一般的文化」によって労働教育 (une éducation au travail) を維持すべきであると主張したが，それが聞き入れられることはなかった[31]。知育としての「手工」は，中等教育において行われた「進学指導」に通じるものであり，初等教育に新たな局面をもたらしたことは否定できない。しかし，技術教育的側面を失った実践は，もはや「手工」であって「手工」でない。

結局のところ，小学校における「手工」は，レオンの三条件をいずれも満たしておらず，労働者養成に向けた職業指導という時代的要請に応えることができなかった。

4．教科書を用いた職業指導

「1882年7月27日の省令」によると，「読みとり」の授業は，「日常読本」(lecture courante) を用いて実施される[32]。基礎課程においては単語を理解し，フランス語の読解力を身につけることが最も優先されるが，中級課程以上では「読む」という行為を通じた基礎知識の獲得が目指され，特に産業や職業など社会的事実を理解することが重視された。

こうした座学による職業世界の理解が可能になった背景には，19世紀中旬になって一斉授業が定着し，全国的なカリキュラムが実施される中で，教科書 (manuel scolaire) が全面的に普及したという事実がある。実際，ベラン (Belin)，アシェット (Hachette)，ナターン (Nathan)，アルマン・コラン (Armand Colin) といった今日まで続く教科書出版会社がこのときに誕生している。当時，教員養成が不十分であった現実を踏まえると，教科書は児童のた

めの道具であるのみならず，教員のための指導書でもあった。教員は「教科書の奴隷」(servage du manuel) と非難されるほど，しばしば教科書の型にはまった授業を行ったという[33]。したがって，職業指導に利用された教科書のテキストを分析することは，当時の実践の一端を明らかにするために有効であると考えられる。

　ここでは，女流作家テュイルリ (Augustine Tuillerie, 1833-1923) がブリュノ (G. Bruno) のペンネームで執筆した『2人の子どものフランス巡歴』(Le tour de la France par deux enfants)[34] をとりあげる（図1-3）。その内容は，普仏戦争（1870年）でドイツに併合されたロレーヌに住む，親を失った2人の兄弟，アンドレ（14歳）とジュリアン（7歳）が，叔父と再会するために故郷を離れて各地を巡歴するというものである。旅の途中で数多くの人々と出会い，フランスの自然，産業，文化に出会うことで，彼らは国土や国家に関す

図1-3　表紙

出典：G. Bruno, *Le tour de la France par deux enfants*.
　　　http://pagesperso-orange.fr/demassieux/Site/Tour_de_la_France.html (2008.9.15)

る見識を深めていく。

　デュピュイ（Aimé Dupuy）によると，1870年頃までに作成された教科書の多くは富裕階層の子弟を対象にしたものであり，庶民階層を対象とした現代的な小学校教科書が待望されていたという[35]。この期待に応えるべく『2人の子どものフランス巡歴』は1877年に中級課程用の日常読本として作成され，直後から「読みとり」の授業で使用された。公立および私立の小学校，さらにはコレージュやリセの初等部にも幅広く普及し，出版された後10年間で300万部を記録，1901年には600万部を超え，「教科書における時代のベストセラー」になったのである[36]。それは1918年頃まで多数の児童に読まれたが，特に公立小学校では物語形式に代わって選文集形式での教科書が主流となる1905年頃まで最も頻繁に使用されたという。

　このように，教科書が市場の自由競争にさらされる中で，同書は確固たる地位を確保したといえるが[37]，そこにはいくつかの理由がある。1つ目は，その優れた内容にあり，マルバシュ（Christian Marbach）は，フランスの科学，歴史，地理，保健，道徳，公民を提示した物語を「読む」という作業を通して，児童は「間接的な方法で自分が今生きている世界へとアプローチし，そのダイナミズムを感じることができる」[38]と評価している。また，小説形式の読みやすい文章に加え，212の版画と19の地図が挿入されており，視覚的に理解しやすいことも教科書として多くの小学校で採択された理由であろう。

　2つ目は，この教科書が国民国家の形成を目的とした「国民教育」（éducation nationale）のために利用されたことである。近代国家としての第三共和政は，自分たちと意識を共有し，運命をともにするべき次世代の国民を育成することを学校教育の最も重要な役割とみなしていた。その点では，物語の読み手たる児童は，模範的な国民である主人公らを自己同一化することで「集合的記憶」（mémorie collective）を共有するのであり，読み手が増加するにつれて，それは「国民的記憶」（mémorie nationale）へと変化していく。

第1章　学校教育における職業指導と進学指導の成立　67

図1-4　エピナルの製紙工場図

図1-5　クルゾの蒸気鉄鎚

図1-6　ドフィネの養蚕場

出典：G. Bruno, *Le tour de la France par deux enfants*.
　　　http://pagesperso-orange.fr/demassieux/Site/Tour_de_la_France.html (2008.9.15)

　また，2人の孤児の巡歴は，各地域の類似性，すなわちフランス人的気質を強調しており，それは普仏戦争の敗北で自信を失った国民を母国に再統合する道程そのものを形成していると考えられる。
　以上のことを踏まえて，職業指導の観点から教科書の具体的内容の検討を試みたところ，そこには職業観の育成に寄与する4つの機能が見いだせる。

表1-3 『２人の子どものフランス巡歴』に登場する職業・産業と偉人

職業・産業	登場人物・偉人	登場場所	職業・産業	登場人物・偉人	登場場所
木靴屋	エティエヌ	ファルスブール	医者	医者	ローヌ
鍛冶屋	ピエール・エトマン		騎士	バイヤール	ドフィネ
大工	ミシェル・ヴォルダン		水夫	ジェローム氏	マルセイユ
森の看守	フリッツ	サン・キラン	彫刻家・画家	ピエール・ピュジェ	マルセイユ
農民	百姓のおばあさん	セル村	雄弁家	ミラボー	プロヴァンス
農民	ジェルトリュド婦人	エピナル	法律家	ボルタリス	
製紙職工	ルイ・ロベール	ロレーヌ	水夫	ペルピニャンの親方	セット
画家	クロード・ジュレ		徴税使	リケ	ベジエール
軍人	ジャンヌ・ダルク		船乗り	ラ・ペルーズ	アルビ
車引き	車夫	ヴズール	養蜂家	―	ナルボンヌ
行商人	ジェルタル氏	ブサンソン	法律家	ジャック・キュジャ	トゥルーズ
共同牧夫	共同牧夫	ジュラ地方	船大工	フランツ・ヴォルダン	ボルドー
チーズ製造所	チーズ製造業者		著述家	モンテスキュー	
時計職人	時計職人	ルス	軍人	ドーメニル	ペリギュー
登山家	ジャック・バルマ	モンブラン	聖職者	フランソワ・フェヌロン	
牧人	牧人	モンブラン	松脂採取	―	ランド
畜産農家	畜産農家	ブレス	司祭	聖ヴァンサン・ド・ポール	ランド
市町村会議員	―	マコン	舵取り	ギョームおじさん	ブレスト
ワイン製造者	ワイン製造者		軍人	デュゲスクラン	レンヌ
聖職者	聖ベルナール	ディジョン	外科医	アンブロアーズ・パレ	ラヴァル
聖職者	聖ブセ		彫刻家	ダヴィッド	アンゼ
建築技師	ヴォーバン	ブルゴーニュ	採掘工	―	アンジェール
数学者	モンジュ	ボーヌ	哲学者	デカルト	トゥール
博物学者	ビュフォン	モンバール	染色業	―	ルアン
製鉄業	溶鉱炉の職人	クルゾ	牧畜	―	ノルマンディー
炭坑夫	炭坑夫		詩人	コルネイユ	ルアン
材木生産	木こり	ニヴェルネ	司祭	聖ピエール	バルフロール
レース製造業	レース女工	オーヴェルヌ	物理学者	オーギュスタン・フレネル	ウール

職業	人物	都市	職業	人物	都市
磁器製造業者	磁器職人	ティエール	漁業	—	ダンケルク
刃物製造業者	刃物職人		船乗り	ジャン・バール	ダンケルク
医者	ギョーム・デュピュイトラン	リムーザン	製麻業	フィリップ・ド・ジラール	リール
軍人	ヴェルサン・ジュトリ		海上貿易	—	カレー
政治家	ミシェル・ド・ロピタル	オーヴェルニュ	毛織物業	—	ランス
軍人	デゼー		政治家	コルベール	ランス
畜産農家	—	リヨン	土木技師	フィリップ・ルボン	オート・マルヌ
絹織職工	ジャクァール		詩人	ラ・フォンテーヌ	シャット・ティエリー
植物学者	ベルナール・ド・ジュシュー	リヨン	郵便配達員	郵便配達員	パリ
兵器職工	鋼を鍛える労働者	サンティエンヌ	詩人	ラシーヌ	エーヌ
皮なめし職人	—	ヴァランス	詩人	ボアロー	パリ
養蚕業	糸繰り女工	ドフィネ	化学者	ラヴォアジエ	パリ

出典：G. Bruno, *Le tour de la France par deux enfants*, Librairie Classique Eugène Belin, 1877より筆者作成。（網線部は実在するフランスの偉人）

(1)職業理解

　第1に，物語の中で50種類にも及ぶ職業や産業が紹介されており（表1-3），職業入門あるいは産業教育の教材としての意義を有する。アンドレとジュリアンは各都市を巡る中で，ジェフ山脈にあるチーズ農家の共同組合，エピナルの製紙業（図1-4），クルゾの巨大な精錬所（図1-5），ドフィネの養蚕所（図1-6），地中海沿岸の漁業関連企業など，地域産業に関して技術的な解説を受ける。同書を読んだ児童らも2人の視線を媒介にして，多様な職種の特徴，働くための条件，経済に関する包括的なディスクールなどを学ぶことができる。

　具体的には，例えばエピナルでは，製紙のための「機械」についての説明が行われ，機械を動かす手段として，水，蒸気，風という3つの原動力が挙げられている。またクルゾでは，アンドレとジュリアンが精錬所，炭鉱，製作所を見学する場面において，どのような方法で鉄鉱石が鉄鋼になるか示されている。産業の進歩を学ぶことで，児童は「企業理解に向けた入口として，

広い意味での科学技術—生産技術，機械の与える影響，発明や技術革新の役割（すなわち，知性や頭脳の役割）—を発見する」[39] ことができるのである。それは，児童の職業選択の幅を広げると同時に，職人的技能（métier）の向上にもつながるといえよう。さらに物語中には，それぞれの職業で輝かしい業績を残したり，各地の産業発展に尽力した実在の偉人が42人も登場する（表1-3）。彼らの人生について知り，職業人としての成功モデルを学ぶことは，児童が自らの将来を考えるのに役立つであろう。

(2)勤労習慣の醸成

　第2に，共和国の公民としての義務を強調する立場から，児童の勤労習慣を喚起することが企図されている。国民統合という視点から同書を分析したオズーフ夫妻（Jacques et Mona Ozouf）によると，この物語は「感情に訴えるものから知的なものへ，そして再び感情的なものへ」という展開をとっているとされる[40]。つまり，アンドレとジュリアンが初めての体験に感動・興奮する場面から，解説を受けて知識を身に付ける場面に移行し，最後は必ず情のこもった教訓を得る場面で1つのエピソードが終わっている。よって，働くことの重要性に関しても，以下のように心情面から訴えている記述が多い。

　　「人はいつでも働くものを高く評価するんだ」(p.35)
　　「ロレーヌでは男だけが働くのではありません」(p.43)
　　「僕も大きくなったらしっかり働きたい」(p.78)
　　「フランスの誇りは，働くことと倹約することだ」(p.112)

　実際，2人は旅費の補助，食事や寝る場所の提供などの支援を受けながら旅を続けるが，多くの場合，その対価として労働に従事している。つまり，一方的に施しを受けるのではなく，必ずギブ・アンド・テイクの関係になっているのである。そこには，人間が生きていくためには男女の区別なく働かなければならないという自明の事実が表されている。ただし就学年齢である

ジュリアンの労働は禁じられているため,「職業」(錠前屋) として労働に従事するのはアンドレのみである。ジュリアンは「お手伝い」という形で勤労の義務を果たしており,それは同じ立場の読み手にとってまさに「お手本」となるべき行為であろう。このように,同書は労働を忌避せず,それに積極的に参加する態度を育てることで,将来,児童が国民としての責任を果たすように仕向けていると考えられる。

(3)就学指導

　第3に,職業に就く前提として学ぶこと,特に学校教育を受ける必要性が強く示されている。

　　「人間はきちんと教育を受けていれば,よりよく生計を立てられますよ」(p.77)

　　「学校で時間を無駄にしないようにしよう。……難しいことをするには,教育を受けておかなければならないんだ」(p.78)

　　「人の力も,学問がなくてはいったい何になろう」(p.109)

　これらの文章から読み取れるのは,就学して基礎的知識を習得することは,生きるために必須であり,自立した職業人になるための条件であるという考え方である。児童労働,すなわち早期の就職は子どもにとって望ましくないものとして退けられ,就学してフランス人としての一般教養を身につけた先に就業があるとみなされている。ただし,ここで語られているのは初等教育のみであり,中等教育などのエリート教育を受けて出世街道を歩むということは全く想定されていない[41]。基礎教育を受けて,農民や職人などの労働者になるということが暗黙の了解とされており,小学校での教育活動の全てが,ある意味では「職業指導」そのものであると解釈されているといえよう。現実には,同書が出版されてから5年後,フェリーによって初等教育の義務化が実現されている。

(4) 愛国的職業道徳の育成

　第4に，国家に奉仕する国民を育てるという愛国的な観点から，職業道徳の育成が図られていることも特徴的である。

> 「これからも彼らは，幼いころから教えられてきた『義務を愛し，祖国を愛す』(aimer: Devoir et Patrie) という2つの重要なことをずっと守り続けていくでしょう。」(p. 310)

読み手の愛国心を喚起するような表現が多用されることで，共和国の維持に向けて祖国のために尽くす義務が強調されている。また，普仏戦争での敗北から物語が始まるなど，国民としての一体感を演出するための仕掛けも散見される。

　アレヴィ (Daniel Halévy) は，『2人の子どものフランス巡歴』について，「共和主義教育」(l'éducation république) を目的とするがゆえに，フランス社会の「巧みに操作された光の部分しか反映していない」と強く批判している[42]。かつての王政，教会，軍隊など共和主義の平和的発展にそぐわないものは登場しない。また，精力的に働く労働者が頻繁に登場し，「働くことの喜び」が描かれる一方で，下級労働者の厳しい職場環境や社会生活は隠蔽されている。したがって，同書は暗黙のうちに勤労奉仕の価値観を押し付けており，ある面では国家主義的な職業指導に寄与していたと考えられよう。

> 「優れた技術と良心をもって働き，私たちの国が他国の中で第一級の地位を占めることは，私たちが誇るべき名誉であると思いませんか」
> (pp. 49-50)

ここには，自国が他国に先んずるために働くことを名誉とする愛国的な職業道徳が内包されている。ルエルプは職業指導において国家の利益を全面に出すことは，「注意しなければ，あまりに偏狭な功利的精神から生まれる職業指導を発展させてしまう可能性があり，個人の個別的な幸福という関心事が軽視されてしまう危険性」[43]を備えていると指摘している。

【註】

1 Guy Sinoir, *L'orientation professionnelle*, Presses Universitaire de France, deuxième édition entièrement revue, 1950, c1943, p. 26. ギー・シノアール著，日比行一訳『職業指導』白水社，1955，34頁参照。この定義は，ロベール仏語辞典にも掲載されており，フランス社会において一般性を有している（Paul Robert, Le *grand Robert de la langue française dictionnaire alphabétique et analogique de la langue française*, deuxième édition, Le Robert, 1985, p. 986）。
2 *Ibid.*, p. 28. 同書，37頁参照。
3 *Ibid.*, p. 34. 同書，45頁参照。
4 木村正義『職業指導』隆文館，1930，165-229頁。
 細谷俊夫『技術教育概論』東京大学出版会，1978，77-78頁。
5 宮崎廣道『創始期の手工教育実践史』風間書房，2003，42-47頁。1885年にフランスのルアーブル（Le Havre）で開かれた「小学校教員万国教育会」を通して「手工」の実状が各国に紹介され，それが日本の手工科にも大きな影響を与えた。
6 Antoine Léon, *Psychopédagogie de l'orientation professionnelle*, nouvelle encyclopédie pédagogique 31, Presses Universitaire de France, 1957, p 77.
7 *Ibid.*, pp. 78-79.
8 *Ibid.*, p. 79.
9 Antoine Léon, 1957, *op.cit.*, pp. 79-80.
10 Françoise Mayeur, 《de la Révolution à l'École républicaine》, *Histoire générale de l'enseignement et de l'éducation en France*, TomeⅢ, Nouvelle librairie de France, 1981, p. 262. 仕事をしていない生徒の割合は，1913年の時点でディドロ学校は20％であったが，ベルナール・パリシー学校は50％，ブール学校は57％に達した。
11 Loi du 11 décembre 1880, *Journal officiel de la Republique française*（以下，*J.O.*），12 décembre 1880, p. 12213.
12 徒弟手工学校は，公教育省補助金の配分対象である（第2条）だけでなく，農商務省の補助金の配分対象であると定められていた。しかし，商業省は補助金を出すだけの財源をもっておらず，公教育省に対して予算支出を要求したが拒否されたため，両省間に深刻な葛藤が生じた（志村鏡一郎「第三編フランス技術教育史」梅根悟監修，世界教育史研究会編『技術教育史』世界教育史体系32，講談社，1975，290-291頁参照）。
13 Antoine Léon, *Histoire de l'éducation technique*, collection "Que sais-je?", No. 938, Presses Universitaires de France, 1961, p. 94. アントワーヌ・レオン著，

もののべながおき訳『フランスの技術教育の歴史』白水社，1968，130頁参照。
14 その後，商工業実践学校は1920年に再び公教育省の管轄になり，1941年には「技術コレージュ」(collège technique)と改称されている。
15 Alain Crindal, Régis Ouvrier-Bonnaz, *La découverte professionnelle: guide pour les enseignants, les conseillers d'orientation psychologue et formateurs*, Delagrave, 2006, p. 15.
16 Antoine Léon, 1961, *op.cit.*, pp. 39-41. アントワーヌ・レオン著，1968，前掲訳書，83-88頁参照。
17 Loi du 28 mars 1882, *J. O.*, 29 mars 1882, p. 1698.
18 Philippe Ariès, *L'enfant et la vie familiale sous l'ancien régime*, Éditions du Seuil, 1973, p. II. フィリップ・アリエス著，杉山光信，杉山恵美子訳『〈子供〉の誕生 アンシァン・レジーム期の子供と家族生活』みすず書房，1980，3頁参照。
19 Alain Crindal, Régis Ouvrier-Bonnaz, *op.cit.*, p. 11.
20 Arrêté du 27 juillet 1882, *J.O.*, 2 aout 1882, pp. 4162-4171.
21 Françoise Mayeur, *op.cit.*, p. 262.
22 Arrêté du 27 juillet 1882, *op.cit.*, p. 4163.
23 Antoine Léon, *Histoire de l'enseignement en France*, collection "Que sais-je?", No. 393, Presses Universitaires de France, 1967, pp. 96-97. アントワーヌ・レオン著，池端次郎訳『フランス教育史』白水社，1969，100頁参照。
24 Antoine Léon, 1961, *op.cit.*, p. 93. アントワーヌ・レオン著，1968，前掲訳書，129頁参照。
25 Joël Lebeaume, "An history of manual work for boys within primary school in France", 名古屋大学大学院教育発達研究科技術・職業教育学研究室『技術・職業教育研究室研究報告』第3号，2006，p. 7. ジョエル・ルボム，濱島大地訳「フランスの初等学校における男子のための手工科の歴史」，同書，第4号，2007，96-97頁参照。
26 *Ibid.*, p. 7. 同書，97頁参照。
27 *Ibid.*, p. 6. 同書，96頁参照。
28 志村鏡一郎，前掲書，292-293頁。
29 Alain Crindal, Régis Ouvrier-Bonnaz, *op.cit.*, p. 12.
30 Joël Lebeaume, *op.cit.*, 10 頁。ジョエル・ルボム，前掲載論文，99頁参照。
31 Alain Crindal, Régis Ouvrier-Bonnaz, *op.cit.*, p. 12.
32 Arrêté du 27 juillet 1882, *op.cit.*, pp. 4164-4165.

33 Alain Chappin, "Manuels scolaires et politique éducatives en France",『日仏教育学会年報』第3号，1997，p. 20．アラン・ショッパン著，星三和子訳「フランスにおける教科書と教育政策」，同書，29頁。

34 G. Bruno, Le tour de la France par deux enfants, Librairie Classique Eugène Belin, 1877. 同書は版を重ねるたびに改訂されているが，1904年の再版時に最も大きな変更がなされており，教育内容の世俗化（laïcité）の影響を受けて宗教に関する記述が修正された。この修正版に関しては，邦訳されている（ブリュノ著，北澤種一監修，熊代豊子訳『祖国に帰る』郁文書院，1930）。ただし，1904年以降も初版は発行され，統計的にみて初版の方が出回っているため，本書ではこちらを分析対象とする。

35 Aimé Dupuy, "Histoire sociale et manuels scolaires: Les livres de lecture de G. Bruno", Revue d'histoire économique et socilale, volume 31, 1953, p. 129.

36 Ibid., pp. 131-133.

37 当時，教科書の採用は一種の検定制度がとられており，教員たちが小学校で用いる本の目録を作成し，大学区長が最終的にそれを承認した（Alain Chappin, op.cit., p. 14．アラン・ショッパン，前掲載論文，25頁参照）。

38 Christian Marbach, "L'Entreprise: faut-il lui donner une place《à part》dans les apprentissages du collège et du lycée?", L'observatoire des PME,《Connaissance de l'entreprise par les élèves: Contribution du collège et du lycée》, Regards sur les PME, N°6, p. 6.

39 Ibid., p. 7.

40 ジャック・オズーフ，モナ・オズーフ著，平野千果子訳「『二人の子どものフランス巡歴』共和国の小さな赤い本」，ピエール・ノラ編，谷川稔監訳『記憶の場：2 統合』岩波書店，2003，266頁。(Jacques et Mona Ozouf, "La tour de la France par deux enfants: le petit livre rouge de la République", Pierre Nora (dir.), Les lieux de mémoire, 1. la République, Éditions Gallimard, 1984.)

41 同書，282頁。

42 Daniel Halévy, La République des ducs, Grasset, 1937, pp. 336-339.

43 Marcel Leherpeux, "orientation professionnelle et scolaire", in Institut pédagogique national, Encyclopédie pratique de l'éducation en France, Société d'édition de dictionnaires et encyclopédies, 1960, p. 914.

第3節　職業指導の校外移転と進学指導の誕生
　　　―1920年代から1945年―

　本節では，まず1920年代以降の学校教育における職業指導の推移を概観し，その役割が職業指導センターの補助に変わっていったことを論じる。その上で，職業指導センターの業務を中心に「診断的概念」に依拠した職業指導の実態を明らかにしたい。

　次に，中等教育における進学指導（orientation scolaire）の成立過程について，職業指導との関係性に着目して検討する。特に，学校教育において従来は重視されず，職業指導に比べて相対的に劣った地位に置かれてきた進学指導が，1930年代後半の改革を契機に発展し，職業指導を包含するようになっていくプロセスを追っていきたい。

１．学校教育における職業指導の盛衰

(1)初等教育

　1880年代から開始された教科書を用いた職業指導は，20世紀に入るとさらなる広がりをみせる。1904年にはアルマン・コラン社から，『幼児期における実物学習』（*L'année enfantine de la leçons de choses*）が出版され，幼年課程における「実物学習」の教科で活用された[1]。6歳児の段階から，職業や労働についての現実を認識させ，それらに対する興味関心を喚起することが望ましいとみなされたのである。

　しかし，1920年代に入り，職業指導センターが相次いで設置されると，「教育的概念」に代わり，相対的に「診断的概念」に依拠した指導が重視されるようになる。当時，教員のほとんどは職業指導員に求められる専門的知識をもっておらず，また時間的制約もあったため，一般的に教員が職業指導を行うことは不可能であると考えられることが多かった[2]。教員に期待され

た役割は職業指導センターの補助であり，それは「予備職業指導」(préorientation professionnelle) と呼ばれたが，具体的には次の2つの内容に分けられる。

第1に，職業に関連したテーマの講演会や上映会，企業や学校の見学などであり，これは「教育的概念」に依拠した職業指導に相当する。第2に，教員は児童の日常の生活態度，性格，学力などを観察し，その結果を調査票に記入して職業指導センターに送付することになっていた。このように，学校は職業選択に必要な情報をセンターに提供するという形で，「診断的概念」に基づく職業指導の一端も担っていたといえよう。

しかし，職業指導中央視学官フォンテーニュ (Julien Fontègne, 1879-1944) に代表される政府関係者やフランス労働総同盟 (C.G.T: Confédération générale du travail) は，教科から独立した予備職業指導に異論を唱え，教科内容に職業との関連をもたせて，職業に関する一般的な知識や技能を習得させる「徒弟前教育」(préapprentissage) の導入を推進した[3]。それは10年以上にわたる国会での議論を経て，最終的に1936年の義務教育年限延長（13歳から14歳へ）に伴って実現される[4]。「1937年10月1日の通達」によって，小学校最終学年における教科活動に職業準備の性格を付与することが定められ，週5時間配当の「家政あるいは手工」がその中核に位置付けられた。さらに，「1938年3月28日の省令」によって，「家政あるいは手工」と「製図」(dessin) を組み合わせた「実習・製図」(travaux pratiques et dessin) に週6時間が配当され，この教科を中心に徒弟前教育が展開された。

レオンによると，徒弟前教育は普通教育の手段であるが，副次的には職業入門と適性調査の役割も果たしていた。したがって，「教育的概念」だけでなく「診断的概念」としての機能も発揮する職業指導が想定されていたといえよう[5]。しかし，1939年に第二次世界大戦が勃発，1940年6月にフランスはドイツに降伏を余儀なくされる。占領下の混乱の中，徒弟前教育は実際には充分な成果をあげることができなかった。

一方で，教科書を用いた伝統的職業指導は上級初等教育において継続された。1939年に，高等小学校「書き方」(écriture) の授業用教科書として『職業読本』(Lectures professionnelles)[6] が出版された。この読本には仕事に関する数多くのコラムが掲載されており，児童はそれを読んで情報を収集・整理したり，労働に対する自分の考えを表明したりする[7]。例えば，「機関車の運転士」の職務を解説したゾラ (Émile Zola, 1840-1902) のエッセイの後で，「あなた方はこの一節を読んで，機関車の運転士の仕事についていかなるイメージを抱きましたか」という設問が用意されている。また別の箇所では，商業秘書に関する説明の後に「秘書という職業に就くにはどのような資格が必要で，またその職権はいかなるものか」を記述するようになっている。1980年代から1910年代に使用された『2人の子どものフランス巡歴』が「読み」を中心に職業理解を深める教材であったのに対して，『職業読本』は「書き」によって職業を発見する構成になっているといえよう。

(2)技術教育

第三共和政によって整備された職業学校は，中産階級の労働者エリートを対象にしたものであったが，1919年に技術教育憲章「アスティエ法」(loi Astier)[8] が制定されると，技術教育を通した庶民階層対象の職業指導が推進されるようになる。その第1条1項では，「工業あるいは商業に関する技術教育は，普通教育の完成を妨げることなく，工業的および商業的な観点から，諸科学と技術あるいは職業に関する理論と実践について学ぶことを目的とする」[9] と定められている。同法は，小学校を卒業して商工業の企業内で働く14歳～18歳までの若者のために無償の職業課程 (cours professionnel) を設置し，基礎的な技術教育を施すことを義務付けた。この課程は年間最低100時間の講座を3年間学習することで修了でき，職業適性証 (CAP: certificat d'aptitude professionnelle) によって認定された。

さらに同法によって，公立技術教育学校や職業課程を備えた私立学校に関

して，組織や管理・監督の在り方が規定された。その結果，次第に商業会議所や各種職業団体の設立する職業学校が増え，初等技術教育を受ける生徒は1927年に4万3,874名に達している。

1939年には職業課程のための専門教育機関として，860校もの職業訓練センター（Centres de formation professionnelle）が各地に開設された。その後，1949年に見習い訓練センター（Centres d'apprentissage）と改称されるが[10]，資格労働者を養成するこれらのセンターのおかげで，技術教育は初等教育や中等教育に匹敵する地位を得たのである。

他方で，職業指導が技術教育総局の管轄下において推進されたことは，「小学校卒業と同時に義務就学を終え，知的でない職業へ直接アクセスするか，比較的短期の職業訓練を経由してアクセスする子ども」のみを職業指導の対象とし，「知的な職業に就くことを目的に学業を継続する子ども」を除外するという問題も引き起こした[11]。

2．職業指導センターにおける職業指導の展開

(1)「診断的概念」に依拠した職業指導の成立

「診断的概念」に基づく職業指導の開始には，職業指導センターの設置が深く関わっている。世界で初めて職業指導のための専門機関が設置されたのは1908年であり，パーソンズがアメリカのボストンに職業案内所を開設した。その影響を受け，パリの第16区では，「青少年クラブ」（patronage）や世俗的な民間団体（association）に所属する生徒を対象とする職業指導機関が創設された[12]。さらに「1913年5月17日の政令」では，「労働心理学，職業適性，および労働者や農業従事者の家庭においてそれらが果たす機能に関する研究を実施する委員会を労働省に設置する」[13]ことが定められた。

1919年に第一次世界大戦が終結すると，その後に生じた経済的・社会的困難を解決するため，職業指導体制の整備が急がれた。1922年には政令によって，以下のように職業指導が初めて公式に定義されている[14]。

「職業指導とは，技術教育政務次官官房の責任のもとで，商・工業における男女青少年の就職斡旋に先立って実施される各種業務全体のことあり，それは彼らの身体的・道徳的・知的能力を明らかにすることを目的とする。」

ここでは，若者の職業適性を診断し，彼らが成功を収めることができるような就職口を斡旋することが必要であるとの認識が示され，社会への移行に向けて若者の「身体的」(physiques),「道徳的」(morales),「知的」(intellectuelles) 能力を明らかにするという職業指導の3つの性質が定められている。同政令に則って，1924年にはパリ第15区に初めて公的な職業指導センターが創設され，その後リヨン，ストラスブール，トロイ，ボルドー，ムーランの5都市において，私立あるいは市町村立の職業指導センターが設置された。また1928年には，パリに「国立職業指導協会」(Institut national d'orientation professionnelle) が設立され，センター指導員の養成が実施されることになったのである[15]。

第二次世界大戦前には，避けられないであろう国際紛争から生じた需要に対応するべく，労働力を最適配置するための手段として職業指導が利用された。体系的な職業指導を展開するためには，就学や職業に関する包括的な情報が必要であり，特に失業率が急上昇した1930年代以降，それは喫緊の課題となる。こうして，1932年にロージエ（Alfred Rosier）によって「大学統計局」（BUS: Bureau universitaire de statistiques）が創設され，学校と職業に関する広範な資料が作成された[16]。

1938年には商・工業への就職を希望する17歳以下の若者は，職業選択について職業指導センターに相談することが義務付けられた。センターの数は次第に増加し，1946年には全国で127箇所に達している[17]。こうした動きは，「個人に最も適した進路に向けて，各人を方向付けることにより，全ての人を前進させる」[18]ことを追求するものであったが，戦時下での国家主義的な職業指導は偏狭な功利主義に陥ることとなり，国民個人の幸せは十分に顧み

られなかった。

(2)職業指導センターにおける職業指導の実態

　それでは，シノアールの著作『職業指導』を手がかりに，職業指導センターの実施した「診断的概念」に依拠する職業指導の実態について考察してみたい[19]。センターの指導員の役割は「適性の判定」(détermination des aptitudes) と「職種・職業理解」(la connaissance des métiers et professions) に大別される。つまり，第1に，学校や家庭から提供された資料によって児童の適性を認識するとともに，心理テストなどの科学的検査を用いてそれをより明らかにする。第2に，児童が従事する様々な職業や仕事について調べ，そこで働くために要求される条件を導き出す。その上で，適性と条件を突き合わせることで，児童がどのような仕事に，どの程度向いているかを判定する[20]。

①児童の適性判定

　「適性」については，「活動する際の性向」，「目的に向けた筋肉的諸反応の協調」，「不利な環境に持続的に抵抗する先天的資質」，「才能」，「刺激に対する反応」，など多様な定義が存在する。しかし，シノアールによると，適性は「分析の産物である部分的適性が相互に関連し，個人の統一体の中に統合された結果」であり，3つに分類されるという（表1-4）。

　Ⅰ．身体的・生理的適性 (les aptitudes physiques et physiologiques)

　身体的・生理的適性は主に医師によって診断されることになっており，質的次元の観察結果は「健康診断票」(la fiche médicale ou de santé) に，量的次元の観察結果は「身体機能検査票」(la fiche physiologique) に記入され，職業選択の判断材料とされる。例えば，機能測定では脈拍数から，児童が作業による心身の変調にどの程度耐えられるか推測することができる。また，腰の牽引力から肉体的エネルギーや耐久力を把握することで，徒弟工になろうと

表1-4 児童の適性判定の概要

適性の種類	測定内容	記入用紙
Ⅰ.身体的・生理的適性	a.体格測定（体重，身長，座高，胸囲，腋下回り，肩巾など） b.機能測定（呼吸作用，血液循環機能，筋肉機能） c.人体測定量と機能器官との相関計算 d.感覚機能（視力，色彩感覚，聴力，味覚，嗅覚など） e.反応時間	健康診断票 身体機能検査票
Ⅱ.心理的適性	a.運動適性 b.知能適性（言語的・論理的知能，数的知能，技術的知能） c.副次的知能適性（注意力，記憶力，想像力）	心理学的精神工学的検査票
Ⅲ.社会心理的・個性的適性	a.学業成績，個人の行動特性 b.パーソナリティ，両親の戸籍・職業，家庭の経済状況など	学校調査票 家族調査票

出典：Guy Sinoir, *L'orientation professionnelle*, PUF, 1950, pp.54-98より筆者作成。

する児童の体力と仕事で要求される体力を具体的に比較することが可能となる。

　他方，感覚機能の測定においては，諸感覚のうち特に鋭い感覚をもった児童を発見することで，科学者，料理人，ワイン鑑定人等として将来成功させることができるとされる。

　Ⅱ．心理的適性（les aptitudes psychologiques）

　第1に「運動適性」（les aptitudes motrices）の測定では，多くの仕事に共通する運動機能の検査，具体的には腕，前腕，手首，手，指およびこれらの共同動作による筋肉運動が検査される。例えば，折り曲げられた約2メートルの鉄線の端から端に50個の輪を往復移動させるテストでは，観察と解釈の結果によって4タイプに分類して判定する。

　第2に「知能適性」（les aptitudes intellectuelles）の測定では，知能水準を測るビネー（Binet）の検査，IQを測るターマン（Terman）の検査，空間認識

能力を測るウィグリ（Wiggly）のブロック検査，機能的理解力を測るスタンキスト（Stenquist）の検査などが用いられる。その結果に基づいて，児童を4グループに分けて適性を判定する。

第3に「副次的知能適性」(les aptitudes auxiliaires de l'intelligence) の測定では，抹消テスト（文章から特定の文字や記号を消去する），具象的記憶力テスト，デッサンなどによって注意力，記憶力，想像力を測る。

Ⅲ．社会心理的・個性的適性（les aptitudes psycho-sociales et caractérielles）

児童のパーソナリティに根ざした個性的要素は，学校と家庭からの報告によって把握することができる。学校からの情報としては，学業成績（客観的数値，クラス内の順位など）と個人的特性（評価的方法と記述的方法）が「学校調査票」（la fiche scolaire）に記入される。家庭からの情報としては，児童の家庭環境，個性的な行動，趣味，娯楽，積極的な関心をもっている職業などが，社会福祉士や学校補助員によって「家族調査票」（la fiche familiale）に記入される。

②職種・職業理解と職業情報の提供

職業というのは，職業それ自体の不変的要素（目的，適性など）と，個々の職業の労働市場における需要供給という2つの方向性から把握することができるという。職業指導員はこのような観点に立って企業主や従業員にインタビュー調査を行い，以下の3種類の資料を作成しなければならない[21]。第1に，仕事の目的，背景，労働条件（場所・時間），職業病に関する資料である。第2に，その仕事を遂行するにあたって求められる適性（心理的適性，精神的・運動的適性，生理的適性，健康，個性的・道徳的適性）を示した資料である。第3に，見習い訓練に進むために必要な学業水準や諸条件（学校，競争試験，給費など）について記した資料である。

さらに，職業指導センターには大学統計局（BUS）の発行する700以上の参考資料も用意されており，「知的労働市場の状況と様々な産業部門からの

需要」「知的職業の分析と就業条件」「知的職業にアクセスするために必要な学校での教育経験」について情報を得られるようになっている。

3．中等教育における進学指導の成立

(1)公教育制度成立以前の進学指導
　①社会階層による進路決定

　進学指導には，学業を継続するか否かという選択を支援すること，学業を継続する場合にどの分野の学業に進むかという選択を支援すること，2つの目的がある。ジャマチ（Viviane Isambert-Jamati）によると，遅かれ早かれ学校制度の分化が起こることを考慮すると，子どもの生涯の至る所にこのような進学指導が連続して存在するはずである[22]。しかし，実際には進学指導は職業指導と比べて取るに足らないものであるとみなされ，長期にわたって明確な形をなしてこなかったという。なぜならば，中等教育は「該当する年齢集団全体との関係でそれ自身の顧客を決定し，また顧客が多様であるとき，その各々にふさわしい顧客を差異のある方法で決定すること」によって，中等教育そのものが優勢となるようなアクセス基準を定めてきたからである[23]。表向きは中等教育を受けるにふさわしい才能（talants）や素質（dispositions）をもった生徒が入学を許可されたのであるが，実質的にはそれは社会階層によって決定されており，入学者は中等教育修了まで学業を継続することが前提とされていた。さらに，リセとコレージュで実施された伝統的な中等教育には，ラテン語と数学を基礎とする1つの教育課程しか設置されておらず，学業選択の余地はなかった。

　中等教育において初めて進学指導の問題が提起されたのは第二帝政（1852-1870）のときであり，1852年に公教育大臣フォルトル（Hippolyte Fourtoul, 在位1851-1856）が第4学年（第3学級）以降の学科を分岐させ，文系（Lettre）と理系（Sciences）を設置した。そのため，教員による「適性」の観察に基づいた学業選択の必要性が生じたのである。フォルトルは「我々の義務は生

徒を観察し，彼らの気づかぬうちに彼らを方向付け，教育的経験に固有の特徴である，ほとんど間違えることのない一種の予見によって，彼らの将来の未知の領域を把握することである」[24]と述べている。もっとも，「ほとんど間違えることのない」という言葉に象徴されるように，当時の教員がどこまで真剣に進学指導に取り組んだかは定かでない。どの学科に進むにしろ，あるいは学科を変更するにしろ，「ある種の学業生活の均質性に起因する一定の継続性と教育の本質」が保障されており，進学にあたって「教師は生徒を別の1人あるいは複数の教師に託すが，いつでも生徒は生徒，教師は教師である」と考えられ[25]，学業選択は容易なものであるとみなされていたからである。

さらに，実際の学業選択は生徒の適性というよりは社会階層の影響を反映したものであり，文系には上流階層出身者が，理系には相対的に劣った地位にある中流階層出身者が集まったとされる。このような体制のもとで，1850年に3万人であった中等教育への就学者は大幅に増加し，1864年には4万2,000人に達している。しかし，他方でそれは理系を中心に中等教育在籍者の質の低下という懸念を呼び起こすことになった。

②専門中等教育における「教育的概念」の制度化

1864年，公教育大臣デュルイ（Victor Duruy，在位1863-1869）は中等教育の分岐制度に終止符を打ち，リセにおける唯一の普通コースとして古典科を再建した。そのことについて，デュルイは「職業（vocation）がまだ決定されていない年齢水準において，誰も特定段階で理系と文系の選択を余儀なくされることがなくなったという点で，旧制度とは異なっている」[26]と述べている。

さらに1865年，デュルイは中等技術教育を施す短期（4年間）の「専門中等教育課程」（Enseignement secondaire spéciale）を創設した。したがって，制度上は11歳の時点で，「リセ」（古典科）と「専門リセ」のどちらに進学する

か選択しなければならなくなったのであるが,現実には大きな問題にならなかったという。なぜならば,依然として社会的条件が選択を決定付けており,この二元制度自体,知的上流階層と地位が向上しつつあった労働者中産階層を区別することを意図していたからである。

ところで,専門課程の導入は,「教育的概念」に依拠した進学指導および職業指導に関する新たな可能性をもたらした。かつて,リセの理系では科学理論を工業や商業に応用することが試みられ,職業の入り口に向けた準備教育がなされていたが,それが専門リセへと発展的に引き継がれたのである。デュルイは「日々,科学はその成果を応用することで産業を促進しており,このことこそ今日,産業の発展が学校の発展に緊密に結びつけられる理由である」[27] と述べ,科学の進歩が著しい時代だからこそ,学校において新たな技術・知識を職業や労働に役立つ形で習得する必要があると強調している。

さらに,1866年4月10日にデュルイは次のような声明を出し,「手工」の実施を訴えた。

「手工は何らかの道具を取り扱うことを習慣づけること以外の目的をもっていない。生徒に1つの職業を習得させることを目的とするのではなく,事務所あるいは研究室の仕事のために知性(l'esprit)が準備されるのと同様に,見習い訓練での仕事のために,ハンマーあるいはヤスリ,指物師のカンナあるいは旋盤工のバイトを握ることができるように鍛えられた手が準備されること,これが目的なのである」[28]

この専門課程は,実生活に有用な教育を施すことによって全国民の社会的地位を上昇させることを目指しており,労働組織の在り方の再検討にまで議論は及んだ。しかし,1891年に公教育大臣ブルジョワ（Léon Bourgeois, 1890-1892）が専門課程を「現代科」(section moderne)に改組し,教育内容として理論的訓練と文学の時間が大幅に増加されると,技術教育はほとんど実践されなくなった。

(2)第三共和政期の進学指導

　前節で検討したように，フェリーの改革によって公教育制度が成立すると，初等教育において「教育的概念」に依拠した職業指導が飛躍的に発展した。小学校を卒業後，直ちに肉体労働に従事しなければならない児童の職業選択は容易ではなく，就くことができる職種の数が増え，選択の幅が広がるほど複雑になっていったのである。

　比するに，小学校における進学指導は上級初等教育において学業を継続するわずかな児童を対象に実施されたが，進学先は補習課程と高等小学校に限られており，さほど重視されてこなかった。1941年には上級初等教育と中等教育の間にあった巨大な「垂直障壁」(cloisons verticales) がようやく解消され，小学校在籍者も中等教育へ進学できるようになったが，二元的教育制度に対応する形で就ける職業が明確に分離されていたこともあり，依然として進学指導は大きな教育課題として認識されなかったのである。上級初等教育への進学者は「ブルジョワジーに劣る集団」(partie inférieure de la bourgeoisie) と呼ばれ，中流雇用へと通じてはいるものの，さらに上級の学業へアクセスすることは不可能であった[29]。

　他方，中等教育は最終的に大学の入口まで到達することを前提としているが，途中で学業を中断しても二次的な道として就職が保障されている。すなわち，バカロレア（中等教育修了・大学入学資格）は要求されないが，中等教育に進学することなしには望めなかった知的職業への就業である。したがって，中等教育においても同様に進学指導は飛躍的に発展するには至らなかった。知的専門職に到達する人々が身を投じる学業は，長期間にわたって隘路を形成しており，ひとたびそれらを修了したならば，その後の選択肢は極めて限定されていたのである。

　しかし，1902年に公教育大臣レグ（Georges Leygues, 1851-1933）によってコース制が導入されると，徐々に変化が起きはじめる。中等教育は2つの段階に分けられ，第1期課程（第1学年〜第4学年）はA（古典科）とB（現代

科)の2部門,第2期課程(第5学年～最終学年)はA(ラテン語・ギリシア語),B(ラテン語・現代外国語),C(ラテン語・科学),D(科学・現代外国語)の4部門から構成されることになり,生徒に学業選択の余地が生じた。

シノアールによると,戦前の中等教育における進学指導は,修了後の職業選択に向けた継続的な準備であった[30]。ただし,入学時点で将来の進路がある程度確定しているため,心理テスト等を用いて生徒の適性を明らかにするのではなく,教科指導を通して生徒を方向付けることが重視されたのである。シノアールは,それを3つの段階に整理している[31]。

第1に,中等教育進学を予定する児童に向けて,第1学年に入る段階で行われる指導である。彼らは古典科か現代科のいずれかを選択せねばならず,この選択を誤ると希望する職業への道が閉ざされてしまう。そのため,彼らの適性を観察し,どのコースを選択すれば将来成功を収めることができるか助言する必要があった。

第2に,成績の悪い生徒に対して,中等教育の全教育課程を通して行われる学習指導である。落第という失敗は時間の浪費となるばかりでなく,子どもの心の奥底に不安と劣等感を生じさせるものであり,可能な限り避けることが望ましいとされた。

第3に,バカロレア資格を取った後で実施される指導である。バカロレア取得者を含めたリセ最終学年の生徒の51%がその将来について確固たる方針をもっていないという調査結果も報告されているという。ゆえに,生徒が関心をもつ学科や職業について説明したり参考資料を提供したりすることで,進路選択を支援することが求められた。

4．ゼイ改革による進学指導の発展に向けた萌芽

(1)進路指導学級設置の背景と経緯

第一次世界大戦後にコンパニョン(les Compagnons de l'Education nouvelle)によって推進された統一学校運動の目的は,教育制度を複線型から単線型へ

改め，教育の機会均等を達成することにあった。その主眼の1つが，学習コースが分岐する前に置かれ，共通教育を通して進路選択に向けた準備を行う「進路指導期」(cycle de l'orientation) の形成である。

1920年代から1930年代にかけての「進路指導期」構想をめぐる論点は，①入学方式（学力による選抜試験を実施するか否か），②教育課程の編成（共通教育の期間，ラテン語を科目として設置するか否か），③進路指導の目的（職業指導か進学指導か，あるいはその両方か）に整理される[32]。様々な教育団体から諸改革案が提案されたが，第二段・第三段教育連盟 (la Fédération de l'Enseignement des 2e et 3e degrés) の中心的存在であったゾレッティ (L. Zoretti) によって1933年に提案された構想は，最も具体的かつ大胆なものであったといえよう[33]。先の論点と照合するならば，選抜試験を経ずに全員が3年間の進路指導期において，ラテン語を含む共通教育を受ける。進路指導期を修了する際には選抜試験が実施され，一定の学力の保持者のみ上級学校に進学，残りの生徒は就職する。ゆえに，進路指導は上級学校の選択にとどまらず，職業選択に向けた指導も展開される，という内容であった。

1930年代における中等教育進学者の増加，および経済恐慌による失業者の急増（とその一因である進路選択の無秩序）を背景に，学校統一運動は次第に政策として論議されるようなる[34]。人民戦線内閣で国民教育大臣を務めたジャン・ゼイ (Jean Zay, 在1936-1939) は，1937年3月5日に教育改革案を下院に提出，並列的位置関係にあり社会階層に応じて区分されてきた「初等教育」と「中等教育」を，縦列的位置関係にあり発達段階に応じて区分される「第一段教育」と「第二段教育」に改変しようと試みた[35]。さらに，第二段教育の最初の1年間を進路指導学級として組織することを提案したが，それはまさに「進路指導期」構想の実現に向けた挑戦であったと考えられる。

1939年に第二次世界大戦が勃発した影響もあり，改革案の法制化は失敗に終わるが，法案の提出に先立ち，ゼイは国民教育大臣の行政措置によって進路指導学級を一部学校に実験的に導入した（1937年度50学級，1938年度37学級）。

「1937年5月31日の通達」によると，この学級の目的は第二段教育に必要な基礎知識の習得と進路指導にあるが[36]，後者に対するゼイのこだわりは並々ならぬものであったと判断できる。1937年11月29日にラショナリスト協会 (l'Union Rationaliste) で行った講演で，彼は以下のように述べている。

「実際，進路指導というのは，最も古く，最も恒常的で，最も重要な関心事です。それは学校や大学の関心事であるばかりか，人類的な関心事であります。……進路指導は，あらゆる文明社会の土台そのものであると表現することができます。というのも，それは各人をふさわしい位置に導くという願望，生まれもった資質によって子どもが自らの将来を築けるように現代国家が配慮するという願望に他ならないからです」[37]

このように，ゼイは進路指導を学校教育の内部で完結する事象ではなく，社会や国家の基盤を構成する要素として捉え，その改善に意欲を燃やしたのである。

(2)進路指導の目的と方法

ゾレッティの改革案とは異なり，進路指導学級に入学するためには学力試験による選抜を通過しなければならない。入学を認められた優秀な生徒は，共通課程を終えた後に中等教育を継続することが前提とされており，進路指導学級における指導の目的は学習コースの選択にとどまった。ゼイは1937年の講演で次のように述べている。

「議会に提出された法案の範囲内で我々が進路指導について語るとき，それは職業指導ではなく，進学指導を意味することを強調する必要があります。進路指導学級を終える時に問題とされるのは，若者が大工，画家，弁護士，あるいは医者になるか決めることではありません。それよりも，理系コース，文系コース，技術コースのどれに進むのがよいか決断することが重要です。」[38]

このように，職業生活に向けての準備や職業選択についての指導，すなわ

ち職業指導は，選抜試験によって排除され第二段教育に進学できなかった生徒を対象に，初等教育において実施されるべきものとして考えられている。他方で，ゼイは中等教育における職業指導を完全に無視していたわけではない。彼は「進路指導は必然的に少しずつ職業指導の性質を帯びてくる」としつつ，「出発点において我々が生徒に義務付けたいのは進学指導である」と指摘する[39]。したがって，ゼイのいう職業指導は子どもの進路を長期的に見通して展開されるものではなく，出口指導に矮小化されていたといえよう。

それでは，進路指導学級における進学指導の方法は，「診断的概念」と「教育的概念」のいずれを重視していたのであろうか。「1937年5月31日の通達」によると，「進路指導学級を担当する教員は，子どもの適性と主要な好みを発見し，それを自覚させることのみを使命としており，適性や好みのポイントと将来可能な職業について家庭に情報提供はするが，あとは家庭の自由な選択に委ねる」べきであるという[40]。つまり，教員による観察を参考にして生徒を古典科，現代科，技術科のいずれかに振り分ける仕組みであり，その機能は「診断的概念」に分類される。

ただし，次の点に留意しなければならない。第1に，職業指導センターで実施された職業指導とは異なり，観察方法として心理学や精神生理学に基づく科学的技法を採用しなかったことである。「1937年6月7日の通達」には，「子どもを観察し，掲示された問題に対して子どもの示した反応に注意し，そこから有益な結論を引き出すこと」が重要であり，「この作業は，教師の教育経験と明敏さとがそれをなし遂げる以上の努力を教員に要求しない」と明記されている[41]。第2に，最終的な進路決定権は家庭側にあるとされ，家庭に対する生徒情報や進路情報の提供が教員の主たる役割とされたことである。

またゼイによると，進路指導学級における進路決定は最終的なものではなく，その後柔軟に変更可能なものでなければならない。そのためには，第二段教育に多様な教育課程が並列に設置され，コース変更が認められる必要が

あるという。

　「我々は，第二段教育において，現代科，古典科，技術科という異なる学科が並置され，これらの学科間で調和のとれた交流，系統的な接続が実施されることを望みます。敢えて申し上げるならば，そのことによって絶えず進路決定の誤りを修正することができ，また天性が遅咲きであるか，当初に下された不正確な判断のために，出発の時点から間違った方向に導かれた子どもを正常な進路に戻すことができるのです。」[42]

このように，「診断的概念」においてやむを得ない「誤差の範囲」とみなされてきた進路のミスマッチを，その後の教育を通じて修正しようとする意思が示されている。それは下院に提出された「第一段および第二段教育の組織に関する法律案」(Projet de loi sur l'Organisation des Enseignements des premier et second degrés) にも反映され，古典科，現代科，技術科への振り分け後も，他学科への転入が認められることになった（第12条）[43]。

(3)ゼイ改革が進学指導に与えた影響
　①進路指導史にみるゼイ改革の位置
　ゼイの進路指導学級は，ゾレッティの「進路指導期」構想を部分的に採用したにすぎず，選抜試験を入学の前提とすること，共通教育の期間が1年間（選択科目を伴わない厳密な意味での共通教育は3カ月間）にとどまることを考慮すると，社会階層に応じた進路選択を根本的に改めるようなものではなかった。とはいえ，中等教育において進路指導を通じた進路決定に道を開いたという点で肯定的に評価されてよい。実際，実験校においては，進学者が古典科に集中するという事態が解消され，各コースのバランスが担保されたとの報告がなされている[44]。こうした進路指導学級の成果と課題は，戦後に試行された「新しい学級」(classes nouvelles) や「先導学級」(classes pilotes) の実験，さらに1947年に提出される「ランジュヴァン・ワロン教育改革案」(le plan Langevin-Wallon) に引き継がれていった。

他方で，進路指導の展開過程という観点からみたとき，進路指導学級の設置が与えた影響としてさらに2点を指摘することができる。第1に，伝統的に中等教育においては職業指導よりも進学指導が大きなウェイトを占めてきたが，この方向性を確固たるものにしたことである。ゾレッティ案をはじめ，「進路指導期」構想の中には中等教育における職業指導を否定しない斬新な改革案も存在したが，この点に関してゼイの考え方は，進学指導偏重という従来の枠組みを変化させるものではなかったといえよう。第2に，観察による進路選択を重視することで，専門機関において採用されてきた「診断的概念」に依拠した方法論を学校内にもち込んだことである。かろうじて家庭の最終的な進路決定権は保たれたものの，生徒ではなく教員主導の進路指導がシステム化されたことで，「教育的概念」の軽視という事態がもたらされたと考えられる。

②進学指導としての進路指導の成立
　戦後になり中等教育への進学率が飛躍的に上昇するに伴って，学校教育における職業指導の機能は進学指導に取って代わられるようになる。中等教育第1学年に在籍する子どもの数は1954年度に21万1,900人だったのが1959年度には38万4,800人に達しており，進学率も38.9％から46.4％に増加した[45]。
　高等小学校が現代コレージュに改変されたこともあり，中等教育にあまり親しみのなかった階層出身の生徒も，伝統的にこれまで就業してきた職業にとらわれず，中等教育におけるバカロレアの獲得に乗り出すようになった。小学校補習課程の生徒は，一般的に高等小学校の進学者よりも低い階層から募集されたが，彼らにおいてさえもバカロレアにアクセスすることが可能となったのである。実際，補習課程での学業を証明する「第二段教育第一期課程修了証」（le brevet d'études du premier cycle du second degré）の取得者は，第二期課程で中等教育（第6学級）出身者と共に学ぶだけの学力を備えていたとされる。

また同様に，商工業に関する中流雇用に閉じ込められていた技術教育への進学者も，技術コレージュを卒業してバカロレアを取得できるようになり，高等教育にアクセスできるようになった。このように，高度な教養や学業に向かうコースは，伝統的中等教育を受け継いだ古典の履修者だけでなく，これまで社会的条件によって遠ざけられていた多くの国民に開かれたのである。

　以上のような状況において，次第に進学指導はその先達である職業指導より重視されるようになってくる。その理由について，ルエルプは「学問的形成は必然的に職業的形成に先立つものであり，職業選択の一部分は事前に成し遂げられる学業によって条件づけられている」[46]と指摘する。つまり，進学指導は職業指導に先行し，それを決定づけるという論理によって，前者が後者を吸収する傾向がみられたのである。この現象は，職業生活に入る生徒が抱える課題と学業を継続する生徒が抱える課題の間に共通点が存在しうることを教育関係者に自覚させた。職業指導と進学指導を包含する用語としての「進路指導」は，このような歴史的経緯で用いられるようになったのである。

【註】

1　Alain Crindal, Régis Ouvrier-Bonnaz, *La découverte professionnelle: guide pour les enseignants, les conseillers d'orientation psychologue et formateurs*, Delagrave, 2006, p. 12.

2　夏目達也「フランスにおける初等教育改革と職業指導―1920-1930年代を中心に―」『名古屋大学教育学部紀要』（教育学科），第29巻，1982，263-265頁。

3　シノアールによると，徒弟前教育の概念は職業指導の概念と極めて類似している（Guy Sinoir, *L'orientation professionnelle*, Presses Universitaire de France, deuxième édition entièrement revue, 1950, c1943, p. 23. ギー・シノアール著，日比行一訳『職業指導』白水社，1955，31頁参照。）

4　夏目達也，前掲載論文，265-267頁。

5　Antoine Léon, *Histoire de l'enseignement en France*, collection "Que sais-je?", No. 393, Presses Universitaires de France, 1967, p. 97. アントワーヌ・レオン著，

池端次郎訳『フランス教育史』白水社，1969，100頁参照。
6　H. Bosc. R. Vauquelin, *Lectures professionnelles*, Hachette, 1939.
7　Alain Crindal, Régis Ouvrier-Bonnaz, *op.cit.*, p. 14.
8　Loi du 25 juillet 1919, *Journal officiel de la Republique français*（以下，*J.O.*），27 juillet 1919, pp. 7744-7748.
9　Luc Decaunes, M.L. Cavalier, *Réformes et projets de réforme de l'enseignement Français de la révolution á nos jours(1789-1960)*, L'institut pédagogique national, 1962, p. 233.
10　さらに1959年に技術教育コレージュ（collège d'enseignement technique），1975年に職業教育リセ（lycée d'enseignement professionnel）と名称変更され，戦後も存続した。
11　Marcel Leherpeux, "orientation professionnelle et scolaire", in Institut pédagogique national, *Encyclopédie pratique de l'éducation en France*, Société d'édition de dictionnaires et encyclopédies, 1960, p. 914.
12　Francis Danvers, 〈orientation〉, in Philippe Champy, Christiane Étévé (dir.), *Dictionnaire encyclopédique de l'éducation et de la formation*, 3e édition, Retz, 2005, p. 687.
13　Marcel Leherpeux, *op.cit.*, p. 914.
14　Décret du 26 septembre 1922, *J.O.*, 1 octobre 1922, p. 9830.
15　Guy Sinoir, *op.cit.*, pp. 11-13. ギー・シノアール著，前掲訳書，20-22頁参照。
16　Antoine Léon, 1969, *op.cit.*, p. 98. アントワーヌ・レオン著，池端次郎訳，前掲訳書，101頁参照。
17　Antoine Léon, *Histoire de l'éducation technique*, collection "Que sais-je?", No. 938, Presses Universitaires de France, 1961, p. 107. アントワーヌ・レオン著，ものの べながおき訳『フランスの技術教育の歴史』白水社，1968，145頁参照。
18　Marcel Leherpeux, *op.cit.*, p. 914 .
19　Guy Sinoir, *op.cit.*, pp. 49-103. ギー・シノアール著，前掲訳書，63-116頁参照。
20　この手法は，パーソンズの職業選択理論に依拠しており（F. Parsons, *Choosing a vocation*, Boston: Houghton Mifflin, 1909），後に差異心理学と融合して「特性・因子論」あるいは「マッチング理論」と呼ばれるようになった。
21　Guy Sinoir, *op.cit.*, pp. 99-103. ギー・シノアール著，前掲訳書，112-116頁参照。
22　ヴィヴィアンヌ・イザンベール＝ジャマチ，田崎徳友訳「中等教育における進路指導の概念（フランス）」『福岡教育大学紀要』第44号，第4分冊，教職科編，1995，

39-40頁。(Viviane Isambert-Jamati, "La notion d'orientation dans l'enseignement secondaire; analyse historique des critères proposés dans les textes officiels", *L'orientation scolaire et professionnelle*, No 2, 1972, pp. 129-141.)
23 同書，40頁。
24 Antoine Léon, 1967, *op.cit.*, p. 86. アントワーヌ・レオン著，1969，前掲書，89頁参照。
25 Marcel Leherpeux, *op.cit.*, p. 916.
26 ヴィヴィアンヌ・イザンベール―ジャマチ著，前掲載論文，43頁。
27 Alain Crindal, Régis Ouvrier-Bonnaz, *op.cit.*, p. 15.
28 Antoine Léon, 1961, *op.cit.*, p. 63. アントワーヌ・レオン著，1968，前掲書，93頁参照。
29 Marcel Leherpeux, *op.cit.*, p. 916.
30 Guy Sinoir, *op.cit.*, pp. 35-36. ギー・シノアール著，前掲訳書，46-47頁参照。
31 *Ibid.*, pp. 36-38. 同書，47-50頁参照。
32 夏目達也「フランス統一学校論における「進路指導期」の形成過程」『名古屋大学教育学部紀要』（教育学科），第31巻，1984年，196-198頁。
33 同書，198-201頁。
34 中等教育機関の在籍者数は1929年に10万1,000人，1939年に20万人に達した（Antoine Prost, *Éducation, société et politique: Une histoire de l'enseignement de 1945 à nos jours*, Éditions de Seuil, 1997., p. 86)。
35 佐藤英一郎「第7章 2つの世界大戦と教育」，梅根悟監修，世界教育史研究会編『フランス教育史Ⅱ』（世界教育史体系10），講談社，1975，201-203頁。
36 Circulaire du 31 mai 1937 cité in Maurice Chavardès, *Un ministre éducateur: Jean Zay*, Institut pédagogique national, 1965, pp. 113-117.
37 Charlotte Rieder (dir.), *La Réforme de l'enseignement, conférence faite par Jean ZAY et documentation rassemblée par Henri BELLIOT*, Paris, 1938, p. 14. J. ゼイ著，永冶日出雄訳「教育改革に関する講演」，長尾十三二監修『国民教育の改革』（世界新教育運動選書1），明治図書，1983，119頁参照。
38 *Ibid.*, p. 16. 同書，121頁参照。
39 *Ibid.*, p. 16. 同書，121頁参照。
40 Circulaire du 31 mai 1937, *op.cit.*, p. 116.
41 Circulaire du 7 juin 1937, 田崎徳友「フランス中等教育改革における「実験的試行」の位置と意義―ジャン・ゼイの「指導学級」を中心として―」『広島大学教育

学部紀要』（第一部），22巻，1973，53頁。
42 Charlotte Rieder (dir.), *op.cit.*, p. 21. J. ゼイ著，前掲書，125頁。
43 *Ibid.*, pp. 34-37. 同書，132-136頁。
44 田崎徳友，前掲載論文，55頁。
45 Alain Girard et Roland Pressat, "Deux études sur la démocratisation de l'enseignement", *population*, 1962, NO1, p. 11.
46 Marcel Leherpeux, *op.cit.*, p. 916.

小結―戦前における「診断的概念」と「教育的概念」の関係―

　徒弟制度のもとでの個人契約に依存していた子どもの進路決定は，フランス革命（1789年），産業革命（19世紀初頭〜後半），２月革命（1848年）を経ることで徐々に変化し，試行錯誤を繰り返しつつも，国家が職業指導という形で進路に対して一定の責任を負う体制が確立していった。「職業指導」概念の成立は，以前はごく一部の人間の関心事であった子どもの進路が社会全体の問題となり，公的な保障が目指されるようになったという点において，歴史的に重要な意味をもつ[1]。他方で，実地から離れた学校内での労働者養成が，逆に子どもを現実世界や職業世界から隔離させてしまうという矛盾も生じた。
　この矛盾を解消するため，第三共和政下の公教育，とりわけ大部分の国民を対象とする初等教育では，「教育概念」に基づく職業指導が積極的に推進されたのである。本章第２節では，1880年代から1910年代の小学校において，職業指導の役割が２種類の活動に期待されていたことを示し，その実践について明らかにした。技術教育を通じた取り組みに関しては，「手工」が知育に偏りすぎたためにその効果は限定的であったが，教科書を用いた実践では，職業理解，勤労習慣の醸成，就学指導，愛国的職業道徳の育成という４つの機能を通じて職業観の育成が図られた。それは児童の個性を軽視した国家主義的な職業指導に陥る危険性も有していたが，当時，卒業後に待ち受ける職

業生活に向けた準備教育が他に行われていなかったことを考慮すると，その意義は大きい。

　ここではフランスの独自性について，同時代の日本の義務教育において行われた職業指導と比較することで再確認してみたい。日本の学校における職業指導は，1927（昭和2）年の文部省訓令第20号「児童生徒ノ個性尊重及職業指導ニ関スル件」によって初めて公的に定義された。しかし，既に明治期から職業指導の基盤が形成されており，義務教育機関である尋常小学校においては手工科がその機能を担ったとされる[2]。手工科は，1890（明治23）年に加設科目として認められ，技能習得と共に勤労を好む職業意識の習慣化が目指された。この目標は，フランスの「手工」と類似しているように思われるが，それは決して偶然ではなく，フランスの「手工」が日本の手工科成立に一定の影響を与えたことは，多くの論者が指摘するところである[3]。手工科を加設した尋常小学校は，1903（明治36）年の時点では68校にすぎなかったが，1913（大正2）年には9,220校，全体の半数近くに達しており，庶民に対する職業指導の一側面を担ったのである。

　しかしながら，フランスと異なり，職業に関する基礎的な知識の提供が日本の尋常小学校で積極的に実施された痕跡は見当たらない。『2人の子どものフランス巡歴』は1930年に邦訳されているが，忠君愛国の精神を示した図書として扱われており[4]，職業や産業を理解するための教材という視点は欠如していた。したがって，フランスにおいて座学の教科の中で，教科書を用いた職業指導が全国的に実践されたという事実は，職業指導史研究に新たな視角を与えるといえよう。

　さて，フランス国内に視線を戻すと，1920年代に職業指導センターが設立されたことを契機として，小学校における「教育的概念」に基づく職業指導は，技術教育分野を除くと相対的に縮小していく。センターの指導員による「診断的概念」に依拠した職業指導は存在感を増し，小学校の役割はその補助にあるとみなされた。指導員は個人の適性と職業に求められる条件を適合

させるために，心理テストによって子どもたちの能力を測定し，その解釈に基づいて成功の予想モデルを構築した。こうした中で，1930年代後半から小学校で実施された「徒弟前教育」は，「教育的概念」を復権させようとする新たな取り組みであったが，十分な成果を上げる前にドイツによる占領を迎えてしまう。

他方，これまで職業指導の対象から除外されてきた中等教育においては，「進学指導」が徐々に普及していくことになる。その重要なきっかけとなったのが，ゼイによる「進路指導学級」の導入である。社会階層に基づく進路決定を是正しようとする画期的な改革であったが，そこでの進学指導の機能は学校教育の範囲内であるにもかかわらず，「診断的概念」に依拠していた。「教育的概念」から「診断的概念」へのシフトは，職業指導のみならず進学指導の領域においても起きていたのである。

ゼイの理念は，「アルジェ案」(Plan d'Alger) を経て，戦後の「ランジュヴァン・ワロン教育改革案」に引き継がれた。こうした一連の政策に加え，就学期間の長期化もあいまって，職業指導の周縁的地位を占めていた進学指導は，次第に前者を包含するようになった。

以上，戦前におけるフランスの進路指導の展開過程は，次のように端的にまとめられる。複線型教育制度のもと，庶民階層を対象とした初等教育と上流階層を対象とする中等教育が断絶して存在しており，前者において職業指導，後者において進学指導が成立した。しかしその後，職業指導においては，小学校での「教育的概念」に基づく活動から職業指導センターでの「診断的概念」に基づく活動に重点が移された。同様に，進学指導においても「教育的概念」に代わって「診断的概念」に依拠した生徒の振り分けが中心となり，次第にその範疇に職業指導をも取り込むようになった。つまり，第一次世界大戦を境目に，「教育概念」から「診断的概念」への機能的変容，および職業指導から進学指導への内容的変容という，二次元におけるベクトルの変化が生じたのであり，それは第二次世界大戦後の進路指導を明確に方向付けた

と考えられる。

【註】

1 Francis Danvers, 〈orientation〉, in Philippe Champy, Christiane Étévé (dir.), *Dictionnaire encyclopédique de l'éducation et de la formation*, 3e édition, Retz, 2005, p. 687.
2 三村隆男「明治・大正期の学校教育制度における職業指導の基盤形成に関する考察」『東洋大学大学院紀要』第38集, 2002, 567-588頁。
3 例えば, 宮崎廣道『創始期の手工教育実践史』風間書房, 2003, 42-47頁参照。
4 ブリュノ著, 北澤種一監修, 熊代豊子訳『祖国に帰る』郁文書院, 1930, 1-4頁（監修者である北澤種一と訳者である熊代豊子による解説部分）。

第2章　戦後期における進路決定システムの形成

　1959年の義務教育年限の延長に伴って，進路指導の舞台は初等教育から中等教育に移されることになるが，その基本原則を構成したのが1947年に提出された「ランジュヴァン・ワロン教育改革案」（以下「ランジュヴァン案」）である。まずは，同案のもつ意味を進路指導の観点から確認することで，第2章への導入としたい。

　国民教育大臣ゼイの遺業は，デュリー（Marcel Durry）らによって作成された「アルジェ案」（Plan d'Alger）に引き継がれた。しかし，アルジェリア臨時政府のもとで作成された同案はそのまま制度化できるものではなく[1]，フランスの本土の回復後により具体性をもった改革案が必要とされた。こうして1944年にコレージュ・ド・フランス教授ランジュヴァン（Paul Langevin, 1872-1946）を委員長とする「教育改革研究委員会」（Comités d'études de la réforme de l'enseignement）が発足した。1946年にランジュヴァンが死去した後は，ワロン（Henri Wallon）が委員長を引き継ぎ，1947年6月19日に改革案を発表した[2]。

　統一学校運動の結実ともいえるこの案は8章構成であり，第1章では戦後教育の基本理念として6つの原則が提示されている。このうち，進路指導と特に関わりの深い2つの原則に注目したい。まず，他の5つの原則の上位にあり，それらを支配するとされる「正義の原則」（Principe de justice）である。

　　「全ての子どもたちは，その家庭的・社会的・民族的出身がどうあろうとも，その人格を最大限に発達させる平等な権利をもつ。全ての子どもたちはその能力による以外の制限を受けてはならない。したがって，教育は全ての人に発達の平等な可能性を提供し，全ての人に文化へのアクセスを提供し，天賦の才能がある人を民衆から遠ざけてしまう選抜

(sélection）という方法によってではなく，国民全体の文化水準の継続的向上によって，民主化されなければならない。教育の民主化により学校教育の中へ「正義」を導入することは，各人をその能力が指定する地位に就かせることにつながる。そして，そのことは万人の最大限の幸福をもたらす。職務の差異は，もはや決して財産や社会階級によって決定されるのではなく，その職務を果たすことができる能力によって決まる。「正義」に合致した教育の民主化は，社会的な種々の仕事のよりよい分配を保証する。それは個人の幸福と同時に集団の利益に役立つものである。」[3]

このように，選抜制度を通して，社会階層に応じた進路形成がなされていた戦前のしくみが批判され，民主的な進路選択のシステムを構築する必要性が説かれている。その制度的理念についてより具体的に規定したのが，「進路指導の原則」（principe d'orientation）である。

「専門的能力をより正しく活用するという観点から，個々の人間の能力を有効に発揮させるということは，「進路指導の原則」を立てることになる。まず，進学指導（orientation scolaire），次に職業指導（orientation professionnelle）が行われた結果，それぞれの労働者や市民が，その能力に最もよく適合し，その生産性において最も適切な地位につくことができるようにならなければならない。現在の選抜制度は，ある職業について最も天賦の才能がある者を，際立った貢献をすることができる職業から引き離す結果になっている。それゆえ，個人の能力と同時に社会の需要に基づいた労働者の分類が，このような選抜制度に取って代わらなければならない。」[4]

この原則には，1980年代までのフランスの進路指導の基本的枠組みを形成するいくつかの重要な内容が含まれている。第1に，職業指導と進学指導の両者を包含する取り組みとして，「進路指導」という言葉を公式に用いたことである。第2に，社会階層による進路の不平等を是正するという目的のも

と[5]，試験による選抜に代わる進路決定システムとして，進路指導の導入が謳われていることである。この考え方は，ゼイの進路指導学級や「アルジェ案」の理念を引き継いでいる。第3に，ここに示された進路指導とは，能力・適性に応じたコースに子どもを配分することであり，「診断的概念」を重視している。「教育的概念」から「診断的概念」へのシフトは戦前から戦後へと発展的に継承されたのである。第4に，生徒の就学期間が長期化し職業選択が先送りされる中で，「診断的概念」に基づく進路指導は，実質的には「進学指導」として機能したことである。したがって，上述した「進路指導」の用語と現実との間には乖離があったといわざるを得ない。

このランジュヴァン案は，国民教育大臣ドゥプルー (Depreux)，国民教育大臣デルボ (Y. Delbos)，国民教育大臣マリ (A. Marie) らによってそれぞれ法制化が試みられたが，いずれも実現には至らなかった。しかし，同案の構想は1959年のベルトワン改革，1962年のフーシエ改革，1975年のアビ改革を通じて徐々に具現化されていく。すなわち，この3つの改革を経て「診断的概念」に依拠した進路決定システムが成立したのである。

本章では，このプロセスを検証することで，教育の機会均等に向けてどのような進路指導の制度が構築されたのか明らかにする。さらに，実際に階層再生産の是正という当初の目的が達成されたのかデータに基づいて吟味し，「教育的概念」の欠如が子どもの進路形成に及ぼした影響について考察する。それは，1990年代以降に生じた進路指導の「機械モデル」から「教育モデル」への転換の要因を探る試みでもあるといえよう。

【註】

1 中等教育の義務制・無償制を前提に，選抜試験制度を満18歳に至るまで廃止して能力・適性に基づく進路指導を徹底的に強化することを主張しており，その内容はかなりラディカルなものであった。
2 田崎徳友「ランジュヴァン・ワロン教育改革委員会（1944～1947）およびその改革案に関する研究(I)」『福岡教育大学紀要』第33巻，第4分冊，1983，37-62頁。

3 Paul Langevin et Henri Wallon, *Projet de réforme*, IPN, 1947, pp. 8-9.
4 *Ibid*., p. 9.
5 本章では，国立経済統計研究所（INSEE: Institut national de la statistique et des études économiques）の職業分類カテゴリー，具体的には上流階層（上級管理職・自由業）／中間階層（中間管理職・職人・商人）／庶民階層（農民・生産労働者・事務労働者・下級管理職）という分類を社会階層の指標とする。

第1節　ベルトワン改革による「観察課程」の設置

1．観察課程設置の背景と経緯

(1)「新しい学級」の実験的導入

　パリ解放後の混乱から立ち直るまでの一定期間，学校教育は戦前の制度が踏襲されたが，一方でランジュヴァン案の審議と並行していくつかの改革が開始された。その1つが，1945年10月から全国90都市にある中等教育機関の第1学年（第6学級）に導入された実験クラスである。ゼイの「進路指導学級」の精神を受け継ぐこのクラスは「新しい学級」(classes nouvelles) と呼ばれ，生徒の適性・能力を発見し，その結果に基づく進路指導が展開された。

　「新しい学級」は定員を25人に制限しており，個人差をふまえた授業を特徴とする。また，従来の受動的訓練に代わって，活動的・自発的学習を行い，社会的感受性を発達させて市民としての能力を伸ばすために，以下の4タイプの方法が実践された[1]。

　　①学習指導を狙いとしたもの：
　　　学校心理士の支援を受けてテストや持続的観察を実施し，教員や両親が意見交換する。
　　②学習を生き生きとさせようとするもの：
　　　知的領域以外にも関心を払い，生徒の個性・興味に応じた教科外活動

を行う。
③教科を関連させようとするもの：
担任教員のイニシアチブのもと，生徒の興味を中心にして教科の統合を図る。
④新しい学校の雰囲気をつくろうとするもの：
生徒の自治活動やグループ活動を重視，自由な討論を通して社会的感覚を育てる。

　その後,「新しい学級」は中等教育の第2学年～第4学年にも漸次拡大され，1949年には800クラスに達し，在籍生徒数は全体の5％を占めている。しかし，次第に中等教育進学者の増加に伴って，小人数クラスを維持することが財政上困難となったため，実験は1952年に打ち切られ，一部学校においてのみ「先導学級」(classes pilotes) という名称のもと縮小した形で継続された。他方で，生徒の記録作成，教育方法を研究するための会議，教科外活動など，実験成果の一部はその後の改革によって全ての中等教育機関に導入されたのである。

(2)ベルトワン改革の実施

　1958年6月，ド・ゴール（Charles De Gaulle, 1890-1970）が政権に復帰し，その内閣のもとで再び国民教育大臣となったベルトワン（Jean Berthoin, 在位1958-1959）は，教育改革の立法化に尽力した。その背景には，科学研究者と産業技術者に対する需要増加があったとされる。1957年には，1956年～1961年の5年間で5万1,000人の熟練技術者が必要であるのに，高等教育はその半数以下の2万4,000人しか人材を輩出できないとの報告がなされた[2]。また，中等教育人口の急激な増加も改革の必要性を生じさせた。中等教育第1学年の在籍者は1954年度には21万1,900人であったが，1959年度には38万4,800人に達しており，進学率も38.9％から46.4％に増加している。

　以上のような経緯から，「1959年1月6日の大統領令」[3]が公布され，義務

就学期間が2ヶ年延長されて6歳〜16歳までの10年間となった。また同時に，「1959年1月6日の政令」[4]によって新たに図2-1のような教育制度が整備され，各中等教育機関の第1・2学年に観察課程（cycle d'observation）が設置された。これに伴い，中等教育に進学する際の入学試験は廃止され，小学校（5年間）を卒業した子ども全員がそこに進むことになったのである。2年間の観察課程では，「教育課程に組み込まれた教科の教育を行いながら，生徒の意欲と能力とを組織的に観察する」[5]ことによって1人1人の能力・適性を発見し，進路指導が展開される（第11条）。デコネ（Luc Decaunes）とカヴァリエ（M. L. Cavalier）はその目的として，以下の2つを挙げている[6]。

 ①人間形成を行う学校教育に，教育を受けることによって利益を得ることができる子どもたち全員を到達させること。
 ②運まかせの進路指導あるいは先入観に基づいた進路指導を，子どもの適性・能力の十分な観察に基づいた進路指導に置き換えること。

ベルトワン改革以前のフランスの教育制度は複線型であり，生徒の進路は比較的早期から決定されていたが，中等教育における退学率や留年率は高く，それがバカロレア取得率の低さにもつながっていた。こうした状況の改善を期待されたのが「共通の幹」（tronc commun）としての観察課程であり，可能な限り同じ教育課程のもとで全生徒に対して普通教育を実施することが重視された（「1月6日の政令」）。ただし，中等教育関係者からの根強い反対もあり，実際には完全な共通教育が実施されるのは第1学年の1学期のみで，そこから徐々に学科（section）が分化するしくみになっている（図2-2）。

2．小学校における進路指導

したがって，ベルトワン改革によって成立した中等教育制度は依然として複線型を残しており，ゆえに小学校段階における進路選択が子どもの進路形成に大きな影響を与えた。

第2章　戦後期における進路決定システムの形成　107

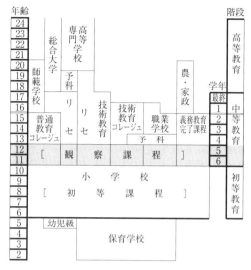

図2-1　ベルトワン改革後のフランスの学校制度（筆者作成）

〈履修内容〉
古典A科：ギリシア語，ラテン語，現代外国語
　　　　　（1ヶ国語）
古典B科：ラテン語および現代外国語（2ヶ国語）
現代科　：フランス語の強化補充学習および
　　　　　現代外国語（2ヶ国語）
完了課程：実務教育

図2-2　中等教育における学科の種類（筆者作成）

(1) 進路指導の方法

中等教育に向けた進路指導の手続きについては、「1960年6月2日の省令」[7]に定められている。まず、公立小学校長は小学校最終学年の児童の指導要録（dossiers）を、毎年5月1日までに大学区視学官に提出する（第5条）。大学区視学官はそれらを審査するために「県進路指導委員会」（une commission départementale）を設置し、共通の審査指針と評価基準を作成する。それらに従って、初等視学区ごとに置かれる「小委員会」（sous-commissions）が実際に審査を担当した。県進路指導委員会および小委員会は、初等・中等教育の教員、進路・職業指導担当の代表、学校・大学保健部の医師、保護者代表から構成される（第6条）。

しかしながら、1つの小委員会は平均1,400名にのぼる児童の調査書類を審査しなければならず、短期間で公正・適切な判断を下すことは難しい。そのため、小委員会は小学校最終学年の担当教員、リセおよび普通教育コレージュ（C.E.G.: collège d'enseignement général）[8]の第1学年担当教員各1名から構成されるいくつかの「ワーキング・グループ」（groupes de travail）を設置し、グループ単位で少数の児童を審査する措置がとられた[9]。各グループの審査結果は代表者を通して小委員会に報告され、そこで最終審査が下される。

このような手続きを経て観察課程への進学を認められた者は、各種中等教育機関に振り分けられた[10]。希望進路が認められなかった児童、および私立小学校や家庭で初等教育を受けて公立中等教育機関への進学を希望する児童には、学力証明試験が課される（第11条）。この試験で合格点（85点以上）をとった者は、進学を認められた（第12条）。

(2) 進路指導の実態

観察課程が導入されるまで、中等教育への進学は選抜試験によって決定されていたが、そこには社会階層の影響が顕著に反映されていた。国立人口統計学研究所（I.N.E.D: Institut national études démographique）が1959年度に中等

教育第1学年の生徒の社会的出自を調査したところ，庶民階層は短期普通教育や技術・職業教育に進学する者の割合が高く，上流階層は長期普通教育（特にリセ古典科）に進学する割合が高くなっていた[11]。こうした不平等の是正が進路指導に期待されていたのであるが，実態はどうであったのか。

1961年度に同研究所によって実施された調査によると，上流階層は長期普通教育に進学する割合が高く（人口の約3.2%を占める上級管理職の子弟のうち75%がリセに進学），庶民階層は留年，あるいは義務教育完了課程（cycle terminal）[12]や普通教育コレージュを選択している者が多い（表2-1）。

このように，新たな進路決定の方法が導入されたにもかかわらず，階層間の進路格差は歴然であった。問題は，社会階層が進路指導プロセスのどの部分に影響を及ぼしているのかということである。表2-2は，社会階層と①学業成績，②家庭の希望進路，③教員の進路勧告との関連を示したものである。上流階層は概して，成績が高く，長期教育（特にリセ古典科）への進学を希望

表2-1　各社会階層における中等教育の進路（1961年度）（%）

階層	親の職業	人口分布	小学校留年	就職・補習	完了課程	普通教育コレージュ	リセ	合計	中等第1学年
庶民	無職・その他	4.7	17	9	54	23	14	100	37
	農業労働者	3.4	22	7	61	21	11	100	32
	農業従事者	2.9	22	4	56	24	16	100	40
	非熟練労働者	15.2	20	4	51	29	16	100	45
中間	従業員	39.6	20	2	31	34	33	100	67
	職人・商人	10.3	19	2	32	34	32	100	66
上級	中間管理職	16.6	15	1	15	29	55	100	84
	自由業	4.1	15	#	10	23	67	100	90
	上級管理職	3.2	12	#	6	19	75	100	94
	合計	100	20	3	42	28	27	100	55

出典：Alain Girard, Henri Bastide et Guy Pourcher, "Enquête nationale sur l'entrée en aixième et la démocratisation de l'enseignement", *population*, 1963, NO1, p. 31. Alain Girard et Henri Bastide, "La stratification sociale et la démocratisation de l'enseignement", *population*, 1963, NO3, p. 437より筆者作成。

表2-2 各階層における学業成績・家庭の希望・教員の勧告（％）

社会階層		庶民			中間		上流		
	合計	農業労働者	農業従事者	非熟練労働者	従業員	職人・商人	中間管理職	自由業	上級管理職
①学業成績									
大変よい	10	10	5	7	10	11	21	17	22
よい	31	32	27	27	33	33	43	38	40
普通	33	32	35	34	34	34	25	33	28
普通より劣る	18	19	23	22	16	16	8	10	8
悪い	8	7	10	10	7	6	3	2	2
合計	100	100	100	100	100	100	100	100	100
②家族の希望									
リセ古典科	16	8	8	6	19	17	37	55	61
リセ現代科	11	7	5	9	14	17	18	16	16
普通教育コレージュ	29	25	23	31	33	33	37	17	12
中等第1学年（コースを問わない）	6	4	2	5	7	7	8	6	6
完了課程	38	56	62	49	26	26	10	6	5
合計	100	100	100	100	100	100	100	100	100
③教員の勧告									
古典科	15	12	7	8	17	15	35	46	51
現代科	23	21	21	20	26	27	28	24	24
技術教育	6	4	5	7	5	6	6	4	5
中等第1学年（コースを問わない）	6	3	4	6	6	8	7	7	6
職業教育	21	21	26	26	20	19	9	7	5
完了課程	29	39	37	33	26	25	15	12	9
合計	100	100	100	100	100	100	100	100	100

出典：Alain Girard et Roland Pressat, "La stratification sociale et la démocratisation del'enseignement", *population*, 1963, NO3, pp. 439-447より筆者作成。

し，教員から長期教育を勧告される傾向にある。他方で下流階層は，成績が低く，完了課程への進学を希望し，職業教育や完了課程を勧告される傾向にある。つまり，3つの指標の全てに階層間格差が表れているといえるが，実際の進路選択との関係に着目すると，さらに以下のことが指摘できる[13]。

① 学業成績と進路の関係
　成績上位：庶民階層では普通教育コレージュ，上流階層ではリセに進学する児童が多い。
　成績中位：庶民階層では完了課程，上流階層ではリセに進学する児童が多い。
　成績下位：庶民階層では完了課程，上流階層ではリセに進学する児童が多い。

② 家庭の希望と進路の関係
　大部分の児童が希望する進路に進んでいるが，リセ進学希望者に関しては，上流階層が有利な状況にある。また，上流階層では完了課程や普通教育コレージュを希望しておきながらリセに進学する児童がいるが，庶民階層ではほとんどいない。

③ 教員の勧告と進路の関係
　古典科（リセ）を勧告された児童の場合，上流階層では大部分が古典科に進学するが，庶民階層では普通教育コレージュに進学する児童も少なくない。逆に，完了課程を勧告された児童では，庶民階層の多くが勧告に従っているのに対して，上流階層では半数近くが勧告に反してリセに進学している。

したがって，進路決定に大きな影響を与えているのは，家庭の希望と教員の進路勧告であると判断される。しかしながら，両者は8割以上の確率で一

致しており，社会階層の影響を受けている。一方で，学業成績が進路に直接与える影響は相対的に小さく，恵まれた社会階層であれば優秀でなくともリセに進学している。ただし，希望進路と教員の勧告が異なる場合は学力試験を受ける必要があるため，成績の影響を全く無視することはできない。成績優秀者の割合の高い上流階層は勧告を覆す手段を有するのに対して，庶民階層にはそのチャンスが乏しいのである。

3．観察課程における進路指導

(1) 進路指導の方法

　小学校における進路選択の時点で既に不平等が生じることを政府が想定していたかどうかは定かでない。いずれにせよ，これらの格差を「共通の幹」においてリセットし，生徒の能力・適性に応じた進路に振り分けることが，観察課程に期待された役割である。

　観察課程における進路指導手続きは，小学校と同様に「6月2日の省令」によって定められた。中心的役割を果たすのが，各クラスの担任教員（professeur principal）であり，「学校長の管理のもとで，クラスの様々な教員の活動を調整し，観察記録をとりまとめ，家庭に報告し勧告するために，家庭との間に有益なつながりを確立する」[14]ことになっている（第19条）。担任教員の指示のもとで，最低毎月1回定期的に「学級評議会」（conseil de classse）が開催され，そのクラスに関わる全教員が各生徒の能力・適性を評価する。第1学年の1学期終了時および第2学年終了時には，確固たる根拠に基づいて評価結果を「進路指導評議会」（conseil d'orientation）に報告しなければならない。

　進路指導評議会は5クラス〜8クラスをまとめた「進路指導グループ」（les groupes d'orientation）にそれぞれ設置され，各クラスの代表教員2名，進学・職業指導担当の代表1名，生徒をよく知る教職員，学校・大学の保健部門の医師によって構成される（第20条）。その役割は，「学級評議会からの

意見について問題提起し，望ましい統一を確立して家庭の観察結果をまとめることで，第19条に想定された条件のもと，家庭に伝達する明確な根拠のある意見・勧告を確立する」[15] ことにある（第22条）。

進路指導評議会は学級評議会の報告と家庭の希望進路をもとに生徒に対して2度の勧告を行う。1回目はコースが古典科と現代科に分化する第1学年の1学期終了時，2回目は第2学年終了時であり，いずれの場合も生徒に最も適合した履修コースを勧告する[16]。ただし，それ以外でも生徒の選択の誤りを発見すれば，ただちに進路変更するように指導することになっている。

また，現場での進路指導を支援するため，大学区視学官のもとに「県進路指導評議会」(le conseil départemental d'orientation) が設置され，進路指導グループ間の調整や問題の改善に取り組む（第24条）。構成員は，大学区視学官（議長），学校・大学の保健部の医師，進学・職業指導担当の代表，「大学統計局」(BUS) の代表各1名，および保護者代表3名で，必要に応じて学校心理士が加わる（第25条）。さらに政府レベルでは，「1月6日の政令」第21条に従って，国民教育大臣（議長），国民教育省の関係各局長，大臣に指名された学識者によって「国民教育省進路指導評議会」(conseil ministériel d'orientation) が組織され，全国の進路指導の組織・運営の充実がはかられる。

(2) **効果的な観察に向けた取り組み**

生徒の能力・適性を正確に観察するためには1学級の生徒数を少人数にすることが望ましい。「新しい学級」の定員は25名，「先導学級」の定員は30名とされていた。ベルトワン改革では，教室と教員の不足のために定員40名と定められたが，それを補う措置として，学級の生徒数が24名以上の場合，特定の授業時間に限って学級を分割することが義務付けられている（「6月2日の省令」の第17条)[17]。いわゆる「指導付き学習」(le travail dirigé) であり，フランス語，ラテン語，現代外国語，数学，観察理科，理科実験，図画，手工の8科目に適用された（原則週1時間，フランス語のみ週2時間）。

「1960年9月23日付の通達」によると、「指導付き学習」の目的は以下の4点にある[18]。

① 家庭における子どもの学習義務を軽減すること。
② 子どもに短時間で、確実に学習方法を身につけさせること。
③ 子どもが自分の欠点を克服できるように支援する学習指導を促進すること。
④ 生徒の適性・能力の観察を容易なものにすること。

第4の目的にあるように、少人数制の「指導付き学習」は教員の目が届きやすく、生徒の観察に適している。特に図画と手工では共同作業が多いため、生徒の精神的能力を示す指標（学習リズム・注意力・理解力・判断力）、性格を示す指標（忍耐力・意欲・協調性・欠席数）、さらには興味・関心などが顕在化しやすいと考えられた。さらに手作業を伴うため、芸術的適性に加え、想像力、創造力、協調性、思考タイプ、作業タイプといった一般的適性も観察することができる。したがって、これら2科目については、例外を除き授業時間の全てを「指導付き学習」の形態で実施することになっている[19]。

観察された内容は個人記録としてまとめられ、家庭の希望進路とともに学級評議会や進路指導評議会における議論の重要な材料となる。このように進路指導に利用される書類は5種類あり、「1962年3月24日の通達」によって様式が規定されている[20]。

① 学習成績票（Fiche scolaire, 図2-3）
表面には生徒の経歴、中等教育進学時の保護者の希望進路、第1学年の学級評議会の勧告と最終決定を記入する。裏面には学年別の成績を5段階で記入し、科目別・学期別に異なる色の線グラフで示す。

② 進路指導票（Fiche d'orientation, 図2-4）
進路指導評議会が各生徒の進路の最終決定を記録する。勧告できる学科と

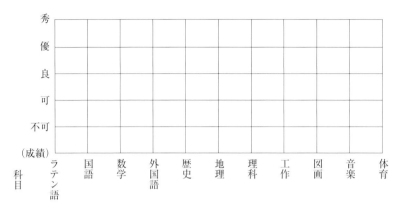

図2-3 学習成績票

できない学科を明記し，今後受験する必要のある科目等を示す。

③ 家庭の希望申告書（Vœu de la famille，図2-5）

進路指導票の裏面にあり，保護者が希望する学科および学校を第6志望まで記入する。

④ 個人記録簿（Portrait de l'élève，図2-6）

学業成績，適性，性格，行動，その他進路指導上参考となる事項について，概要や目立った点を要約して記入する。さらに，保護者の希望進路，進路指導評議会の勧告・最終決定を記入する。最後に，進路決定にあたって試験を課す必要があるときは科目名を記入する。

⑤ 学級評議会評価票（Appréciation du conseil de classe，図2-7）

学級評議会が10項目にわたって生徒の能力・適性を3段階評価で記入する。さらに，進路指導担当者と学校心理士の所見も記録するようになっている。

116

監査する大学区名：
学校名：

進路指導票

生徒の性別：
生徒の氏名：
保護者の住所：
所属学科：

進路指導評議会の意見

学科の選択		古典A科	古典B科	現代科[4]	見習い訓練	留年
勧告できる[1]						
勧告できない[2]						
‥‥‥‥‥						
受験する可能性のある試験[3]	ラテン語					
	フランス語					
	数学					
	外国語					

特に優れた適性：
確認された不適性：
日付：
学校長の証印：　　　　　　　　　　　　進路指導評議会議長の証印：

[1] 勧告できる学科の優先順位を数字で記入する。
[2] 1つあるいは複数の勧告できない学科に×印を記入する。
[3] 必要な場合に生徒が試験を受けることを認められている科目に×印を記入する。
[4] 新たな規定においては，現代科は通常第4学年終了後に現代バカロレア，技術バカロレア，技術免許状を準備する学級に進むか，短期普通教育の最終学級に進む。

図2-4　進路指導票

第2章 戦後期における進路決定システムの形成

```
┌─────────────────────────────────────────────────────┐
│                  家庭の希望申告書                    │
│  ┌──────┬──────────────┬──────────────┬──────────┐  │
│  │      │  選択する学科 │    学校名     │  専攻※   │  │
│  ├──────┼──────────────┼──────────────┼──────────┤  │
│  │  1   │              │              │          │  │
│  ├──────┼──────────────┼──────────────┼──────────┤  │
│  │  2   │              │              │          │  │
│  ├──────┼──────────────┼──────────────┼──────────┤  │
│  │  3   │              │              │          │  │
│  └──────┴──────────────┴──────────────┴──────────┘  │
│  日付：..................            保護者の署名    │
│  日付と保護者の署名が記入されたこのカードは，学校長のもとに返却される。│
│  ※見習い訓練を希望する場合のみ記入                  │
└─────────────────────────────────────────────────────┘
```

図2-5　家庭の希望申告書

```
┌─────────────────────────────────────────────────────┐
│                    生徒の人物描写                    │
│ (生徒の学習成績，適性，性格の特徴，態度，進路勧告の根拠となる特別な観察所見を数行に要│
│  約してください。)                                   │
│                                                     │
│                                                     │
│                      家庭の希望                      │
│                                                     │
│                                                     │
│                   進路指導評議会の勧告               │
│                                                     │
│                                                     │
│                      最終決定                        │
│                                                     │
│                                                     │
│ 受験する可能性のある試験のために，フランス語・ラテン語・数学・外国語の中から必要な科目│
│ を記入してください。                                 │
└─────────────────────────────────────────────────────┘
```

図2-6　個人記録簿

学級評議会の評価（左側の3つの欄に関しては，該当する欄に×印をつけること）

	普通より明らかに優れている	普通あるいはやや優れている	普通より劣る	他と比べて最も優れている能力が含まれる科目名
口頭の表現力				
筆記による表現力				
想像力				
具体的思考力				
抽象的思考力				
注意力・適応能力				
学習意欲				
自律能力	①	②	③	①特にすぐれた能力 ②普通の能力 ③困難児
仲間との関係	④	⑤	⑥	④感化力に優れている ⑤普通の関係 ⑥他者と距離を置いた態度
長期欠席				
進路指導相談員あるいは心理士の注記				

図2-7　学級評議会評価票

出典（図2-3から図2-7）:「1962年3月24日の通達」より筆者作成。

(3)進路指導の実態

　観察課程の目的は，早すぎる専門への分化を避け，社会・市民生活に必要とされる共通基盤を培うことで中等教育への移行を円滑に行い，2年間における観察を通じて適性・能力に応じた進路選択を実現することにある。小学校を卒業した児童は，一端は各中等教育機関に振り分けられるが，適性・能力に応じて学科や学校を変更することが制度上認められている（「1月6日の政令」の第10〜16条）。そのことを踏まえた上で，観察課程1年目と2年目に実施される進路指導の結果と社会階層の関係について検討してみたい。

表2-3 リセ観察課程第1・2学年の生徒の出身学校・学科（1963年度）

学年	学科	生徒が前年度に所属していた学校・学科								私立学校	合計	
		公立学校										
		留年	小学校	リセ				普通教育コレージュ			割合（％）	総数（人）
				第1学年		第2学年		第1学年		第2学年		
				古典	現代	古典	現代	古典	現代	古典	現代		

学年	学科	留年	小学校	リセ第1古典	リセ第1現代	リセ第2古典	リセ第2現代	コレージュ第1古典	コレージュ第1現代	コレージュ第2古典	コレージュ第2現代	私立学校	割合(%)	総数(人)
第1	古典科・現代科	12.2	84.3	—	—	—	—	0.1	0.2	—	—	3.2	100	163,581
	移行学級	5.8	92.4	—	0.2	—	—	—	0.3	—	—	1.3	100	1,166
第2	古典科	9.5	2.5	83.8	0.6	—	—	2.3	0.1	0.1	—	1.1	100	77,579
	古典科適応学級	5.9	8.9	38	36.9	1.1	0.6	0.9	4.5	0.2	1.1	1.9	100	699
	現代科	13.7	2.2	5.5	71.6	1	—	0.2	4.3	—	0.3	1.2	100	71,177
	現代科適応学級	4.9	51.6	12	21.9	3.7	0.1	0.3	3.3	0.4	0.4	1.4	100	891
	移行学級	5.3	52.4	9.5	17.2	1.1	0.4	—	10.5	—	2.9	0.7	100	531

出典：Ministre de l'éducation nationale, *Informations statistiques*, janvier 1966, n°77, p.15 より筆者作成。

　表2-3は，1963年度におけるリセ観察課程第1・第2学年の出身学校および学科（コース）の比率を示したものである。第2学年の古典科は8割以上がリセ古典科の出身であり，現代科あるいは普通教育コレージュから移動した生徒は少数である。また，第2学年の現代科も約7割がリセ現代科出身であり，古典科あるいは普通教育コレージュからの移動はわずかしかない。また表2-4は，同じく1963年度における普通教育コレージュ観察課程第1・2学年の出身学校比率を示したものである。第2学年に関しては6割以上が普通教育コレージュ出身者，約2割が小学校（義務教育完了課程）出身者であり，リセから移動した生徒はほとんどいない。したがって，中等教育（第6学級）進学時に学科に振り分けられた後の進路変更は形骸化しており，小学校における進路選択がそのまま維持される傾向にある。

　表2-5は，1963年度に中等教育第3学年に在籍している生徒を対象に，前

表2-4 普通教育コレージュ観察課程第1・2学年の生徒の出身学校（1963年度）

学年	生徒が前年度に所属していた学校						合計	
	公立学校					私立学校	割合(%)	総数(人)
	留年	小学校	普通教育コレージュ	リセ	技術学校			
第1	9.8	87.7	—	0.8	0.3	1.4	100	262,964
第2	9.3	23.6	63.8	2.1	0.2	1.0	100	266,881

出典：Ministre de l'éducation nationale, *Informations statistiques*, n°77, janvier 1966, p.43より筆者作成。

年度（観察課程第2学年）に所属していた学校・学科を調査したものであるが、大部分の生徒において第3学年の校種・学科は第2学年と同じである。少数ながら一部の生徒で校種の変更（例えば普通教育コレージュ現代科からリセ現代科へ）がみられるものの、学科間の移動はほとんど実現されていない。技術教育コレージュについても小学校（7割強）や普通教育コレージュ（約1割強）といったかつての初等教育系統の学校からの進学が大半を占め、かつての中等教育系統であるリセからの進学は約5％にとどまる。

したがって、観察課程修了時における進路指導についても、学校や学科の変更は限定的であったが、教員の進路勧告に従わない家庭は20％にすぎず、こうした偏った進路選択の大部分は家庭の希望に沿った結果である。いずれにせよ、社会階層の影響を受けた中等教育第1学年進学時の選択が、子どもの進路形成に決定的な意味をもっていたといえよう。

4．進路に関する不平等が発生するメカニズム

(1)制度設計と進路格差

進路にみられる階層間の不平等の原因の1つとして、観察課程がランジュヴァン案を部分的にしか実現しておらず、特に次の3点について設計上の欠陥を抱えていたことが挙げられる[21]。第1に、ランジュヴァン案では進路指

表2-5 中等教育第3学年の生徒の出身学校・学科（1963年度）

学年	学科		生徒が前年度に所属していた学校・学科							技術学校	私立学校	合計	
			公立学校										
		留年	小学校	リセ				普通教育コレージュ				割合(%)	総数(人)
				古典	古適	現代	現適	古典	現代				
リセ	古典科A	5.0	0.1	90.4	0.5	0.1	—	2.7	—	—	1.2	100	9,169
	古典科B	10.0	—	83.4	1.0	0.4	—	4.0	0.1	—	1.1	100	55,671
	古受・適	7.7	43.0	24.2	1.7	9.9	0.3	2.1	9.3	—	1.8	100	1,195
	現代科2：国語	13.9	—	6.0	0.9	67.8	0.9	0.5	8.8	—	1.2	100	51,144
	現代科：技術	12.6	0.9	4.2	0.2	67.0	1.2	0.6	11.8	—	1.5	100	25,194
	現代科1：国語	15.6	0.8	3.4	2.4	50.2	0.7	1.8	24.2	—	0.9	100	3,643
	現受・適	7.1	74.6	1.0	0.1	6.2	0.8	0.1	5.7	—	4.4	100	18,472
	実践コース	8.6	43.6	11.7	—	21.4	1.2	1.6	7.5	—	4.4	100	355
普通教育コレージュ		10.2	3.6	3.0				76.1		0.2	0.9	100	153,891
技術教育コレージュ	男	2.2	70.2	5.4				14.3		3.0	4.9	100	68,464
	女	4.9	74.1	5.4				10.5		1.7	3.4	100	48,267

※古適＝古典科適応学級、現適＝現代科適応学級、古受・適＝古典科受入・適応学級、現受・適＝現代科受入・適応学級

出典：Ministre de l'éducation nationale, *Informations statistiques*, n°77, janvier 1966, pp. 15-43より筆者作成。

導期（cycle d'orientation）として4年の観察期間が充てられていたが，観察課程は2年間と短く，ましてや進路指導評議会が第1回目の勧告を行うまでの1学期の間に適性や能力を発見することは，困難であったと考えられる。第2に，ランジュヴァン案では第3期に相当する進路決定期（cycle de détermination）で学科が分化するまで共通教育が行われることになっていたが，観察課程での共通教育は第1学年の第1学期のみであった。第3に，観察課程用の学校が新設されなかったため，学校制度を単線化して統一学校におい

て教育を行う構想が実現せず，依然として学科の位階制の影響力が残された。さらに，原則として現代科のみをもつ普通教育コレージュと現代科と古典科の両方を備えたリセ，それぞれに観察課程が設置されたことで，どの教育機関に進学するかによって実質的に選択できる学科が限定されてしまったのである。

　しかし，進路格差の要因の全てを細かい制度設計に帰することはできず，そもそも根本的な問題として「診断的概念」に依拠した進路指導の限界があったのではないだろうか。すなわち，小学校においても確認されたように，能力・適性に応じた進路指導において，社会階層が家庭の希望と教員の勧告を媒介として進路選択に影響を与えてしまうという本質的矛盾である。以下では，社会学者ブルデュー（Pierre Bourdieu, 1930-2002）の文化的再生産理論を援用して，この矛盾のメカニズムを検討してみたい。

(2)家庭の選択と進路格差

　ブルデューによると，それぞれの家庭というのは「直接的というよりはむしろ間接的な方法で，ある程度の文化資本やエートス，深く内面に統合された暗黙の価値体系を伝達する」[22]という。その価値体系は，家庭の文化資本に対する態度や，学校制度に対する態度を規定する。したがって，学校文化や学業によって提示される未来に対する家庭の態度は，所属する社会階層の暗黙あるいは明白な価値体系を表現したものとなる。

　学校に関する様々な選択は家庭の希望する主観的未来に沿って行われるが，この未来の基準は対象とする目標に到達する客観的可能性の保証によって決定される。この可能性は以前の成功や失敗を通して客観的に見積もられるが，教員の評価や言説が与える影響は大きい。つまり，主観的未来は同じ階層の成員全体の失敗と成功の経験を通して徐々に思い出されるものであり，強制される客観的未来の内面化であるといえる。ゆえに，主観的未来から生じる態度というのも，共有された客観的未来を介したものとなっている。ある未

来が「個人のための『現実』（réalité）として存在するかは，それが現実として社会的に受け入れられるかどうかによって決定される」[23]のである。よって，この「現実」は絶対的なものではなく，個人（家庭）の所属集団によって異なる。

　目標とする学校へと到達する未来，学校での価値や規範に適合して成功する未来，さらには社会的に成功する未来を抱くことができる家庭は，学校による社会的上昇を試みる態度を示し，そのような選択をする。他方で，このような未来を抱くことができず，自分の希望を放棄した「将来性のない」（n'ont pas d'avenir）家庭は，学校による社会的上昇をあきらめたり，自分の目標をかなり低い位置へ下げたりする。こうした家庭が求めているもの，それは「権威はあるが気後れさせる，現実離れした，漠然とした文化」ではなく，「より現実的で，より生徒の日々の関心事に近く，より彼らの就職口に配慮した教育」である[24]。

　この考え方を観察課程における進路指導にも応用してみたい。クレル（Paul Clerc）によると，普通教育コレージュに通う生徒の家庭の中には，自分の家の最も近くにあるリセの名前を知らないものも多いという[25]。庶民階層にとってリセは現実的な世界の一部をなしているものではなく，そこに子どもを通わせることを考えるには，例外的な成功の連続した事例や経験が必要だからである。彼らは社会に出て働くために必要な「大衆教育」（enseignement mass）[26]を求めているのであり，教養としての古典語を学ぶことよりも，実用的な現代語を学ぶことを希望する。現代科であれば，もしうまく成功すれば中等教育第5学年，さらにはバカロレアまで到達することができ，リセの仲間たちと「対等の試合」（jeu égal）をすることができる。他方で，到達できないことが明らかになったならば，いつでも興味のある就職口を探すことができる。したがって，義務教育を超えて子どもを就学させる家庭が冒すリスクは，進路の選択肢が限られる古典科に比べると，実用的な教育を行う現代科の方が小さいと考える。一方で，上流階層が求めるのは高度な

「中等教育」(enseignement secondaire)[27]であり，長期普通教育を選択して高等教育まで至るという未来を「現実」として有している。ゆえに，彼らは多くの文化資本を得ることができ，かつ学校システムの中で評価の高い古典科を必然的に選択する。

このように，上流階層は「中等教育」にふさわしいハビトゥス (habitus)[28]を，庶民階層は「大衆教育」に適応できるハビトゥスを備えていた。よって，両者の固定的な教育要求を解消しないままに進路指導を行うと，必然的に社会階層の差異が反映される。

(3)教員の選択と進路格差

学校における評価の内容や精神に関して，上流階層の文化を伝達するシステムの産物である教員は，当人がシステムのおかげでより完全に大学や社会での成功を収めているほど，その価値と深く共鳴する。つまり，学校によって階層から「解放」(libéré) された教員は，既存の社会構造を保守する任務をもつ「解放する学校」に信頼を置いているといえよう。ゆえに，多くの教員は，自分の社会的出自のおかげで得た，また自分たちの蓄積してきたものから取り出した，教養ある階層の価値尺度に応じて子どもを評価する。その尺度とは，子どもの所有するハビトゥスと学校文化との間にある距離であり，この距離が近いほど教員は高い評価を下し，逆にこの距離が遠いほど低い評価を下す傾向がある。しかしながら，この距離は家庭の総体的な文化水準によって決まっており，上流階層出身の生徒ほど学校文化に類似したハビトゥスをその階層から受け継いでいる。

このような不平等は，教員が試験結果だけでなく，生徒の人間性や人格を評価することによって倍加される。例えば，指導要録の記載項目である「表現力」「思考力」「想像力」「注意力」「適応能力」「学習意欲」「自律能力」などは（図2-7），数字や記号で表せる各教科の成績と異なって客観的評価が難しく，学校的尺度で評価がなされるため，家庭の文化レベルが影響を及ぼ

す余地が大きい。というのも，学校は「思考の基準を提供するだけでなく，その行程，いわば基本的な意味での思考方法，あるいはプログラムを規定する」[29] 機能を備えている。ゆえに，学校の思考のシェーマに近く，それによりよく適応できるハビトゥスを所有する生徒ほど高く評価される。逆に，学校は「あるいくつかの知的側面を，一部の現実の方に体系的に導き，他の言語によって活用される他の側面を体系的に排除する」[30] ため，学校にうまく適応できないハビトゥスを持った子どもは評価されない。

　その帰結の１つが観察課程での進路勧告であり，上流階層には高い評価を下してリセの古典科を勧め，庶民階層には義務教育完了課程や現代科を勧める。こうした傾向は，初等教育系統の「教諭」（instituteur）と中等教育系統の「教授」（professeur）の混在により，いっそう拍車がかけられた[31]。従来から，専門教科担当者として養成されてきた中等教育教員（教授）は，全人的指導を行う観察課程の担当者として適任かどうか疑問視されてきた。教養ある社会階層の象徴ともいえる教授による観察・評価が，教諭に比べて上流階層のハビトゥスの影響をより強く受けたものになるのは当然であろう。しかし，リセ側は教員の質を落とさないという理由から，初等教育系教員の方がふさわしいという意見に反発し，結局リセの観察課程は，特別研修を受けた旧来の中等教育教授が担当するという原則が確立された。そのため，庶民階層出身の生徒はわずかなチャンスを活用してリセに進学したとしても，そこで教授から厳しい評価を受け，学校的成功を収めることは困難であったのである。

(4)**進路指導における「教育的概念」の欠如**

　以上の諸課題は，進路指導の「診断的概念」のみを重視したランジュヴァン案の理念そのものの限界であろう[32]。社会階層間の不平等を解消するためには，固有のハビトゥスに縛られた生徒の進路意識を変え，その視線を幅広い進路に向けさせる必要があった。いわば，階層を基盤とする職業観ではな

く，そこから自由になった個人を基盤とする職業観の構築である。それは，進路選択に影響を与える文化資本の格差を学校教育によって埋める試みであり，「教育的概念」に基づく進路指導に分類される。

そのためには，進路指導において教員が「評価者」として振る舞うだけでなく，「教育者」として振る舞う必要がある。特に，学校の思考シェーマに依拠した「学校知」のみを教授するのではなく，教育活動を職業や労働との関連性から見直し，実社会において活用できる知識・技能を育成することは有効であろう。実のところ，これらは不充分ながら，戦前において「教育的概念」に基づく進路指導が果たしてきた機能である。

しかし，ランジュヴァン案は，教員による観察と「振り分け」(affectation)に終始し，子どもの進路選択能力を育成し，自律的な進路構築を支援するという方向性は採用しなかった。「平等」な進路指導を実現するために，進路の決定主体は教員であるとみなされ，子どもたちが自己情報や進路情報を主体的に探求することは軽視されたのである。

【註】

1 西尾裕，山内太郎「ランジュヴァン案とクラス・ヌヴェル―フランスにおける教育機会について―」『東京大学教育学部紀要』第3巻，1958，20-31頁。
2 Antoine Prost, *Éducation, sociétéet politiques Une histoire de l'enseignement de 1945 à nos jours*, Éditions de Seuil, 1997, p. 98.
3 Ordonnance n°59-45 du 6 janvier 1959, *B.O.*, no2, 1959, I.N.P., p. 3.
4 Décret n°59-57 du 6 janvier 1959, *B.O.*, no2, 1959, I.N.P., pp. 3-11.
5 *Ibid.*, p. 9.
6 Luc Decaunes, M. L. Cavalier, *Réformes et projets de réforme de l'enseignement Français de la révolution ános jours (1789-1960)*, l'institut national pédagogique, 1962, p. 207.
7 Arrêté du 2 juin 1960, *B.O.*, no22, 1960, I.N.P., pp. 3-14.
8 ベルトワン改革により，小学校の補習課程 (cours complémentaires) は普通教育コレージュと改名され，短期中等教育に組み込まれたが，元々は初等教育系統に属

する学校であったこともあり，大衆教育を提供する。それに対して，リセは従来から中等教育系統に属する学校であり，主に古典を中心したエリート教育を実施する。

9 内藤貞著『フランスの観察指導期―進路指導の組織と方法』(教育調査第72集)，文部省大臣官房，1967，15-17頁。
10 小学校最終学年の児童のうち，直ちに中等教育を有効に受けることができないと判断された場合は，「移行学級」(classe de transition) に入るか，原級留置処分を受けて小学校に留まる。移行学級では特別な配慮を必要とする児童の能力開発と指導が徹底して行われ，その後多くの者が義務教育完了課程に進学した。
11 Alain Girard et Roland Pressat, "Deux études sur la démocratisation de l'enseignement", *population*, 1962, NO1, I.N.E.D., p. 20.
12 観察課程終了後，中等普通教育や技術教育に進学しない生徒が選択するコースで，小学校において普通教育の補完と農業・商業・工業に就くための具体的・実践的な準備が行われ，修了者には義務教育修了証書（Diplôme de fin d'études obligatoire）が授与された。
13 Alain Girard et Henri Bastide, "La stratification sociale et la démocratisation de l'enseignement", *population*, 1963, NO3, I.N.E.D., pp. 440-449.
14 Arrêté du 2 juin 1960, *op.cit.*, p. 8.
15 *Ibid.*, p. 9.
16 「6月2日の省令」の第22条によると，第2学年終了時に勧告される教育のコースは，完了課程（terminal），短期普通課程（général court），長期普通課程（général long），短期職業課程（professionnel court），長期職業課程（professionnel long）のいずれかである。
17 Arrêté du 2 juin 1960, *op.cit.*, p. 13.
18 Circulaire du 23 septembre 1960, *B.O.*, no26, 1960, I.N.P., p. 5.
19 第1章2節で指摘したように，レオンも生徒の観察に手工が適すると考えている。
20 Circulaire du 24 mars 1962, *B.O.*, no14, 1962, I.N.P., p. 15.
21 同案は教育コースを単線化し，全ての子どもを共通課程に受け入れ，その発達と適性に応じて漸進的に履修コースに振り分ける統一学校制度を提案している。まず大きく7歳〜18歳までの第1段教育と18歳以降の第2段教育に分けられる。第1段教育はさらに3つの期に分化し，完全な共通教育の第1期（7歳〜11歳），進路指導期と呼ばれ部分的に共通教育を行う第2期（11歳〜15歳），進路決定期と呼ばれ本格的にコースが分化する第3期（15歳〜18歳）から構成される（Paul Langevin et Henri Wallon, *Projet de réforme*, IPN, 1947, pp. 13-20.)。

22 Pierre Bourdieu, "L'école conservatrice, les inégalités devant l'école et devant la culture", *Revue Francaise de sociologie*, VII, 3, juillet-septembre 1966, pp. 325-326.
23 Pierre Bourdieu, "Systèmes d'enseignement et systèmes de pensée", *Revue internationale des sciences sociales, fonctions sociales de l'éducation*, XIX, 3, 1967, p. 374.
24 Antoine Prost, *op.cit.*, p. 94.
25 Paul Clerc, "La famille et l'orientation scolaire au niveau de la sixième. Enquête de juin 1963 dans l'agglomération parisienne", *population*, 1964, NO4, I.N.E.D., pp. 627-672.
26 基本的,具体的,技術的な内容を学ぶ,初等教育の延長線上にある教育。
27 発展的,抽象的,観念的な内容を学ぶ,初等教育よりも学問的水準の高い教育。
28 ハビトゥスとは,「主体に内面化された客観性であり,ある状況の中で,そしてその状況の影響のもとで獲得された恒常的な性向」概念であり,いわば「慣習行動の生成原理」(principe générateur de pratiques) である (Pierre Bourdieu, *Algérie60, structures économiques et structures temporelles*, Éditions de Minuit, 1977, pp. 115-116)。
29 Pierre Bourdieu, 1967, *op.cit.*, p. 375.
30 Pierre Bourdieu, 1966, *op.cit.*, p. 329.
31 「1月6日の政令」の第52条では,観察課程の教員は"maître"(教師)という一般的名称が使用されており,その資格は定かでない。続く第53条では,例外を除いて「義務教育期間のみに限定される教員は教諭とする」とされているが,第55条でリセに関しては「託された教科に対応する資格を備えた教授」でなければならないと定められている (Décret n°59-57 du 6 janvier 1959, *op.cit.*, p. 10.)。
32 その背景には,生徒の適性は科学的に測定可能であるという差異心理学の発達があったと考えられる。

第2節　フーシエ改革による観察課程の修正とその影響

1．フーシエ改革の背景と内容

　観察課程制度の問題点は，留年あるいは離学する生徒の増加という現象によってすぐさま顕在化してきた。その対策として，1962年に「移行学級」(classes de transition)[1]が全国のリセと普通教育コレージュに設置されたが，あくまで応急措置にとどまった。

　ベルトワン改革後，これらの課題の解決に向けた動きがみられたが，そのアプローチは2つに分けられる。1つは試験に基づく「選抜」(sélection)による進路決定を復活させる方法であり，もう1つは「観察」(observation)による進路指導を充実させる方法である。前者の見解をとったのが，古典的教養など伝統社会を重んじる中等教育に関与する人々，後者の見解をとったのが，実践的知識など現代社会を重んじる初等教育に関与する人々である[2]。新たな改革の原動力となったのは後者であり，進路指導の有効化に向けた改善案として，①観察課程の期間の延長，②多種多様な教育課程を備えた総合制コレージュの普及，③共通教育が実施される観察課程用の独立した学校の新設，の3つを政府に要求した。これらは，1963年に国民教育大臣フーシエ (Christian Fouchet，在位1962-1967) によって実現されることとなった。

(1)中等教育コレージュの設置

　能力・適性に基づく進路指導の徹底には，能力・適性の早期発見，およびそれらが遅れて発見される生徒に進路変更の可能性が認められることが不可欠である。この条件を満たすためには，全ての履修コースが1つの機関の中にある総合中等学校を設けることが望ましい。「1963年8月3日の794号政令」[3]では，独立した総合制の前期中等教育機関として中等教育コレージュ

(collège d'enseignement secondaire) が新設された[4]。

　同政令の第1条によると，この学校は「長期普通教育の現代科と古典科」「短期普通教育の現代科」「移行学級と完了課程」という3つの履修コースを備える。以前は，古典科と現代科を備える長期教育機関のリセと現代科のみを備える短期教育機関の普通教育コレージュに分かれていたため，どちらの学校に進学するかで選択できるコースが限定されていた。中等教育コレージュ進学者には全ての学科が開かれており，卒業後に学業を継続する生徒は後期中等教育機関（第2期課程）に新たに入学することになっている。

　また「1964年4月14日の政令」[5]によって，中等教育コレージュは市町村立リセと同様に地方自治体や自治体連合によって設置・管理されることになり，法的地位も明確化された。

(2)**観察指導課程の設置**

　さらに，「1963年8月3日の793号政令」[6]によって，観察課程の設置を定めた「1959年1月6日の政令」の修正が行われた。この修正により，2年間の観察期間は延長され，4年間の「第1期課程」（premier cycle）に改変されている。この第1期課程は，従来の「観察課程」と区別する意味で「観察指導課程」（cycle d'observation et d'orientation）と呼ばれた。この課程は①長期普通教育の第1期（4年間），②短期普通教育（4年間），③初等教育を補う課程あるいは完了課程（2年間）の3タイプに分かれており，リセ，普通教育コレージュ，新設の中等教育コレージュにそれぞれ設置されている（第2条）。

　新しい観察指導課程では，最初の2学年は古典と現代の2科によって構成されるが，続く2学年では，長期普通教育（古典A科，古典B科，現代科）と短期普通教育（現代科），計4つの履修コースに分化する。ただし，4年間を通じて適性に応じた進路変更が認められており，変更者を受け入れる学級が第2学年～第4学年に設置され，遅れた科目の補完などが行われた。このうち第2学年に設けられたものは「適応学級」（classe de adaptation），第3・4

学年に設けられたものは「受入・適応学級」（classe de d'accueil et d'adaptation）と呼ばれる。

(3)前期中等教育の統合

　中等教育コレージュ設置以後，それまで複線型を残していた前期中等教育制度は単線型に移行し，小学校を除く初等教育は中等教育へと吸収されていった。その統合プロセスについて，プロスト（Antoine Prost）は以下の3つの側面を指摘している[7]。

　第1に，構造（constructions）の統合である。就学者数の増加に伴い，1965年～1975年の間に2,354校の中等教育コレージュが設立された[8]。その結果，在籍者数はリセ第1期課程の生徒に比べて相対的に拡大し，リセは次第に第2期課程のみを備えた学校になっていったのである。また，男女共学でほぼ同年齢の子ども（11歳～16歳）が就学するシステムが確立したことで，中等教育コレージュも普通教育コレージュも類似の生徒集団を受け入れるようになり，両者は構造的に接近していった。

　第2に，学校経営（administrations）の統合である。中等教育コレージュは中等教育系，普通教育コレージュは初等教育系の学校長によって経営されるという微妙な差異が残されていたが，初等教育系の学校長の定年退職を待って，中等教育系への移行がはかられた。

　第3に，学習指導（pédagogie）の統合である。フーシエ改革以後，中等教育コレージュに全履修コースが並置され，普通教育コレージュにも古典科が開設されたため，学校間の違いは小さくなった。1968年には，国民教育大臣フォール（Edgar Faure, 在位1968-1969）が，ラテン語学習の開始を第3学年に延期したことで，第1・第2学年から古典科が姿を消した。この措置によって履修コースの分化は第3学年以降に持ち越され，教育課程の差異はほとんどみられなくなったのである。さらに，初等教育と中等教育の間で分裂していた教員資格についても統合が行われた。従来，初等教育の免許を保持し

ていた普通教育コレージュの教員は，自分たちを特徴づけていた資格形式を放棄し，給料が高く，高い社会的威信を備えた中等教育免許状のモデルを選択した。その結果，かつて2つ以上の科目を担当していた教員の大部分が専門家として単独科目を教えるようになり，「二重性」(bivalence) が解消された。また教授法も，中等教育の伝統的な教授法に近いものが採用されたのである。

2. 観察指導課程における進路指導の方法

観察指導課程における進路指導は，従来の観察課程の手続きから大きな変更はなされていない。しかし，観察期間延長に伴って指導の重点が第2学年から第4学年に移されたこともあり，進路指導評議会に関する規定に若干の修正が加えられた。

「1964年2月7日の省令」[9]によると，第1学年から第4学年までの各学年に設けられる進路指導評議会は，生徒に関する諸資料を収集整理し，家庭に対して進路相談を行う。また，第1学年の第1学期終了後，第2学年終了後，第4学年終了後の少なくとも3回にわたり進路勧告を行うが（第19条），特に履修コースが分化する後期中等教育に向けた第4学年終了後の勧告は重要な意味をもつ。ゆえに，振り分けの公正性を高めるために，このときの評議会に限り，通常の構成員に加えて，「生徒を受け入れる後期中等教育機関の学校長」，「大学区視学官を補佐する技術教育視学官 (l'inspecteur de l'enseignement technique)」，「保護者代表3名」を含むことが定められている（第20条）。

この修正には，「技術教育」および「家庭の役割」を重視する政府の姿勢が反映されていると推察される。以下では，この2つをめぐって政府がどのように政策を進めていったか検討し，その歴史的意味について論じたい。

(1)技術教育に対する正しい理解の普及

フーシエは「第4学年終了時の進路指導が滞りなく行われる条件，および

第４学年の進路指導評議会の役割を明らかにする」ことを目的に，各大学区長宛てに「1964年４月27日の通達」[10] を発した。同通達によると，第４学年終了時に勧告される進路は，①就職（パートタイムで学業を継続），②２年間で「職業教育免状」（BEP: brevet d'études professionnelles）の取得を目指す短期教育，③３年間で「技術者教育免状」（BT: brevet de technicien）やバカロレア資格の取得を目指す長期教育，の３つに大別される。

　長期教育には普通科と技術科があるが，従来から前者の魅力は根強く，能力や適性に関係なくまず普通科進学を希望し，それが不可能ならばやむを得ず技術科に進む家庭が多かった。また教員側にも，優秀な生徒には普通科を勧告し，そうでない生徒には技術科を勧告するという風潮があった。ゆえに長期技術教育，すなわち技術リセ（lycées techniques）に進学した先にある可能性が充分に周知されていなかったのである[11]。この状況を改善するため，同通達では２つの提案がなされている[12]。

　第１に，家庭と学校がより多くの進路情報を共有することである。進路指導における過ちの多くは，生徒と保護者の情報不足に起因しており，後期中等教育の多様な形態，入学のための前提条件，選択した進路の先にある就職口，などの情報が家庭に提供されなければならない。そのためには，進路情報を掲載したパンフレット等が国民教育省や大学統計局（BUS）よって作成される必要がある。さらに教員は，公民科（éducation civique）の授業において，学業や職業に関する資料を集める方法を生徒に教育すべきであるとされた。特に技術教育は生徒にとってなじみがうすいため，提供される教育の一般的な水準やその後の進路を家庭が理解できるようにしなければならない。

　第２に，進路指導における教員の意識を変えることである。当時，中等教育進学率の急激な上昇を受け，バカロレア試験の競争は厳しさを増していた[13]。長期普通教育に進学したもののバカロレア取得に失敗した場合，生徒は自分がどの職業に向いているのか充分に探求することなく，職業訓練も全く受けていない状態で社会の中に放り出されることになりかねない。同通達

では，複数ある技術教育コースの中に，生徒の能力に適した，未来を保証できる進路を発見する必要性が強調されている。進路指導評議会は，普通教育での成功が不確実であるときは安易に進学を勧めず，逆に技術教育での成功が見込まれる場合には，はっきりと進学を勧告しなければならない。

　以上のように，同通達は進路情報の提供と教員の意識改革を通じて，進路指導における普通教育偏重を改めることを趣旨としている。ゆえに，「診断的概念」に基づく各進路への「振り分け」という基本的枠組みを変化させるものではなかったが，他方で家庭への進路情報の提供や，公民科における情報収集・活用能力の育成が提言されており，「教育的概念」の有効性も認識されている。1990年代から本格的に導入される教育的進路指導の基盤は，「進路情報の提供と活用」という形で既にこの時代から整備されつつあったといえよう。

(2) 進路指導評議会への家庭の参加

　図2-8は，「1964年4月27日の通達」によって定められた進路指導票 (Fiche d'orientation) である。進路指導評議会は，勧告できるコース，および進学に支障 (les contre-indications) のあるコースを記入し，家庭に提示することになっている。もし家庭が「支障のある」（勧告できない）コースへの進学を望む場合は，試験に合格する必要がある。

　しかし，能力・適性に一致した進路に生徒が進むためには，勧告がなるべく家庭に受け入れられることが望ましい。そのため，第3学年から学校による家庭の情報収集が開始され，第4学年の新学期と前期終了時の学級評議会では，教員と保護者が一緒になって議論し，成績，能力，個性に基づいて進路選択の可能性を分析する。さらに，最終的な進路勧告を決定する第4学年末の進路指導評議会には，保護者代表が参加することが認められている。教員と保護者が定期的に対話する機会を設けることで，家庭はより適切な希望進路を表明し，学校の行う勧告作成に参加できるのである。

第2章　戦後期における進路決定システムの形成　135

	生徒の名前：……………………　― 就職 ……………………… □
	保護者の住所：……………………　― 3年間の第2教育 ………… □
	所属学年・学科：…………………　― 2年間の第2教育 ………… □
	※勧告するコースに記をつける（注・筆者）

進路指導評議会の補足意見：

		3 年 間 の 2 期 課 程									2年間の 2期課程				
		古典科		現代科	技　術　科						技　術　科				原級留置
選択コース		A	A'	B	B'	M	M'	T	T'	TI	TE	TH	TSO	農業（リセ）	工業	商業	CAP	農業（コレージュ）	
試験の必要がある科目	勧告できる学科																		
	勧告できない学科																		
	ラテン語																		
	ギリシャ語																		
	現代外国語I																		
	現代外国語II																		
	数学																		
	作文・フランス語																		
	綴り字・文法																		

| 特別な能力： | 確認された無能力： | 日付： |
| 学校長の証印： | 進路指導評議会の議長の署名： | |

(1)勧告できるコースの優先順に，数字を記入すること。
(2)1つあるいは複数の，勧告できないコースに×印をつけること。

図2-8　中等教育第4学年修了時に作成される進路指導票
出典：「1964年4月27日の通達」より筆者作成。

希望と勧告の接近に向けたこれらの取り組みは，観察結果を根拠に学校側が一方的に進路を決定するのではなく，家庭および生徒の主体性を尊重しようとする意思の表れである。それは，1980年代以降に出現する進路指導の「個人プロジェクト」(le projet personnel) につながる動きであり，「教育的概念」に基づく進路指導に向けた萌芽であると判断できる。

(3) 情報・進路指導センターの成立

「進路情報の提供」という同通達の提案は，1971年に情報・進路指導センター (CIO: Centre d'information et d'orientation) の創設という形で実現される。そもそも，教員は職業社会や労働社会にあまり精通していないため，閉鎖的な学校空間の中だけで生徒の観察と「振り分け」を行うことは容易でなかった。そこで政府は，1970年にフランス全土を統括する進路情報普及のための機関として，大学統計局に代わって国立教育・職業情報局 (ONISEP: Office national d'information sur les enseignements et les professions) を設立した。ONISEP は配下に大学区ごとに設立される30もの地域代行部 (DRONISEP) を備え，各地に職業と教育に関する情報を発信している[14]。

その1年後，「1971年7月7日の政令」[15]により，県あるいは市町村レベルでの進路指導と進路情報に責任もつ国立機関として CIO が創設された。かつて市町村によって設立された職業指導センターは，戦後に進路指導センター (centre d'orientation) と名称を変えて存続していたが，体系的なネットワークを構成するまでには至らなかった。また戦前同様，センターの職員による指導は原則として学校外で行われたため，観察課程における進路指導との関係は不明瞭であった。こうした状況を改めるため，同政令によって各地の進路指導センターは国立の CIO へと改組され，センターの存在しなかった学区には新たな施設が整備されたのである。また，センターの職員は国家公務員の立場を与えられ，進路指導相談員 (conseiller d'orientation) の肩書きを冠することになった。当時の CIO の役割は，以下の通りである[16]。

①継続続的な観察が行われる教育課程に在籍する生徒の進路指導と学習活動を援助し，彼らが学校生活に適応できるように支援する。
②生徒を自らの能力に最も適した教育コースへと導く。
③生徒の個性の開花に貢献する。
④国家の需要や社会的・経済的進歩と調和をとりながら，生徒の職業選択を支援する。

　情報提供や進路相談を通じて生徒の進路選択を支援することに加え，生徒を観察して適性に応じた進路に導くことが任務として定められている。事実，進路指導相談員は必要に応じて進路について審議する評議会に参加することが認められており，教員と共に進路指導手続きに加わり，生徒を各進路に振り分ける役割の一端を担ったのである。

　また，子どもの進路がそれぞれの地域に固有の社会環境や労働環境の影響を強く受けていることを考慮し，CIOは地域性を重視して支援を展開することが定められた。そのため，国民教育省の管轄下の組織であるにも関わらず，DRONISEPに対するONISEPのような全国レベルでの統括機関を有さず，最大でも県単位での運営にとどまる。「1973年5月5日の政令」[17]によると，CIOの活動方針は，各県に設置された活動向上委員会（conseil de perfectionnement）で決定され，そこには県内にあるCIOの代表，リセやコレージュの学校長，県の行政関係者に加えて，労働者代表，地方商工会議所や地方農業会議所の代表など経済界出身者も参加することになっている。

3．学級評議会の運営と課題

　進路指導において特に重要な役割を果たすのが，担任教員の主催によって最低毎月1回定期的に開催される「学級評議会」である。その任務は，各生徒の能力・適性を観察して評価し，その結果を確かな根拠に基づいて進路指導評議会に報告することにあり，「振り分け」の成否は学級評議会の運営次第であるといっても過言ではない。

臨床心理士であるマルシャン（François Marchand）は，当時の学級評議会の運営状況と問題点について，雑誌『学校教育』（l'éducation）で論じている[18]。マルシャンの主張は3つの課題にまとめられるが，彼が提示している望ましい学級評議会のあり方は，ある意味でフーシエ改革における進路指導の理念と実践原理を示唆するものと判断される。

(1)人格の総合的評価への移行

当時，学級評議会において行われていた生徒の評価というのは，「多少なりともコード化された質的評価」（appréciations qualitatives plus ou moins codées），具体的には平均点をもとにランク付けした成績による評価が最も一般的であった。しかし，選抜と排除の効力をもった成績による評価は，生徒の知性，能力，記憶力，集中力，意欲，適性，あるいは教育の質，教員の評価基準，提供される学習活動の形態といった非常に複雑な現実を覆い隠してしまっているとマルシャンは指摘する。さらに，数値による評価は，教育評価における多くの不調和や矛盾も覆い隠しており，時には教育システムの欠陥を隠蔽するという目的で用いられた。マルシャンによると，こうした「公正性」（justice）に欠けた評価を行うのではなく，生徒をより多面的に評価するべきであるという。

そのためには，学習成果のみならずそのプロセス，つまり学校での教育活動における態度を評価する必要があり，特に生徒と教員の垂直的関係ではなく，生徒同士の水平的関係に注目しなければならない。すなわち，共同作業を行い，情報交換し，問題の解決や探求において一致協力する生徒間の水平的コミュニケーションは，教員にとって重要な観察対象であり，学校での成果を示す適当な現実を認識することを可能にする。学級集団における「生徒」（les élèves）というのは，決して「並置された役割」（fonctions juxtaposées）ではなく，個人の知的活動に加えて，集団の中で情緒的・性別的・精神的・政治的な活動を行っている「人間」（personnes）なのである。その

ため，教員は人間関係から生じる「集団力学」(la dynamiques des groupes) に着目し，それが与える影響や学級内での生徒の役割を理解して評価すべきである。

さらに，マルシャンは学内における生徒の態度だけでなく，学外での状況も評価対象とみなすべきだとしている。学校生活というのは生活状況の一部でしかなく，教員は生徒の性格，個性，受けてきた教育，家庭の社会的・文化的・経済的環境を広く考慮しなければならない。そのために，学校は保護者を受け入れ，場合によっては学級評議会に参加させて，家庭における基本的情報を集める。

以上のような多面的評価，これは言い換えるならば，生徒の総合的人格を把握してそれを意味づけるということであろう。教員は学業成績，学習活動における態度，家庭的・情緒的・歴史的・社会経済的背景などの因果関係を明らかにし，生徒に関する現実を構成する基本的データを認識することが求められる。学級評議会とはまさに，こうした「生徒の現在を構成する関係の連続性の本質を分析し，検証するのに特に適した場」[19]なのである。

(2)教員間の対話の活性化

マルシャンによれば，学校における教員の日常的な仕事の1つは，「判断」(jugement) を示すことである。実際，教員は進路指導の過程においても様々な判断を迫られる。しかし，教員に要求されるこの判断行為は単なる知識のコントロールを超えた活動であり，完全に客観的基準に基づくことは難しい。それゆえ，教員は絶えず自己の態度や判断基準に疑問を投げかけ，主観性を認識することが求められるが，そのためには教員同士による「真の対話」(des échanges réels) が不可欠である。特に，生徒の留年や就職を決定する際には，教員の価値尺度，希望や失望，記憶，感情的な対応がもつ意味など，進路決定の判断基準を構成する諸要素について，同僚同士で話し合われなければならない。

しかし，現実には教員間の議論はあまり活発に行われておらず，多くの教員が自分の判断を否定されることを恐れて，互いに疑問を提示することを禁じているという。その結果，学校現場において生徒やクラスの困難を改善するための教育的方策を討議する機会が少なくなっており，これは学級評議会についても例外ではない。一部教員や学校長の強力な個性が，自信のない同僚教員の表現を遮っていないか，進学や就職において重視される教科の担当教員とあまり重視されない教科の担当教員との間で話し合いが充分になされているか，また評議会の秩序は保たれているか，多数派や少数派の独裁に陥ってないか，多様性は存在するか，といったことを検証し，対話が円滑に行われるように努めなければならないとマルシャンは指摘する。

対話が不足した結果，一部教員は絶えず繰り返される「陰鬱感」(une morosité) に駆られたり[20]，教育状況の肯定的側面を正しく評価できずに否定的側面ばかりを強調したり，「真実と虚実」・「白と黒」・「善と悪」といった二元的評価しか下せなかったりしている。マルシャンによると，このような硬直した絶対的判断に，教員の「心理的防衛」(défenses psychologiques) のメカニズムや「代償作用」(compensations) がどのように働いているか解明することが，教員間の対話を促進することにつながるという。

(3) 新たな進路指導の可能性

以上のように，学級評議会は様々な問題を抱えており，生徒の能力・適性を公正に判断し，各進路に振り分けることは容易でなかったと推察される。特に，この時代は教育制度が複線型から単線型に移行する過渡期であり，大衆教育である「初等教育」とエリート教育である「中等教育」の統合が不完全であったため，進路指導の現場は混乱を極めた。このような状況にあって，マルシャンは学級評議会において対話を活性化し，生徒の人格を総合的に評価する重要性を説いたのであるが，さらに次のことを提案している[21]。

①最も成績のよい生徒を選抜するために議論するのではなく，各生徒に

自分の可能性を最大限に発達させる機会を与える。
② 「知識の詰まった頭」（une tête bien pleine）ではなく「成熟した頭」（une tête faite）をもった生徒を育てる。
③ 生徒に対して，官僚的学校システムに象徴される知的人間形成ではなく，個々人の情緒的・性別的・精神的・政治的な側面を広く含んだ人間形成を行う。
④ 学級評議会を，各教員が個人主義を貫く場所（une juxtaposition d'individualismes）にするのではなく，チームにおいて熟考する場所にする。
⑤ 個々の生徒の結果を確認するだけでなく，個人や集団の相互関係のレベル，あるいは全体としての学校制度のレベルにおいて起こっていることを理解し，説明する。

このうち，④と⑤に関しては，「進路指導手続き」を改善し，教員による「振り分け」の精度を高めるための方策である。それに対して，①，②，③は生徒自身の能力を高めることが適切な進路選択に結びつくという考え方であり，「教育的概念」に依拠した進路指導の推進に通じる。当時としては特異な意見であったかもしれないが，教育的進路指導は行政のみならず，既に一部の研究者からも提唱され始めていたのである。

4．社会階層と生徒の進路形成

フーシエ改革がベルトワン改革の延長線上にあり，ランジュヴァン案の理念に基づいていることをふまえると，その目的も同様に社会階層による進路決定の是正にあると考えられる。前節では，観察課程修了時に注目して階層と進路の関係について論じたが，ここではフーシエ改革の成果もふまえて，より長期的な視点で階層が進路形成過程に与える影響を検討してみたい。

1961年（ベルトワン改革の2年後）から1967年（フーシエ改革の4年後）にかけて行われた国立人口統計学研究所（I.N.E.D.）の調査は，1961年度に初等教育の最終学年（小学校あるいはリセ初等科の第5学年）に所属していた生徒2万

1,534人の進路を6年間にわたって追跡したものである。これらの生徒は，留年や就職したりせずに順当に進学したならば，1962年度には中等教育第1学年，調査終了時の1966年度には第5学年に到達している。

(1) **各進路における社会階層の割合**

表2-6は，生徒の進路ごとに各社会階層が占める割合を，1962年6月，1962年9月（第1学年進学時），1966年（第5学年進学時）の3つの時期において比較したものである。生徒の出身階層は，全体では庶民階層が全体の約60％，中間階層が約27％，上流階層が約13％を占めていたが，その後選択したコースによってこの割合は大きく異なってくる。

①学業終了・就職

初等教育のみで学業を終えた生徒は，庶民階層が80％近くを占めており，中でも非熟練労働者が約50％と最も高い。それに対して，上流階層で中等教育に進まず，学業を終了した生徒は約3％しかいない。1966年時点で就職している生徒の割合も同傾向であり，庶民階層が80％近くを占める一方で上流階層は2.5％にとどまる。

②短期教育

普通教育コレージュにおいては，1962年度時点で，庶民階層が約60％と高い割合を占めており，次いで中間階層が約30％を占め，上流階層は約10％にとどまる。各階層のこうした分布は，1966年度の在籍者（第3，第4学年）においてもあまり変化していない。一方，短期職業教育に関しては，庶民階層が70％近くを占めており，特に非熟練労働者が約45％と高いのに対して，上流階層は約6％にとどまっている。

表2-6 各進路における生徒の社会的出自の割合（1962年と1966年の比較）

社会階層			庶民				中間			上流				合計
親の職業			無職・その他	農業従事者	農業労働者	非熟練労働者	小計	商人・職人	従業員	小計	中間管理職	自由業	上級管理職	小計	
期日	進路														
1962年6月	初等教育第5学年		2.3	15.1	3.4	39.4	60.2	16.5	10.4	26.9	4.4	3.5	5.0	12.9	100
1962年9月	学業修了		3.1	20.3	5.0	48.7	77.1	12.1	7.7	19.8	1.6	0.8	0.7	3.1	100
	中等教育第1学年	C.E.G.	1.8	12.5	2.5	40.6	57.4	19.7	12.4	32.1	4.6	2.6	3.3	10.5	100
		リセ	1.2	9.3	1.4	23.2	35.1	20.4	12.5	32.9	8.9	8.8	14.3	32.0	100
1966年9月	就職		3.7	18.2	5.6	50.9	78.4	11.2	7.9	19.1	1.3	0.8	0.4	2.5	100
	短期職業教育		1.9	17.8	2.8	45.3	67.8	16.8	9.5	26.3	2.6	1.4	1.9	5.9	100
	第3学年	C.E.G.	2.0	15.5	1.9	34.1	53.5	19.0	12.7	31.7	5.5	2.5	6.8	14.8	100
		リセ	0.7	11.2	1.8	21.0	34.7	21.6	16.6	38.2	7.2	7.8	12.1	27.1	100
	第4学年	C.E.G.	1.5	15.6	2.5	36.8	54.4	21.2	12.2	33.4	5.0	2.7	4.5	12.2	100
		リセ	0.7	8.5	1.3	22.8	33.3	21.8	12.9	34.7	8.3	9.6	14.1	32.0	100
	第5学年	A科	1.7	10.3	2.5	27.3	41.8	19.0	14.2	33.2	7.5	6.9	10.6	25.0	100
		C科	1.0	12.9	1.4	19.8	35.1	18.2	11.1	29.3	11.5	9.1	15.0	35.6	100
		T科	2.1	13.1	3.1	42.4	60.7	18.9	10.2	29.1	5.7	1.8	2.7	10.2	100
		合計	1.4	11.9	2.1	26.6	42.0	18.7	12.2	30.9	8.9	7.0	11.2	27.1	100

※C.E.G.：普通教育コレージュ　A科：哲学・文学科　C科：数学・物理学科　T科：技術学科

出典：Alain Girard et Henri Bastide, "Orientation et sélection scolaires. Cinq années d'une promotion: de la fin du cycle élémentaire à l'entrée dans le 2e cycle du second degré. Deuxième partie.", population, 1969, NO2, I.N.E.D., p.204より筆者作成。

③長期教育

1962年度時点で，相対的に人数の少ない上流階層が32％と高い割合を占めており，また中間階層も33％を占めている。一方で，相対的に人数の多い庶民階層は35％にとどまる。1966年度も同様であり，上流階層は27％と相対的に高い割合を占めるが，庶民階層は42％にとどまる。特に最も権威が高いリ

セ第5学年のC科(数学・物理学科)では上流階層の割合が35%と高く，逆にT科(技術学科)では庶民階層の割合が60%と高い。

　上記の検証からは，進路に明確な階層間格差が存在していることが確認される。学業をやめて就職してしまう生徒の大部分は，庶民階層出身である。またリセ進学についても，上流階層は選別の度合いが低いため比較的有利であるのに対して，庶民階層は選別の度合いが高く，学業で成功を収めた一部の生徒しか進学できていない。

(2)各社会階層における進路選択の特徴
　図2-9は，1962年度～1966年度における生徒の各コースへの在籍状況を，社会階層ごとに示したものである。ここからは5年間という時間の経過の中で，異なった社会階層に属する生徒がどのような進路を形成しているか読み取れる。

　①1962年度
　　庶民：半数以上が初等教育に在籍するが，普通教育コレージュ進学者も
　　　　　約20%存在する。
　　中間：初等教育，普通教育コレージュ，リセにそれぞれ約30%の生徒が
　　　　　在籍している。
　　上流：約70%の生徒がリセに進学している。普通教育コレージュ進学者
　　　　　も若干存在する。

　②1964年度
　　庶民：初等教育の在籍者が減少し，30%～40%の生徒が就職している。
　　中間：初等教育の在籍者が減少，技術教育コレージュ進学者が増加し
　　　　　10%以上に達する。

第2章 戦後期における進路決定システムの形成　145

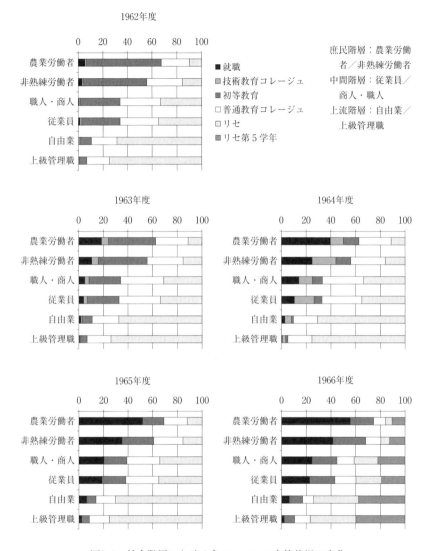

図2-9　社会階層における各コースへの在籍状況の変化

出典：Alain Girard et Henri Bastide, "Orientation et sélection scolaires. Cinq années d'une promotion: de la fin du cycle élémentaire à l'entrée dans le 2e cycle du second degré. Deuxième partie.", population, 1969, NO2, I.N.E.D., pp. 202-203より筆者作成。

上流：特に大きな変化はなく，多くの生徒がリセに通っている。

③1966年度
　　庶民：約半数の生徒が就職している。技術教育コレージュ進学者は20％
　　　　程度であり，わずかであるがリセ進学者も存在する。
　　中間：普通教育コレージュ在籍者が減少する一方，就職する生徒が増加
　　　　し，20％以上に達する。約40％のリセ進学者のうち，半数が第5
　　　　学年に在籍している。
　　上流：約80％のリセ進学者のうち，半数が第5学年に在籍している。

　このように分析すると，上流階層は中等教育に進学する時点でリセへの進学率が高く，学業的成功を収めるのに優位な立場にあり，進路指導によってその優位さを維持，あるいは拡大している。それに対して，庶民階層は初等教育にとどまったり就職したりしており，実質的に後期中等教育課程から排除されてしまっている。彼らは長期にわたって学業を続けることが難しく，たとえ継続したとしても，通常より遅れて進学することが多い。

5．進路指導による不平等拡大のメカニズム

　フーシエ改革後も，社会階層は進路指導システムを通して生徒の進路形成に影響を与えていた。本来の理念に反して，選抜の性質を備えた進路指導が中等教育課程全体を通じて機能することにより，中等教育進学時に既に存在する格差が，年数を経るにつれて拡大している。すなわち，上流階層の大部分が教育階梯を順調に上り社会的上昇移動を果たすのに対して，庶民階層の多くが教育階梯から脱落し社会的下降移動を余儀なくされている。この不平等拡大のメカニズムについて，ブルデューの文化的再生産理論における「軌道」（trajectoire）の概念を用いて考察してみたい。

⑴ブルデューの「社会空間」と「軌道」の概念

　まず，ブルデューの著作『ディスタンクシオン』（*La Distinction*）を手がかりに，「軌道」の概念を定義しておく。ブルデューは多様な人々が共存する社会というものを，「互いにはっきりと異なって共存している複数の位置の集合」[22] である社会空間（espace social）として捉えている。それは，「相対的位置によって，他者との関係において互いに規定される対外的な位置からなる1つの空間」[23] であり，その中に相対的地位の相違を示す「構築された階級」（classe construite）を見いだすことができる。ブルデューはこの「構築された階級」を，資本（capital）の量と構造，そして社会的軌道の3つの指標によって成立する三次元空間として提示する。ここでいう資本は「経済資本」（capital economique），「文化資本」（capital culturel），「社会関係資本」（capital social）の3つに分けられ，「量」とは3種類の資本の総量，「構造」というのは経済資本と文化資本の比率のことを意味している[24]。

　しかし，資本の量と構造というのは常に一定であるわけではない。なぜなら，個人または集団が，ある時点で社会空間に占める位置が同じであっても，過去において異なる社会的位置を占めていた場合，それによって異なるハビトゥスが形成されており，現在の慣習行動にも違いが現われてくるからである。ブルデューはこのように過去の時点で獲得したハビトゥスがその後も効果をもつことを「ハビトゥスの履歴現象効果」（effect d'hysteresis des habitus）と呼んでいる[25]。この効果により，資本の量と構造は時間的な流れとともに変化していく。その中で，個人というのはその資本を，また資本から生まれる自分自身の諸特性を，構造を与える「場」（champ）の力に対置するのである[26]。そのため，資本の量と構造に従って，個人の社会空間上の位置も必然的に変化する。この変化を表すために用いられたのが「軌道」という概念であり，それは社会空間において，諸個人の過去における位置と現時点における位置との関係を示すものである。このようにブルデューは，資本の量と構造に加えて，社会的軌道の変化，つまり過去の軌道と未来の軌道によって示

される変化を指標として階級を分類した。

　なお，ブルデューは社会的軌道を「集団的軌道」(la trajectoire collective) と「個人的軌道」(la trajectoire individuelle) の2つに分けている[27]。集団的軌道は，ある特定の社会階級に最も多く見られる軌道のことである。その軌道の効果は，空間で共通して同じ位置を占める階級内集団やその一部に作用し，その階級が上昇するか下降するかを決定する。この「効果」とは，社会的上昇あるいは下降の体験が性向や主張に及ぼす影響のことである。これに対して個人的軌道とは，ある時点で互いに似通った位置を占めている人々の資本の量と構造が，時間の流れとともに変化していくことにより生じる差異のことであり，それはすなわち階級からの逸脱を表している。

(2)進路指導と社会的軌道

　ブルデューの「軌道」概念を援用すると，進路に関する不平等が拡大していく現象を次のように解釈することができるであろう。進路指導によって上流階層の生徒は上昇曲線を描いて社会空間上の位置を上昇するのに対して，庶民階層の生徒は下降曲線を描いて社会空間上の位置を下降する。このような社会的軌道，特に社会階層の集団的軌道はいかにして決定されているのであろうか。社会空間というのは，ある行為者に差し出された「可能性の場」(champ des possibles) であるが，個人というのはその中を行きあたりばったりに移動するものではない。そこには様々な象徴的な力が行使されているのである。ブルデューはこれらの力は，「教え込みの効果」(effet d'inculcation) と，「社会的軌道の効果」(effet de trajectoire sociale) あるいは「軌道に固有の効果」(l'effet propre de la trajectoire) の結果であると考えている[28]。

　まずは，「教え込みの効果」に着目してみたい。ブルデューは社会空間に構造を与えている力というのは，「排除 (élimination) と方向づけ (orientation) の客観的メカニズムを通して，個人に対して不可避的に働きかける」[29]として，学校という「場」には一定の客観的メカニズムが働いている

と考えた。教育システムの1つである進路指導も、学校の客観的メカニズムの一部を構成するものである。そのため、古典的な教養を重視するリセという場においては、このメカニズムが行使する力は、その場にふさわしいハビトゥスを備えている上流階層においては方向づけの力として働き、それを備えていない庶民階層においては排除の力として働く。これが「教え込みの効果」の結果であり、リセや古典科に進学した上流階層の社会的軌道は上昇曲線を描き、学業の終了や就職を余儀なくされた庶民階層の社会的軌道は下降曲線を描くのである。

　次に、「社会的軌道の効果」（「軌道に固有の効果」）について検討する。前述の通り、ブルデューによれば社会空間に位置する個人というのは、「場の力」に対して自分自身の所有する資本から生じた特性を対置する。そのため、個人的あるいは集団的な軌道の勾配（la pente de la trajectoire）というのは、「社会世界において自分の占めている位置についての知覚」と、「その自分の位置と政治的位置との関係が打ち立てられるにあたって作用する主要な媒介物である、この位置に魅了されたり幻滅したりといった関係」を、時間的性向（dispositions temporelles）を介して支配している[30]。これが「社会的軌道の効果」であり、すなわち過去の社会的上昇あるいは下降の体験が性向や主張に及ぼす影響である。

　この効果により、進路指導によって社会的空間を上昇したものは、進路指導によるさらなる上昇を試み、進路指導によって社会空間を下降したものは、進路指導による再上昇をあきらめ、さらに下降していく。この仕組みについて、ブルデューはレヴィン（Kurt Lewin, 1890-1947）の「循環プロセス」（un procés circulaire）という言葉を用いて簡潔に説明している。つまり、「高いモラールは、高い目標を呼び起こすだけでなく、さらにより高いモラールへと至らせることができる進歩の状況を作り出すチャンスを呼び起こすのに対して、低いモラールは時間的に誤った展望を生み出し、今度はそれがさらに低いモラールを生み出す」[31]のである。ただし、「社会的軌道の効果」は、「教

え込み」が社会的軌道に与える力，すなわち社会階層を再生産する力が存在してこそ効果を発揮する。なぜなら，過去の集団的軌道と未来の集団的軌道に依拠するこの効果は，「どの程度自分の先祖の諸特性を再生産することに成功し，またどの程度自らの諸特性を子孫のうちに再生産してゆくことができるか」[32] によって決まっているからである[33]。

(3)「個人的軌道」を確立する進路指導の必要性

進路指導による「教え込みの効果」と，それを拡大する「社会的軌道の効果」によって，上流階層の生徒は社会空間を上昇移動し，庶民階層の生徒は社会空間を下降移動する。すなわち，「出身社会階層に付随する不利が進路指導によって引き継がれる」[34] ことで，中等教育課程を通して不平等が継続的に蓄積され，階層間の格差は拡大されていくのである。もちろん，社会空間上のすべての個人が，所属する社会階層の集団的軌道に従うわけではなく，所有する資本の量と構造が変化したことにより，集団的軌道から逸脱した「個人的軌道」を描く者も存在する。庶民階層でありながら，厳しい選抜を乗り越えてリセや古典科に進学した生徒，また上流階層でありながら，就職や学業の終了を選択した生徒はこれに該当する。しかし，「教育の効果」と「社会的軌道の効果」の影響を受けるため，このような例外はごくわずかな確率でしか起こり得なかったのである。

したがって，社会階層の影響を排除するためには，生徒の所有するハビトゥスや文化資本の差異を前提に，その差異を埋めるような進路指導が求められる。例えば，庶民階層の生徒が職業社会や教育制度について学習し，進路に関する文化資本を増大させることは格差を改善する方策の1つであると考えられる。こうした「教育的概念」に基づく進路指導によって，生徒は階層の集団的軌道から脱し，個人的軌道，つまり個々人に特有の進路を描くことが可能となるのではなかろうか。こうした進路指導概念の転換に向けた兆候は，前述したように，既にこの時代から生じつつあったといえよう。

【註】

1 各生徒に合わせた教育を行う一時的な履修コースであり，そこで学習の遅れを取り戻すことができれば，本人に適した学科に転入できる。移行学級に通う生徒は，1964年度に第1学年で1万2,000人，第2学年で8,000人に達している（手塚武彦編著『各年史フランス　戦後教育の展開』エムティ出版，1991，63頁）。
2 前者の見解をとる団体には「アグレジェ協会」「中等学校教員組合」「フランス語・古典語協会」「リセ＝コレージュ生徒父母協会」「リセ＝コレージュ生徒父母協会の卒業生」などがあり，後者の見解をとる団体には「小学校教員組合」「技術教育教員組合」「国民教育教員総組合」「国民教育連盟」「公立学校生徒父母評議会」「フランス学生全国同盟」「アルマン・リュエフ経済発展阻害団究明委員会」などがあった（同書，33頁）。
3 Décret n°63-794 du 3 août 1963, *B.O.*, no31, 1963, I.N.P., pp. 1734-1735.
4 中等教育コレージュは1963年度に23校，1964年度に196校増設され，1965年度には計約400校に達し，在籍生徒数も約20万人になった（手塚武彦，前掲書。56-62頁）。
5 Décret n°64-319 du 14 avril 1964, *B.O.*, no17, 1964, I.N.P., pp. 1068-1069.
6 Décret n°63-794 du 3 août 1963, *B.O.*, no17, 1964, I.N.P., pp. 1733-1735.
7 Antoine Prost, *Éducation, sociétéet politiques Une histoire de l'enseignement de 1945 à nos jours*, Éditionsde Seuil, 1997, p. 101.
8 *Ibid.*, p. 101.
9 Arrêté du 7 février 1964, *B.O.*, no17, 1964, I.N.P., pp. 1093-1095.
10 Circulaire n°64-219 du 27 avril 1964, *B.O.*, no19, 1964, I.N.P., pp. 1198-1202.
11 技術教育を修了することによって，①2種類の技術バカロレア，②各種の技術者免状，③商業教育免状，社会教育免状，工業教育免状などを取得することができる。
12 Circulaire n°64-219 du 27 avril 1964, *op.cit.*, p. 1200.
13 バカロレア取得者（合格者）は1950年には約3万人（同一世代の5％）にすぎなかったが，1960年に約7万人（11％），1968年には約17万人（20％）に達しており大衆化が進んだ。
14 Olivier Delbecq,〈Office national d'information sur les enseignements et les professions（ONISEP）〉, in Philippe Champy, Christiane Étévé (dir.), *Dictionnaire encyclopédique de l'éducation et de la formation*, 3e édition, Retz, 2005, p. 683.
15 Décret no 71-541 du 7-7-1971, *B.O.* no 28 du 15 juillet 1971, pp. 1723-1724.

16　*Ibid.*, p. 1723.
17　Arrêté du 5-3-1973, *B.O.*no 14 du 5 avril 1973, pp. 1173-1174.
18　François Marchand, "Les conseils de classe", Ministre de l'éducation nationale, *L'Éducation*, No. 152, 2 novembre 1972, pp. 8-10.
19　*Ibid.*, p. 9.
20　例えば，「今の生徒は自分たちの時代の生徒よりも真剣でない」，「毎年生徒のレベルが低い」，「カリキュラムが生徒の教育的改善を妨げてしまう」，「両親がもはや自分の子どもを教育しなくなった」といった思い込みがあげられる（*Ibid.*, p. 10）。
21　*Ibid.*, p. 10.
22　P. ブルデュー著，加藤晴久編『ピエール・ブルデュー超領域の人間学』藤原書店，1990，69頁。
23　P. Bourdieu, *Choses dites*, Éditions de Minuit, 1987, p. 150. P. ブルデュー著，石崎晴己訳『構造と実践ブルデュー自身によるブルデュー』新評論，1988，199頁参照。
24　P. Bourdieu, *La Distinction: Critique sociale du jugement*, Éditions de Minuit, 1979, p. 128. P. ブルデュー著，石井洋二郎訳『ディスタンクシオンⅠ』藤原書店，1990a，178頁参照。
25　P. Bourdieu, 1979, *op.cit.*, p. 122. P. ブルデュー著，1990a，前掲訳書，171頁参照。
26　共通項をもった行為の集合に付随する諸要素（組織，価値体系，規則等）により構成される領域が「場」であり，「場」の力とは付随要素が行為者に及ぼす象徴的な力である。
27　P. Bourdieu, 1979, *op.cit.*, pp. 123-124. P. ブルデュー著，1990a，前掲訳書，173-175頁参照。
28　*Ibid.*, pp. 123-124. 同書，173-175頁参照。
29　*Ibid.*, p. 122. 同書，171頁参照。
30　*Ibid.*, p. 529. 同書，318頁参照。
31　K. Lewin, "Time perspective and morale", *Resolving social conflicts*, New York, 1948, p. 113.
32　P. Bourdieu, 1979, *op.cit.*, p. 529. P. ブルデュー著，1990a，前掲訳書，319頁参照。
33　一方で，ブルデューは「父親の軌道の勾配は，社会空間への力強い同化という原体験の形成に寄与するものであるため，社会的軌道の効果はそれ自体，教育の効果の重要な一側面である」と指摘している（*Ibid.*, p. 124. 同書，422頁参照）。
34　P. Bourdieu, J.C. Passeron, et M. Saint Martin, "les étudiants et la langue d'enseignement", Chaiers du Centre de Sociologie Européene, *Rapport pédagogique et*

communication, Sociologie de l'éducation2, Paris-La Haye, Mouton&Co., 1965, p. 56. P. ブルデュー他著，安田尚訳『教師と学生のコミュニケーション』藤原書店，1999, 88頁参照。

第3節　アビ改革による診断的進学指導の確立とその綻び

1．アビ改革の背景と内容

(1)改革に至るまでの経緯

　フーシエ改革以降，前期中等教育（第1期課程）に進学する生徒は著しく増加し，1963年に137万人であった在籍者数は，1971年に240万人に達した[1]。大衆化とともに中等教育の統合は進んだが，完全とはいえず，生徒の受け皿の確保と画一的な教育システムの確立に向けて，新たな改革への機運が高まっていった。

　1974年4月，国民教育大臣フォンタネ（Joséph Fontanet，在位1972-1974）は，現代社会に立脚した教育の民主化，学校制度の単一化，適切な進路指導を実現するために，教育制度や教員養成の改革法案を提出した[2]。結局，1974年5月の内閣改造にともなって審議が終了したため法案は可決されなかったが，その理念は次の国民教育大臣アビ（René Haby，在位1974-1978）へと引き継がれていった。

(2)改革の基本理念

　それでは，アビの目指した中等教育改革とはどのようなものであったのか。自伝『若きフランス人のための戦い』では，「可能な最適条件のもとで，厳しい複雑な文明の中での成人生活の準備となるより高い水準の一般教養と推理力もって，基礎的技能（読み・書き・算）を仕上げる」[3]ことが教育の最高

理念として掲げられている。その上で、この理念を実現するためには、義務教育段階においていかなる差別も存在しないことが前提であり、民主社会の見習い期間としての学校において、あらゆる知的・社会的階層の国民が連帯する必要があるとされている。

したがって、アビの改革の狙いはランジュヴァン案の「正義の原則」を実現することにあると考えられる。当時、多くの社会学者からも、「初等教育から高等教育まで、学業成功の機会は出身階層に応じて子どもたちの間に不平等に配分されており、『社会・文化的』に発達した階層出身の『相続人』だけに保証されている」[4] という批判がなされていた。このような状況を打開するため、アビは不平等と戦うことを決意し、社会的に最も恵まれない生徒が教育から排除されない手段を提供しなければならないと考えたのである。

さらに、アビは改革の素案である『教育制度の現代化のための提案』（以下『提案』とする）で、機会均等の条件を整えて、あらゆる階層が教育を受けられるようにするために、以下のことが必要であるとしている[5]。

　①なるべく早い段階から、出身階層に結びつく文化的ハンディキャップを克服する。
　②最適の状態において各生徒の能力の開花を求め、潜在能力を未開発のままにしない。
　③生理学的あるいは心理学的に、学校教育の効率の改善に努める。
　④履修コースにおける学校的ヒエラルキーを再検討の対象として、抽象度の低い教科の価値を再認識することにより、万人のための基礎教育を確立する。その際に、社会的差異を広く再生産する差別的な学習内容にならないようにする。
　⑤生徒の興味を考慮に入れた教育を行い、動機付けを高める。
　⑥多様な履修コースへの入学年齢の緩和、進歩の個人的リズムの尊重、授業の補習、選択科目の拡大など教育をより弾力的に組織する。

ここでは、古典を中心とする上流階層向けの教育内容を是正し、不利な立

場に置かれた階層出身の生徒の文化資本の量を増大させるとともに，児童中心主義的な立場から生徒の個性を重視することが提案されている。

(3)新たな教育課程の整備

上記の目標を達成するため，『提案』の第3章と第4章では，新たな教育課程についての構想が示されている。そのうち，中等教育については次のように規定された[6]。

①前期中等教育

　初等教育を卒業した生徒は，全員4年制のコレージュに入学する。学級編成は，能力の異なる生徒が一緒に学ぶ「異質的編成」（hétérogénéité）とする。また教育課程は，小学校で習得した知識の補強と新内容の習得を行う2年間の共通課程と，共通教育の継続と深化を行う2年間の進路指導課程に分けられる。前者では，未分化の単一カリキュラムにおいて授業が行われるが，基礎科目であるフランス語・外国語・数学については，補習活動あるいは深化活動が行われる。後者では，共通教育に加えて，外国語と試行作業学習（bancs d'essai）[7]という2領域の選択科目が付け加えられる。

②後期中等教育（職業教育）

　技術教育コレージュは，職業教育リセ（lycée d'enseignement professionnel）に改められ，2年間で職業教育免状（BEP）や職業適性証（CAP: certificat d'aptitude professionnelle），1年間で職業教育証書（CEP: certificat d'études professionnelle）を取得できる。

③後期中等教育（普通教育）

　リセ第1・第2学年は，共通科目と若干の選択科目で構成される。第2学年の終了時に教員評議会が知識の習得度をチェックし，その結果をもとに大学区審査委員会が，第3学年への進級に必要とされる証明書を交付するか否かを判断する。第3学年は全て選択科目によって授業がな

され，生徒はバカロレア資格取得のために試験を受ける。

『提案』は，閣議決定を経て法案となり，初等教育を除いた大部分がそのまま採択され，「1975年7月11日の法律」[8] として成立した。同法の最大の特色は，以下のようにコース（学科）の存在しない「統一コレージュ」(collège unique) を創設したことである（図2-10）。

> 「すべての子どもは，コレージュで中等教育を受ける。中等教育は，断絶することなく初等教育に接続し，生徒にその時代に適合した教養を与えることを目的とする。中等教育は，知的・芸術的・手工的・身体的・スポーツ的教科の均衡に基づいており，生徒の能力と興味を明らかにすることを可能にする。中等教育は，その後の普通教育や職業教育の土台を構成するが，職業教育はこの中等教育の直後か，あるいは生涯教育の一環として行われる。」（第4条）

このように，中等教育コレージュを拡大する形で学校間の区別を完全に解消し，多様な履修コースが統合されたことで，全生徒が「コレージュ」で前期中等教育を受けることになった。詳しい教育課程の設計については，同法の関連法である「1976年12月28日のNo76-1303号政令」（以下「1303号政令」とする）によって規定されている[9]。中等教育の第1期課程をなすコレージュ

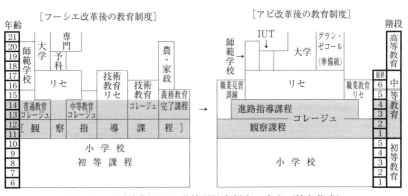

図2-10　アビ改革による単線型教育制度の成立（筆者作成）

ュは4年制であり，共通教育を行う最初の2年間は「観察課程」(cycle d'observation)，共通科目と選択科目によって授業を行う後半の2ヵ年は「進路指導課程」(cycle d'orientation) と呼ばれる（第2条）。進路指導課程はA科とB科の2つの履修コースに分かれており，前者は普通リセに，後者は職業教育リセや職業訓練コースに接続する。

2．統一コレージュにおける進路指導

(1) アビの進路指導構想

『提案』の冒頭において，進路指導は「教育の形式の多様化，学習と就職のよりはっきりとした関連づけ，教育と各生徒の個性のより良い適合の探求」[10] のために不可欠なものであり，教員や専門家が生徒や保護者とよく合議することにより，生徒の自発的選択を支援するようなものでなければならないとされている。そのために，教員は生徒および家庭についての詳しい情報を確保するとともに，能力，反応，熱意あるいは不安の程度を評価し，それに基づいて助言を行う必要がある。ただし，評価は学業成績だけでなく，人格の発達に関わる全ての要素を対象としなければならない。

さらに『提案』の「第5章 補完的教育活動」では，上記の考え方に基づいて進路指導手続きの具体案が提示されている[11]。それは，担任教員，進路指導相談員，教員，生徒，保護者代表からなる「教育チーム」(équipe éducative) が生徒の観察を総括し，その結果と家庭の希望をもとに「学級評議会」が最終的に進路決定するというものである。ただし，家庭はこの決定に同意できないとき，校長の主催する特別委員会に提訴することができる。

この構想は，若干形を変えつつも，「1975年7月11日の法律」（第9条）とその関連法によって実現されている。ベルトワン改革およびフーシエ改革によって導入されたしくみとどう異なるのか，以下で詳しく検討したい。

(2)**進路指導の方法**

　観察・進路指導課程における進路指導の手続きと組織は,「1303号政令」で定められている（図2-11）[12]。

　①進路情報の提供

　　就学期間中, 生徒と保護者は, 将来進学することができる教育コースや就職活動に関する情報を受け取る（第15条）。これらの情報提供は, 教職員と進路指導相談員によって実施され, とりわけ第4学年（最終学年）において頻繁に行われる。

　②生徒の観察

　　生徒の進路選択の準備を支援し, 本人の希望進路と実際に受ける教育を調和させるため, 生徒はコレージュの数年間を通して継続的観察の対象とされる（第16条）。観察を行うのは主に教員であり, 進路指導相談員と生徒指導員（conseiller d'éducation）[13]がそれを支援する。各学期末には, 教員評議会（conseil des professeurs）[14]が観察の全体的総括を行い, 生徒の指導要録（dossier scolaire）を作成する。さらに, 重大な進路決定が行われる観察課程終了時（第2学年末）と進路指導課程終了時（第4学年末）には, 指導要録と家庭の希望進路を参考に, 進学・就職や留年などの提

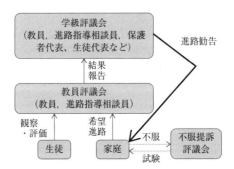

図2-11　アビ改革における進路指導手続きの仕組み
出典：「1976年12月28日の No76-1303号政令」より筆者作成。

案を作成する（第18条）。

③家庭の希望進路

生徒の家庭は，第2学年の最終学期に進路指導課程で選択するコースを，第4学年では卒業後の希望進路を担任教員に通知する（第17条）。この希望に基づいた進路指導の可能性は，生徒が学校で受けた教育活動や進路指導課程の組織・形式にかかわりなく，全ての生徒にとって同一のものでなければならない[15]。

④進路の決定

教員評議会の観察結果や学級生活に関する教育問題を検討するために，少なくとも1年間に3回，各学期末あるいは学校長が必用であると判断したときに学級評議会が召集される（第19条）[16]。第2学年末と第4学年末には，各生徒の進路に関する教員評議会の提案を吟味するが，その際必要に応じて生徒に関する補足的な情報が教育チームによって収集される。なお，卒業後の進路の最終的な決定権は学級評議会にあるが，在学中のコース選択に関しては家庭に最終的決定権が与えられる。

⑤進路に対する不服の提訴

生徒の進学・就職あるいは留年の決定に関して，家庭の希望と学級評議会の提案が不一致の場合，各家庭は進路の通知から15日間以内に2つの行動をとることができる（第19条）。まず，「不服提訴評議会」（commission d'appel）に訴え，その判断を仰ぐ。次に，生徒は大学区視学官によって作成された試験を受け，学校外部の審査委員会が試験結果を評価して進路を決定する。

(3)理念と現実の乖離

アビの構想は大部分が法令に反映されたが，唯一異なるのは，生徒の観察の総括と進路の提案が学校内外の多様なアクターから構成される「教育チーム」ではなく，原則として教員のみによって構成される「教員評議会」に委

ねられたことである。このことは，進路指導における教員側の決定権を優位にしたという点で，重要な意味をもつ。進路の実質的な検討が教員評議会で行われるため，学級評議会はその結果を伝達するだけの場になった[17]。また規則上は，学級評議会は保護者の参加を確保するために教員の勤務時間外で行われ，特別手当が支給されることになっていたが，実際には勤務時間内で開催されることが多く，働く保護者の参加は困難であったとされる。このような教員の権限強化により，専門家である進路指導相談員の果たす役割は弱体化し，学級評議会は一種の「記録室」に陥ってしまったのである。

3. 進路選択の実態からみたアビ改革の影響

統一コレージュの創設と新たな進路指導手続きの導入は，アビのねらい通り中等教育に機会均等をもたらしたのであろうか。プロストは，アビ改革に対して一定の評価を与える一方で，結果的に社会階層の再生産に寄与したとして3つの観点から批判している[18]。本項では，プロストの論考を手がかりに改革の肯定的側面と否定的側面を考察する。

(1)肯定的側面

プロストによると，アビ改革における中等教育と上級初等教育の統合によって，フランスの教育制度は完全に一体化されたという。小学校卒業後に全ての生徒が前期中等教育に進学するようになったことで，誰もが必ず経由するコレージュは学校システムの中心的要素へと変化し，「交通の要衝」（la plaque tournante）としての役割を果たした。したがって，小学校における進路指導はその意義を失い，少なくとも前期中等教育進学における階層間の不平等は完全に消滅したといえるであろう。この成果は就学者数の増加という形ではっきりと表れており，コレージュ在籍者数は1980年代の初めに320万人に達した。また，就学率も1958年度は14歳68.4％，16歳43.5％，17歳27.7％であったが，1984年度にはそれぞれ97.7％，86.8％，75.9％に増加し

た。

　さらに，こうした就学率の上昇は，国民の学力向上という現象をもたらした。フランス軍の精神工学部局が，20歳の新兵の若者全員に定期的に受けさせるテストの成績を比べてみると，次のような変化が生じたという。すなわち，及第点である10点（20点満点）を取った生徒は，このテストが創設された1951年には全体の約50％であったが，1977年には55.11％，1982年には59.56％に達しており，約10％増加している。

(2)否定的側面
①学業失敗の拡大

　前期中等教育段階での機会均等が実現された一方で，コレージュ進学後に中途退学あるいは留年する生徒が急増するという問題も起こってきた。1961年度に第1学年7.6％，第2学年9％，第3学年9.3％であった留年率は，1982年度にはそれぞれ11.7％，14.5％，12.4％になり，大幅に悪化している。第2学年終了時までに通常学級を去る生徒の割合も約25％と極めて高く，1980年の段階で第3学年の通常学級在籍者は同一世代の76.8％にとどまる。その他の生徒の多くが未来のない適応学級や[19]，統一コレージュの例外としてアビ改革後も存続された3つの職業教育コースに進むことを余儀なくされている[20]。

　第1に約13.5％が在籍するCAP準備3年コースでは，職業教育リセにおいて職業適性証書（CAP）の取得に向けた訓練が行われるが，就職により有利な職業教育免状（BEP）は取得できず，職業バカロレア準備コースへの進学も認められていない[21]。第2に約6.2％が在籍する職業前準備学級（CPPN: classes pré-professionnelles de niveau）では，CAP準備3年コースに進学する学力が足りないと判断された14歳以上の生徒を対象に，1年後に同コースに進むことを目指して学力向上が図られる。第3に1.6％を占める見習い訓練準備学級（classes préparatoire à l'apprentissage）には，15歳以上になっても

CAP準備3年コースに進めなかったCPPNの生徒が移され，特定の職業について入門教育が施される。後者2つのコースは，学校での授業と企業での実地研修を組み合わせた交互訓練方式によって教育がなされる。

プロストによると，こうした中退や留年の背景には，家族形態の変化，特定の都市環境における排除や逸脱，若者に特有の風俗習慣など様々な社会的要因が存在するが，統一コレージュの創設に伴う教授法の画一化と不適応が与えた影響も大きい。統一コレージュは均質な教育を行うことによって大衆の就学を実現したが，生徒の具体的な多様性を考慮に入れていなかったのである。

第1節で述べたように，社会階層によって小学校卒業後の教育に対する期待は異なり，庶民階層は社会に出て働くために必要な大衆教育，すなわち「（上級）初等教育」を，上流階層はより高度で抽象的な「中等教育」を求めていた。しかしながら，統一コレージュは，エリート教育である「中等教育」型の均質な教育によって「（上級）初等教育」型の要求に応じようとする試みであり，根本的な過ちを犯しているとプロストは指摘する。結果として，コレージュではリセ進学を希望する学力のある生徒と，進学を希望しない学力のない生徒を等しく教育することになってしまった。学力が多様化したため，以前のリセで行われていたような中等教育は成り立たず，大量の「学業失敗」（échec scolaire）が生み出されることになったのである。まさに職業教育コースは，そのような生徒たちの溜まり場として機能している。

②選抜としての進路指導

プロストは，鉄道の比喩を用いて統一コレージュを「選別のための巨大な駅」（une vaste gare de tirage）と表現している[22]。全ての生徒は必然的に統一コレージュを通過し，卒業後に異なった教育コースへと送り出される。したがって，そこでの進路指導は生徒を能力，性向，成績に最も適した後期中等教育のコース（学科）に振り分けるが，多様な学科の先に同じ就職口が待っ

ているわけではない。就職先の人気や社会的地位に応じて，普通リセにおいてはＡ科からＣ科に至るまで[23]，また職業教育リセにおいては電子工学から車体製造業に至るまで，異なるコース間にヒエラルキーが確立している。この序列関係は，「良い」コースに対する家庭の需要を増大させ，「悪い」コースに対する需要を減少させた。しかしながら，各コースの定員は限られており，振り分けにあたっては受け入れの容量を超えないことが要求される。そのため，適性・能力に基づくはずの進路指導は，現実には「進学者数を管理する官僚的な手続き，教育の供給に対する需要の政策的調整」[24]になってしまったのである。

　こうした進路指導の過程においては，振り分けの際に生徒の客観的な資料，特に年齢や学業成績が考慮されるという。成績の悪い生徒や留年している生徒は希望する進路に方向付けされず，必然的にヒエラルキーの下位に位置するコースに導かれる。ゆえに，多くの生徒が選抜の与える絶え間ないプレッシャーのもとで学習せざるを得ない。それは，フランスの教育の伝統的欠点である「知識の詰め込み」（bachotage）を増大させる結果を招くのみならず，個性・責任感・想像力といった生徒の質的な人間発達が軽視される事態を引き起こしたのである。

　③「民主化」という幻想
　進路指導による選抜の過程は，年齢の高い生徒，留年した生徒，学業成績が劣る生徒―その多くは庶民階層出身者―を容赦なく排除していった。表2-7は，リセ第２学年の生徒の社会的出自を示したものである。これによると，労働者と上級職の差は，1973年度がＣ科5.6％，全学科12.4％であるのに対して，1980年度がＣ科11.8％，全学科12.5％である。つまり，リセにおいて最も権威の高いＣ科では，格差が拡大しており，選別の度合が高くなっている。また表2-8は，リセ最終学年と第２学年の生徒の社会的出自を示したオルレアン大学区の調査である。リセ（普通科）の最終学年や第２学年

表2-7 リセ第2学年の生徒の社会的出自（％）

コース	階層	1967年度	1973年度	1976年度	1980年度
全学科	労働者	27.1	27.8	28.6	30.2
	上級職	15.5	15.4	16.8	17.7
技術科	労働者	34.6	34.6	35.5	36.6
	上級職	8.1	8.3	9.3	10.6
普通科	労働者	22.1	21.8	20.7	23
	上級職	20.3	21.5	24.6	25.4
C科	労働者	—	18.4	19.1	18.1
	上級職		24	27.7	29.9

※上級職：自由業と上級管理職
※政府統計では、1967年度に関して第2学年のコースを区別していない。

出典：Antoine Prost, *Éducation, société et politiques* Éditions du Seuil, 1997, p.109.

表2-8 オルレアンにおけるリセ（普通科）の生徒の社会的出自（％）

コース	階層	1952-1954	1957-1959	1962-1964	1967-1968	1973-1974	1976-1977	1980-1981
最終学年 A科・E科	労働者	10.1	14.5	16.3	18.6	18.6	15.5	18.3
	上級職	28	20.4	18.8	18.3	22.5	28.8	30
最終学年 C科	労働者	7.6	9.7	16	17.9	14.9	13.6	8.8
	上級職	30.5	25.5	21.5	20	28.1	34.6	39.9
第2学年 普通教育	労働者	15.5	17.8	21.5	18	17.4	19.8	20.2
	上級職	17.5	17.6	16.2	19.7	28.9	27	27.9
第2学年 C科	労働者	10.3	5.8	11.3	13.8	14.9	13.8	15.5
	上級職	25.6	47.7	27.8	22.7	31.5	31.1	34.1

出典：Antoine Prost, *Éducation, société et politiques* Éditions du Seuil, 1997, p.110.

における労働者の割合は，戦後から1960年代中旬まで増加していたが，アビ改革以降は低下している。たとえば，最終学年のC科の労働者の割合は，1952-1954年度7.6％，1967-1968年度17.9％，1980-1981年度8.8％である。

したがって，統一コレージュは民主化の道具ではなく，現実には「恵まれた社会階層出身の生徒に，学校システムの最も権威の高い履修コースにおけ

る特権的地位を用意する効果的なフィルター」[25] として機能したと考えられる。その結果，異なるコース間における社会的序列化が進行し，庶民階層は下位に位置するコースに追いやられるという現象が起こった。1980年には，職業前準備学級（CPPN）や見習い訓練準備学級に在籍する労働者の割合は52.8%に達している。また，職業リセではCAP準備コースで52.3%，BEP準備コースで44.1%を占める。これらのコースは，将来ものづくりの単純労働にしか就くことができないため，「島流し」(relégation) の学科と呼ばれている。

以上のことから，統一コレージュの創設は不平等を改善したのではなく，選抜をコレージュ以後に先送りすることで不平等を配置転換して安定させたといえよう。すなわち，「学校システムの外部で作られた事前の排除を，学校システムの内部で学校システムそのものによって実現される排除に徐々に置き換えた」[26] とプロストは指摘する。こうした状況によりもたらされたもの，それは社会移動の停止である。しかしながら，アビ改革の影響は階層間格差の拡大にとどまらない。この改革は，社会階層を社会的根拠に基づいたものにする代わりに，表面的に学校的根拠に基づいたものにすることによって，階層構造を正当化してしまったと考えられる。

多様な階層の構成員は，それぞれ自らの社会的地位を内面化し，不平等な能力の結果として受け入れるように促されている。これまで選抜の犠牲者は不平等な能力の原因を，自分たちに選抜に参加する機会を提供しない教育制度に求めていた。しかし，アビによるコレージュ改革は，選抜に参加する機会を明確な形で与えることで，「以前は人々が生まれつきの偶然のせいにしていたことを，個人の能力や無能力に変形した」[27] のであり，失敗や成功の原因は生徒自身にあるとみなされるようになった。学校を前にした不平等の責任は，もはや社会ではなく個人に課せられている。このように，アビ改革は個人を弱くするという大きな犠牲を払って，社会の強化を獲得するという側面をもっていたのである。

4.『シュワルツ報告』にみる移行支援

　アビ改革の否定的側面は，何も資格を取得することなく学校から中途退学する生徒の増加，さらには失業率の悪化という形で顕在化してくる。この現実を国民に知らしめたのは，シュワルツ（Bertrand Schwartz）が当時の首相モロワ（Pierre Mauroy，在位1981-1984）に向けて記した『若者の職業的・社会的移行』[28] と題する報告であった。このいわゆる『シュワルツ報告』は，若年層（16歳〜21歳）の失業率が20％以上，成人層の3倍以上に及ぶことを明らかにし，フランス社会を激震させたのである。

　同報告は主に16歳，すなわちリセ段階以上の若者政策に焦点を当てたものであり，コレージュにおける進路指導について直接論じたものではない。しかし，履修コースへの一方的な振り分け，およびそれに起因する格差問題に一石を投じており，戦後の進路指導を見直す1つの契機となった。以下では，若者の進路をめぐる実態の解明，およびその是正に向けた提案に着目し，そのインパクトを確認したい。

(1) 学校から職業への移行をめぐる状況

　1980年5月に実施された調査によると，16歳〜21歳の若者425万人のうち，失業状態にある者は61万人（14％）であり，就学者を除いた人数で失業率を算出すると26.5％に達する（図2-12）。労働人口のわずか8％に相当する若者が求職者の28％を占めている。女性をとりまく就業環境はさらに厳しく，16歳〜21歳の求職者の60％が女性であるが，失業期間は長期に及び，39％が6ヶ月以上失業している（男性35％）。

　1978年に比べて1980年の求職者は約50％増加したが，16歳〜21歳に限ると70％増加しており，経済情勢の悪化は特に若年層に大きな影響を与えている。しかし，同じ若年層失業者でも免許状の水準（表2-9）に大きな差があり，約3分の1が何の免許状も取得しておらず，第4水準以上の資格取得者は17％

第 2 章　戦後期における進路決定システムの形成　167

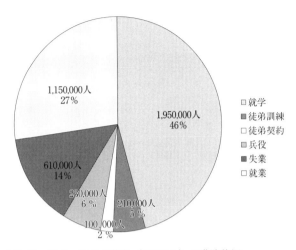

図2-12　16歳〜21歳の若者（425万人）の進路状況

出典：Bertrand Schwartz, *L'insertion professionnelle et sociale des jeunes*, Documentation française, 1981, p. 24より筆者作成。

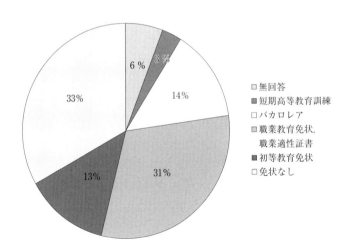

図2-13　失業状態にある若者の資格取得状況（％）

出典：Bertrand Schwartz, *L'insertion professionnelle et sociale des jeunes*, Documentation française, 1981, p. 25より筆者作成。

表2-9 資格と学位免状の対応

水準Ⅰ	博士論文準備資格（DEA：Diplôme d'études approfondies） 専門高等教育免状（DESS：Diplôme d'études supérieurs specialisées） 博士号（Doctorat），グランゼコール（Grandes École）卒	バカロレア ＋5年以上
水準Ⅱ	学士号（Licence） 修士号（Maîtrise）	バカロレア ＋3〜4年
水準Ⅲ	大学技術免状（DUT：Diplôme universitaire de technologie） 大学一般教育免状（DEUG：Diplôme d'étude universitaire générale） 大学科学・技術教育免状（DEUST：Diplôme d'étude universitaire scientifique et technique）	バカロレア ＋2年
水準Ⅳ	「普通バカロレア」(baccalauréat général)，「技術バカロレア」(baccalauréat technologique)，「職業バカロレア」(baccalauréat professionnel)	バカロレア ＋0年
水準Ⅴ	職業教育免状（BEP：brevet d'études professionnelles） 職業適性証（CAP：certificat d'aptitude professionnelle）	バカロレア なし

※フランス政府は，教育を受けた年数に応じて職業資格と学位免状を5つの水準に分類し，「資格・学位公認表」(l'homologation des titres ou des diplôme) を作成している。
出典：Gazave Martine et Nicole Hennetier, *La VAE: valoriser son experience par un diplôme*, Librairie Vuuibert, 2004, pp. 22-23. Oliver Zeller, *Valider ses acquis*, L'Express éditions, 2004, pp. 40-41より筆者作成。

にとどまる（図2-13）。

　このように，1974年のオイルショックから続く経済危機は若年層の失業率を押し上げている。しかし，成人と若者の間に断絶が生じ，さらに若者間の不平等も拡大している背景には，教育を通した移行支援を怠ってきたことがある。若者は職業社会への移行の責任を個人で背負わされ，無気力で絶望的な状態に追いやられているのである。

　以上のことをふまえて，同報告では若者の社会的・経済的参加を回復するために，次の4つの目標を達成しなければならないとしている[29]。

　　a．若者に職業資格を付与して経済を活性化する。
　　b．出生に基づく機会の不平等を減少させて公正な社会を構築する。

c．世代間の対話を確立し，連帯した社会を構築する。
　　d．若者の創造力を活用して社会資格に向けて準備させ，社会を変革する。

　これら目標達成に向けて，①職業資格の保障，②社会・経済活動へのアクセス，③兵役と移行プロセスの統合，④市民生活と生活環境の創造，の4つの具体的な政策が提示されている。以下では，進路指導と関わりの深い①と②の内容について概観する。

(2)移行支援の具体的方向性

　①全ての若者に社会・職業資格を保障する

　若年層の失業者の約3分の1に相当する20万人の若者は，何の職業資格も取得することなく，大きなハンディキャップを背負って労働市場に立たされている[30]。彼らは，進学に際して教育コースを積極的に選択できず，甘受せざるを得なかった者たちである。学校を中退したため実質的な未就学状態にあり，社会生活に対する準備ができていない。

　こうした状況を是正するためには，長期的視野のもと既存の隔離主義的な教育構造を変革し，「成功の教育学」(une pédagogie de la réussite) に依拠して，「開かれた技術訓練」(une formation technologique ouverte) のシステムを構築する必要がある。具体的には，第1に学習の動機づけと進路選択の原動力となる「教育的交互訓練」(l'alternance pédagogique) を導入し，学校教育と職業活動を連結させた移行支援を行うことで，不平等と闘う手段を提供する。第2に，職業生活を通じて得た経験・知識を認証し，資本化する仕組みを導入する。第3に，交互訓練に向けて「職業・社会資格契約」(le contrat de qualification professionnelle et sociale) を結ぶために，訓練機関や企業との交渉を援助する。

　さらに短期的対策としては，社会から排除されている全ての人に職業訓練を受けさせ，資格を取得させる必要がある。そのために，第1に「地方活性

化ミッション」(une mission d'animation locale) が，若者の理解，受け入れと進路指導，研修を引き受ける企業の斡旋，訓練機関の斡旋，という4つの役割を果たす。第2に，経済的理由による生徒の職業教育リセ中退を回避するために，教育コースの変更を柔軟に認めて資格取得できる機会を増加させる。第3に，見習い訓練制度を利用しやすくするため，訓練生の報酬を増加させるとともに，訓練期間を柔軟にして中小企業における研修を増加させる。

②若者が社会・経済活動にアクセスできる機会を強化する

若者を正当な労働者として認識するとともに，若者の特殊性を理解して，職業社会へ移行を支援する構造的政策を立案する必要があり，具体的には次のことが目指される[31]。

1つ目は，選択された労働時間において「ワークシェアリング」(le partage du travail) するように働きかけることである。若者が要求しているのはフルタイムの雇用ではなくワークシェアリングであり，仕事を自発的に選択できることである。その上で，明確な契約を結び，労働時間と職業訓練の時間を適切に組み合わせることが望ましい。

2つ目は，地方がイニシアチブを発揮して，集団の利益になる雇用や社会活動を創出することである。一例を挙げると，高齢者の住居での支援活動，断熱・保温のための共同組合活動，森林の維持・管理，廃屋の修復，若者向け施設の建設，退職を見据えた職人の後継，などであり，各地域はこうした地方独自の雇用発展プログラムを確立しなければならない。

3つ目は，「生涯教育」(l'éducation permanante) の拡張政策の中で，若者の職業的・社会的訓練に国家として取り組むことである。政府と企業は責任を共有して，若者が多様なレベルにおいて資格取得できるよう積極的に資金提供する。また，雇用と職業訓練を結びつける契約，専門分野の再教育や技術的発展のための契約を推進することが求められる。

これら3つの提案を成し遂げるために，居住エリアと雇用エリア，対象者，

職業分野，を考慮に入れて「18歳～21歳の若者のための緊急プラン」(un plan d'urgence pour les 18-21 ans) を策定し，支援の優先順位を決定していく。

5．『シュワルツ報告』の影響—「診断的概念」脱却に向けて—

(1)進路指導についての基本的な考え方

『シュワルツ報告』では，進路指導に関して次の3点が言及されている。

第1に，教育的機能を備えた交互訓練制度が若者の進路指導にとって有効であるということである[32]。この制度は，職場での労働と学校内での形式的訓練を交互に行うという点で，成人の職業訓練に比べて「教育的原動力」(ressort de la pédagogie) が強いものになっている。若者は職業体験を通して様々なものづくりの場面に向き合うことで，学習に対する動機を再発見し，自らをより適切に方向づけることができるという。

第2に，「職業・社会資格契約」の締結に向けた「教育的交渉」(la négociation pédagogique) が，生涯にわたる計画的な進路指導アプローチを形成することである。交渉の本質は，「興味の中心と，職業訓練の提供および製造現場への受け入れ可能性の両方に対応した形で，資格取得できる職業訓練のストラテジーを若者とともに徐々に構築していくこと」[33]にある。それは，希望進路，能力，ライフヒストリー，経験の総体を考慮し，若者に最も近い場所で実施されなければならない。このアプローチの意義は，若者を大人として扱うことで「匿名状態」(l'anoymat) から解放し，個人的な動機付けのプロセスに伴走することにある。

第3に，進路情報の提供をより充実させていくことである。理想的には，全ての若者が自らの希望進路を選択できることが望ましいが，「学区制度」(le carte scolaire) の改革後，それはよりいっそう困難になることが予想された[34]。そこで，以前にも増して重要になってきているのが，学校コース，さらには職種や職業に関する「情報への権利」(le droit à l'information) を保障することである[35]。この権利が単に形式的なものにならないように進路指導

相談員の数を増加し，特に技術リセや職業教育リセの若者に対する支援を拡大する必要があるという。また，情報・進路指導センター（CIO）については，保護者の利用可能な時間帯を考慮に入れ，夜間や土曜日の朝など営業時間を延長することが望ましいとされた。

以上に示された進路指導に対する考え方は，教員による進路への「振り分け」，いわば「診断的概念」に基づく進学指導とは大きく異なるものである。生徒自身がストラテジーに基づいて，「個別化されたプロジェクト」（un projet individualisé）を立てる過程こそが進路指導であり，そのために職業訓練や進路情報の提供が必要とされる。したがって，それは，自己の進路を導くことができる主体を教育によって育成することを目指しており，「教育的概念」に依拠した進路指導であるといえよう。

(2)学校外における進路指導の充実

『シュワルツ報告』の公表に先立ち，「1980年2月25日の通達」[36]では，CIOのサービスをより一貫したもの，より効果的なものにするために，その組織と活動に関して再定義が行われた。そこでは，まず一般的原則としてCIOは地域社会を尊重し，地域の人々の要求に応じることが確認されている。その上で，活動にあたっては，「生徒個人が受け入れることができるような進路指導を行うために，若者が将来のプロジェクトを構築し，それを発達させていく」[37]ための支援が最優先されると明記された。進路指導手続きにおける生徒の観察と振り分けという従来のCIOの役割は変化し，生徒自身が作成するプロジェクトの支援を通じて，学校からの早期離脱を防止することに重点が置かれるようになったのである。また，限られた数のCIOと進路指導相談員でこの目的を達成するために，同通達では支援対象に優先順位をつけ，特定の人々に対して積極的に介入することが定められている[38]。

①学業や職業に関する選択を目前に控えている生徒

②教育を受けずに（あるいは不完全な状態で）学校から退学する可能性が

高い生徒

③休職，転職，あるいは職業的地位を向上させる方法を模索している若者

つまり，CIO は学校教育に対して介入の度合いを強め，問題を抱えた生徒に個別対応していくことが決定されたのである。今後は，各生徒の経済的・社会的環境を入念に調査し，その地域の社会状況と照らし合わせて相談を実施していかなければならない。また，CIO 施設においては，人々の受け入れを拡大するとともに，各訪問者が自発的に資料を収集することができる体制を整備することが望ましいとされた。

こうした改革の方向性は，『シュワルツ報告』に示された「情報への権利」および「個別化されたプロジェクト」という基本理念に一致するものである[39]。同報告の存在はCIO 改革にとっての追い風となったと考えられ，最終的にこれらの理念は1989年の新教育基本法（ジョスパン法）において明文化されることになる。

他方，進路指導サービスの拡大には大きな壁も存在していた。1982年当時の進路指導相談員の数は3,530名，相談員1人あたりの担当生徒数は1,178名にのぼる[40]。相談員の人数は増加傾向にあったものの，中等教育における生徒数の増加に追いついておらず，量的・質的に充分な指導ができたかには疑問の余地があったといえよう。

(3) 学校教育における進路指導の変化

ミッテラン政権下の1981年5月，モロワを首相とする社会党・共産党連立政権が誕生すると，国民教育大臣に就いたサヴァリ（Alain Savary, 在位1981-1984）は，学業失敗の大量発生を引き起こしたアビ改革への対処を急いだ。1982年12月には，ストラスブール大学教授・元国立教育研究所所長ルグラン（Louis Legrand）を首班とする委員会がコレージュについての改革案を提出した。『民主的なコレージュのために』と題する通称『ルグラン報告』の概

要は，以下の通りである[41]。

①アビ改革における異質的学級編成を一部改めて集団に柔軟性をもたせ，数学・フランス語・現代語の主要3教科に同質的な能力別学級編成を導入する。

②技術活動（「テクノロジー」）と表現活動（「芸術」「体育」）を重視して教科の均衡化を図り，学習時間を柔軟化・多様化する。

③学業不振の生徒を12人〜15人ずつの小人数グループに分けて「個人指導教員」（tuteur）が指導するチューター制度（tutorat）を設け，個別のニーズに対応する。

④教員，生徒指導専門員，資料専門員などから構成される「学習指導チーム」（équipe pédagogique）を組織し，「教育活動計画」（projet d'activité éducative）を策定する。

⑤進路指導手続きにおける教育評価の在り方を見直し，「否定的進路指導」（orientation négative）[42]を全て解消する。

⑥袋小路である職業前準備学級（CPPN）を廃止，生徒を通常のコレージュに統合する。

これらの措置の根底にある原理は，「支援の教育学」（la pédagogie de soutien）および「多様化の教育学」（la pédagogie différenciée）であり，その目指すところは「学力向上による学業失敗の克服」であった。

サヴァリが報告内容を政策に忠実に反映したことから，1983年から順次進められた一連の改革は「サヴァリ＝ルグラン改革」と称される。しかしながら，サヴァリ自身が新教育の理念を重視していたことにも象徴されるように，それは「公正」（équité），「平等」（égalité），「民主化」（démocratisation）の三大理念を追求したランジュヴァン案の延長線上にとどまった。ゆえに，戦後の教育政策を抜本的に転換するものではなく，教育実態をふまえてアビ改革を部分修正することで，同改革の理念を真に実現しようするものである。進路指導政策に関しても（上記の⑤），進路指導手続きの改善・充実によって離

学者を減少させることに主眼が置かれ，「診断的概念」に依拠した進路指導を大きく変化させるようなものではなかった。

しかし，ミッテラン大統領（François Mitterrrand，在位1981-1995）の依頼を受け，1985年に社会学者ブルデューを中心とするコレージュ・ド・フランス教授団が作成した『未来の教育のための提言』[43]には，「診断的概念」脱却に向けた潮流が読み取れる[44]。提言は9つの原則によって構成されるが，うち2つは進路指導に直接・間接的に関わる内容である。

第2原則「優秀さの形態の多様化」では，比較できない複数の成功形態を認めて，個々人に固有の進路を重視する姿勢が強調されている。階層にとらわれた社会的軌道ではなく，個人的軌道を構築していくプロセス，すなわち「個人プロジェクト」の作成が進路指導において重要な位置を占めなければならない。

第3原則「機会の複数化」では，進路指導手続きを通して進路選択に強い影響を及ぼしてきた教員による評価の抑制が示唆されている[45]。教員は進路の「決定者」ではなく，進路決定の「支援者」として振る舞わなければならない。すなわち，教員の役割は，進路指導の「主役＝決定者」である生徒が，これまで軽視されてきた具体的知識や形式的操作をきちんと習得し，それらを活用して日常生活や自己の進路に潜むリスクを測定できるように支援することである。また自らの進路を切り拓くためには，自分で何かを発見し創造する力を身に付けることも重要であり，そのための取り組みは生徒間の文化資本の格差を埋め，進路選択能力を向上させることにつながると考えられる。

【註】

1 Ministre de l'éducation nationale, *L'Education*, No. 131, 2 mars 1972, p. 3.
2 田崎徳友「フランスの中等教育における進路指導政策―バカロレア資格およびその他の資格とそれらへ向けての進路指導の現実―」『福岡教育大学紀要』第34号，第4分冊，教職科編，1984，12頁。
3 ルネ・アビ著，村田晃治訳『若きフランス人のための戦い―アビ教育改革回想録

―』東信堂，1989，81-82頁。(René Haby, *Combat pour les jeunes français*, Julliard, 1981.)
4 同書，47-49頁。
5 René Haby, *Propositions pour une modernisation du système éducatif*, Documentation Française, 1975, pp. 2-3. ルネ・アビ著，村田晃治訳『教育制度の現代化―フランスの初等・中等教育改革―』1984，4-6頁参照。
6 *Ibid.*, pp. 2-3. 同書，4-6頁参照。
7 職業準備的性格を備えた，コレージュと企業の両方において実施される手工・技術教育。
8 Loi no 75-620 du 11 juillet 1975, *B.O.* no 29 du 24 juillet 1975, pp. 2281-2285.
9 Décret no 76-1303 du 28 décembre 1976, *B.O.* numéro spécial du 6 janvier 1977, p. 4584.
10 René Haby, 1975, *op.cit.*, p. 4. ルネ・アビ著，1984，前掲訳書，9頁参照。
11 *Ibid.*, pp. 29-30. 同書，60-62頁参照。
12 Décret no 76-1303 du 28 décembre 1976, *op.cit.*, pp. 4587-4588.
13 生徒指導員は「1970年8月12日の政令」によって設置され，第4条で「学校生活の組織化と活性化に関して，管理職のもつ教育的責任を共有する」と規定された（Décret no70-738 du 12-8-1970, *B.O.E.N.* no 33 du 3 septembre 1970, p. 2427）。1992年以降，生徒指導員は生徒指導専門員（CPE）として，ジョスパン法によって設置された教員養成大学センター（IUFM）で統一的に養成されるようになり，職団としては廃止されている。
14 「1976年12月28日の1305号政令」の第23条によると，教員評議会は各クラスを担当する教員全員によって構成されるが，生徒の個別的事情を認識している場合は進路指導相談員も会議に参加できる（Décret no 76-1305 du 28 décembre 1976, *B.O* .numéro spécial du 6 janvier 1977, p. 4603）。
15 古典など特定の科目を履修した生徒は進学にあたって有利な扱いを受けてきたが，今後は進路指導では異なる科目の価値を同一のものとして扱うように求めている。
16 「1976年12月28日の1305号政令」の第24条によると，学級評議会は，担任教員，保護者代表2人，生徒代表2人によって構成されるが，生徒の個別的事情を認識している場合は生徒指導員，進路指導相談員，学校医，ソーシャルワーカー，学校看護士も参加できる（Décret no 76-1305 du 28 décembre 1976, *op.cit.*, p. 4603）。
17 Ch. Makarian, "Orientation scolaire: les pièges", *Le point*, 25-31 mars 1985, pp. 70-74.

18　Antoine Prost, *Éducation, société et politiques: Une histoire de l'enseignement de 1945 à nos jours*, Éditions de Seuil, 1997, pp. 104-111.
19　ベルトワン改革で設けられた適応学級は進路未決定者や進路変更者を受け入れたが、実態としては学校教育から脱落しつつある生徒の溜まり場になっていた。
20　前期中等教育段階の職業教育コースの実態については、夏目達也「フランスの前期中等教育段階における技術教育をめぐる動向―CAP準備コースとテクノロジー学級―」技術教育研究会『技術教育研究』第44号、1994、50-56頁に詳しい。
21　1985年に「職業バカロレア」（baccalauréat professionnel）が創設され、同年に25万人（同一世代の30％）だったバカロレア取得者は1995年に50万人（63％）に増加している。
22　Antoine Prost, *op.cit.*, p. 106.
23　1968年、普通リセの第2学年と最終学年は、受験するバカロレアに従って「A科：哲学・文学科」「B科：経済学・社会学科」「C科：数学・物理学科」「D科：数学・博物学科」「D'科：農学・技術科」「E科：数学・技術科」に分けられた（宮脇陽三著『フランス大学入学資格試験制度史』風間書房、1981、408-412頁参照）。
24　Antoine Prost, *op.cit.*, p. 107.
25　*Ibid.*, p. 108.
26　*Ibid.*, pp. 108-109.
27　*Ibid.*, p. 111.
28　Bertrand Schwartz, *L'insertion professionnelle et sociale des jeunes*, Documentation française, 1981.
29　*Ibid.*, pp. 29-31.
30　*Ibid.*, pp. 35-56.
31　*Ibid.*, pp. 63-87.
32　*Ibid.*, p. 42.
33　*Ibid.*, p. 46.
34　1980年代以降、政府は学区制度の緩和を実施しており、通学区域の拡大に伴って、進路情報、特に学校に関する情報の重要性が高まった（田崎徳友「フランスにおける生徒の進路指導と学校選択―進路指導と「学校設置・配置図」―」『福岡教育大学紀要』第35号、第4分冊、教職科編、1985、15-29頁）
35　Bertrand Schwartz, *op.cit.*, p. 55.
36　Circulaire n°80-099 du 25-2-1980, *B.O.* no 9 du 6 mars 1980, pp. 676-679.
37　*Ibid.*, p. 676.

38 *Ibid.*, p. 676.
39 その他に『シュワルツ報告』の提言を受け，何の資格も取得することなく学校から離脱した若者の進路を支援するため，「ミッション・ローカル」（ML: mission locales）と「受入・情報提供・進路指導常設窓口」（PAIO: des permanences d'accueil, d'information et d'orientation）という2つの組織が創設された。
40 田崎徳友，1984，前掲載論文，41頁参照。この数値は，2008年の進路指導心理相談員（COP）の数4,500名，1人あたりの担当生徒数969人と比べても劣る環境である。
41 Louis Legrand, *Pour un collège démocratique: rapport au Ministre de l'éducation nationale*, Documention française, 1982.
42 「否定的進路指導」とは，「進路指導という審判」（l'orientation-verdict）が生徒の進路構築に負の影響を及ぼし，学業失敗に至ってしまうことを意味する。
43 Collége de France, *Propositions pour l'enseignement de l'Avenir*, 1985. コレーシュ・ド・フランス教授団，堀尾輝久解説「未来の教育のための提言」『世界』第512号，岩波書店，1988年3月，289-316頁。
44 この提言にはブルデューの「合理的教育学」（la pédagogie rationnelle）の原理が反映されている。それは教育の「真の民主化」のために，「万民に対する文化へのアクセス保障」という学校本来の機能を取り戻す教育学である（P.Bourdieu, J.C. Passeron, *Les héritiers: les étudiants et culture*, Éditions de Minuit, 1964, p. 111-115. ブルデュー，パスロン著，石井洋二郎監訳『遺産相続者たち 学生と文化』藤原書店，1997，134-139頁参照）。
45 ブルデューはこの提言に関連して，学校の教員は「生徒のアイデンティティや自己像に名を与え（レッテルを貼り），形作る，恐ろしいくらいの権力を有していること」を自覚しなければならないと指摘している（P. ブルデュー，堀尾輝久，加藤晴久「いま教育に何を求めるか」『世界』第541号，岩波書店，1990年5月，125頁）。

小結―戦後における「診断的概念」と「教育的概念」の関係―

第1次世界大戦後から起こった進路指導の機能と内容の変化は，ランジュヴァン案における「正義の原則」と「進路指導の原則」によって，確固たる理念として明示された。それはいわば，生まれながらの社会階層による進路

決定を改め，メリトクラシー（能力主義）の原理に則った進路決定を実現するという決意表明である。この目的を実現するために考案されたシステムが，教員が生徒の適性・能力を評価し，その結果と家庭の希望を突き合わせて，適当と思われる進路に振り分ける「進路指導手続き」であった。それは，ベルトワン改革における観察課程の設置（1959年），フーシエ改革による修正（1963年），アビ改革による統一コレージュの創設（1975年）という3つの段階を経て完成に至る。試験という選抜によらない，関係者の合議による新たな進路決定の方式は，教育の機会均等を実現するかに思われた。

　しかしながら，進路指導手続きは進路指導のもつ様々な機能のごく一部にすぎず，出口指導としての「振り分け」に相当する。進路への生徒の適正配分にこだわるあまり，出口の部分だけに目が向けられ，「進路指導」と「振り分け」が混合されたことは，深刻な弊害を生じさせた。第1に，「教育的概念」の機能が軽視され，出口に至るまでのプロセスで十分な教育的指導がなされなかったことである。教員にとって生徒はあくまで観察すべき対象，すなわち「客体」であり，進路選択の主体ではなかった。第2に，中等教育や高等教育への進学率増加によって就学期間が延びるにつれ，「職業指導」に代わって，学科や学校種の選択に向けた「進学指導」を重視する傾向がいっそう強くなったことである。職業指導は本来，進学の先にある職業生活まで見通して行われるべきであるが，目先の進路のみに焦点が当てられ，長期的展望に立った指導はほとんど顧みられなかった。

　これらの弊害がもたらしたもの，それは戦前と何ら変わりない社会階層による進路決定，およびそれに起因する不平等の再生産であった。社会階層に固有の文化資本は，学歴における重要な選択を前にした生徒や保護者の意識・態度を規定し，さらに教員の意識・態度までも規定した。格差は小学校卒業時から生じ，観察課程，後期中等教育，高等教育へと引き継がれた。つまり，社会的な有利・不利は，進路指導によって学校的な有利・不利に変換され，それが教育課程を通じて蓄積されていくことで階層間の差異が徐々に

拡大していったのである。したがって,「診断的概念」のみに依拠した「進学指導」は,確かに機会の形式的平等に貢献したが,社会正義としての実質的平等を達成するものではなかった。社会的公正を達成するためには,文化資本の格差を埋めることによって,生徒が階層意識にとらわれず自律的に進路選択できるようにする必要があったが,その役割を果たすはずの「教育的概念」や「職業指導」が機能不全に陥っていたのである。

アビ改革によって前期中等教育が単線型になると,社会階層による進路の不平等は後期中等教育へと先送りされたが,コレージュ段階では学業失敗という形で問題が顕在化するようになった。学校から中途退学した生徒は何の職業資格も所有することなく,職業社会に放り出されることになってしまう。資格社会であるフランスにおいて,それは丸腰で戦場に出るに等しい。若年層失業率 (1980年で26.5%) がその他の年代に比べて圧倒的に高いのは,単なる景気の悪化では説明できず,学校教育に原因があると考えざるを得ない。そして,その責任の一端は進路指導にもあったといえよう。

こうした中,『シュワルツ報告』が学校教育に与えたインパクトは大きく,この時期を境に進路指導政策は大きな曲がり角を迎える。すなわち,部分的にではあるが「教育的概念」の必要性が関係者に認識されるようになってきたのである。もっとも,その萌芽は「生徒の主体性」や「家庭の意見」の尊重,あるいは「進路情報」の重視という形でフーシエ改革以後に表出しており,1980年代以降,それらが徐々に制度化されたいったと解釈できよう。

注目すべきは,こうした変化が学校教育制度からではなく,学校外部の進路指導サービスから起きたことである。特に情報・進路指導センター (CIO) は,硬直的な学校教育制度を尻目に組織のミッションをいち早く再定義し,「個人プロジェクト」を業務の中心に据えることで「診断的概念」からの脱却を目指した。戦前,「診断的概念」が学校外部にある職業指導センターで発展し,それが学校教育にもち込まれたことを考慮すると何とも奇妙な感じがするが,こうした外部機関は学校システムから相対的に独立しており,そ

の論理に束縛されることなく，柔軟に社会変化に応じることができたと考えられる。

その後，学校教育においてもようやく「診断的概念」に依存した進路指導の見直しが模索され始める。1985年に出された『未来の教育のための提言』の精神はその象徴といってよい。ランジュヴァン案が一貫して多様な階層の子どもを同じシステムのもとで「平等」に扱うことを重視してきたのに対して，提言の基底には，社会的出自に起因する階層間の差異を学校教育によって解消する「公正」という理念が横たわっている。「公正」な進路指導，それは「教育的概念」を基盤として，生徒の選択能力を高め，個々人に適した進路を構築できるように支援する試みである。目前に迫った進路決定のみを意識するのではなく，より長期的な視野で進路形成を捉えることが要求されるため，「進学指導」のみならず「職業指導」の重要性も必然的に増してくる。

しかしながら，「教育的概念」の復権は，決して「診断的概念」を否定するものではなく，選抜に代わる制度としての進路指導手続きの存在意義に変わりはない。ただし，教員による評価の影響力が可能な限り抑制され，複数の成功の形態が認められることが，より望ましいであろうし，そして何より振り分けの前提として，「教育的概念」に基づき進路選択に対する生徒の主体性を高める努力が行われるべきであろう。

こうして，1980年代までに蓄積された「教育的概念」の理論的・実践的基盤は，1989年の教育基本法（ジョスパン法）によって制度的後ろ盾を得たことで，1995年に「進路教育」（EAO）として結実する。このような歴史的展開を鑑みたとき，1945年～1980年代というのは，「能力・学習成果・進路希望」と「雇用や職業訓練の需要」とを一致させる進路指導の「機械モデル」が確立された期間であるとともに，新時代における「人間モデル」の進路指導が準備された時期として捉えることができよう。

第 3 章 「進路教育」による進路指導モデルの転換

本章では,「受動的進路指導」(orientation passive) に対抗する概念として登場した「自律的進路指導」(auto-orientation) を具現化する教育活動として, 1996 年に導入された「進路教育」(EAO: l'éducation à l'orientation) について検討する。EAO は,「生徒に方法と知識を与えることで, 自らの進路指導の当事者になるように支援」し,「自律性と個性の発達に貢献する」取り組みである[1]。序章で提示した定義を援用するならば, 教員が「他者(生徒)を方向付ける」のではなく,「自分自身を方向付ける」ことができる生徒の育成を重視しており,「教育的概念」あるいは「人間モデル」に依拠した進路指導であるといえよう。モデル転換が要請された背景としては, 前章で指摘した階層再生産の機能をもった進路決定システムの改善という課題の他に, 子どもの進路をとりまく状況の変化が挙げられる。

第 1 に, 就学期間の長期化に伴って, 特定の教育段階での「局部的進路指導」(orientation ponctuelle) ではなく, 長期にわたる「継続的進路指導」(orientation continue) の視点が重視されるようになった。進学指導は, 自己決定した内容の具現化に向けた行程, および生徒自身の生涯にわたる進路準備プロセスを伴って組織されるようになったのである[2]。

第 2 に, 科学技術の変化が加速するに従って, 特定期間の教育のみで資格を確保することが難しくなってきた。しかし, 学歴社会であるフランスにおいては, 就職にあたって何らかの資格を取得する必要があることはいうまでもない。このような状況にあって, 学校での教育と職業社会との往来を通じて様々な資格を取得する機会が多くなり,「生涯教育・訓練」(formation tout au long de la vie) という新たな考え方が定着してきた。これはアングロサクソンの国々では「生涯学習」(long life learning) と呼ばれており, 欧州理事

会 (le Conseil européen) も同じテーマを継承している[3]。「生涯教育・訓練」が一般化しつつある社会では，進路指導を単に教育の初期段階（就学期）における選択の支援とみなすことはできず，人生を通じて継続的に再生され続ける1つのプロセスとして考えなければならない。

本章では，EAOがコレージュ（前期中等教育機関）にいかなるプロセスで導入され，どのように実践されたか，従来の進路指導との違いに着目して明らかにするとともに，この新たな挑戦が果たしてその目的をどこまで達成することができたか検証していきたい。

【註】

[1] "Éducation à l'orientation", http://www.education.gouv.fr/cid188/education-a-l-orientation.html (2007.3.22).
[2] Bernard Desclaux, "Vers l'éducation à l'orientation", Dominique Odry (coord.), *L'orientation, c'est l'affaire de tous :1. les enjeux*, 2007, p. 53.
[3] *Ibid.*, p. 54

第1節 「進路教育」の理念・理論と導入経緯

1．「進路教育」の理念とその限界

デスクローによると[1]，進路指導の実存的アプローチにおける2つのモデルは，"orientation" という用語がフランス社会で有する2つの伝統的概念に対応しているという。

第1に「機械モデル」において，"orientation" は学校制度に固有のものであり，就学者数を管理するプロセスを形容している。学校は各コースの定員に合わせて生徒の進路を組織しなければならず，生徒間の差異を生み出すように進路を変化させるのである。さらに，この差異を管理し，進路指導の

「アクター」(les acteurs) と処遇される「主体」(le sujet) の目前で，それを正当化しなければならない[2]。そのためには，進路指導に関する規則がアクター（教育チーム）と主体（生徒）の間で共有される必要がある。この規則こそが，学校制度における「進路指導手続き」(les procédures d'orientation) であるといえよう。

第2に「人間モデル」において，"orientation" はあらゆる人間が進路を選択するプロセスを意味し，同時に進路選択のためのコンピテンシーの習得や進路決定の成果を意味する。

(1) 「人間モデル」としての「進路教育」

多くの研究者や国民教育省は，進路指導が「観察課程」に象徴される「機械モデル」から「人間モデル」である「進路教育」(EAO) に転換されたと解釈している[3]。例えばデスクローは，教育を受けることによって主体が自ら進路を構築するという点で，EAO は進路支援に関して新たな空間を開く試みであるとしている[4]。つまり，教員は EAO を通じて，生徒の能力，そしてそこから導かれる振り分けの可能性を，希望する進路に一致するものに変化させているのである。

また，ダンベールによると，EAO は個人を進路指導プロジェクトの「対象」(objet) ではなく，「作り手」(auteur) として位置づけており，「ヒューマニズム哲学」(philosopheie humaniste) に基づくものであるという。それは，個人を教育することでプロジェクト作成に必要な能力をつけさせ，進路を構築させるという意味で「教育的進路指導」(orientation éducative) とも呼ばれる[5]。同様に，ギシャールとユトは，EAO において生徒は理性的存在としてみなされており，自分自身の進路に対して責任を負っていると指摘する[6]。したがって，EAO は「自律的進路指導」を前提としており，そのために必要なコンピテンシーの習得を試みるものであるといえよう。シャサジュ (C. Chassage) も，EAO はこれまで教育対象としてみなされていた生徒を，新

たに学習主体として認識していることに特徴があるとしている[7]。

他方，EAO を創設した国民教育総視学官デュサルジェ（Paul Ricaud-Dussarget）は，EAO を「決定論的な見方」（une voisin déterministe）から「教育的アプローチ」（une approche éducative）への変化として捉えている[8]。経済や社会の状況が比較的安定していた時代には，信頼性あるツールを用いて生徒の適性を明確にし，学校や社会における将来を推測することが可能であった。しかし，未来が不確定で予測不可能なものになった今日では，生涯を通して，生徒に現実的かつ適切な選択を行うための手段を与えることが求められる。

(2)「進路教育」の理念的限界―「機械モデル」への回帰―

デスクローは「人間モデル」としての EAO を認める一方で，"orientation" を就学者数の管理プロセスとして解釈することで，「機械モデル」に回帰した EAO になりうる可能性があると主張する[9]。学校制度において，進路指導の主体である生徒は選別対象でもある。したがって，進路指導のアクターは社会的選別という非常に厄介な仕事をしており，主体の進路を決定付けることに対して，罪悪感（culpabilité）を感じている。そこに，主体による選択の自由という原則に基づいた進路指導の論理を持ち込むことは，アクターを罪悪感から解放し，無罪（disculper）の証明を可能にする。なぜなら，生徒（主体）は自由と引き換えに，自らに起こったことに対して全責任を負うからである。

しかし，実際には就学者数の管理という役割がある以上，完全に生徒の自由に委ねることはできない。ゆえに見方を変えると，教員は EAO を通してある種の働きかけを行うことで，生徒の能力，そしてそこから導かれる振り分けの可能性に，希望する進路を一致させている。つまり，決められた進路を自発的に受け入れるよう生徒を仕向け，進路指導手続きを容易なものにしているのである。このような場合，EAO は「機械モデル」の最終的形であ

り，学校制度の「最後の努力」(le dernier effort) であるとみなすこともできよう。

　以上のようなデスクローの見解は，EAOの理念的限界，キエスの言葉を借りるならばEAOの「神話＝作り話」(mythe) としての側面を強調したものであるといえる[10]。実在する進路というのは，常に経済社会の影響を受け続けている。例えば，学校の職業教育コースに着目してみると，職種に対する社会的需要，すなわち就職口がどの程度あるかによって，その進路の先にある未来はかなりの制約を受けざるを得ない。ゆえに，各教育コースには潜在的な定員が設定されており，生徒を振り分けるための進路指導手続きがEAOと並置されている。このような状況では，学校による一方的な進路への配分を正当化する手段としてEAOが利用される可能性もある。その場合，生徒の自己実現を支援するための「教育」(l'éducation) ではなく，学校側が決定する進路をあらかじめ内面化させる「操作」(la manipulation) が行われることになろう。

　実際，EAO導入後に家庭の希望進路と「学級評議会」の進路勧告との間の不一致が半減したことや，勧告の修正を求める家庭の訴えが半減したことについて，ギシャールとユトは慎重に吟味しなければならないと指摘する[11]。この事実を生徒が以前より責任感をもち，現実感覚を身につけて進路選択に臨んだ結果であると解釈することも可能である。他方で，EAOにより生徒は，かつて拒否することが当然であった進路を受け入れるように誘導されているのではないかという疑問も浮かび上がる。結局のところ，それは教員を中心とする進路指導のアクターの職業倫理 (éthique professionnelle) に深く関わる問題であるといえよう。

2．「進路教育」の基盤となる理論

　「人間モデル」に依拠するEAOは，「人間の発達」(le développement de la personne) を前提とする。すなわち，人は常に発達を遂げながら進路形成し

ており、教育によって発達を促進することで、よりよい進路選択が可能となるという考えに立脚しているのである。

(1)ケベックにおける「選択の教育」

アンドレアニ (Francis Andreani) とラルティーグ (Pierre Lartigue) によると、EAO はカナダのケベック州で開発された「職業的・個人的発達活性化理論」(ADVP: Activation du développement vocationnel et personnel) から着想を得ているという[12]。1974年、ペルティエ (Denis Pelletier) ら3人の研究者は、子どもと若者の精神活動の発達に関するピアジェ (Jean Piaget, 1896-1980) の理論と、1967年に発表された「キャリア・エデュケーション」に関するスーパー (Donald E. Super, 1910-1994) の業績を参考に[13]、①探索 (exploration)、②明確化 (cristallisation)、③限定 (spécification)、④実行 (réalisation)、という選択を支配する成熟段階を定義した。彼らによると、第1段階から第4段階への展開、すなわち①現実を「探索」して発見し、②選択肢を「明確化」した上で、③自己決定により「限定」し、④選択を「実行」して行動するまでのプロセスこそが「職業的発達」(développement vocationnel) であり、その展開を活性化させるアプローチ (方法・内容・ツール) を提案することができるという[14]。

ペルティエらは、選択というものが教育活動の対象になりうると断言し、選択へ到達するための介入を提示した。選択を生じさせる動機付けが存在する場合には、それを活性化すること、つまり選択を入念に準備し表現することによって活力を与えることが可能である。もし動機付けが存在しない場合は、同様の活動によって動機付けを発生させることができる[15]。ADVP に基づいて、ケベックの学校では「選択の教育」(l'éducation des choix) が実践された。

その後、ADVP はフランスにおいて、進路指導をより積極的かつ建設的なものにすることを目的として、1970年代末から進路指導（心理）相談員[16]

によって実地で利用されてきた。しかしながら，ADVPの本格的な導入は，進路指導のための非営利団体，「トルゥヴェ・クレエ」(Trouver-Créer) の功績によるところが大きい。同団体は，子どもの進路における学校的決定因や経済的・社会的決定因に対抗し，学業失敗を克服するために，「選択の教育」を学校制度に適応させる方法を模索した[17]。「選択の教育」によって，生徒は教科等の学習で習得した一般教養が，実社会や実生活でどのような意味をもっているか認識できると考えたのである。1994年には，職業およびプロジェクトに関する社会心理学的分析の成果をADVPに統合し，学校向けの実用書『選択の教育』[18] を発表するに至った。

　フランス版「選択の教育」は，ADVPを基に開発された①あらゆる可能性の探索，②基準を変化させながら分類，③序列化と決定，④選択の実行，という4段階の決定モデルに依拠しつつ[19]，個人の希望進路と現実的制約を両立させる選択に向けて「選択の仕方を学ぶ」(apprendre à choisir) 試みである[20]。その最終目的は，進路指導そのものに帰するのではなく，人生における別の選択肢を明らかにすることにあるという。

　「トルゥヴェ・クレエ」が具体的に提案したのは，クラスなどの集団において，a. 自分自身の理解，b. 教育・訓練の理解，c. 職業世界の理解，という3つの単元にグループ化された15の場面を1年間で実施することであった。また，それぞれの場面は，以下の3種類の活動によって構成されることになっている[21]。

　　①体験活動：グループ活動，ケーススタディー，想像活動，素描
　　②集団での体験の振り返り：言語化，概念化
　　③個別活動：体験の個人的意味付け，過去に経験した別の体験との関連付け

　3種類とも生徒の主体的な活動を前提としており，教員を中心とする推進役 (animateur) の役割は，1つの内容を教えることではなく，1つのプロセスを組織することにあり，対話 (dialogue) を用いて，生徒同士の表象

(représentation) を比較・対照させる。このように，指導の在り方（経験の重視，生徒間の相互作用の尊重，推進役の役割など）と各場面の目標（a～c）が明確に示されたアプローチである「選択の教育」は，その後 EAO の教育方法として活用されることとなった。

(2)表象に対する認知的アプローチ

アンドレアニらによると，EAO は ADVP に理論付けされた「選択の教育」という過去の遺産を方法論として活用しつつも，固有の目標と活動を伴って構築されており，ADVP と EAO の直接的な派生関係について1996年以前に遡って考慮する必要はないという[22]。したがって，ここでは EAO の教育課基準を定めた「1996年7月31日の通達」，およびその作成の責任者であるデュサルジェの見解を中心に，EAO がどのような論理に依拠して職業的発達の促進を目指しているか検討する。

デュサルジェによると，EAO の基本的理念は「生徒を自らの進路指導の中心人物，換言するならば自らに固有の人格，職業世界，提供される教育に対する表象システムに直面する中で営まれる相互作用プロセスの中心人物にする」[23]ことであるという。ここでいう「表象システム」(les systèmes de représentation) とはいったい何のことであろうか。

同通達によると，進路の選択というのは，社会的・職業的環境に対する表象（第1系統）と自分（生徒）自身に対する表象（第2系統）という，二系統の表象の相互作用から生じるものであるという[24]。この相互作用の中から，将来の目的や意欲あるいは自らの進路予測が生じてくる。ただし，生徒の表象は決して固定的なものではなく，時間とともに変化し，発達するものである。したがって，EAO は生徒の表象に働きかけることで，それを変化させ，さらに両系統の相互作用を変化させ，最終的にそこから生じる結果，すなわち進路選択の源になる生徒の価値観を変化させる。これこそが，EAO の描く「職業的発達」のプロセスである（図3-1）。特に，教育・訓練や職業社会

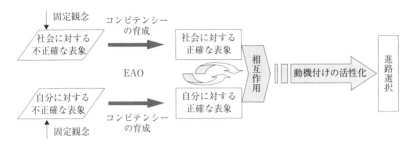

図3-1　EAO の表象システムに基づく認知的アプローチ（筆者作成）

が急速に変化し，その構成が複雑になっている現代では，生徒は過度に単純化されたり，固定観念に基づいたりした誤った表象を抱いていることも多い。そこで EAO は，学習を通じて表象に対する認知的アプローチ（une demarche cogntive）を展開し，それをより現実に近い正確な表象へと修正することで，「生涯を通じて適切なときに，見識ある現実的かつ妥当な選択を行うことができるよう生徒を支援する」[25] のである。

そのために，生徒の表象を刺激するための手段として「選択の教育」が活用される。ダンベールの言葉を借りるならば，それは「発達に対する経験的アプローチ」（demarche expérientielle de développement）をなすものであり[26]，活動を通して得られる啓発的経験を内面化させる機能をもつ。しかし，活動が生徒にとって有意義な経験になるためには，進路選択に役立つ様々なコンピテンシーを身につける必要がある。ゆえに，EAO では表象の系統をふまえて次の3つの領域が設定され，その範囲内で習得すべきコンピテンシーが定義されている[27]。

①社会的・経済的環境と職業に対する表象の理解（第1系統）
②教育・訓練の理解（第1系統）
③自分自身に対する肯定的な表象の構築（第2系統）

3つの領域は合わせて EAO に「固有のシーケンス」（les séquences

spécifiques）と呼ばれ,「選択の教育」の3単元（a～c）を踏襲しつつ，さらに同通達では各領域で必要とされるコンピテンシーが具体的に明示された（第2節参照）。これらを習得するため,「固有のシーケンス」では「選択の教育」の15の場面に相当する活動が実施される。また同通達では，生徒は教科領域において進路選択に有用な④「横断的コンピテンシー」（compétence transversaux）を習得することになっており，進路指導と教科指導との統合が目指されている。以上①～④の四領域，およびその下位項目として記されたコンピテンシーは，EAOの教育課程における4つの目標でもある。

　さらに，同通達でEAOの開始時期がコレージュ第2学年（12歳～13歳）に設定されていることにも注目したい。デュサルジェによると，EAOが認知的アプローチであることを考慮すると，この時期は2つの点において実践に適しているという[28]。第1に，この年齢期に多くの子どもが自らのアイデンティティを形成し始めるからである。第2に，適応課程（第1学年）に続く中心課程（第2・3学年）には選択科目が設置されており，学校制度内における子どもの将来が明確に浮かび上がってくるからである。

(3)経験的・認知的アプローチによる職業的発達の限界

　教育という手段によって職業的発達を促進するEAOは，学校における他の教育活動と同様に一定の限界を有する。というのも，経験的・認知的アプローチの効力が生徒のレディネスや社会環境に左右されるため，EAOがもたらす結果は必然的に生徒間の格差を伴うからである。つまり，シャサジュが指摘するように，期待されたコンピテンシーを習得できる生徒とできない生徒が生じることが予測され，後者に対してEAOは充分な効果を発揮しない可能性があり，進路を自律的に選択できるのは一部の優秀な生徒だけかもしれない[29]。さらに，教科における学力差がそこに反映されるのであれば，EAOによって学業失敗を防ぐことは困難であり，場合によっては生徒の進路を固定化してしまう危険性もある[30]。また，経済情勢など多くの社会的制

約がある中で，職業的発達がどこまで生徒の自己実現に寄与しうるかという本質的な問題も存在している。

3．進路指導政策にみる「進路教育」導入の経緯

(1)1985年の公的文書の精神

　進路指導政策の変遷をみたとき，1985年の学習指導要領改訂は「人間モデル」への転換に向けた1つの契機とみなされることが少なくない。そこでは，「今後，コレージュの生徒の基礎教育において，将来責任ある自律的な選択をする準備のために，必要な知識や方法を伝達することが不可欠である」[31]と記されており，ギシャールとユトをはじめとする研究者は，この公的文書をEAOの原点と位置付けている[32]。また，職業生活の中で必然的に課せられる社会変化を正面から受け止め，立ち向かうための準備学習の必要性も強調されており，具体的には次の3つが目標として掲げられた[33]。

　　①進路指導に向けて，経済環境，労働世界，職業活動の一般的知識に関する個別支援を創設する。
　　②進路選択の準備を中心に据えた固有の活動プログラムを確立する。
　　③個別支援の過程において，学習活動や学業成績と進路との関連付けを促進する。

　これらは，学校の教育課程に進路指導のための教育的介入を統合しようとする動きであると解釈できる。実際，いくつかのコレージュでは「進路指導のための学校時間」(temps scolaires pour l'orientation) が設置され，生徒の社会生活の成熟段階や興味・関心を考慮した学習が実施された。その一方で，新たな進路指導の導入は，教育課程基準である学習指導要領の付属文書に記載されたため法的拘束力がなく，また巻末に記されたこともあって，教育関係者からはあまり注目されなかった[34]。しかし，その内容は4年後，国民教育大臣ジョスパン (Lionel Jospin, 在位1988-1992) のもとで制定された教育基本法に反映されることになる。

(2) 1989年教育基本法の意義

　1989年教育基本法，いわゆるジョスパン法では，20世紀末までに同一年齢層の全員を第Ⅴ水準（中等教育修了）の資格に到達させること，また80%を第Ⅳ水準（バカロレア水準）に到達させることが掲げられた[35]。この目標を達成する手段として重視されたのが，生徒の主体性を尊重した進路指導であり，同法の第8条では以下のように規定されている[36]。

　　「第8条第1項　進路に関する助言を受ける権利と，教育と職業に関する情報を受ける権利は，教育への権利の一部をなす。」

　　「第8条第2項　生徒は学校や教育共同体（la communauté éducative）の支援[37]，とりわけ教員や進路指導相談員の支援を受けて，学業および職業に関する進路指導プロジェクトを入念に準備する。教育共同体は，就学期間中あるいは卒業後において，生徒がプロジェクトを実現できるように援助する。」

　ここでは，進路指導が「権利」（le droit）として明記され，それを保障するために国家が個人に対する「公役務」（service public）を担うべきであるとされている。教育共同体の構成員には，個人プロジェクトの支援を通じて，生徒の自己実現に貢献することが義務付けられたのである。もっとも，シャサジュが指摘するように，ジョスパン法に示された進路指導の理念には，次のように現実と矛盾する点も散見された（表3-1）。

　①「選択の自由」が謳われているが，現実には卒業までに進路を自己決定するよう迫られる。

　②義務就学は，見方を変えれば職業社会から子どもたちを排除している。

　③チームプレイによる進路指導が提案されているが，教員個人の自律性は制限されていない。

　④生涯を見通した継続的なプロジェクトの必要性が強調されているが，実際には進学コースや職業を選択するための一時的なプロジェクトにとどまる。

表3-1 ジョスパン法の理念と現実との矛盾

ジョスパン法の理念	社会的現実
選択の自由（liberté de choix）	自分で進路を決定する義務（obligation de s'orienter）
就学義務（obligation scolaire）	社会的排除（exclusion）
学習指導チーム（équipe pédagogique）での活動	各教員の自律性
進路指導（orientation）	振り分け（affectation）
生涯のプロジェクト（projet de vie）	進学／職業プロジェクト（projet scolaire/professionnel）
教育・訓練と仕事の関連付け	免状や資格は職業社会への移行を保障しない

出典：C. Chassage, *Éducation à l'orientation*, Magnard, 2002, p.11より筆者作成。

　⑤職業教育による資格取得を重視しているが，資格があったからといって希望する職種に就職できるとは限らない。

　それでも，教育対象としての生徒を学習主体に変化させたジョスパン法の意義は大きいと考えられる。それは，「教員を中心とする計画者によって決定される，集団の利益に奉仕するための進路指導から，個人プロジェクトに基づいた若者の準備によって体現される進路指導への移行」[38]を目指しており，進路指導の展開過程において歴史的転換点として記憶される。

(3)「学校のための新しい契約」と「進路教育」の導入

　ジョスパン法第8条は，「学校のための新しい契約」（Le Nouveau contrat pour l'école）[39]に基づくコレージュ改革によって制度化された。1994年5月，国民教育大臣バイルー（François Bayrou，在位1993-1997）は若者の失業・雇用対策のための総合的な教育改革を計画し，国民からの意見聴取に基づいて「155の提案」を発表した。この提案は，政府内部で「158の決定」に整理され，同年6月に「学校のための新しい契約」として公表されている。同契約は6つのパートから構成されているが，第5部「現在の中にある未来」

(l'avenir au présent) の中の「情報提供と進路指導の任務」において，進路指導に関して学校，教員，情報・進路指導センター（CIO），進路指導心理相談員（COP）の果たす役割が7項目（131条～137条）にわたって示されている。これらは，ジョスパン法第8条を受けたものであるが，特に第131条と第134条の内容はEAOと深く関わっている[40]。

「第131条　国民教育の任務の1つは，進路指導において生徒を支援するため，彼らとその保護者に対して，仕事，職業，およびそれに対応した教育コースに関する情報を提供することである。それは教育チーム（l'équipe éducative）と COP 全体の責務である。」

「第134条　コレージュ第2学年以降，職業に関して熟慮し，選択のための教育を行う定期的なシーケンスという形で，真の意味での進路に関する情報システムが設置される。」

このうち第134条が直接の契機となって，コレージュにおける情報提供と進路指導の目的に関する「1995年7月3日の通達」が出され，希望するコレージュの第2学年にEAOが実験的に導入された[41]。実際には362校において，教育チームが地域の社会的・経済的・地理的環境や学校に通う生徒の特色を考慮して年間活動計画を組織し，EAOを実践したとされる。その成果をふまえて，「1996年7月31日の通達」では，全コレージュにEAOを拡大すること，また第2学年のみならず第4学年まで活動を継続することが決定された[42]。

4．研究開発校における「進路教育」の試行

EAO の研究開発が行われた362校のうち，オート・ピレネー県のタルブ（Tarbes）にあるピレネー中学校（collège Pyrénées）とヴァル・ド・マルヌ県のクレテイユ（Créteil）のあるパストゥール中学校（collège Pasteur）に注目し，どのような取り組みが実施されたか検討したい[43]。

(1)ピレネー中学校

　ピレネー中学校の副校長デマレ（Nadine Desmarais）によると，EAO 導入以前から，生徒が職業世界や教育コースについて正しく認識していない，あるいは自らの適性やコンピテンシーを自覚していないという不安が校内にあったという。そこで，生徒に対する調査を行ったところ，ほぼ全員が進路指導要録（dossier d'orientation）の作成に困難を感じているという事実が確認された。この結果を受け，同校では1993年から進路に向けた教育活動を「学校教育プロジェクト」（projet d'établissement）[44]の中心に据え，進路の個別追跡調査，労働世界の段階的な発見，資料を活用した技術の習得などを実施してきた。

　このような土壌のもとで，1995年9月から EAO が実験的に導入されることになった。主な目標は，経済的・社会的環境や自己理解に対する生徒の関心を呼び起こすことであり，そのために3つの新たな取組が行われた。

　第1に，従来と異なる教育方法を採用し，教科横断的学習を実践した。校長のラフィット（Henri Lafitte）によると，「生徒とその能力の多様性を考慮するならば，教科指導と進路指導とを補完する領域において，今までと異なった活動を行うことが求められる」[45]という。また一部の教員は，生徒の記入する自己評価カードを活用し，教科ごとに「形成的評価」（une évaluation formative）を試みた。この評価は，担任教員が学期末の成績票を正確に読み，その意味をよく理解することに寄与したとされる。

　第2に，EAO のための「特設領域」（dispositif）において，資料専門員[46]と COP の支援のもとで，生徒は進路に関するあらゆる情報を集め，それらを活用し，関連付け，深化させていった。一例としては，国立教育・職業情報局（ONISEP）の資料を用いて情報収集を行い[47]，選択した1つの職業についてカードを作成する活動が実践されたという。さらに，COP は生徒の要望に応じて毎年度20時間の個人面談を実施，これまでの探究や活動を記入したファイルを活用して EAO に関する記憶を具現化していった。このファイル

は，生徒が希望進路を表明する第4学年末まで保存されることになっている。

　第3に，教員を対象とする質問紙調査を利用して，生徒が身近な環境を理解する取組である。生徒のために果たすべき役割について全教職員が回答した結果を参照することで，生徒は多様なカテゴリーに属する教職員の中から自分にとって身近な存在を認識するとともに，各教職員の職務をよく知覚し識別するようになったという。タルブのCIO所長シャブリエ（Gérard Chabrier）は，この活動を通じて「生徒は教育共同体の構成員との相互依存性について考え，それを規定する規範の必要性をよりよく理解した」[48]と指摘する。こうした慣れ親しんだ世界での最初の発見は，「市民性教育」（l'éducation à la citoyenneté）にも貢献するとされる。さらに，質問紙調査は教科横断的アプローチとしても活用されており，数学の教員が量的データを分析し，そこに示された結果をふまえて各教科の授業が組み立てられた。

(2)パストゥール中学校

　パストゥール中学校においても，研究開発校に指定される以前から，進路指導を学校教育プロジェクトに位置づけており，2週間に1時間実施される「学級生活の時間」（heure de vie de classe）を用いて，担任教員とCOPが教育や職業に関する情報を提供してきた。校長のブルジョワン（Marc Bourgoin）によると，この取り組みを始めてすぐに，生徒の学校選択や職業プロジェクトの発展を阻害してきた文化的・社会的固定観念の減少が確認されたという。

　1995年9月から行われたEAOの研究開発も，これらの経験や教育方法を活かしたものである。チーム活動への教職員の積極的関与が成功の条件をなすという認識のもと，学校長のイニシアチブによって全教員，特に担任教員の活力が結集された。経済的・社会的環境や自己理解に対する生徒の興味を呼び起こし，現実社会に対して開放的にさせることをEAOの目標として掲げ，その中でも特に，進路形成に必要な全てのコンピテンシーの基盤を構成する「自己理解の促進」を重視して，以下のような実践を展開した。

第 1 に，教科横断的アプローチに基づき，教科を中心とする領域において生徒が自分の資質をより広く自覚できるようにすることである。例えば国語の授業では，ポートフォリオ（autoportrait）の作成を通じて今の自分をどう見ているか語り，自らの活動は世界においていかなる意味をもつか検証し，自らにできることをリストアップした。同校を管轄するヴァル・ド・マルヌ県の情報・進路指導視学官ピエール（Claude Pierret）は，「このような自己理解に基づいて，学習に関して努力することで生じうる変化を予測すること」[49] は，生徒にとって望ましいと指摘する。この授業では，伝統的な学習評価のみならず，生徒の自己に対する表象を具現化したこのポートフォリオも評価対象とされた。ただし，その際に教員には厳密な職業倫理が求められ，評価形式にこだわって生徒の自己イメージを固定化したり，生徒を立ち止まらせたりすることのないように注意しなければならない。

第 2 に，EAO のための「特設領域」では，社会的・経済的環境の理解を通して自らの潜在的能力を把握するために，希望者を対象に進路に関するテーマ別ワークショップが開催された。こうした環境発見の活動には，各教科で習得した知識を現実社会に結び付け，学校での学習に意義を与える波及効果（retombées）が確認されたという。またピレネー中学校と同じように，CIO と連携した進路情報の探索活動や COP による個人面談なども実施された。

以上の考察より，両校の間で個々の実践は異なっているものの，到達目標などの基本的な枠組みや目指すべき方向性は類似していることがわかる。まず，両校とも研究開発校になる前から進路指導に熱心であり，過去の経験の蓄積を最大限に活用して，チームワークのもとで EAO という新たな試みに参画している。さらに，教員だけでなく，COP が重要な役割を果たしていることも注目される。従来任務とされてきた進路相談に加えて，進路指導の専門家として多様な活動を担っており，EAO に参加する多様なアクターと

の関わりの中で，自らの価値を発揮しているといえよう。

【註】

1 Bernard Desclaux, "Vers l'éducation à l'orientation", Dominique Odry (coord.), *L'orientation, c'est l'affaire de tous 1. les enjeux*, CRDP, 2007, pp. 52-53.
2 進路指導のアクターとは，生徒の進路形成を支援する「教育チーム」を指し，担任教員，進路指導心理相談員（COP），生徒指導専門員（CPE），資料専門員によって構成される。それに対して「主体」とは，個人プロジェクトの作り手である生徒のことを指している。
3 Jean-Marie Quiesse, "l'éducation à l'orientation, mythe ou réalité?", Olivier Brunel (coord.), *99 questions sur...l'éducation à l'orientation*, CNDP, 2001, question1.
4 Bernard Desclaux, *op.cit.*, p. 52
5 Francis Danvers, "L'émergence du concept 〈Éducation à l'orientation〉", in Francine Grosbras (coord.), *l'éducation à l'orientation au collège*, Hachette, 1998, p. 15.
6 Jean Guichard, Michel Huteau, *L'orientation scolaire et professionnelle*, Dunod, 2005, pp. 97-98.
7 C. Chassage, *Éducation à l'orientation*, Magnard, 2002, p. 11.
8 Paul Ricaud-Dussarget (entretien avec Gérard Doulsan), "Donner à l'élève les moyens de faire des choix", *B.O.* no 38 du 24 oct. 1996, p. 2583.
9 Bernard Desclaux, *op.cit.*, pp. 52-53.
10 Jean-Marie Quiesse, *op.cit.*
11 Jean Guichard, Michel Huteau, *op.cit.*, pp. 110-111.
12 Francis Andreani, Pierre Lartigue, *L'orientation des élèves comment concilier son caractère individuel et sa dimension sociale*, Armand Colin, 2006, p. 153.
13 D. E. Super, *The psychology of careers*, New York, Harper and Row, 1967.
14 D. Pelletier, G.Noiseux, R.Bujold, *Développement vocationnel et croissance personnelle*, Mc Graw-Hill, 1974.
15 アンドレアニらは，「信仰」（la foi）に関するパスカル（Blaise Pascal, 1623-1662）の言葉を用いて，このことを説明している。「もし，あなたが信仰をもたないのであれば，人のために善い行いをしなさい。また，信者の勤めに従事しなさい。そうすれば，あなたに信仰が訪れるでしょう」（Francis Andreani, Pierre Lartigue,

op.cit., p. 154)。

16 全国に582施設ある情報・進路指導センター（CIO）には4,500名の進路指導心理相談員（COP）が勤務しており，教員と連携して進路指導にあたる。1991年以前は進路指導相談員と呼ばれていた。

17 J. Pellerano, G. Noiseaux, D. Pelletier, E. Pomerleau, R. Solazzi, *Programme Education des Choix*, E.A.P., Paris, 1988.

18 R. Solazzi et al., *Éducation des choix/apprendre à s'orienter*, E.A.P., Paris, 1994-1997.

19 M. Bourguet, "Quelle différence avec〈l'éducation des choix〉(EDC)?", Olivier Brunel (coord.), *op.cit.*, question5.

20 「トルーヴェ・クレエ」代表のソラジ（R. Solazzi）は，これを「逆説的なアプローチ」(une approche paradoxale) と呼んでいる（筆者が2009年9月22日にリヨンで実施したソラジへのインタビューより）。

21 M. Bourguet, *op.cit.*, question5.

22 Francis Andreani, Pierre Lartigue, *op.cit.*, p. 154.

23 Paul Ricaud-Dussarget, 1996, *op.cit.*, p. 2583.

24 Circulaire n°96-204 du 31-7-1996, B.O. no 31 du 5 septembre 1996, p. 2078.

25 Paul Ricaud-Dussarget, "L'esprit des textes officiels de 1996," in Francine Grosbras (coord.), *op.cit.*, p. 129.

26 Francis Danvers, *op.cit.*, p. 17.

27 Circulaire n°96-204 du 31-7-1996, *op.cit.*, pp. 2079-2080.

28 Paul Ricaud-Dussarget, 1996, *op.cit.*, p. 2583.

29 C. Chassage, *op.cit.*, p. 10.

30 EAOで目標とされるコンピテンシーが，教科で習得される「一般教養」(la culture générale) を土台にしていることを考えると，学力差が反映される可能性は低くない。

31 Ministère de l'éducation national, *Collège: programmes et instructions 1985*, CNDP, 1985, p. 343.

32 Jean Guichard, Michel Huteau, *op.cit.*, p. 96. なお，ダンベールも同様の見解を示している。

33 Ministère de l'éducation national, *op.cit.*, pp. 344-346.

34 C. Chassage, *op.cit.*, p. 10.

35 Rapport annexé de loi n°89-486 du 10 juillet 1989, *B.O.* spécial no 4 du 31 août

1989, p. 14.
36 Loi n°89-486 du 10 juillet 1989, *ibid*, p. 6.
37 教育共同体とは，ジョスパン法の第5条において定められた概念であり，「生徒および，学校内においてまたは学校と関係して生徒の教育に参加するすべての者」によって構成される共同体を指す（*Ibid*, p. 5.）。
38 C.Chassage, *op.cit.*, p. 11.
39 Le Nouveau contrat pour l'école, *B.O.* no 25 du 23 juin 1994, pp. 1734-1750.
40 *Ibid.*, pp. 1747-1748.
41 Note de service n°96-132 du 10-5-1996, *B.O.* no 20 du 16 mai 1996, pp. 1472-1473.
42 Circulaire n°96-204 du 31-7-1996, *op.cit.*, pp. 2078-2082.
43 Gérard Doulsan, "De nouvelles missions pour l'orientation", *B.O.* no 38 du 24 octobre 1996, pp. 2585-2589. 以下，両校に関する記述はこの論考に依拠している。
44 「学校教育プロジェクト」とは，国民教育省の定めた教育課程基準に関する各学校別の実施方法を定め，さらにこれに寄与する学校教育活動および学校外教育活動を定めた計画であり，「ジョスパン法」の第18条によって各学校に策定が義務付けられた。
45 Gérard Doulsan, *op.cit.*, p. 2585.
46 資料専門員は資料・情報センター（CDI）に常駐して資料や情報リソースを管理すると同時にその利用を支援する。
47 1970年に設立された ONISEP は『バカロレア後』(Après le BAC)，『最初の仕事』(*Premier emploi*)，『職種事典』(*Le dico des métier*) という3種類の雑誌をはじめ，CD-Rom，ビデオ，オンライン・サービスなど多様な情報リソースを提供している。
48 Gérard Doulsan, *op.cit.*, p. 2588.
49 *Ibid.*, p. 2589.

第2節 「進路教育」のカリキュラム構造

1. 進路指導における「進路教育」の位置

　本節では,「進路教育」(EAO) のカリキュラムを分析することを通して,「教育的概念」に依拠した進路指導のカリキュラム構造を明らかにする。

　それに先立って,まずEAOとそれ以前の進路指導の差異を改めて整理し,進路指導システムにおけるEAOの位置を確認したい。デスクローによると,フランスの進路指導は,①進路指導手続き,②個人プロジェクト,③「進路教育」(EAO),の3つの要素から構成されているという[1]。これらの三要素は,ある特定の時期に同時に構築されたのではなく,戦後における進路指導政策の変遷の中で徐々に構築されてきた。その相互関係を図式化したものが図3-2であり,教育システムの制度的要請に応える「進路指導手続き」,生徒の個人的要請に応える「個人プロジェクト」,学校外部からの社会的要請に答えるEAOがトライアングルを形成している。

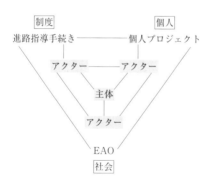

図3-2　進路指導における3つの要素の相互関係

出典：Bernard Desclaux, "L'éducation à l'orientationen tant qu'innovation", Francis Danvers (dir.),《L'éducationà l'orientation》, *Perspectivesdocumentaries en éducation*, No 60, INRP, 2003, p.20より筆者作成。

デスクローによると，EAO は他の2つの要素と互いに対立する点もある一方で，相互作用しながら進路指導を機能させているという[2]。表3-2は三要素の理念的相違を示したものである。生徒の進路を振り分け差異化する「進路指導手続き」，あるいは生徒の個人的な時間軸の中での成熟を考慮して構築される「個人プロジェクト」は，各学年や各課程の終了時における進路選択に向けて行われるものであり，時間的制約を有する。それに対して，EAO は，「未来の社会の構成員たちが，自分の向う進路を定め，急速に進化している現代社会に移行していくことを可能にするような一般的なコンピテンシーの習得」[3]を目指す活動である。特定の進路選択に捉われることなく「未来への準備」(préparation au futur) を行うという点で，時間的制約から解放されている。

　また，「教育的概念」に基づく EAO は，「診断的概念」に依拠した進路指導手続きに大きな影響を与えている。図3-3は2008年度における家庭の希望進路と勧告の結果を示したものである。生徒の6割弱がリセ（普通科・技術科），約4割弱が職業コース（職業リセ，見習い訓練センターなど），約4％が留

表3-2　進路指導における三要素の特質の相違点

項目	EAO	進路指導手続き	個人プロジェクト
時間的制約の有無	長期的な目標のもと行われるため時間的に制約されない。	一時的な目標のもと行われるため時間的に制約される。	一時的な目標のもと行われるため時間的に制約される。
生徒への関わり	すべての生徒に平等にコンピテンシーを習得させる。	進路の振分によって生徒を差異化する。	
プロジェクトとの関係	プロジェクトのプロセスとしてコンピテンシーを習得する。		プロジェクトの結果として進路選択の決断を行う。

出典：Bernard Desclaux, "L'éducation à l'orientationen tant qu'innovation", Francis Danvers (dir.), 《L'éducationà l'orientation》, *Perspectivesdocumentaries en éducation*, No60, INRP, 2003, p.20より筆者作成。

年を勧告された。不服を訴えた生徒は，2008年度で1.13％とEAO導入以降減少傾向にあり（図3-4），うち約半数が訴えを認められている（図3-5）。したがって，最終的に望まない進路に進む生徒は極めて少数である。その背景には，EAOによって生徒の進路選択能力が高まったことや，進路決定に絶大な力を発揮してきた教員評議会の権限が相対的に弱くなり，原則として個

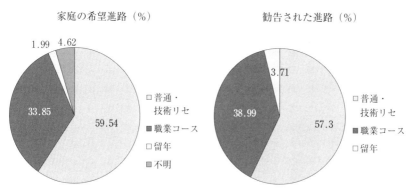

図3-3　コレージュ卒業後の進路（2008年度）

出典："Demandes et décisions d'orientation à l'issue de la troisième", Éduscol: toute l'information pour les professionnels de l'Éducation, http://eduscol.education.fr/cid47381/classe-de-troisieme-generale.html（2010.9.22）より筆者作成。

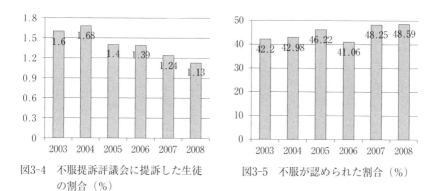

図3-4　不服提訴評議会に提訴した生徒の割合（％）　　図3-5　不服が認められた割合（％）

出典："Bilan de l'orientation dans le second degré public", http://eduscol.education.fr/cid47384/presentation-analyse-statistique.html（2011.8.5）より筆者作成。

人プロジェクトに従った進路決定がなされるようになったことがある。

図3-6,図3-7,図3-8は2003年度〜2008年度について，各コースを希望する家庭の割合と学級評議会による勧告の割合を示したものである。年度による差はあまりなく，両者のギャップはリセ進学や留年で5％未満，職業コース進学で4％〜8％程度にとどまる[4]。これは，EAOの実践や個人プロジェクトの構築を通じて，学校側と家庭側であからじめ十分な話し合いがなされている結果であると推察される。

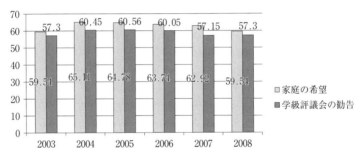

図3-6　リセ（普通科・技術科）進学にみる希望と勧告のギャップ（％）

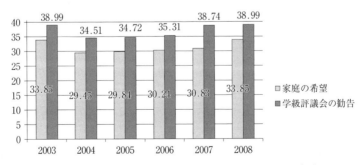

図3-7　職業コース進学にみる希望と勧告のギャップ（％）

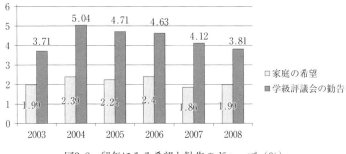

図3-8　留年にみる希望と勧告のギャップ（％）

出典："Bilan de l'orientation dans le second degré public", http://eduscol.education.fr/cid47384/presentation-analyse-statistique.html（2011.8.5）より筆者作成。

2．「進路教育」の教育課程基準

　以上のことを踏まえて，「1996年7月31日の通達」[5]とデュサルジェによる同通達の分析を参考に[6]，EAOの教育課程基準の特徴について検討してみたい。

　前節で示したように，EAOは認知的アプローチを通じて生徒の表象を変化させるとともに，進路選択に必要なコンピテンシーの習得を試みる。同通達では，この目的を達成するために4つの目標（A～D）が掲げられた（表3-3）。4つの目標およびその下位に示されたコンピテンシーは，全ての教育活動（特に教科）において習得される領域（A）と，EAOに固有のアプローチを通して習得される領域（B～D）に分類されている。両者は互いに交差しており，2つの領域を学ぶことによってこそ，EAOは有効性を発揮するとされる。

　前者の領域においては，複数教科を横断するコンピテンシーを習得し，「一般教養」（la culture générale）[7]を豊かなものにすることが目標である（A）。具体的には，コミュニケーション能力や状況・情報を分析して的確に行動す

表3-3　コレージュにおける EAO の 4 つの目標

すべての教育活動，特に教科の領域において習得される。	
A 横断的な知識やコンピテンシーの習得	1. 情報リソースや助言を与えてくれるリソースを活用できる。 2. 多様なコミュニケーションの場面において，与えられた基準を考慮して情報を選択する。 3. 活動の方法と学習成果に関して，自己評価できる。 4. ある状況の長所と短所を評価する（妥協でき，代替となる解決法を準備できる）。 5. チームで活動することができる。 6. 観察によるアプローチを構築し，活用することができる。
EAO に固有のアプローチを通して習得される。	
B 社会的・経済的環境と職業に対する表象の理解	1. 職業活動を観察・分析するために，多様な種類の資料を活用できる 2. 多様な基準に従って，職種を整理し分類できる。 3. いくつかの事例を通して，技術の進化が職業活動に与える影響を把握できる。 4. 主要な経済的データ，特に地元の環境と結びついたデータを活用できる。 5. 様々な規模や性質の企業における組織・主要機能・ライフスタイルを理解できる。 6. 職業市場の特徴や，広大な職業領域を移行するための条件を理解できる。
C 教育・訓練の理解	1. フルタイムでの，あるいはパートタイムでの継続的な教育コースの総体的な図式を理解できる。また，主な教育免状について理解できる。 2. 高等学校における学習コースおよび職業訓練コースの組織や機能を把握し，各コースで期待されるコンピテンシーを理解できる。
D 自己に対する肯定的な表象の構築	1. 自分のコンピテンシーや理解度を自己評価できる。 2. 計画したことを先取りしたり，将来に先延ばしにしたり時間調整ができる。 3. 個人的な関心や意欲を識別し，序列化できる。 4. 進路の決断にあたって，困難や障害を正確に捉え，妥協したり解決法を考案したりできる能力を備え，自律的な進路の決断ができる。

出典：「1996年7月31日の通達」（*B.O.* no 31 du 5 septembre 1996, pp. 2079-2080）より筆者作成。

表3-4　EAOに参加する教育共同体の成員とその役割

学校長	すべての体制，特に学校の進路指導の教育課程に責任を持つ。教育チームを活性化させ，補完的論理を確立することによって，活動を推進する。
進路指導心理相談員（COP）	学校の進路指導の教育課程編成に参加する。多様な次元の進路，労働世界や職種，教育コース，思春期の若者に対する理解を備えているCOPは，EAOに固有の活動を行う。また希望する生徒に対しての面談は，EAOの活動の個別化を可能にする。
担任教員	固有のシーケンスや多様な教科の中で行われるEAOを調整する。また，教育チームのメンバーの連携を確立し，活動のイニシアチブを補完したり，活動の追跡調査を行う。
資料専門員	教員やCOPと協力して，情報を探索し活用することができるように生徒を育成する。
生徒指導専門員	学校組織に加えて，生徒の日常生活や家庭環境を把握している彼らは，生徒に対して平等に援助を行う。また生徒あるいは家族と学校との間の対話を容易なものにする。
保護者代表	学校理事会や学級評議会の父母代表は，EAOの活動の準備や追跡調査に参加する。

出典：「1996年7月31日の通達」（B.O. no 31 du 5 septembre 1996, p. 2081）より筆者作成。

る能力を身に付けることが求められる。

　後者の領域においては，次の3つのことが目標とされる。第1に，職業世界について理解することであるが，単に職種に関する情報を入手するだけではなく，それらを読み解くためのリテラシーを習得することに力点が置かれる（B）。第2に，学校教育や職業訓練のシステムについて理解することであり，特に進学先の各コースで要求される能力，そこでの学業継続や就職の可能性について知ることは重要である（C）。第3に，学習を通して変化し成長できるということを自覚することによって，自分自身についてポジティブなイメージをもつことである（D）。

　これらの目標の達成に向けて，各学校の教育共同体の成員は，編成した学校教育プロジェクトに基づき，全員でEAOに取り組まなければならない（表3-4）。その中でもCOP，担任教員，生徒指導専門員（CPE: conseiller principal d'éducation），資料専門員で構成される「教育チーム」が生徒に対する直接指導を担うことになっている。ただし，進路を選択するのは生徒の「自由表現」（l'expression de sa liberté）であり，教育チームの任務は，彼らに「その自由を行使するための手段」を与えることにある[8]。

EAO の活動形態は，個別活動と集団活動の２つに大別される[9]。個別活動においては，生徒は特に担任教員とCOPとの面談を経て，後期中等教育における進路選択に向けた個人プロジェクトを作成する。

集団活動としては，教員は各教科において生徒に学習の意義を充分に理解させ，そこで習得した内容と個人プロジェクトとを徐々に結びつけていく。さらに，EAO のための「固有のシーケンス」も設置され，そこでは過去に得た情報や経験をまとめ，互いに討論することによって EAO の総括が行われる。シーケンス（連続する時間）という名称の通り，個々の活動を関連付けて活動全体の一貫性（cohérence）が担保することが目的である。つまり，生徒はこの時間を通して，各教科をはじめ多様な場面に分散させられていた EAO の一貫性を自覚し，その活動の新たな本質を発見する。

3．トレンズ中学校の学校教育プロジェクト

各コレージュは通達に示された教育課程基準に従って，情報・進路指導センター（CIO）などの外部機関と連携して，EAO の学校教育プロジェクトを編成している。本項では，EAOに特に力を入れており，多数の学校のプロジェクトをウェブ上で体系的に公開しているモンペリエ大学区（Académie Montpellier）に焦点を当てたい[10]。南仏に位置する同大学区はオデ，ガール，エロー，ロゼール，ピレネーオリエンタルの４つの県を含んでおり，2004年度の人口は249万5,814人である。また，就学者数は57万3,621人であり，全25大学区中12位の標準的な地域であるといえよう[11]。まず，ロゼール県にあるトレンズ中学校（Collège du Trenze）のプロジェクトに焦点を当て，その特色を分析する[12]。

(1) EAO の 4 つの目標に基づくプロジェクトの分析

　同校のプロジェクトでは，「履修コースに関するプレゼンテーション」「企業研修」「老人ホーム訪問」「卒業生との懇談」など計41の活動が EAO として位置付けられており，その内容のみならず，形態，介入者，時期，実施場所に至るまで細かく設定されている。また，活動ごとに必ず自己評価が実施され，次年度以降に活かされるようになっている。41の活動全てについて，EAO の 4 つの目標（表3-3の A ～ D）のどれに重点を置いているか分類し（後掲の表3-8～表3-11），カテゴリーにおける活動数を学年別（表3-5），介入者別（表3-6），場所別（表3-7）に算出した結果，次のような傾向が明らかになった。

　第 1 に，学年が進むにつれて活動数が増加しており，EAO は高学年になるほど活発に実施されている。また，活動の大部分が担任教員によって行われており，教育共同体のメンバーの中で最も中心的な役割を果たしていることがわかる。場所に関しては，その半数近くが学校外で実践されており，企業や労働団体など外部機関とのパートナーシップが必要とされる。実際，同校では「フランス企業運動」（MEDEF: Movement des entreprises de France）などいくつかの組織と協定を結んでいる。

　第 2 に，4 つの目標に注目してみると，これらは各学年に万遍なく広がっているが，その数には偏りも見られる。「B　社会的・経済的環境と職業に対する表象の理解」は最も数が多く，また学年が進むにつれて増加している。つまり，同校では職業社会や経済社会の理解に最も力が入れられており，それは担任教員によって主に学校外で行われているのである。それに対して，「D　自己に対する肯定的な表象の構築」は低学年で実施される傾向にある。活動数が少なく介入者に COP が多いことから，大部分が個人面談であると推察される。

　このように整理すると，学年による数の偏りは決して不規則なものではない。同校では学年が進むに従って，自分自身を理解する活動から自分の周囲

表3-5　4つの目標ごとの学年別の活動数

目標	第1学年	第2学年	第3学年	第4学年	合計
A　横断的な知識やコンピテンシーの習得	1	2	4	2	9
B　社会的・経済的環境と職業に対する表象の理解	1	1	7	11	20
C　教育・訓練の理解	2	1	1	2	6
D　自己に対する肯定的な表象の構築	2	2	1	1	6
合計	6	6	13	16	41

表3-6　4つの目標ごとの介入者別の活動数

目標	担任教員	COP	資料専門員	その他
A	6	4	3	0
B	15	0	2	5
C	3	2	0	3
D	2	4	0	0
合計	26	10	5	8

表3-7　4つの目標ごとの場所別の活動数

目標	学校内	学校外
A	7	2
B	6	14
C	4	2
D	6	3
合計	23	21

※1つの活動に複数の介入者がいたり，1つの活動が複数の場所で行われたりする場合もあるため，表3-6と表3-7は，全活動の合計数が41を超えている。
表3-5・表3-6・表3-7の出典：
http://intranet.ac-montpellier.fr/Ressources/Education_Orientation/pdf/EAO_Trenze_Vialas_48_2006-07.pdf（2007.10.11）より筆者作成。

の環境を理解する活動にその中心が移行しており，全体としては特に後者を重視しているといえよう。

(2)プロジェクトにおける各学年の活動の分析
①第1学年（表3-8）

法令上では，EAOは第2学年から実施されるが，同校では準備段階として第1学年もプロジェクトに含まれており，そこでの活動は実質的にはEAOの一部である。

第1学年の目的は，生徒を初等教育から中等教育へ円滑に移行させることである。そのために，教育課程における自己の立ち位置を考えさせ，コレージュで学習する意義について理解させる。生徒が新たな学習や学校生活に適応することは，自分の進路を模索していく上での前提となる。具体的には，個人プロジェクトのためのファイル作成や職業情報を探索する方法の指導，

表3-8 第1学年における活動の概要と重視する目標

活動	形態	介入者	時期	場所	時間	評価	目標
教育・訓練の理解	市民性教育	教員	第1学期	コレージュ	6h	参考資料付きの課題	C
教育課程の提示	市民性教育	教員	第1学期	コレージュ	6h	課題	C
COPとCIOの役割	介入	COP	第1学期	コレージュ	1h	カード	A
進路に関する個人面談	面談	全ての教員 COP	1年間を通して順々に	コレージュ		COPとの面談を必要としていた生徒の数	D
職業に関する資料を探す手ほどき		資料専門員	1月	資料・情報センター	3h	職業カード	D
進路指導プロジェクトのファイルの作成		担任教員	第1学期	担任教員のクラス		プロジェクトに同意する生徒の数	D

4年間にわたって支援を受けるCOPやCIOの役割の提示など,第2学年以降に本格的に行われるEAOに向けた準備が行われる。

注目すべきは,市民性教育がEAOの一環として実践されていることである。市民性教育の目的の1つは,「社会生活および政治生活における規律を理解することによって,社会制度および法令を理解することによって,あるいは民主主義やフランス共和国を生み出し構成している原理と価値を習得することによって,人権と市民性を教育する」[13]ことである。この目的の達成は,生徒が教育・訓練のしくみや教育課程を理解し,進路を模索していくプロセスと重なるところが少なくない。

②第2学年(表3-9)

第2学年の目的は,第1学年での準備をふまえて,個人プロジェクトを本格的に始動させることである。COPによる生徒の個人面談は既に第1学年から実施されているが,第2学年では保護者との面談も開始され,学校と家

表3-9 第2学年における活動の概要と重視する目標

活動	形態	介入者	時期	場所	評価	目標
生徒や保護者との面談	面談	COP	1年間	木:コレージュ 月・水:CIO	面接を受けた生徒の数と保護者の数	D
職業に関する資料を探す手ほどき		資料専門員	1月	資料・情報センター	職業カード	B
COPとCIOによるプレゼン		COP	第1学期	コレージュ	課題	A
多様な履修コースに関するプレゼン	講義	担任教員 COP	第3学期	コレージュ	教育コースの入念な準備 質問表	C
進路指導ファイルの更新	講義	担任教員	1年間	コレージュ	プロジェクトに同意する生徒の数	D
「水曜日の工作室」の活動	家屋の製造	担任教員	第2学期	コレージュ	意欲,努力,完成した制作物	A

庭との間で互いに情報交換がなされる。また，入学後1年が経過していることから，学業不振に陥った生徒を支援し，「学校からの離脱」(les ruptures scolaires) を防ぐことも EAO の重要な役割である。

③第3学年（表3-10）

第3学年の目的は，次年度に行われる進路選択に向けて個人プロジェクトを具体化させることである。この学年では，「A 横断的な知識やコンピテンーの習得」を目標とする活動が多い。例えば「水車の製作」では，周囲とコミュニケーションをとりながらチームで行動することで，自分が直面した問題を観察・分析・評価したり，解決法を考案したりする。また，校内に設置された資料・情報センター（CDI）において，資料専門員のイニシアチブのもと進路情報の収集と活用を行う。

さらに，「C 社会的・経済的環境と職業に対する表象の理解」を目標とする活動も，第1・第2学年より増加しており，「職業発見」（DP）が利用されている。この科目には，EAO の「固有のシーケンス」として，多様な教科において習得した知識やコンピテンシーを職業という観点から整理して関連づける役割が期待される。週3時間実施のDP3と週6時間実施のDP6の2種類が存在するが，同校では第4学年の一部生徒を対象とするDP6のミニ研修に，第3学年の生徒も参加できる。

④第4学年（表3-11）

第4学年の目的は，個人プロジェクトを完成させ，実際に生徒に進路決定させることである。職場訪問や企業研修など「C 社会的・経済的環境と職業に対する表象の理解」が重視されており，DP3もその一環をなしている。DP3 の実施要領である「2005年2月14日の省令」では，「EAO や市民性教育に参加することにより，DP3で習得された知識は，生徒が自分の進む教育コースを構築する際により見識ある選択を行うことを可能にする」[14] と示

表3-10　第3学年における活動の概要と重視する目標

活動	形態	介入者	期間	場所	評価	目標
企業研修の組織化と追跡調査	研修	担任教員 テクノロジー教員	1月22日〜27日	企業	観察一覧表 研修報告活動の回想	B
COPによる個人面談	面談	COP	1年間	コレージュとCIO	面談が必要な生徒数	D
「伝統工芸」の日	展示会の訪問	担任教員	10月23日	ヴィアラ	質問事項	B
DP3履修生による未履修生に対する活動のプレゼンテーション		担任教員 DP3担当	第2学期 第3学期	コレージュ	関心のある質問事項	B
教育課程に関するプレゼンテーション	講義	担任教員 COP	第3学期	コレージュ	質問事項	C
ONISEPの発行する雑誌に関するプレゼンテーション		担任教員 資料専門員		資料・情報センター	自己資料収集の頻度	A
DP6におけるミニ研修		担任教員		職業リセ	興味を示した生徒の数	B
実社会の建築現場での活動：建築業の職人的技能の発見	職人・小規模建築業者連盟	担任教員		コレージュ	興味をひく質問事項	B
ヴィアラの老人ホーム訪問		担任教員		ヴィアラ	重要な質問事項	B
企業主の訪問		担任教員		コレージュ	来校した企業主の数	B
ソフトウェアの利用		担任教員 COP 資料専門員		資料・情報センター	ソフトウェアを利用した生徒の数	A
GPOに関する担任教員養成		COP	第2学期	資料・情報センター	GPOを使える教員の数	A
水車の製作，改良，実演	校外活動	担任教員	第1学期	ポリミエ	報告	A

第3章 「進路教育」による進路指導モデルの転換　217

表3-11　第4学年における活動の概要と重視する目標

活動	形態	介入者	期間	場所	評価	目標
企業研修	研修	担任教員	5日間	企業	観察一覧表 研修報告	B
COPとの個人面談	面談	COP	1年間	コレージュとCIO	活動の振り返り	D
「伝統工芸」の日	展示会の訪問	担任教員	10月23日	ヴィアラ	重要な質問事項	B
DP 3	職業・企業・教育に関する授業	担任教員 DP 3担当		コレージュ	全体集合	B
BTP（建築・公共事業）の日	訪問	担任教員	1日	校外で	注目すべき質問事項	B
ONISEPの雑誌『第4学年後』の参照		担任教員 資料専門員		資料・情報センター	資料・情報センターに通う生徒の数	A
学校でのミニ研修	訪問	担任教員	第3学期	職業リセ	申し込みの数	B
実社会の建築現場への参加		担任教員			質問事項 アンケート調査	B
ヴィアラの老人ホーム訪問		担任教員		ヴィアラ		B
企業主の訪問	フランス企業運動（MEDEF）	担任教員	2006年10月22日の次回	ヴィアラ	来校した企業主の数	B
職人組合の職人の訪問		職人センター	一般公開日	ニーム	質問事項 インターネット	B
職人組合の職人のプレゼンテーション		職人センター		ヴィアラ	質問事項 インターネット	B
水車の製作, 改良, 実演	校外活動	担任教員	第1学期	ポリミエ	報告	A
EPLE（地方公立教育機関）の一般公開日		担任教員 生徒指導専門員		ヴィアラ	生徒の提案の数 質問事項 インターネット	C
企業訪問		障害者社会復帰支援団体 障害者受入事業所	1年間	サン・シェリーダプシェ, ヴェルフィーユコンクル	質問事項	B

履修コースに関する卒業生談話	知識の伝達		半日	ヴィアラ		C

表3-8・表3-9・表3-10・表3-11の出典：
http://intranet.ac-montpellier.fr/Ressources/Education_Orientation/pdf/EAO_Trenze_Vialas_48_2006-07.pdf（2007.10.11）より筆者作成。ただし，A～Dの分類（表中の「目標」の部分）は，筆者による。

されている。つまり，EAOと市民性教育とDP3が融合されることで，進路形成に対する相乗効果が期待できるのである。

また，卒業後に進学予定の生徒は，国立教育・職業情報局（ONISEP）の資料を利用したり，卒業生の話を聞いたりすることで，進路情報の収集と活用に努め，現実に進学できる可能性が高いコースと低いコースを把握する。

4．ル・ルドゥネ中学校の学校教育プロジェクト

ガール県にあるル・ルドゥネ中学校（Collège du Lou Redounet）のプロジェクトは，自律的に進路選択する能力を発達させることを目指している。表3-12は，各学年の主な活動がEAOの4つの目標（A～D）のどれを重視しているのかを示したものである。トレンズ中学校同様，学年が進むにつれて自己理解から進路理解へと重点がシフトしている。しかし，全体的には前者が重視される傾向にあり，「D 自己に対する肯定的な表象の構築」は活動の半数以上を占めている。

また，2005年4月に制定された教育基本法「学校の未来のための基本計画法」[15]にある2つの内容をプロジェクトの軸に据えていることも特徴的である。1つ目は「職業，就職先および職業に関する将来的展望についての情報を受ける権利は，教育を受ける権利の一部を構成する」という規定であり，1989年教育基本法を引き継いでいる。2つ目は，コレージュは「とりわけ進路指導に関して，男女の混生と平等を促進する」という規定であり，その背景には男女間の進路格差という古くて新しい問題がある。例えば，2007年度

第3章 「進路教育」による進路指導モデルの転換　219

表3-12　ル・ルドゥネ中学校におけるEAOの活動と重視する目標

学年	考察の中心	目標	方法
第1学年	学校は何のためにあるのか？	C	この学年の3つの学期の活動のうち：第1学期はCOPによって推進される（プレゼンテーション，リソースの識別）。第2・第3学期の活動は，COPによって提示された土台を用いて，担任教員によって推進される。→この段階の総括は2月半ば，評価は6月に行われる。
	自分自身に対する肯定的な表象の構築	D	
第2学年	自分の行動を自覚する。	D	この学年の活動は教育チームが責任をもって指導し，担任教員がCOPにより提示された土台を基に調整する。→この段階の総括は2月半ば，評価は6月に行われる。活動は会議室でクラスの半分を単位に組織される。
	肯定的な言葉で自分を語る。	D	
	自分の認知スタイルを自覚する。	D	
第3学年	結果は行動に左右されるということを自覚する。	D	この学年の活動は教育チームが責任をもって指導し，担任教員がCOPにより提示された土台を基に調整する。→この段階の総括は2月半ば，評価は6月に行われる。活動は会議室でクラスの半分を単位に組織される。
	自分の学習能力（総括）を自覚する。	D	
	ONISEPや資料・情報センターのソフトウェアを発見し，利用する。	A	
第4学年	第4学年：進路指導の「踊り場」	A	クラスへのCOPの介入（10月）ホランド・テスト（自分自身の主な興味を理解する）第1・第2学期の活動は担任教員によって行われ，第3学期（1月の終り）の活動はCOPによって行われる。同地区のリセ校長と共に保護者向け情報をまとめる（1月）。COPによってクラスにONISEPのパンフレットが提示される。研修の報告を評価する（来年度の口述審査の準備）。

第4学年	自分の興味・関心の中心の発見	D	第2学期の学級評議会の後，資料・情報センターで活動する（COP，担任教師，資料専門員と共に）。職業リセでのミニ研修（4月末）第4学年の生徒のためのコレージュの一般開放日（半日）：卒業生や地域の学校（リセなど）の代表者を迎え入れる。 →活動の評価は6月に行われる。
	教育コースに関する情報の入手の仕方を学ぶ。	C	
	研修の報告	B	

出典：http://intranet.ac-montpellier.fr/Ressources/Education_Orientation/pdf/EAO_Lou%20Redounet_30_2006-07.pdf（2007.10.20）より筆者作成。ただし，A〜Dの分類（表中の「目標」の部分）は，筆者による。

の普通バカロレア合格者に占める女子の割合は，「文学系」（L: littéraire）が81.5％であるのに対して，「経済社会系」（ES: économique et sociale）が64.0％，「科学系」（S: scientifique）が46.2％であり，男子は理系で女子は文系という進路選択傾向がみられる。また国民教育省によると，女子は男子より学業成績が良いにもかかわらず進路選択の幅が狭く，特に職業教育では10人中8人がサービス業の分野（秘書，会計，商業，社会衛生）に従事しているという[16]。このような現状を是正し，男女間での進路へのアクセスの機会均等を促進するために，同校では教育コースに関する情報提供に力が入れられている。

さらに，第4学年で「ホランド・テスト」（Holland Test）が利用されていることも興味深い。このテストは，アメリカの心理学者ホランド（J.L. Holland）の職業的パーソナリティ理論に基づいており，職業興味などを想定して6つのタイプを明らかにするものである[17]。1960年代〜1970年代の「診断的概念」に依拠した進路指導では，このような心理テストが大流行したが，1980年代以降は科学的検査への過度の依存体質が厳しく批判されるようなった。とはいえ，その有効性が完全に否定されるわけではなく，同校では自己理解のための1つのツールとしてEAOの中で活用されている。

5．ジェラール・フィリップ中学校の学校教育プロジェクト

エロー県にあるジェラール・フィリップ中学校（Collège du Gérard Philipe）

のプロジェクトは表3-13の通りであるが,ここに示された6つの活動うち4つが「C 社会的・経済的環境と職業に対する表象の理解」を目標としており,職業世界の理解を中心に据えたカリキュラムになっている。

最大の特徴は,「発見の過程」(IDD: itinéraires de découverte) が活用されていることであろう。2000年に創設された「横断的学習」(travaux croisés) を2002年に改変した「発見の過程」は,コレージュ中心課程(第2・第3学年)に週2時間が配当されている。そこでは,必修科目の中から2教科を選択し,それらを関連付けた教科横断的な学習活動が実施される[18]。「2002年4月10日の通達」によると,「発見の過程」には3つの役割があるが,そのうちの1つは「異なった学習領域を探求することによって,生徒の意欲と能力を高めることに貢献し,将来の進路指導プロジェクトの準備を容易にする」[19]ことである。これはEAOの目的とも重なっており,ゆえに同校では「発見の過程」の時間に職業リセや企業を訪問したり,卒業生や企業主を学校に招いたりするなど,体験活動を通して職業社会へアプローチしている。

さらに,個人プロジェクトの作成にも力が入れられており,特に第4学年

表3-13 ジェラール・フィリップ中学校におけるEAOの活動と重視する目標

活動内容	目標
1.個人プロジェクトの作成	
2.ONISEPの作成する雑誌の利用	C
3.企業研修	B
4.職業フォーラム	B
5.「発見の過程」(IDD) の時間	B
6.DP 3の時間	B

出典:http://intranet.ac-montpellier.fr/Ressources/Education_Orientation/pdf/EAO_GPh_ilippe34_2006-07.pdf (2007.10.20) より筆者作成。ただし,A～Dの分類(表中の「目標」の部分)は,筆者による。

に関しては表3-14のように進路決定に向けた5つのステップが設定されている。まずプレゼンテーションなどの集団活動が実施され，段階が上がるにつれて各生徒の進路に沿った個人作業が増加し，最終的には「希望進路申告書」(fiches vœux) の完成に至るのである。

表3-14　第4学年における個人プロジェクト作成過程と重視する目標

段階	活動内容	目標
第1段階 （新学期・9月）	保護者会と教員集会：教育チームによって，第4学年や進路指導の問題点についてのプレゼンテーションが行われる。	C
第2段階 （11月）	第4学年のすべての生徒に対してCOPが介入する。	D
	第4学年後の多様なコースについてのプレゼンテーションを行い，質疑応答を行う。	C
	自分自身対する理解を深めるための資料を配布する。	D
第3段階 （12月～1月）	自主的にCOPとの個人面談を行う。	D
	「学級生活の時間」の一部を用いて，生徒の個人プロジェクトを分析する。	A
	国語の授業の中で，自分自身に対する理解を深める活動が行われる。	A
	リソースやイベント（リセ・職業リセ・見習い訓練センターの一般公開，ミニ研修）について情報収集する。	A
	地域の多様なリセや職業リセに関する情報提供が学校長によって行われる。	C
	1月5日～8日まで企業研修に参加する。	B
第4段階 （3月）	クラスでCOPとの2回目の面談が行われる。後期中等教育での選択や職業教育免状についての説明，希望進路申請書の準備が行われる。	C
第5段階 （4月）	進路指導の個人プロジェクトを仕上げる。	D
	最終的な希望進路申告書を入念に準備する。	D

出典：http://intranet.ac-montpellier.fr/Ressources/Education_Orientation/pdf/EAO_GPh_ilippe34_2006-07.pdf (2007.10.20) より筆者作成。ただし，A～Dの分類（表中の「目標」の部分）は，筆者による。

6．「進路教育」における教育課程編成の特色

　前項で取り上げた3校のEAOの学校教育プロジェクトでは，教育課程基準にある4つの目標を最大限に尊重し，それらを学校における日々の多様な学習活動に組み込んでいくことで，特色ある活動が展開されていた。一方で，学年によって重視する目標が異なっており，さらに重視する目標に応じて活動の形態や場所，介入者が決定されていた。学校間に一定の差異は確認されるが，一連の分析から明らかになった特徴をまとめると，以下のようになる。

　①EAOは本来第2学年から必修であるが，第1学年もプロジェクトに含まれる。

　②活動は高学年になるにつれて活発になり，主に担任教員によって実施されている。

　③外部機関との連携のもと，約半数の活動が学校外において行われている。

　④学年が進むと，活動の中心が自分自身の理解から周辺環境の理解に移行する。

　⑤「市民性教育」を通じた教育・訓練の理解が試みられている。

　⑥職業理解のために，「職業発見」の時間が効果的に利用されている。

　⑦進路に関する男女間の機会均等が目標として掲げられている。

　⑧「発見の過程」（IDD）を通して個人プロジェクトの構築を支援している。

　⑨生徒が自己の興味・関心を明らかにする手段として，心理テストが活用されている。

　以上のことを踏まえた上で，不完全ながらコレージュにおけるEAOのカリキュラム構造をイメージしたのが図3-9である[20]。4つの目標を段階的に達成するために，各学年に設定された多様な領域で，その領域の特性を生かした活動がなされるとともに，「職業発見」がそれらを集約するEAOの核

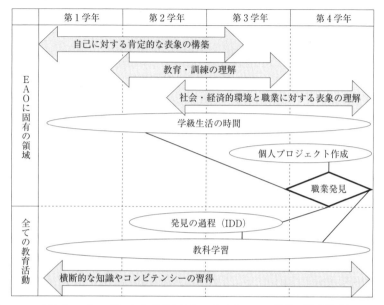

図3-9 コレージュにおける EAO のカリキュラム構造（筆者作成）

として機能しているのである。

【註】

1 Bernard Desclaux, "L'éducation à l'orientation en tant qu'innovation", in Francis Danvers (dir.), *Perspectives documentaries en éducation: L'éducation à l'orientation*, No60, INRP, 2003, pp. 19-21.
2 *Ibid.*, pp. 20-21.
3 *Ibid.*, p. 20.
4 1960年代においては，家庭の希望と勧告の差は20％前後であった。
5 Circulaire n°96-204 du 31-7-1996, *B.O.* no 31 du 5 septembre 1996, pp. 2078-2082.
6 Paul Ricaud-Dussarget, "L'esprit des textes officiels de 1996", in Francine Grosbras (coord.), *l'éducation à l'orientation au collège*, Hachette, 1998, pp. 129-141.
7 主に教科教育によって習得される教養のことを指しており，専門的知識を超えたところにある，人間を発達させるために必要な「知識」(connaissance)，「態度」(at-

titude),「価値」(valeur) の総体を意味する (Joffre Dumazedier, "culture générale", in Philippe Champy, Christiane Étévé (dir.), *Dictionnaire encyclopédique de l'éducation et de la formation*, 3e édition, Retz, 2005, p.232)。

8 Paul Ricaud-Dussarget, *op.cit.*, p.141.
9 Circulaire n°96-204 du 31-7-1996, *op.cit.*, pp.2080-2081.
10 "Principaux acteurs et principales actions d'éducation à l'orientation dans l'académie de Montpellier en 2006-2007", http://intranet.ac-montpellier.fr/Ressources/Education_Orientation/CR_Liste_etab_EAO_2006-07_Ac_Montpellier.htm (2007.10.11).
11 Ministère de l'éducation nationale de l'enseignement supérieur et de la recherche, *Repères et références statistiques sur les enseignements, la formation et la recherche*, 2006, p.21.
12 "Programme d'orientation 2006-2007", http://intranet.ac-montpellier.fr/Ressources/Education_Orientation/pdf/EAO_Trenze_Vialas_48_2006-07.pdf (2007.10.11).
13 Circulaire n°96-103 du 15-4-1996, *B.O.* no 23 du 6 juin 1996, p.XXIV.
14 Arrêté du 14-2-2005 (NOR: MENE0500301A), *B.O.* no 11 du 5 mars 2005, p.571.
15 Loi n°2005-380 du 23 avril 2005 d'orientation et de programme pour l'avenir de l'école, *B.O.* no 18 du 5 mai 2005, pp.I-XIV.
16 大津尚志「フランスにおける男女平等と進路指導」『日仏教育学会年報』第14号，2008，166-169頁。2006年には，国民教育大臣を含む8大臣が連名で報告書『教育制度における男女間の平等の取り決め』を発表し，進路における男女間の不平等の改善や男女平等教育の実現を勧告した。
17 ホランドの提唱した6つのパーソナリティ・タイプとは，「現実的」(Realistic),「研究的」(Investigative),「芸術的」(Artistic),「社会的」(Social),「企業的」(Enterprising),「慣習的」(Conventional) であり，頭文字をとって「リアセック」(RIASEC) と呼ばれる。
18 Arrête du 14-1-2002, *B.O.* no 8 du 21 février 2002, pp.425-426.
19 Circulaire n°2002-074 du 10-4-2002, *B.O.* no 16 du 18 avril 2002, p.XXX.
20 今回分析の対象とした3つのプロジェクトでは，「学級生活の時間」の活用については明示されていなかった。しかし，1998年の全国調査では「学級生活の時間」がEAOとして最も多く利用されている。

第3節 「進路教育」における教員の役割

1．進路指導にみる教員の役割変化

　伝統的に主知主義を尊重するフランスの学校では，長らく教職員の分業のもとで教育活動が営まれてきたが，1975年のアビ改革による大衆化以降，その体制に変化が生じている[1]。特に中等教育において「知育」(instruction) を任務としていた教員は，他の教職員と協働して「人格教育」(éducation) に積極的に関与することが要請されるようになった。

　このような動向は，進路指導の領域においても例外ではない。以前から教員は「進路指導手続き」による生徒の「振り分け」において中心的役割を果たしてきたが，出口に到達するまでの教育的進路指導については，進路指導相談員（1991年以降はCOP）が不充分ながら担ってきた。一部の自発的な教員が進路相談等を行うこともあったが，あくまで「学校外時間」(temps extra-scolaire) においてであり，教育的進路指導は付属的な任務としてみなされたため，参加は極めて限定的なものであった。しかし，1989年教育基本法の8条では，教員にも進路指導プロジェクト作成の支援が求められ，協働体制による進路指導が明文化される。

　さらに「進路教育」(EAO) では，教科指導と関連付ける形で進路選択に必要な能力や態度を育成することが求められている。そのために教員は，生徒が「現実世界における教科の位置や影響を発見し，教科が自らの発達にどのように関与するか発見できる」[2]ようにしなければならない。このように，授業という「学校時間」(temps scolaire) において教員の進路指導への参加が義務付けられた意義は大きいといえよう。

　さらにEAOは，COP，担任教員，生徒指導専門員（CPE），資料専門員[3]で構成される教育チームが，生徒に対する直接指導を担うという特徴をもつ。

しかしながら，「教育チームによる共同活動は，フランスの教育システムの文化に対応していない」[4]とデュサルジェは指摘する。これまでの学校は，一週間の時間割を与えられた専門家（すなわち教員）を生徒の前に置くことで彼らのニーズに応じてきたが，こうした伝統的手法は教科横断的な目標を達成するには不適切である。特にEAOにおいては，進路指導に対する意識が教育チーム内で共有され，それが学習プロセスに統合されなければならない。そのために「1996年7月31日の通達」でも，担任教員は多様な時間で行われるEAOの活動を調整し，教育チーム内の連携の確立のためにイニシアチブを発揮することが定められている。

それでは，知育を本分としてきた教員は果たしてこの変革に柔軟に対応し，通達の理念を実行することができたのであろうか。本節では，まず教員がEAOをどのように捉え，いかなる形でそこに関与しようとしていたか，導入期に遡って検討してみたい。

2．「進路教育」に対する教員の意識

1998年5月，国民教育省の計画・発展局は，「学校のための新しい契約」に基づく改革実験の成果を検証するために，600のコレージュに所属する2,400人の教員を対象に質問紙調査を行った。その一環として，第2・第3学年を担当する教員に向けてEAOの実態に関する調査（以下，「実態調査」とする）がなされている[5]。

(1)実施状況と実施形態

「実態調査」によると，「1996年7月31日の通達」に従って約3分の2の学校がEAOに関する学校教育プロジェクトを作成しており（第2学年：67％，第3学年66％），そのうちの約7割で担任教員，約6割でCOP，約4割で自発的な教員（教科担当）が参加している。したがって，EAOに対する当事者意識は大部分の教員に共有される傾向にあったものの，学校による差も大きく，

教科担当よりも担任教員の関心が高かった。協働によるプロジェクトの作成は，一部の学校でのみ実現されていたのである。

また，EAO の活動時間数に注目してみると（表3-15），1年間で3時間未満と回答した教員が約20％いる一方で，10時間以上と答えた教員も約20％おり，教員間に大きな差異が存在している。デスクローが指摘するように，当時 EAO は教員にとって確立した制度ではなく「変革の中にある」(en tant qu'innovation) 試みであったといえよう[6]。

それでは，教育課程のどの時間を利用して EAO は実践されたのであろうか。「実態調査」によると，「学級生活の時間」(heure de vie de classe) を挙げた教員が最も多く，「教科の時間」は3割前後にとどまる（図3-10）。すなわち，教員は自らの本分とみなしてきた教科指導を進路指導と切り離して捉える傾向にあり，両者の統合を目指した EAO の理念はまだ十分に定着していなかったことがうかがえる。少し先の時代になるが，2001年に行われた学校長を対象とする調査でも，EAO の実現を妨げる要因として「教科カリキュラムを厳格に優先する教員がいること」を挙げた者が62％に達しており，第1位を占めている[7]。導入期に多数の教員がとった選択は，知育という伝統的職務の外部にある「学級生活の時間」を通じて，「市民性教育」という観点から EAO を実践することであった。

(2)教員が重視する目標

図3-11は，教員が EAO 実施にあたってどのような「ねらい」を重視して

表3-15 「1年間のうち，何時間を EAO に充てていますか」

時間数	1	2	3	4	5	6	7	8	9	10	10以上	無効	無回答	合計
第2学年	4％	10％	8％	9％	7％	10％	3％	4％	1％	10％	19％	1％	14％	100％
第3学年	5％	7％	5％	10％	9％	12％	2％	7％	1％	5％	17％	1％	19％	100％

回答者：EAO に参加したことのある教員
出典：Jeanne Benhaïm-Grosse, *Les dossiers*, no110, juin 1999, p. 104.

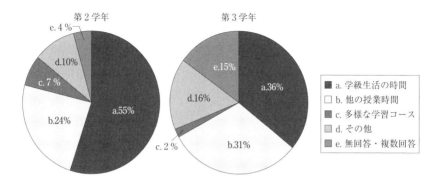

図3-10　EAO の活動のために用いられる時間
出典：Jeanne Benhaïm-Grosse, *Les dossiers*, no110, juin 1999, p.106より筆者作成。

いるか示したものである。この結果を教育課程基準に示された4つの目標（表3-3：A〜D）と照らし合わせてみたい。全体として教員はA〜Dの4つの目標を万遍なく尊重しているといえるが，学年による差異も見いだせる。最も重視されているのは，第2学年・第3学年ともに「D　自己に対する肯定的な表象の構築」に関わる項目（①，③）である。次いで，第2学年では「C　教育・訓練の理解」に関する項目（②，⑥）が重視されているが，第3学年では「B　社会的・経済的環境と職業に対する表象の理解」に関する項目（④）のほうが重視されている。ここからは，自己理解を必要不可欠な土台として，学年が進むにつれて，教育・訓練の理解から職業社会の理解へと目標をシフトさせる教員が多かったと推察される。

　その一方で，「⑨保護者の関わり」や「⑩外部の介入者と出会い」はあまり考慮されておらず，特に第2学年においては半数以上の教員が重視していない。これは，教員が外部とのパートナーシップの拡大に対してさほど積極的でなかったためであると考えられ，2001年の調査では学校長の49％が，EAO の実施を妨げる要因として「チーム活動が困難であること」を挙げている[8]。教育共同体の成員間の協働によるEAO の実施という理念は，急速

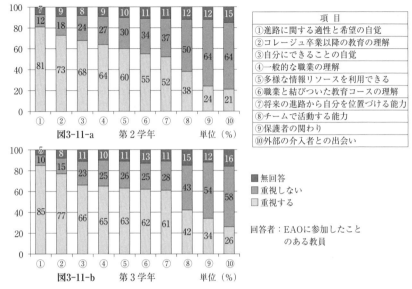

図3-11 「あなたは、生徒のために①~⑩の目標をどのくらい重視していますか。」
出典:Jeanne Benhaïm-Grosse, *Les dossiers*, no110, juin 1999, p.104.

に教員に浸透するには至らなかったといえよう。

(3)教員からみた EAO の効果

ニーム大学区ディドロ中学校(EAO の研究開発校)の副校長バルブ(Marie-Laure Barbe)によると、生徒は EAO に参加することによって進路情報の扱い方、自己を適応させる方法、プロジェクトを作成する方法などを習得することができ、その成果として自らの進路ストラテジーを構築できるようになる[9]。しかし、これらの「当然期待される効果」に加えて、EAO にはさらに生徒を社会化するという「波及効果」があるという。すなわち、生徒はEAO においてコミュニケーションの仕方を学習することで、他者と議論して多様な対立を乗り越えることができるようになる。それは、各教科(授

業）に対する姿勢を向上させたり，保護者や教員に対する関わり方を改善させたりすることにも結びつくとされる。

図3-12は，第２学年の教員が感じているEAOの効果を明らかにしたものである（第３学年も同傾向）。15項目のうち，①〜⑦までは，生徒の進路指導に対する直接的効果であり，バルブのいうところの「当然期待される効果」に該当すると考えられる。この効果に関しては，「①進路に関する適性と希望の自覚」（77％）や「②第４学年以降の教育の理解」（65％）に象徴されるように，多くの教員が肯定的に捉えている。これらの項目が，重視する「ねらい」（図3-11）においても高い数値を示していることを考慮すると，教員たちは自ら掲げた「ねらい」がおおむね達成できているとの評価を下しているといえよう。

他方，⑧〜⑮は「当然期待されるべき効果」を超えて，生徒や学校の教育環境に与えられる「波及効果」に該当する。これらの間接的効果に関して教員は慎重な立場をとっており，⑧と⑪を除くと「効果なし」が「正の効果」を上回っている。したがって，EAOが学校組織や学校生活そのものを改善

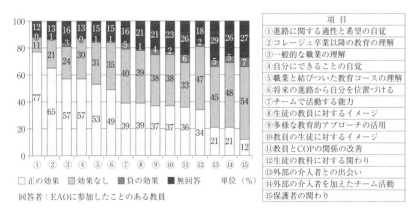

図3-12 「あなたは，①〜⑮に関してEAOは効果があると考えていますか。」
出典：Jeanne Benhaïm-Grosse, *Les dossiers*, no110, juin 1999, pp.108-109.

するという意識，すなわちバルブの言葉を借りるなら，「学校を再構造化する1つの文化が生まれ，発達していく」[10]という認識は乏しかったと考えられる。特に，「⑫生徒の教科に対する関わり」（47％）に効果を発揮していないと判断した教員が多かったことは，EAO の理念に謳われた進路形成と知育との融合がいかに困難であったかを物語っている。さらに，「⑭外部の介入者を加えたチーム活動」（48％）や「⑮保護者の関わり」（54％）に関しても「効果なし」との回答が極めて多く，関係者間の連携や協働体制の実現にも課題が残されていた。

ただし，この調査では無回答（12％～29％）も多く，効果の有無に関して明確な指標がないため，どう判断すべきかまどった教員も多かったことが推測される。

(4) 実践にあたって教員が直面する課題

表3-16は，教員にとって EAO を困難にしている要因を示したものである。第1に，約半数の教員が EAO に関する教員養成が不備であり，さらに利用できる固有のツールや媒体が不足していると判断している。換言するならば，EAO を効果的に実践するための能力基盤が教員に欠けており，それを補うような環境もまだ整備されていなかったといえよう。デュサルジェも導入時に「EAO という新たな要求を前に，自分の能力は不十分であると感じている教員」[11]が多いことを認めており，実態調査はこの事実を裏付けている。

モンペリエ大学区教員養成大学センター指導員であるフェレ（Danielle Ferré）によると，「進路に向けて教育を行うということは，知識伝達，指導，監督，相談，そのいずれでもない」[12]ため，それは教科指導に由来する教員の職業アイデンティティの範囲を超えたものであるという。したがって，教員は特別な養成訓練を受け，教育・訓練・心理学・労働・雇用に関する新たな知識を習得したり，集団を活性化するための技術を学んだりすることが必要となる。1998年当時，教員の現職研修は大学区教育職員研修局のネットワ

表3-16　教員にとってEAOを困難にしている要因（％）

要因	第2学年				第3学年			
	深刻	深刻でない	無回答	合計	深刻	深刻でない	無回答	合計
EAOに関して教員養成が不十分	55	32	13	100	56	27	17	100
EAOに適した固有のツールや教育媒体が不足	40	46	14	100	44	38	18	100
COPと教員で共通のプロジェクトを準備するのが困難	35	47	18	100	34	38	28	100
COPの関与あるいは自由が不十分	31	50	19	100	32	43	25	100
教員の関与が不十分	28	55	17	100	25	53	22	100

回答者：EAOの活動に参加している教員
出典：Jeanne Benhaïm-Grosse, *Les dossiers*, no110, juin 1999, p.110.

ークを利用して，主に担任教員を対象に全大学区で実施されていた[13]。しかし，調査結果をみる限り，EAOの研修は期待された成果をあげていたとはいい難い。

　第2に，約3割の教員がCOPとの円滑な連携が困難であると考えているが，この背景はやや複雑である。詳しくは第5章で論じるが，まず教員側の問題に注目してみたい。「COPの関与あるいは自由が不十分」であるとの回答が「教員の関与が不十分」を上回っており，依然として教員にEAOはCOPが担うべきであるとの認識があった可能性が指摘される。デュサルジェも，職業・労働社会や教育・訓練に詳しいCOPに依存することで，教員のEAOに対する関心・熱意が希薄化することを危惧し，「COPだけをEAOの活動の専門家にしてはならない」と警告している[14]。また，COPと教員との役割分担が不明確であることも，チーム活動に不慣れな教員側に混乱をもたらしたと考えられる。

　一方で，COPの側にも様々な課題があり，教員が回答しているように

「関与あるいは自由が不十分」な状態にあることも事実である。1997年の調査によると、COPは進路指導において「個別相談」「情報提供」などを重視する一方で、「人格教育」はあまり自らの職務に合致しないと考えており、EAOにあまり熱心でなかった。

3．「進路教育」と「学級生活の時間」の関係

EAOは年間時間を有する科目ではないため、実際には教育課程上の特定領域を用いて実施されるが、前述のように「学級生活の時間」が最も多く利用されている。また2002年度にディジョン大学区で「学級生活の時間」の目的を尋ねたところ（複数回答）、EAOを挙げた学校数は3番目に多かった[15]。したがって、EAOと「学級生活の時間」との間には深い関連があると推測されるが、まずはこの点について論理的に整理してみたい。

「学級生活の時間」は、1999年に発表された国民教育省の公的文書『2000年代のコレージュ』（*Le Collège des années 2000*）によって、各学年で15日間につき1時間設置することが提案された[16]。その後、2002年度から第1学年～第3学年にて年間10時間が必修化され、さらに2004年度以降は第4学年（最終学年）にも導入されている。もっとも、既に1990年代後半には、多くの中学校で自発的に設置していたとの報告もある[17]。国民教育省によると、この時間の目的は「教員と生徒の関係の質をよりよく発達させ、また生徒の成功に適した雰囲気を促進するために、学級や学校の日常的な問題を討論する」[18]ことにあるという。具体的には、学級におけるルール作りや生徒間の争いの解決など多様な活動が想定されており、EAOもその1つに位置づけられる。『2000年代のコレージュ』では、進路選択を目前に控えた第4学年に関しては、大部分をEAOに充てるよう規定されている[19]。

さらにパピヨン（Papillon, X.）とグロソン（Grosson, G）によると、「学級生活の時間」は「社会関係的次元」「認知的次元」「個人的次元」「制度的次元」の4つに区分され、進路指導は「個人的次元」に分類されるという[20]。この

カテゴリーの中で，生徒個人の職業的発達を促進し，進路指導の個人プロジェクトを構築するためにEAOが実践される[21]。

モンペリエ大学区情報・進路指導局長ブリューネル（Olivier Brunel）によると，EAOの理念は，「他者に耳を傾け，他者を尊重することで自分自身を構築する」という「学級生活の時間」の方向性に重なるものであり，両者は互いの目的に貢献し合うとされる[22]。特に教科内での取り組みや個人進路面談を除いた集団活動，いわゆる「固有のシーケンス」と呼ばれる領域は，共生や民主主義について学ぶことを通じて生き方を指導する「学級生活の時間」に適しているという。具体的には，「労働社会における男女の地位の平等」「職業・技術教育に対するイメージ」「進路選択におけるストラテジー」など進路をテーマとしたディスカッションが行われる。またこの時間を，企業訪問，学校訪問，職業フォーラムなどEAOに関する体験活動の準備のために利用することも可能であるという。

ブリューネルは，上記のような活動を生徒が自ら組織し，自己の役割に責任をもって主体的に行動することにより，「自分の考えを表明する能力，イニシアチブを提示する能力，妥協を選択する能力，すなわち共に生き，共に生活する能力」[23]を習得できると指摘する。これらの能力の習得は，「学級生活の時間」の目標であると同時に，EAOの目標（表3-3のAおよびD）にも包含されている。

以上のように，EAOと「学級生活の時間」の理念には重なる部分が多く，それぞれの目標を両立することで相乗効果が見込めるであろう。よって，両者の統合を教育実践の中でどのように実現していくかが問われることになる。

4．「学級生活の時間」を用いた「進路教育」の実践

エクス・マルセイユ大学区のオバーニュにあるフレデリック・ジョリオ・キュリー中学校（Collège Frédéric Joliot-Curie，以下キュリー校）は，全校生徒546人（2009年度）の比較的大規模なコレージュである。2005年度卒業生の進

路をみると，リセ（普通科・技術科）が62％，職業リセや見習い訓練センターなど職業コースが25.6％，その他（留年，中途退学を含む）が12.4％である[24]。この割合は全国平均に近く[25]，職業コース進学者が特に多いわけではないが，同校では「第4学年職業プロジェクト学級」(la classe de troisième à projet professionnel) を組織して所属する生徒の進路指導に取り組んでいる。この学級は2004年から設置が認められており，職業コースへの進学希望者がプロジェクト活動を通して自らの長所を伸ばし，将来的に職業資格へアクセスできるようすることを目的とする[26]。

(1)プロジェクト「進路指導と職業の発見」

2005年度にキュリー校では，「第4学年職業プロジェクト学級」（3組と4組）の生徒を対象に，「学級生活の時間」の枠組みにおいて「進路指導と職業の発見」(orientation et découverte des métiers) という名称のプロジェクトが実施された。活動は月曜日（8:15〜9:10）と木曜日（15:50〜16:45）に行われ，両組の生徒はどちらかの日を選択して授業に1年間出席することが義務付けられている。曜日によって担当者が異なっており，月曜日はテクノロジー教員[27]と資料専門員，木曜日はテクノロジー教員と国語教員によって授業が展開された。通常，「学級生活の時間」は担任教員によって実施されると定められているが[28]，ブリューネルによると担任は唯一の責任者ではなく，他の教職員も自らの役割を尊重した上で活動に参加することができるという[29]。ここでは月曜日，すなわちテクノロジー教員ジャンデル (Mme Jeandel) と資料専門員セシル (Gébelin Cécile) が担当した授業に着目し，指導プログラムと授業記録を手がかりに，教員同士の連携の在り方について検討する[30]。

第1に，プログラムの概要をみてみると，プロジェクトは14人の少人数制で，4つのシーケンスに分けて実施されている（表3-17）。1つのシーケンスは約5時間で構成され，計20時間程度が配当されていた。したがって，「学

表3-17　プロジェクト「進路指導と職業の発見」と特に重視される EAO の目標

4つのシーケンスと その時期	主な活動内容	EAO の目標
① 9月から11月（万聖節休暇）まで	職業紹介のための展示会を実施する。	A, B
② 11月から12月（クリスマス休暇）まで	生徒自身が、多様な介入者と連絡を取って情報を集め、職業を紹介する短い映像を作成する。	A, B
③ 1月から2月まで	職業コースで成功を収めた卒業生と面談する。	C
④ 3月以降	面接のための技術的訓練を行う。 履歴書と志望動機書類の作成を支援する。	D

出典：http://eprofsdocs.crdp-aix-marseille.fr/Troisieme-a-projet.html?artsuite=0 (2009.5.10) より筆者作成。

級生活の時間」として義務付けられた10時間を超えているが，それ自体は決して珍しいことではない。例えばディジョン大学区の調査でも，約8割の学校が年間10時間以上実施しており，2週間に1時間という回答も4割に達する[31]。他方，「実態調査」において EAO を年間10時間以上実施する学校が2割弱に留まることを考慮すると，キュリー校は EAO に特に熱心な学校であるといえよう。

また，コンピューターの専門家であるテクノロジー教員に加え，資料専門員が参加することも大きな特徴である。資料専門員は資料・情報センター（CDI）に常駐して学校の所有する資料や情報リソースを管理すると同時に，宿題や発表準備などのために CDI を訪れた生徒に対して，それらを効果的に利用できるように支援する。さらに，教科担当教員と連携して学校のカリキュラムと連動した教育活動にも介入するという[32]。その役割は，生徒に情報・資料探索の技術や方法を与え，自律的に活動できるようにすること，すなわち生徒が「学び方を学ぶ」（apprendre à apprendre）ようにすることである[33]。セシルによると，このプロジェクトにおける資料専門員の任務は極め

て重要であり，資料整理能力やオーラル・筆記コミュニケーション技術を習得させるための「方法論的支援」(une aide méthodologique) を担っている[34]。

　第2に，プログラムをEAOの4つの目標（表3-3）と対照してみると，各シーケンスによって中心となる目標が異なっている（表3-17）。「活動内容」から推察するに，シーケンス①・②では「A　横断的な知識やコンピテンシーの習得」や「B　社会的・経済的環境と職業に対する表象の理解」に重点が置かれているが，進路選択が近づいた③では「C　教育・訓練の理解」，進路決定直前の④では「D　自己に対する肯定的な表象の構築」が重視される。したがって，自分が近い将来に身を置くことになる世界を幅広く理解して見識を深める活動から，徐々に個別の進路を見据えて移行準備を行う活動へシフトしていると解釈できる。生徒をとりまく状況に応じて目標を配置することは，「振り分け」に向けて進路選択能力を段階的に高めることに寄与するであろう。

(2)「職業に関する展示パネル作成」の展開

　ここでは，セシルによって作成されたシーケンス①「職業に関する展示パネル作成」(réalisation d'une exposition sur les métiers) の授業記録を手がかりに，教員，特に資料専門員の職務がEAOと「学級生活の時間」の統合にいかなる影響を与えているか明らかにする。

シーン1：プロジェクトの紹介（Présentation du projet）[35]

> 目標：指導教員を認識し，プロジェクト全体の目標とスケジュールを理解する。
> 　　　展示パネルで発表する職業を選択する。
> 　最初に，各教員が自己紹介を兼ねて授業に関する説明を行った。シャンデルが1年間を通したプロジェクトの概要（方法，目標，期待される作品・表現）を提示し，続いてセシルが資料専門員の役割の特殊性を伝達した。その上で各教員が生徒と簡単な交流を行い，質疑応答を実施した。
> 　次に，生徒は授業で扱う職業の選択とグループ分けを行った。この授業では，生徒が2人ペアでグループを作り，1つの職業について調べることになっている。生徒が選んだ職業は，外務書記官，漫画家，盲導犬調教師，消防士，警察官，映画関連の職業，陸軍兵士，セールスマンの8つであったが，生徒数の関係上7グループしか作れないため，消防士と警察官は同一グループで扱うことになった。

　シーン1では，取り組むべき課題を学級全体で共有することで，到達点の共通理解がはかられている。また，生徒が教員の専門性を的確に把握し，場面に応じて効果的に支援を活用できるように，教員間の役割分担が明確にされている。特に，資料専門員（セシル）は方法論的支援に加えて授業外でのフォローも担っており，その特殊な職務を生徒に対して明示することは大きな意味をもつ。

シーン2：パネル作成の方法論の理解（Méthodologie du panneau）[36]

> 目標：優れた展示パネルを作成するための成功基準を発見する。
> 　　　成功基準を文章化し，資料を作成する。
> 　2人の教員は当日の授業内容を示した後，前回授業で決定した2人グループに生徒を分け，各グループに1つずつ昨年の生徒が作成したパネルを配布した。各グループは15分の間に，与えられたパネルを形式と内容の両面から分析し，長所と短所をノートに記入した。
> 　次に，分析したことを共有するため，各グループの代表者が自分たちの検討結果を他の生徒に報告した。この間，セシルは生徒の発表内容を黒板に書き出し，整理してまとめた。発表終了後，生徒全員で総括を行い，優れたパネルを作成するための成功基準を明らかにした。その上で，セシルから改めてパネル作成のコツを記したカード（表3-18）を配布し，方法論を生徒に理解させた。最後に，次回の授業の目標を予告し，授業を締めくくった。

シーン2では，EAOの4つの目標のうち「A」，とりわけ「A-4.長所と短所の評価」「A-5.チーム活動」「A-6.観察によるアプローチの活用」に力点が置かれている。生徒はパネルの長所と短所を観察し，まずグループ内で，次いで学級内で議論を行い，多様な意見を集約することでパネル作成を成功させるための条件を導き出す。一連のプロセスには，「他者を尊重して他者に耳を傾ける技法を訓練し，はっきりと論拠を述べる方法を学ぶ」[37]という「学級生活の時間」の特質が活かされている。

このように生徒集団が自律的な議論を展開するにあたって，推進役である資料専門員（セシル）が果たす役割は重要である。情報管理に長けた資料専門員が意見を適切に整理することで，生徒は自らの見解に関して他者との共通点および相違点を正確に把握することができ，それがさらなる自己主張につながる。また，生徒の議論を尊重しつつもカード（表3-18）という形で，専門家として情報発信に関する助言を提示することは，議論の成果を深化させることに貢献したと考えられる。

シーン3：情報の探索（Recherche d'informations）[38]

> 目標：グループで調べる職業を最終決定する。
> 　　　情報リソースについて知り，有用な情報を探す。
> 　生徒は授業目標に関する説明を受けた後，グループに分かれて座った。各グループは，自分たちがどのような情報を必要としているか検討すると同時に，情報収集のために利用可能な多様なリソースを把握する。その後，情報探索の作業に入るが，第1にONISEPの「自己資料検索システム」（autodoc）で情報を探し，第2にCD-ROM，第3にその他のウェブサイトを用いるよう指示した。生徒が収集した情報を基に展示パネルのレイアウトを作成している間，2人の教員は各グループを巡回し，生徒を個別に支援した。最後に，教員が次回のシーンの目標を予告し，授業を締めくくった。

シーン3では，EAOの目標のうち「B」に加えて「A-1.情報リソースの活用」「A-2.情報選択」が重視されており，情報探索に適したCDIで授業が実施される。資料や教育ツールを利用する場所として1973年に創設された

第3章 「進路教育」による進路指導モデルの転換　241

表3-18　カード「展示パネルの作成を成功させる」
(Réussir un panneau d'exposition)

定義：1つのパネルは，情報探索活動の内容の概略を示したものである。このパネルは，調べた情報を視覚的に伝えることを可能にする。
3大原則：1．パネルは遠くから見ること，読むことができるものでなければならない。
2．パネルは見る人の興味を引きつけるものでなければならない。
3．パネルはできる限り少ないスペースで，重要な情報を伝える内容でなければならない。

成功のための基準：

内容（本質）	外見（形式）
○ 主題が簡潔で目を引く。	○ 文字の大きさが適切である。
○ 副題が文章全体に合っている。	○ 刷り具合の選択が妥当である。
○ 文章が短く，はっきりしていて正確である。	○ ページ組みが適切である。
○ イラストが多様で，説明文がついている。(写真，個性的な絵，図表)	○ 外見（体裁，デザイン）が多様である。
	○ 文書とイラストのバランスが取れている。
	○ 文字を書く方向を尊重している（左から右，上から下へ）。
○ 文章と絵・写真（補足）の間に重複した情報がない。	○ 論理的でゆったりとした構成になっている。(背景の25％は余白が残っている)
○ 選択した情報が正確で妥当である。	○ 美しいパネルにするように努力している。(色，調和，枠で囲う)
○ 主題から外れていない。	○ 明るい，読みやすい，綿密，綺麗な仕上げ。(コラージュ，入念な区割り，ワープロの使用)
○ 文法，綴り字，句読法の規則を尊重する。	○ 独創性があり，創造性に富んでいる。
○ 全ての情報リソースが記載されている。(タイトル，著者，編集者，図書整理番号)	
○ 署名がされている。	

出典：http://eprofsdocs.crdp-aix-marseille.fr/IMG/rtf/Reussir_un_panneau_d.rtf (2009.5.12).

CDIは，情報技術の発達に伴って進化し，現在では紙媒体の資料に加えて，DVDやCD-Romなどの多様な視聴覚教材や情報ネットワークを備えたメディアセンターとなっている[39]。そこは学校外の世界に向かって開かれており，メディアを通して多くの人間と交流できる空間である。ゆえに，教室とは異なれどもCDIは教育の場所であり，生徒は「他者に対して自分を開くこと

ができ，またある生徒はそれを通して自分自身に立ち返ることができる」[40]とされる。

　このシーンでは，CDI において国立教育・職業情報局（ONISEP）のサイトや教材を用いて情報収集がなされる。しかし，そこにある進路情報は膨大かつ複雑であり，有用な情報の発見には資料専門員の支援が欠かせない。オドリー（Dominique Odry）によると，「良い」進路情報の提供とは「空の集積場を一杯に満たすこと」ではなく，「複数の要素を関連付け，進路に対する認識や表象を再構築すること」[41]であるとされる。よって，資料専門員は大量の情報リソースを整理し，生徒が発達段階に適した情報にアクセスできるよう援助する。

シーン 4 ：パネル作成（Réalisation des panneaux）[42]

> 目標：有用な最新情報を発見し，ワープロ・ソフト「スター・オフィス」で文書を打ち込む。
> 　　　できるだけ早くパネル作成を開始する。
> 　シャンデルは授業目標を紹介した後，各グループに前回作成した資料を配布した。その間，セシルは進路指導のために用意されたオンライン・リソースのリスト（URL）を黒板に書き出した。その後，各グループは前回途中であった作業を再開した。インターネットで検索する人，レイアウトの作成を続行する人，調べた情報をタイプする人など，生徒は役割分担して教員の個別指導のもとパネルの作成にとりかかった。最後に，教員が次のシーンの目標を予告し，授業を締めくくった。

シーン 5 ：パネル作成―その 2 ―（Réalisation des panneaux Deuxième séance）[43]

> 目標：ワープロ・ソフト「スター・オフィス」で文書を打ち込む。
> 　　　シーン 2 で学習した成功基準を尊重して，パネルを作成し，完成させる。
> 　教員は授業目標を伝達した後，作成途中のパネルや資料を各グループに配布した。生徒は作業を再開し，文書を打ち込んだり，資料をパネルに貼り付けたりしたが，その間に教員はグループを巡回して個別に生徒を援助した。完成後，パネルは教室内に掲示され，学級全体で共有された。最後に，次のシーン（新たなシーケンス）の目標を予告して授業は終了した。

第3章 「進路教育」による進路指導モデルの転換   243

「盲導犬調教師」　　　　　　　　　「消防士・警察官」
図3-13　生徒の作成した展示パネルの一部
出典：http://eprofsdocs.crdp-aix-marseille.fr/IMG/jpg/Image_034-2.jpgk (2009.5.10)
　　　http://eprofsdocs.crdp-aix-marseille.fr/IMG/jpg/Image_038.jpg (2009.5.10)

　シーン4・5ではEAOの目標のうち「B」が中心となっているが、同時に活動プロセスにおいて「A」、特に「A-5.チーム活動」が重要視される。役割分担した上で協力して作業にあたらせることで、各生徒を責任ある状況下で主体的に行動させており、進路情報の収集を通じて「学級生活の時間」の目標を達成することが企図されている。資料専門員は、生徒の求めに応じてさらなる情報リソースを提供することで、彼らの自主的な活動を後押しする。具体的には、学業・雇用・職業訓練などテーマ別検索が可能な「若者情報・資料センター」(Centre information et documentation jeunesse)、進路指導テストを受けられる雑誌『ガリ勉』(Phosphore)、若者の交流スペースがある雑誌『学生』(L'Étudiant)、欧州レベルでの若者支援策を紹介・分析した「若者情報ポータル」(Portail d'information de la jeunesse) などのウェブサイトを提示したという[44]。完成したパネル（図3-13）は、発表後に教室内に掲示されており、生徒の目にみえる形で活動の成果が残されている。

　以上のように、資料専門員は方法論的支援によって議論を活性化し、CDIにおいて学校と外部世界を適切につなげることで、「学級生活の時間」とEAOとの融合を促進する役割を果たしている。それを可能にしているのが専門性の高さであり、資料専門員の資格を得るには、学士号取得後に2年間

の養成課程において教育学・図書館情報学を約550時間受講しなければならない[45]。

キュリー校のプロジェクトは，職業コースに進学する生徒のみを対象とした試みである。しかし，展示パネル作成が「A 横断的な知識やコンピテンシーの習得」を目指していることに象徴されるように，それは単なる職業社会の理解を超えて，生徒の人間形成に寄与するものである。ゆえに，この実践は普通・技術コース（リセ）に進学する生徒に対しても，教育的効果を発揮するのではなかろうか。

【註】

[1] 例えば，2006年に国民教育省が示した「教師に求められる職務能力」においても，「集団で働き，親や学校のパートナーと協力する」ことが挙げられており，教職員間の協働が重視されている（大津尚志「フランスの教師に求められる職務能力—今後の教員養成のための大綱的基準」（資料翻訳），『日仏教育学会年報』第14号，2008，147-154頁）。

[2] Circulaire n°96-204 du 31-7-1996, *B.O.* no 31 du 5 septembre 1996, p.2080.

[3] 1970年代に誕生した資料専門員（日本の司書教諭に相当）は長らく，補助教員，適性をもつ他教科教員，授業に困難を感じる教員から採用されており，明確な形で資格化されていなかった。しかし1989年以降，他教員と同様に中等教育教員適性証書（Capes documentation）によって採用されることになった（Jean-Louis Auduc, *L'école en France*, Nathan, 2006, p. 96）。ゆえに資料専門教員（professeur documentaliste）と表記されることもあるが，彼らは教科を担当するわけではない。この特性を尊重し，本書ではもう1つの表記である資料専門員（documentaliste）を使用している。

[4] Paul Ricaud-Dussarget, "L'esprit des textes officiels de 1996", in Francine Grosbras (coord.), *l'éducation à l'orientation au collège*, Hachette, 1998, p. 136.

[5] Jeanne Benhaïm-Grosse, *Les dossiers*: *La rénovation du collège 1998*, no 110, juin 1999, Ministère de l'éducation nationale, de la recherche et de la technologie.

[6] Bernard Desclaux, "L'éducation à l'orientation en tant qu'innovation", in Francis Danvers (dir.), *Perspectives documentaries en éducation*: *L'éducation à l'orientation*, No60, INRP, 2003, pp. 19-32.

7 Jeanne Benhaïm-Grosse, "Les politiques en faveur de l'éducation à l'orientation en collège et lycée général et technologique, Ministère jeunesse, éducation nationale et recherche, *Note d'information 03-18*, avril 2003, p. 3. コレージュ400校を無作為抽出して学校長に質問を実施しており，有効回答は329名であった。

8 *Ibid.*, p. 3.

9 Marie-Laure Barbe, "Quels sont les effets induits par l'éducation à l'orientation dans l'établissement?", Olivier Brunel (coord.), *99 questions sur... l'éducation à l'orientation*, CNDP, 2001, question 99.

10 *Ibid.*

11 Paul Ricaud-Dussarget (entretien avec Gérard Doulsan), "Donner à l'élève les moyens de faire des choix", *B.O.* no 38 du 24 octobre 1996, p. 2584.

12 Danielle Ferré, "La:formmation:un passage obligé?", Olivier Brunel (coord.), *op.cit.*, question 22.

13 服部憲治「フランスにおける教員の現職研修―クレテイユ大学区の中等教育教員研修を中心に―」『大阪教育大学紀要』第Ⅳ部門，第56巻，第2号，2008，129-145頁。初期養成と現職教育をより緊密に結びつけるため，大学区教育職員研修局によって担われていた現職研修は，1998年から教員養成大学センターで実施されることになった。しかし，各大学によってイニシアチブに差があり，服部が事例として挙げたクレテイユ大学区の研修には，進路指導に関する事項は含まれていない。

14 Paul Ricaud-Dussarget, 1998, *op.cit.*, p. 137.

15 武藤孝典，新井浅浩，山田真紀「フランス・ドイツ・イギリスにおける『学級づくり』活動の実践に関する比較検討」『日本特別活動学会紀要』第15号，2007，18頁。

16 Ségolène Royal, "La Mutation descollèges: un collège pour tous et pour chacun", in *Le Collège des années 2000, supplément au B.O.* no 23 du 10 juin 1999, p. 9.

17 武藤孝典「フランスの学校におけるスクール・ガイダンスと『学級生活の時間』」『日仏教育学会年報』第10号，2004，189頁。

18 Circulaire n°2000-093 du 23-6-2000, *B.O.* no 25 du 29 juin 2000, p. 1217.

19 "Mieux vivre dans la Maison-collège", *Le Collège des années 2000, op.cit.*, p. 31.

20 Papillon, X. et Grosson, G., *Heure de vie de classe-Concevoir et animer*, Chronique Sociale, 2001, pp. 23-24.

21 パリ市にあるモーリス・ラベル中学校では，企業研修や進路希望票の作成などが実施されていたという（武藤孝典，前掲載論文，192頁）。

22 Olivier Brunel, "Peut-on utilisier l'heure de vie de classe?", Olivier Brunel（co-

ord.), *op.cit.*, question 34.
23 *Ibid.*
24 "Affectation et orientation", http://cap.ac-aix-marseille.fr/etablissement/corps.php?id=0131266F5（2009.4.25）.
25 2005年度の全国平均は，リセ（普通科・技術科）が59.9％，職業コースが34.4％，留年が5％であった（ONISEP, *L'orientation au collège*, Collection INFORMER, 2007, p. 5）。
26 Circulaire n°2002-074 du 10-4-2002, in *B.O.* no 16 du 18 avril 2002, p. XXXⅡ.
27 「テクノロジー」（Technologie）は，コンピューターを用いた情報通信や情報収集・管理に関する技術を習得する教科である。
28 "Mieux vivre dans la Maison-collège", *op.cit.*, p. 31.
29 Olivier Brunel, *op.cit.*
30 セシルが作成したこれらの資料は，国民教育省の所管する国立教育資料センター（CNDP: Centre national de documentation pédagogique）のウェブサイトに優れた教育実践として掲載された（Gébelin Cécile, "Troisième à projet〈orientation et découverte des métiers〉", http://eprofsdocs.crdp-aix-marseille.fr/Troisieme-a-projet.html（2009.5.10））。
31 武藤孝典，新井浅浩編著『ヨーロッパの学校における市民的社会性教育の発展―フランス・ドイツ・イギリス―』東信堂，2007，76頁。
32 ONISEP, *Guide du collège: des pistes pour accompagner votre enfant*, Eyrolles, 2006, p. 96. 例えば，オセールにあるポール・ベール中学校では，発見ゲーム，展示会，校外訪問，読書会等が教員と資料専門員との連携によって実施されている。
33 Jean-Louis Auduc, *op.cit.*, p. 97.
34 Gébelin Cécile, "Le rôle du professeur documentaliste", http://eprofsdocs.crdp-aix-marseille.fr/Troisieme-a-projet.html?artsuite=1（2009.5.28）.
35 Gébelin Cécile, "Séance n°1 Présentation du projet", http://eprofsdocs.crdp-aix-marseille.fr/IMG/rtf/Seance1projet3.rtf（2009.5.28）.
36 Gébelin Cécile, "Séance n°2 Méthodologie du panneau", http://eprofsdocs.crdp-aix-marseille.fr/IMG/rtf/3projetseance2.rtf（2009.6.3）
37 "Mieux vivre dans la Maison-collège", *op.cit.*, p. 31.
38 Gébelin Cécile, "Séance n°3 Recherche d'informations", http://eprofsdocs.crdp-aix-marseille.fr/IMG/rtf/Seance3projet3.rtf（2009.6.3）.
39 Jean-Louis Auduc, *op.cit.*, p. 97.

40　ONISEP, 2006, *op.cit.*, p. 97.
41　Dominique Odry, "Conseillers d'orientation: unerichesse mal exploitée", *Cahiers pédagogiques*, no 463, CRDP, mai 2008, p. 37.
42　Gébelin Cécile, "Séance n°4 Réalisation des panneaux", http://eprofsdocs.crdp-aix-marseille. fr/IMG/rtf/Seance4projet3.rtf (2009.6.7).
43　Gébelin Cécile, "Séance n°5Réalisation des panneauxDeuxième séance", http://eprofsdocs. crdp-aix-marseille.fr/IMG/rtf/Seance5projet3.rtf (2009.6.7).
44　Gébelin Cécile, "Sites-ressources sur l'orientation et les métiers", http://eprofs-docs.crdp-aix- marseille.fr/IMG/rtf/sitesressources.rtf (2009.6.7).
45　須永和之「フランスの学校図書館：BCD と CDI，ドキュマンタリスト教員の養成と採用について」『学校図書館学研究』第 8 号，2005，55-59頁。

小結—進路指導史にみる「進路教育」導入の意味—

　第三共和政以来の進路指導の展開過程の中で，「進路教育」（EAO）の導入はどのように位置づけられるであろうか。キエスは，長らく「神話」の域にとどまってきた進路指導の「人間モデル」（教育的概念）が，EAO によって顕在化し，1 つの「現実」になったと解釈している[1]。EAO は自らを取り巻く世界に働きかけ，それを従わせることができる人間の育成を目指しており，「地球上の生物にとって有益となるように，人間の知性と想像力によって世界を意図的に改革できる」[2]ということが前提とされているという。その他の研究者も機械モデルからの脱却という見方で EAO を捉えており，それは戦後の進路指導の変遷をみる限り，ある意味では妥当な評価であるといえよう。
　しかし，第三共和政期である1871年～1910年代の学校教育において，教科指導という極めて限定された形とはいえ，既に教育的概念に基づく職業指導が実施されていたことを看過してはならない。つまり，「人間モデル」の進路指導は，EAO によって突如制度化されたものではなく，その萌芽は100年

以上前に存在していたと考えられる。また第2章で指摘したように，1980年代以降，進路指導相談員の活動を中心に，主に学校の外部から教育的概念の復権に向けた努力がなされてきたことも注目される。

とはいえ，EAOを戦前に行われていた教育的進路指導の単純復活として捉えるべきではないだろう。同じ教育的概念に基づく進路指導であっても，制度としてのEAOは従来にはみられない特徴を備えており，それこそがEAOに固有の機能を決定づけている。

第1に，1989年教育基本法に従って導入されたことからも明らかなように，EAOは子どもの進路指導を受ける権利の保障を目的としている。第三共和政期の実践では，愛国的道徳の醸成を通じて国家の維持・発展に寄与する人材を育成することが目指されており，ともすれば国家主義的な進路指導に陥りがちであった。それに対してEAOは，国家の人材養成という側面よりも，個人の希望を尊重した進路形成を相対的に重視している。

第2に，「選択の教育」に端を発するEAOの理論とアプローチの独自性である。第三共和政期の職業指導は知識の獲得を通して子どもの職業観を育成していたが，EAOはさらにコンピテンシーの習得を介した認知的・経験的アプローチによって子どもの表象を変化させる。前者において形成される職業観が時代的・社会的コンテクストに決定づけられたものであるのに対して，後者では職業観を自律的かつ柔軟に修正できる人間の育成を主眼としており，時代と社会の変化に対応しやすい。第3節で扱ったキュリー校における実践はその典型であり，進路や自己に対する生徒の表象を形成するとともに，表象を形成する能力を身につけた主体の育成を目的にしている。

第3に，国家によってEAOの体系的カリキュラムが整備されたことである。その中で教科指導と教科外の活動（「固有のシーケンス」）が相互に関連付けられたことは，進路指導に対する教員の意識変革を生じさせた。また国家基準に基づき，各学校が特色を活かした学校教育プロジェクトを考案している点も着目されてよい。プロジェクトの普及には，研究開発校における独創

的な教育実践が先導的役割を果たしたことも確認された。

　第4に，EAOは教育共同体あるいは教育チームによる連携を前提としており，進路指導の実施体制を分業体制から協働体制へと移行させた。特に，これまで出口指導としての「振り分け」にのみ関与してきた教員の姿勢を変化させた意義は小さくない。もっとも，「実態調査」から浮かびあがってきたのは，進路指導そのものの重要性を理解しつつも，教科指導という伝統的なアイデンティティの範囲外にあるEAOに戸惑い，教育チームにおける協働や外部のパートナーとの連携になかなか踏み出せない教員の姿である。他方，分業体制のもとで進路指導を担ってきた進路指導心理相談員（COP）もEAOに対しては消極的な傾向にあり，導入期においては，国民教育省の掲げた理念に完全に合致する形でEAOを実現していくことは，容易でない状況にあったことが明らかになった。

　実態調査から十数年の年月が経過して，上記のような教員意識がどのように変化したかについて，1つの興味深いデータを示したい。2007年に国民教育省が行った調査では，約9割の教員が職務の遂行にあたってEAOを意識しており，約7割の教員がEAOを各教科に統合していると回答したという[3]。つまり，EAOを知識伝達という伝統的職務と対立的に捉える教員はその後次第に減少していった。この事実を踏まえると，本章において扱った導入期は，EAOの理念が担任教員を中心に広がりつつあった「過渡期」として位置付けることができよう。そのことは，教員がまず「学級生活の時間」という教科指導の枠組みの外部においてEAOに着手していたことからも推察される。

　最後に，EAOは個人の積極的な進路形成に寄与するが，子どもの進路を無条件に保障するものではなく，進路問題に対する「万能薬」（remède à tous les maux）にはなり得ないことを再確認しておきたい[4]。そもそも，生徒の「個人プロジェクト」が尊重されるようになった理由の1つには，子どもの進路に対して学校が責任を負うことの難しさがある。国民教育省は

EAO を法制化する直前，選択権限の全てを家庭に委譲することも検討していたという[5]。最終的にこの案は採用されず，経済情勢や職業的需給関係を考慮して就学者数を調整する「進路指導手続き」が残され，EAO と並置されることになった。

したがって，EAO は多岐にわたる進路指導の領域のうち，個人の職業的発達の促進を射程としており，一定の制約があることを踏まえなければ，生徒の無意識下で彼らの進路を一方的に操作する手段に陥ってしまうであろう。学校は，選択結果そのものではなく，適切な進路選択を入念に準備する能力を育成する責任を負っているのである。キエスが EAO を「神話と現実との狭間にある」と表現するのは，このような限界をふまえてのことであろう。換言するならば，「教育的概念」に依拠した進路指導は，「診断的概念」に依拠する進路指導と共存関係に置かれざるを得なかったのである。

【註】

[1] Jean-Marie Quiesse, "l'éducation à l'orientation, mythe ou réalité?", Olivier Brunel (coord.), *99 questions sur... l'éducation à l'orientation*, CNDP, 2001, question1.
[2] *Ibid.*
[3] Jeanne Benhaïm-Grosse, "Les pratiques d'éducation à l'orientation des professeurs de troisième", Direction de l'évaluation, de la prospective et de la performance, *Éducation & formations*, no 77, novembre 2008, ministère de l'éducation nationale, pp. 31-48.
[4] Francis Andreani, Pierre Lartigue, *L'orientation des élèves comment concilier son caractère individuel et sa dimension sociale*, Armand Colin, 2006, p. 154.
[5] Bernard Desclaux, "Vers l'éducation à l'orientation", Dominique Odry (coord.), *L'orientation, c'est l'affaire de tous: 1. les enjeux*, CRDP de l'académie d'Amiens, 2007, p. 54.

第4章 「職業」による進路指導と教科指導の融合

　「担い手の変化」という視点からみたとき，「進路教育」（EAO）の創設は，これまで実質的に専門の相談員が引き受けてきた進路指導を，協働という形で教員にも担わせる試みである。しかし，前章で論じたように，実際にはEAO は教員の伝統的職務である教科指導の枠組みの外部から開始されている。このような矛盾は，導入当初においてはやむを得ないとみなされてきたが，教員主導の進路指導を実現するためにも，教科との乖離は早期に改善しなければならない課題であった。

　こうして2000年代以降，進路指導と教科指導との融合が推進されることになったが，両者をつなぐ媒介となったのが「職業」であった。進路指導において，いわゆる「進学指導」だけでなく，「職業指導」としての側面を強化するためには，職業社会の実態を理解させるとともに，教科において習得する知識や能力が将来の職業生活にどのように結びついていくか理解させる必要がある。本章では，この目的を達成するために導入された2つの取り組みを中心に，進路指導と教科指導の融合に向けたプロセスを顕在化させることで，教育的営為として両者がどのように結び付けられていったのか明らかにしたい。

　まずは，2005年にコレージュ最終学年に創設された「職業発見」（DP: découverte professionnelle）に着目する。伝統的教科の枠組みでないとはいえ，科目という特定領域において職業理解のための活動が教員によって実施されたことは，「教育的概念」に依拠した進路指導の発展という点で極めて画期的なことであった。ここでは，「職業発見」の2つのカリキュラムが進路指導，とりわけ EAO においていかなる役割を果たしたか，教育課程基準と使用教材の分析を通じて検討したい。

次に、2008年に中等教育（コレージュ、リセ、職業リセ）全体を貫く移行支援プログラムとして設置された「職業と教育・訓練の発見行程」（PDMF: parcours de découverte des métiers et des formations）に焦点を当てる。EAO の進化形ともいえる PDMF は、従来の教育的進路指導の矛盾や課題の克服を目指しており、進路指導と教科指導の関係性の強化にも貢献した。ここでは、新たな取り組みの意義を移行支援の観点から考察するとともに、教科における進路指導のために開発された教材を分析することで、「学問の世界」と「職業の世界」を関連づけて理解させる方法の一端を提示したい。

第1節　科目「職業発見」における教育的進路指導

1．「職業発見」の創設とその社会背景

(1)「職業発見」の概要

「職業発見」（DP）は、「2004年7月2日の省令」[1]によって、コレージュの第4学年（最終学年）で実施されることになった新設科目であり、「将来の進路選択に備えて職業世界（l'univers métiers）[2]をよりよく理解する」[3]ことを狙いとしている。実際には、「職業発見」は2種類のカリキュラムに分かれており、週3時間履修の DP3（l'option facultative de 3 heures hebdomadaires）と週6時間履修の DP6（le module de 6 heures hebdomadaires）が用意されている。

同省令によると、DP3 は第4学年に所属するあらゆる生徒に対して開かれた自由選択科目であるが、全てのコレージュに設置されているわけではない[4]。DP3 を設置するコレージュにおいては、生徒は第2現代語（外国語あるいは地域語）、古典（ギリシャ語あるいはラテン語）、DP3 の3つの中から1つを選択することができる。2006年度現在、DP3 を履修する生徒は67,000人おり、これは第4学年の生徒全体の10％に相当している[5]。

それに対して DP6 は，学校からドロップアウトしつつある一部の学業不振の生徒に対して行われる教育であり，この点で DP3 とは大きく異なる。この科目は，職業体験を通して学業継続に向けて生徒を動機付け，最終的には少なくとも第V水準（中等教育修了レベル）の資格を取得できるコースに到達させることを目指している[6]。DP6 は職業リセにおいてモジュール（module）[7]の形をとって行われ，実施にあたって該当するコレージュと職業リセの間で協定が結ばれる。したがって，DP3 があくまで「科目」であるのに対して，DP6 に関しては実質的にその科目を選択する生徒たちが「コース」を構成しているといえよう。

(2)「職業発見」導入に到るまでの経緯

「職業発見」が開始されるまでの社会的背景を検討するにあたっては，互いに密接に関連する次の2つの大きな枠組みの中で捉えていく必要がある。すなわち，1996年の EAO の導入と，1980年代以降に起こってきた「知」の在り方の問い直しである。

既に指摘したように，EAO の学習領域は，すべての教育活動において習得される領域と，EAO に「固有のシーケンス」に分かれている。しかし，後者がどの時間帯で実施されるかは必ずしも明確でなかったため，EAO の活動は曖昧なものとなり，その理念の実現が妨げられてきた。この状況を改善すべく，国民教育省は，「『職業発見』による職業世界への最初のアプローチは，EAO に結びつくものである」と定め，「職業発見」を EAO の核となる「固有のシーケンス」として位置づけたのである[8]。この措置によって，「固有のシーケンス」のための年間時間が，初めて時間割上に明示されることになった。

「固有のシーケンス」には3つの目標が設定されているが，「職業発見」は特に「B 社会的・経済的環境と職業に対する表象の理解」を達成することで，EAO に貢献することを重視している。2005年教育基本法の付属報告書

でも、「進路指導」の部分において、「職業発見」によって生徒は「多様な職種と組織、それらが必要とする能力、それらが提供する就職口、そこへ至るための教育、の紹介を通して、進路の個人プロジェクトを入念に準備することができる」[9]とされており、生徒の進路形成への貢献が期待されているといえよう。

　しかし、「職業発見」がEAOの一領域を構成しているとはいえ、それを進路指導の枠組みの中だけで捉えることは正しい理解とはいえまい。「職業発見」の新設には、1980年代から起こってきた「知」の再編・再構築という社会的潮流が深く関係している。つまり、高度科学技術の進歩、産業構造の変化、あるいはグローバル化の進展といった社会の急激な変革に伴って、デカルト的な単一かつ確実な思考基盤からではなく、不確実で複合的な事柄を複合的・複雑的に思考していく思考のテクニックが重視されるようになった[10]。学校教育においては、従来の細分化された科学的な知識の伝達（instruction）ではなく、不確定な社会を生き抜くための複合的な知識の教育（éducation）が求められるようになったのである[11]。

　この風潮は、「コンピテンシー」（compétence）という多義的な概念の登場と無関係ではない。ロペ（Françis Ropé）によると、ちょうど1980年代頃から「キャパシティ」（capacité）や「適性」（aptitude）といった言葉に代わって、この言葉が広く用いられるようになったという[12]。「キャパシティ」や「適性」は、経済や労働や教育といった多様な領域においてそれぞれ独立して用いられており、各領域を分断されたものとして捉えている。

　それに対して「コンピテンシー」は、成果（performance）と効率（efficacité）という2点に着目して個人の任務遂行能力を示す概念であるため、複合的な領域の中で共通して用いることが可能であり、結果として多様な領域を調和させ、結びつけることにつながると考えられる。複雑かつ曖昧な社会の中を生きていくためには、場所や時間に限定されることなく、人生のいかなる地点においても有効性を発揮するコンピテンシーこそが必要とされる。

「職業発見」も，不明瞭な職業社会を生き抜くためのコンピテンシーを習得することを目標としている。

　注目すべきは，このような「知」の在り方をめぐる議論が，コレージュにおいては教科の枠組みの限界とそれに伴うカリキュラムの再編という形で顕在化したことであろう。1989年には，国民教育省の設置した教育内容検討委員会が改革のための7つの諸原則を定め，教科カリキュラムの土台を維持しつつも，その枠組みを分類・再編成し，さらに「各教科の相互連関性を強化するために，異なった専門分野に属する教員たちが共同で行う教科横断的な教育を促進する」[13]ことを要求した。この提言に沿う形で，1995年の学習指導要領の改訂時に設置されたのが「特設領域」（dispositif）という科目の領域である。学習の出発点と到達点が定められ，知識へアクセスする単一のルートがあらかじめ示されている「教科」に対して，「特設領域」は到達点のみが定められており，そこへ向かうための多様な出発点やルートが準備されている。

　しかし，この特設領域はその枠組が不安定であり，しばしば類似した科目や単元の廃止，新設，再設置が繰り返された。実際のところ，「職業発見」も特設領域に含まれる科目の変形によって生じたものであり[14]，コレージュ第4学年の選択科目「テクノロジー」がDP3へと変形した[15]。また，「テクノロジー第3学年・第4学年」，および職業前準備学級（CPPN）などの「交互補習領域」（les dispositifs de remédiation par alternance）が2001年に「職業準備コース第4学年」（PVP: les 3e préparatoire à la voie professionnelle）へと変わり，それがさらにDP6へと変形したのである。したがって，DP3は普通教育の中の選択科目の系統，DP6は職業教育の系統から生まれたものであり，両者の起源は全く異なっている。

　それでは，なぜこのような変化が起こったのであろうか。その理由は，テクノロジーやPVPが特設領域の中にありながら，進路指導における位置づけが不明瞭だったことにあると考えられる。これらの科目あるいはコースを

EAO の一環として新たな目的・目標を備えた教育活動として位置づけるとき，DP3 あるいは DP6 として再設置する必要があったのである。クランダル（Alain Crindal）とボナ（Régis Ouvrier-Bonnaz）によれば，次のような特設領域の特色は，「職業発見」に適している[16]。

　①教員によって決定された枠組みの中で授業が行われるにも関わらず，個人的な活動が行われ，各生徒に対する固有の関わりが重視される。
　②学際的なシェーマの中に位置づけることによって，生徒たちの活動に特色を与え，それをより自律的なものへと発展させる。
　③各生徒のプロジェクトに基づいた教育を行うのに適した集団組織の中で授業を行うことで，生徒を個性化し，各生徒に固有の進路を実現させる。

　以上のような経緯で導入された「職業発見」は，2005年9月から実施されている。以下では，DP3 と DP6 のカリキュラムを検討した上で，両者を比較してみたい。

2．DP3 のカリキュラム——一般教養の拡大と補完—

　本項では，DP3 の実施要領である「2005年2月14日の省令」[17]と，同省令の趣旨を学校現場に徹底させるために教員向けに作成されたハンドブック[18]をもとに，国民教育省の規定した DP3 の教育課程基準の特色を明らかにする。

　DP3 は，職業世界へのアプローチを通して「コレージュの生徒の一般教養を拡大し，補完する」[19]ことを主たる目的としている。すなわち，アカデミックな教科によって習得した多様な一般教養を，DP3 において現実の労働社会や職業社会と結びつけることによって，生徒に進路選択や職業世界において有効なコンピテンシーを習得させるのである（表4-1）。同省令によると，それは「EAO に貢献するものであり，生徒が適切なときに見識ある進路選択を行うことを可能にする」[20]という。これらのコンピテンシーは，

「A 職種と職業活動」,「B 組織」,「C 教育の場所と方法」という3つの軸を中心にして構造化されている。しかし,生徒はそれぞれの軸を独立して学習するのではなく,DP3における全ての活動を通して同時に習得していくことになっている。一方,これらは目標の軸であると同時に,教科教育によって習得される一般教養を集約し,結び付ける際の軸としても機能する。

ところで,これらのコンピテンシーを習得するための1年間の活動は,次のような3つの段階的アプローチのもとで展開される[21]。

Ⅰ.「発見」(découverte) の段階

　　マルチメディアや国立教育・職業情報局 (ONISEP) などの公的機関を利用したり,リセや職場を訪問したりして,進路に関する情

表4-1　DP3において目標とされるコンピテンシー

A　職種と職業活動の発見
A-1　職業を提示し,その任務,活動,使用されるツールについて把握する。
A-2　職業環境（中小企業,職人,大企業,公務員など）に応じた職人的技能の行使の条件を識別する。
A-3　発見した職業を,活動のタイプ（財とサービスの生産）によって分類する。
A-4　技術の進歩と,職業活動の進展の関係を示す実例を探求する。
B　組織の発見
B-1　特定の地方の実例を通して,多様な組織（企業,公共サービス,団体）を見つけ出す。
B-2　サービス活動と生産活動との間の関係性を把握する。
B-3　財あるいはサービスを生産する組織における当事者の役割を理解する。
B-4　職業活動における男性と女性の地位を明らかにし,それらを分析する。
C　教育の場所と方法の発見
C-1　主な教育の場所と教育コースを発見する。
C-2　主な免許状,職業資格へとアクセスすることができるコース（入門教育,継続教育など）を把握する。
C-3　職業,教育,雇用に関係する公共機関（CIO,ONISEP,ミッション・ローカルなど）についてよく知る。
C-4　職歴と教育課程（履修コース）を関係づける。

出典：DP3に関する「2005年2月14日の省令」より筆者作成。

報と資料の探索を行う。
  Ⅱ．「深化」（approfondissement）の段階
    主に少数グループに分かれて多様な資料の制作が行われる。職場訪問や学校訪問のルポルタージュを作成したり，新聞を用いて学校をとりまく経済・社会問題に関する資料を作成したりする。
  Ⅲ．「フィードバックと共有」（restitution et mise en commun）の段階
    作成した資料のプレゼンテーションや体験活動の報告会などにおいて，生徒が互いにコミュニケーションすることで，多様な経験や発見をクラス全体で共有する。

特に注目すべきは，第3の段階であろう。現代の職業社会が非常に幅広く，またその構造も複雑であることを考えると，それらを生徒1人で把握するには限界がある。しかし，クラスの生徒がまとまって集団として活動し，経験や知識を共有することで，この限界を超克することができる。また，生徒同士が欠けているコンピテンシーを補い合うことにつながるという利点もある。

以上の三段階を経ることで，生徒は従来の教科領域とは異なる「職業」という新領域を，自分の主体的な経験に基づいて内面化することができるのである。ただし，そのためには各段階において実践される活動が，全体として繋がり合った1つの「シーケンス」を構成しなければならない。したがって，DP3は1時間の活動を週3回行うのではなく，3時間連続あるいは少なくとも2時間連続で行い，各活動の関連性を深める必要があるという。1年間の連続したシーケンスの形をなすことによって，DP3は週3時間という時間的制約を乗り越え，複雑かつ多様な職業社会に対する網羅的アプローチを展開することができるのである。

こうしたDP3の活動を担当するのは，最低2人以上（最大3人）の教員から構成される学際的な「学習指導チーム」（équipe pédagogique）である[22]。なぜ，教員個人ではなくチームによる指導体制がとられているのであろうか。その理由は2つ考えられる。まず，教科とは違って，DP3は教育の内容や

方法が多岐にわたっており，指導する側にも多様性が求められる。よって，教員以外に進路指導心理相談員（COP）をはじめとする教育チームのメンバーも，状況に応じてDP3へ参加することが認められている。また，DP3には教科に比べて授業外の業務も多く，それらを効率良く進めるためにも，教員は複数が望ましい。例えば，経営者団体である「フランス企業運動」などの外部パートナーとコンタクトをとり，企業訪問などの校外活動を組織するのは学習指導チームの任務である。

3．活動ノートからみるDP3の実践原理

次にDP3の活動ノート（cahier d'activités）[23]の内容を分析することを通して，DP3の実践原理を明らかにする。このDelagrave社発行の書き込み式ノートは，「職業」，「職業をとりまく経済的・社会的環境」，「職業に到達するまでの教育コース」という3つのテーマを掲げており，そこに含まれる多様な構成要素を万遍なく学習する内容になっている。

(1) DP3のカリキュラムにみる活動ノートの構成

まず，DP3の教育課程基準が活動ノートにどのように反映されているか確認してみよう。このノートには，合計33のシーケンスからなる5つの活動が提示されている。表4-2はこれらの活動やシーケンスが，①表4-1で示したDP3の目標（A-1〜C-4）のどれを重視しているか，②前項で示したDP3のアプローチの方法（Ⅰ〜Ⅲ）のどれを重視しているか，③必修教科との関連が明記されているかどうか，を示したものである。

第1にDP3の教育目標に注目してみると，表4-1で示された目標は活動全体に分散されており，そのすべてが反映されている。ただし，各目標をシーケンスごとに独立して達成していくのではなく，多様なシーケンスにおいて多様なコンピテンシーを習得していくことで，目標のすべてが網羅されることになっている。一方で，その構成には一定の傾向がみられ，前半の活動で

表4-2 DP3の各活動における教育目標，アプローチの方法，必修教科との関連

種類	活動の内容	①教育目標	②アプローチ	③教科
活動1	経済・社会・文化雑誌の創作	A／B		
シーケンス1	地方の職業組織	A-3/B-1	I	
シーケンス2	地方の経済組織	A-3/B-1	I	
シーケンス3	企業の構造	B-2/B-3	I	
シーケンス4	企業における科学技術の進歩の影響	A-4	I	○
シーケンス5	企業の役割	A-1/B-2/B-3	I	
シーケンス6	企業の歴史	B-1/B-2/B-3	I	○
シーケンス7	企業環境	A-1/A-2/B-1	I	○
シーケンス8	雇用の特徴	A-1/A-2	I／II	
シーケンス9	企業を象徴する組織	A-3/B-1	I	
シーケンス10	企業訪問	A／B	I／II	
シーケンス11	雑誌の編集	A／B	II／III	○
活動2	宣伝用パンフレットとポスターの創作	B		
シーケンス1	水とその関連職業分野	B-1/B-2/B-3	I	○
シーケンス2	家屋とその関連職業分野	B-1/B-2/B-3	I	
シーケンス3	役所と役所での仕事	B-1/B-2/B-3	I	○
シーケンス4	商品製作とその関連職種	B-1/B-2/B-3	I	○
シーケンス5	パンフレットとポスターの製作	B-1/B-2/B-3/B-4	II／III	○
活動3	発表のためのマルチメディア媒体の創作	A		
シーケンス1	職人的技能，仕事，職業活動とは？	A-1/A-2	I	
シーケンス2	横断的な職人的技能	A-1/A-2	I	
シーケンス3	職種の変遷	A-1/A-2/A-4	I	
シーケンス4	職種を定めている規則	A-2/A-3	I	
シーケンス5	アクセスが難しい稀な職種	A-1/A-2	I	○
シーケンス6	職場における研修	A／B	I／II	
シーケンス7	発表	A／B	II／III	

活動4	ラウンドテーブルの推進	C		
シーケンス1	職業の選択	C-1/C-2	I	○
シーケンス2	選択した職業に関する表象と実像	A-1/A-4	II	
シーケンス3	職業資格と国家免許状の水準	C-1/C-2	I	
シーケンス4	職業コース	C-2/C-4	I	
シーケンス5	職業訓練	C-2/C-4	I	
シーケンス6	情報源	C-3	I	○
シーケンス7	ラウンドテーブルの推進	C-1/C-2/C-3/C-4	II/III	○
活動5	職業についてのゲームの作成	A / B / C		
シーケンス1	評価	A / B / C	II/III	
シーケンス2	ゲーム	A / B / C	II	
シーケンス3	ゲームの実施	A / B / C	III	

出典：Michel Bonte, René Bourgeois, Yvan Demangel, *Découverte professionnelle option 3 heures cahier d'activités*, Delagrave, 2006より筆者作成。

表4-3　必修教科とDP3のシーケンスの関連

関連する教科	シーケンスの種類※
国語	1-4 / 1-11 / 2-3 / 2-5 / 3-5 / 4-7
地球生命科学	1-4 / 1-6 / 1-7 / 2-1 / 3-5
テクノロジー	1-4 / 1-6 / 1-7 / 2-4 / 2-5 / 4-1 / 4-6
地理歴史	1-6 / 1-7 / 2-1 / 2-3
数学	4-6
造形美術	2-5
スポーツ・体育	3-5

※活動1のシーケンス4を、「1-4」と表記する。各シーケンスの内容に関しては表4-2を参照。
出典：Michel Bonte, René Bourgeois, Yvan Demangel, *Découverte professionnelle option 3 heures cahier d'activités*, Delagrave, 2006より筆者作成。

は「A 職種と職業活動の発見」あるいは「B 組織の発見」が中心に据えられている。2つ同時に展開されるシーケンスも多く，目標における3つの軸の中でも特に関連の深いテーマである両者を結びつけることによって，学習

の効果を高めていると考えられる。後半においては，活動の中心は「C 教育の場所と方法の発見」に移される。生徒は習得した知識を徐々に自分の進路指導へと結び付け，コレージュ卒業後の自ら進路を意識して教育・訓練制度を理解していく。

　第2に，アプローチの方法に注目してみると，「Ⅰ 発見」「Ⅱ 深化」「Ⅲ フィードバックと共有」という3段階によって1つの活動が構成され，これらの活動が繰り返されることでDP3全体が形成されている。このようなプロセスを経ることでそれぞれのシーケンス，さらには個々の活動が密接に結びついて相乗効果を発揮し，教育の質が向上すると考えられる。ただし，職業と教育という広大な領域を扱っているため，まずは現実を「知る」ことが重要であり，3つの段階の中でも「Ⅰ 発見」に多くの時間が割かれている。

　第3に，必修教科との関連に注目すると，12のシーケンスが他教科と直接的に連携しながら行われると表明されている。このように，DP3は多様な教科において習得した知識やコンピテンシーを「職業」という観点から整理し関連づけていき，生徒の職業的発達を促進する時間でもある。表4-3は，各シーケンスがどの教科と関連あるのか詳しく示したものである。とりわけ多くのシーケンスと結びつけられている「国語（フランス語）」，「テクノロジー」，「地球生命科学」(les sciences de la vie et de la terre) の3つについて，DP3との関係を具体的に検討してみたい[24]。

　まず「国語」は，言語・文化の領域において基本的な知識を習得し，自分を表現する力や物事を判断する力を身に付けることを目標としている。こうした判断力や表現力というのは，DP3の学習に必要な前提条件を成す一方で，DP3の活動の3つの段階を経ることでより補強されていくと考えられる。また，「テクノロジー」は経済・職業社会に関する，「地球生命科学」は自然・社会環境に関する知識や技能を習得することを目標としているが，DP3はこれらの必修科目において習得したコンピテンシーに「具体的な応

用領域」(champ d'application concret) を与える。すなわち，伝統的教科の枠組みの中で身に付けたコンピテンシーを，生徒が将来生活する現実世界の中で実際に活用していくことを通して，それをより実用的なものに変えていくのである。

(2)コンテクストに位置づけられた5つの活動

活動ノートに示された5種類の活動内容の詳細は，以下のようにまとめられる[25]。

活動1：経済・社会・文化雑誌の創作

地方の経済についての情報を掲載した雑誌を作成してほしいという商工会議所の依頼を受けて，雑誌の編集に取り組む。この段階では，活動を通して生徒が自分の興味や職業に対するイメージを知ることが重要である。

活動2：宣伝用パンフレットとポスターの製作

公衆に対する販売促進のキャンペーンを始めてほしいという領事館の依頼を受けて，特定の職業を紹介する宣伝のための資料を作成する。ここでは，生徒たちはそれぞれ職業を選択し，実例に基づいた具体的な情報の収集を行う。

活動3：発表のためのマルチメディア媒体の創作

「職業」というテーマにおいて，視聴覚媒体を用いた講演会の準備をしてほしいという依頼を受けて，音声付のスライドを作成する。この活動では，情報収集の手段として主にONISEPなどのウェブサイトが利用される。

活動4：ラウンドテーブルの推進

コレージュ第4学年の生徒を対象にした，職業コースを紹介するイベントを企画してほしいという依頼を受けて，ラウンドテーブルの準備を行う。この時間を利用して，生徒は未知の場所（リセや見習い訓練センタ

ーなど）を調査する。
　活動5：職業についてのゲームの作成
　DP6に導入されたゲームを用いた学習方法を実験的に活用したいという学校の依頼を受けて，「職業」をテーマとしたボードゲームを作成する。これまでの活動を評価してまとめた上で，ゲーム作成という形でその成果を残す。
　各活動に共通しているのは，どの活動も生徒が情報のデザインを仕事とする企業の一員として，顧客からの様々な注文に応えていくという架空の状況設定（un contexte）において展開されていることである。この方法は，第1項で指摘した知の再編・再構築の方向性と重なっている。例えば，「知の複合化」の代表的論者であり，1998年のリセ改革に携わったモラン（Edgar Morin）は，すべての情報と知識をその総体と文脈の中に位置づけていく訓練こそ，学校教育の究極の目的であるとしている[26]。DP3においても，専門化され分断化された知識を与えるのではなく，それらを文脈に関連づけることで，実際に活用できる生きたコンピテンシーを習得させることができると考えられる。ゆえに，すべての活動に「学校世界と職業世界を結び付けることによって，若者がより見識のある方法で徐々に自分の教育プロジェクトを構築できるようなコンテクスト」[27]が用意されているのである。
　他方で，「職業」というテーマは，教科教育による一般教養の習得に取り組んできた生徒にとってはある意味で特異なものであり，それを受け入れることは多少なりとも困難を伴う[28]。この課題を克服するため，生徒がスムーズに職業社会へとアプローチするための工夫がいくつか見受けられる。例えば，「活動5」を除く全てのシーケンスに，「不可解な用語」（le mot mystère）というコーナーが設けられており，そこでは労働社会の専門用語や各職業分野の業界用語の学習が行われることになっている。また，各シーケンスに関連する教科が明示されたり，職業に関する情報を掲載するウェブサイトが数多く紹介されたりしているのも，こうした工夫の1つであろう。

4．DP6のカリキュラム—学習に対する動機付け—

　本項では，DP6の教育課程基準について，実施要領であるDP6に関する「2005年2月14日の省令」[29]と，教員向け指導書[30]を手がかりに考察し，その特色を明らかにしたい。

　学業不振に陥っている生徒に対して実施されるDP6の目的は，職業や教育コースについて理解させることによって「生徒が進路の個人プロジェクトを作成し，学習することの意義を再び見出せるように援助する」[31]ことである。そして最終的には，生徒が個人プロジェクトに従って学業を継続し，最低でも第Ⅴ水準の資格を得られるコースに到達することを目指している。

　この目的を達成するために，表4-4に示されたコンピテンシーを習得することが目標とされる。これらは，横断的なコンピテンシーとDPに固有のコンピテンシーという2つの領域に分類され，両者が交差している。前者は3つのカテゴリーに分けられるが，いずれも職業生活を含めた共同での社会生活に必要な汎用的能力である。また後者は4つの軸（A～D）を中心にして構造化されており，DP3と同じ3つの軸（A～C）に加えて，さらに「D　財とサービスの生産への参加」という軸が追加されている。したがって，DP6においては職業社会を教室の中で知識として理解するだけでなく，実際に職場で生産活動を行い，労働を疑似体験することが重視されているといえよう。

　また，一部の生徒の特別なニーズに応える教育活動であるDP6では，集団活動よりも個人活動を中心に，各生徒の個人プロジェクトに沿って4つの内容が展開される[32]。

　　a．第2次・第3次産業という2つの職業社会の領域で実施される活動
　　　将来，生徒自身が参入する可能性が高い2つの職業社会の現状を把握し，そこで必要とされる職業上のツールやリソース，企業の果たしている役割について理解する。

表4-4 DP6において目標とされるコンピテンシー

[横断的なコンピテンシー]
情報を得て分析する
①情報と相談に関するリソース（年報やフローチャートなど）を発見する。 ②情報（電子通信システムなどにおける）の妥当性，信頼性，現実性に関する複数の基準を活用する。 ③計画的に行動し，探求，質問，面談，アンケート調査を展開する。
伝達し，組織し，決定する
①自己紹介することや，時間を守ることができる。また，収集したデータを整理し，適切に報告できる。 ②進路の選択を行い，その選択の根拠を示す。
実行し，チェックし，評価する
①組織的な拘束を考慮に入れた上で，指示通りに動く。活動の方法を理解し，構築し，活用する。 ②情報ネットワークを利用する。また，セキュリティーに関する複数の簡単な規則を応用する。 ③役割の実現に応じて，自分自身を位置付ける。そして，成功の価値を高め，成功の妨げとなる困難を提示し，その困難を克服するための解決方法を検討する。 ④チェックと評価を総括し，その結果を重視する。
[固有のコンピテンシー] ※
D　職業リセあるいは企業において，財とサービスの生産へ参加する
①職業活動に対する主な社会的制約と社会的要請を明らかにする。 ②チームで活動できる。 ③生産の手続を尊重し，生産過程において複数のステップを設定する。 ④労働の質をチェックするための複数の手続きを重視する。 ⑤労働ポストの編成に関する複数の規則を活用する。

※ A～Cの軸に関しては，DP3と類似しているため（表4-1参照），割愛する。
出典：DP6に関する「2005年2月14日の省令」より筆者作成。

b．肯定的な進路を構築する活動

　COPの介入のもと，生徒がこれまでに収集した情報，学習成果，および自分自身の能力や興味・関心を総括し，積極的に個人プロジェクトの構築に参加する。

c．発見の活動

多くの企業で研修を行ったり，イベント等で社会人と積極的に交流したり，また多様な学校を訪問したりすることを通じて，職業や教育コースに関する情報を入手し，進路に関するアドバイスを受ける。

d．情報の共有と情報の総括

生徒同士が交流することで多様な経験や発見を共有する。また，そこで得られた知見をもとに進路選択を行い，「希望進路申告書」の作成に取り組む。

これらの4つのアプローチは段階的にではなく，同時に進行されるものである。学校生活に対して興味が抱けない生徒に，学校外の現実社会を経験させることは（a・c），教科領域において学ぶ知識が職業世界においても有用であるという事実を再認識させることにつながり，生徒の学習意欲を促進させる。その一方で，生徒に自分のもつ可能性を肯定的に理解させ，新しいことに積極的に向かっていくチャレンジ精神を習得させる（b）。その上で，第4学年終了後に決定しなければならない進路選択の重要性を認識させ，個人プロジェクト構築へと生徒を動機付け，最終的には進路の決断へと導いていく（d）。

DP6の活動を担当するのは，DP3と同じく複数教科の教員が構成する学習指導チームである。しかし，個人活動を基本とするDP6においては，教員と生徒との1対1の関係が重要であり，生徒の信頼を獲得するためにも，1人の教員が担当する生徒の数を限定する必要がある。そのために，モジュールによる少人数制，および生徒2人～3人に対して教員1人がつくチューター制が導入されている[33]。また，DP3ではEAOを担う教育チームの参加が幅広く認められているのに対して，DP6ではCOPを除いて教育チームの介入は認められてない。これは，学校生活に適応できていない生徒に対して多くの介入者が多量の情報を与えることは，混乱を招く危険性があると判断されるためである。

各教員は，定期的に生徒個人の状況を総括し，彼らの要望を考慮しながら

弾力的に活動を展開していく。その任務は，授業の実践だけでなく，地域の多様なパートナーとコンタクトをとり，企業研修や学校訪問の受け入れ先を確保するなど多岐にわたる。特に校外における体験活動が大部分を占めるDP6では，「労働・社会関係・連帯省」（Ministère du Travail, des Relations sociales et de la Solidarité）や「フランス企業運動」など外部の労働・職業団体と頻繁に連携しなければならない。

5．進路指導におけるDP3とDP6の位置

(1)目的とカリキュラムの違い

クランダルらの研究を参考に，DP3とDP6のカリキュラム上について比較してみると（表4-5），同じ「職業発見」でも両者に共通する点は少ない。

表4-5　DP3とDP6の特質の比較

	DP3	DP6
名称	選択科目，3時間，グループ	モデュール，6時間，クラス
生徒	すべての生徒	不適応を示す生徒
担当者	学習指導チーム，COP，CPE，資料専門員	学習指導チーム，チューター教員，COP
設置場所	コレージュ	職業リセ
目的	一般教養を補って完全にする	学習することの意義を把握する
教育方法	共同で，段階的に	個別化されている
授業方針	プロジェクトによるアプローチ	プロジェクト学習
内容	職種と職業活動，組織，教育	実際に行動すること，多様な場所とパートナー
活動	アンケート調査と見学，展示，関係書類の作成，プレゼンテーションの実施	財とサービスの生産，進路の構築，発見とフィードバック
評価	ノート，制作物，進路への関わり	継続的な検査，制作物，実行，関わり合い，熱心さ，自律性，協調性

出典：Alain Crindal, Régis Ouvrier-Bonnaz, *La découverte professionnelle*, Delagrave, 2006, p.25.

その根本的な要因は，それぞれの目的が明確に異なっていることにある。DP3は，教科において習得される一般教養を拡大することで，生徒の進路選択能力を育成することを目的にしている。他方でDP6の目的は，生徒に職業世界を経験させることによって学習への動機付けを行い，職業資格が取得できるコースへの進学を決断させることにある。したがって，DP3がEAOの一部，すなわち「固有のシーケンス」のみを構成するのに対して，DP6は履修する生徒にとって，実質的にはEAOそのものであるといっても過言ではなかろう。

　このような目的の違いが，カリキュラムの差異にも影響を与えている。例えば，授業方針について，「プロジェクトによるアプローチ」(démarche de projet)を採用するDP3では，職業世界へアプローチする方法の1つとして生徒の個人プロジェクトを用いるが，原則としてクラス全員が共同で目標とされるコンピテンシーを習得する。それに対して，「プロジェクト学習」(pédagogie de projet)を行うDP6では，各生徒が個人プロジェクトを作成しながら，それに従って個別的にコンピテンシーを習得していく。

　さらに活動内容に目を向けてみると，DP3では情報を探求して資料を作成したり，入手した情報を発表して共有したりすることが活動の中心であり，あくまで普通教育の範疇において職業を「知ること」(connaître)に重点が置かれている。比するに，DP6では「実際に行動すること」(réalisations)を重視して活動が展開される。その中心は財やサービスを「生産すること」(production)に向けられており，近い将来実際に働くことを想定した実務的活動になっている。それは見習い訓練に近いものであり，DP6は形式的には普通教育の枠の中にありながら，職業教育的要素を多分に含んでいるといえよう。

　もっとも，クランダルらも指摘しているように，これらの差異の全てが現実の実践に反映されているわけではない[34]。例えば，対象とする生徒に関しては，本来DP3は「すべての生徒」，DP6は学業が不振で「不適応を示す

生徒」と明確に区分けされているはずである。しかし，実際にはDP3のみしか設置していない学校も多く，両者は混合されることも多いという。

　また目的についても，次の2つの理由から現実に区別することは困難であるとされる。1つ目は，「職業に関することはあらゆる学習困難への解決法を提示する」という考えが広く浸透していることである。この見解は，職業世界について学ぶことを学業不振の生徒に対してのみ有用な活動として捉えており，DP3とDP6の相違を意識していない。2つ目は，職業的教養を一般教養と断絶したものとして捉え，DP3の学習領域を過小評価する教員がいることである。教科等で習得する一般教養とは結びつかない，職業に関する専門的教養のみを学ぶ科目としてDP3を考えることは，その目的を無視してしまうことに等しい。

(2)教育的進路指導における役割の違い

　さらに，DP3とDP6がEAOにおいて果たす役割について考えてみたい。クランダルらは，ロス（Alistair Ross）の研究を参考にDPの役割を分析している。ロスは，20世紀イングランドの伝統的なカリキュラム論を，その中核を構成する要素に注目して次の3つの分類した[35]。

　　①内容主導型（content-driven）：科目をベースにしており，アカデミックであることを重視する。
　　②目的主導型（objectives-driven）：職業的な実用性，社会的な有用性を重視する。
　　③プロセス主導型（process-driven）：生徒個人の段階的発達を重視する。

　ロスによれば，これらの分類は実際のカリキュラムを分析するときの軸（①〜③）としても用いることができ，どの軸に重点を置いているか考察することで，そのカリキュラムの教育上の役割を明らかにすることができるという[36]。クランダルらは，このロスの考案した3つの軸をDPと関係付け，具体的な3つの役割を提示している[37]。第1の軸（①）は，従来の一般教養と

は異なる DP に固有の教養を生徒に受け入れさせ，理解させることにつながり，そこでは「受容」（acculturation）という役割が見出せる。第 2 の軸（②）は，DP が目指している社会的成果，すなわち結果として生徒がどのような教育コースあるいは職業に進むのかに対応しており，そこでは生徒を特定の進路に導くという意味での「方向付け」（orientation）の役割が見出せる。第 3 の軸（③）は，生徒の潜在的発達の可能性に目を向け，生徒を学習に対して再び動機付けることであり，そこでは「矯正」（remédiation）という役割が見出せる。このように，DP の役割は「受容」，「方向付け」，「矯正」の 3 つに分類できるが，どの役割に重点を置くかのバランスは DP3 と DP6 で異なっている（図4-1）[38]。

まず DP3 に関しては，それぞれの役割への重点の置き方に偏りがみられる。第 1 に「受容」は，3 つの役割の中で最も重視される。教科教育による一般教養の習得に取り組んできた生徒にとって，DP3 の学習内容は異文化のようなものであり，その「受容」は大きな課題である。とりわけ，DP3 がその他の選択科目と競合関係にあり，履修する生徒が第 2 現代語や古典といった科目を犠牲にしなければならないことを考えると，一定の履修率を確保するためには，生徒の「受容」の促進が不可欠である。実際，第 2 現代語や古典はアカデミックな内容を備えていると同時に，履修者は進学において有利であるという「社会的有用性」を備えている。したがって，

図4-1　DP3 と DP6 の役割の比較
出典：Alain Crindal, Régis Ouvrier-Bonnaz, *La découverte professionnelle*, 2006, Delagrave, p. 28.

DP3 はこれらに匹敵するような充実した内容（contenus forts）に基づいて構成される必要がある。第2に「方向付け」については，DP6 ほどの重要性はないと考えられる。決して近い将来に就職するわけではない生徒にとって，この科目は進路を拡げるものであり，進路を限定するためのものではない。よって DP6 と異なり，DP3 では生徒は自らの個人プロジェクトを作成したり，自分が関心のある特定の職種や教育コースに限定して学習したりするわけではない。第3に「矯正」については，その重要性は他の2つに比べて相対的に低いとされる。なぜなら，DP3 は学業に関して問題を抱えた生徒を対象にしているわけではなく，学習状況の改善は特に期待されないからである。

それに対して，DP6 に関しては3つの役割がバランスよく均等に提示されている。すなわち，第1に「受容」については，DP3 と同じ理由で重視される。第2に「方向付け」という役割も欠かすことができないものである。DP6 を履修する生徒の多くは職業コースに進学し，第Ⅴ水準の資格を取得した後で就職することが想定されているため[39]，比較的早期から就きたい職業を意識させ，必要な資格を取得できる進路へと「方向付け」していく必要がある。第3に「矯正」については，DP6 は学業不振の生徒のみを対象としているため，彼らの学習に対する意欲や姿勢の改善は急務である。

6．「職業発見」の現実的課題

第三共和政期，普通教育における職業社会の学習は教科指導を通して行われていたが，戦後に進路指導が「診断的概念」に傾く中で，その機能は次第に失われていった。「職業発見」はそれを固有の時間として復活させる試みであり，科目領域における「教育的概念」に依拠した進路指導の実践という点で重要な意味をもっている。その反面，「職業発見」はいくつかの複雑な問題を抱えている。

まず指摘されるのが，DP3 と DP6 のカリキュラム上の相違が現実の実践

に反映されていないことである。DP3とDP6の2種類があるにもかかわらず、「DP」という単一の名称で両者が一括され、成績の振るわない生徒の溜まり場としてみなされる場合も少なくない。

　次に、DP3については、2006年度で10%という履修率の低さが懸案となっている。2005年度に履修者数が38,653人、全体の5%であったことを考えると、その割合・人数ともに1年間に倍増しているが、とても十分な水準とはいえまい。その原因として、DP3が選択科目であり、第2現代語や古典と競合関係にあることが挙げられる。特に、成績優秀な生徒は古典を選択することが多く、DP3には成績不振の生徒が集まる傾向が強いのである。この問題は、『ルモンド教育版』でも論じられており、DP3を「学業不振の若者たちのゲットー」あるいは「職業リセへ向けた島流しの控え室」にしないためにも、多様な生徒にDP3を履修させ、クラスを不均質な状態にする必要があるという[40]。また、履修率の低い理由は、DP3の導入と普及が各大学区の責任者の自発性に依存していることにもある[41]。そのため、DP3を設置するコレージュの数は地域によって異なり、例えばフランス中部にあるリムーザン地域圏では大部分のコレージュにDP3が設置され、生徒の6分の1がこれを履修している。他方で、パリ西郊のイヴリーヌ県では、116校のうちわずか20校しか設置されていないという。こうした地域における普及の度合いの格差も、DP3のもつ教育的進路指導としての働きを阻害している。その他、前述したようなDP3に対する教員の理解不足も、深刻な課題の1つであろう。

　一方、DP6に関しては、期待された通りの成果を発揮し、学力の底上げにつながっているとの報告もある。例えば、アミアンにあるセザール・フランク中学校（Collège César Franck）では、DP6履修者の前期中等教育修了証書（DNB）の取得率が、1年目75%、2年目92%と上昇、全国平均を上回ったという[42]。しかし、こうした生徒の多様性に応える取り組みが、中等教育における生徒の選別と教育制度の複線化に結びつくという逆説的現象が起こ

っていることも看過できない。通達の規定をみる限り，DP6 は決して生徒の進路を職業教育に限定してしまうものではない。だが ONISEP の文書には，DP6 は「見習い訓練へ進むことを計画する生徒」に対して提供されると明記されている[43]。この定義は実態を反映したものであると思われるが，このとき DP6 の選択は「事前進路指導」（pré-orientation）として機能しており，進路指導手続きによる正式な振り分けの前に，実質的な進路決定がなされている。

DP6 は，特定の生徒をコレージュの同級生と引き離し，近隣（多くの場合同じ学区内）の職業リセに隔離するという点で，閉じられた１つの袋小路を構成する。事実，DP6 の履修者は在学した職業リセにそのまま進学するケースも多く，これは生徒の職業的未来の展望よりも地理的要因を優先させており，進路指導プロジェクトの発展を妨げている[44]。このような状況を考慮すると，DP6 の導入は，戦前の複線型教育制度のように，学位や職業資格に基づいた社会階層の固定化・再生産を招いてしまう可能性もあるといえよう。

【註】

[1] Arrêté du 2-7-2004, *B.O.* no 28 du 11 juillet 2004, pp. 1465-1466。

[2] métier という単語は，①社会によって決定され，認められ，容認された，生活手段を入手することが可能な労働の種類，②ある職業についての経験が付与する（肉体的あるいは知的な）技術の巧みさ（habileté），など複数の意味をもつ（Paul Robert, *Le Grand Robert de la Langue Française*, deuxième édition, Le Robert, 1985, pp. 415-418）。本章では，文脈に応じて①の場合は「職業」あるいは「職種」，②の場合には「職人的技能」と表記する。

[3] "découverte professionnelle en classe de 3e", http://www.education.gouv.fr/cid157/decouverte-professionnelle-en-classe-de-3e.html (2007.6.2).

[4] 例えば，パリ大学区では2007年度現在，111校あるコレージュのうち68校が DP3 を設置している（ONISEP, *Le collège dans l'académie de Paris*, 2007, p. 13）。

[5] Julie Chupin, "Au collège, la vie professionnelle en option", *Le monde de l'éduca-*

tion, no 358, 2007, p. 33.
6 2006年度，何の資格も取らずに学校を離れた生徒は同一世代の約7％である．
7 「モジュール」（module）とは，1992年にリセに必修科目の形で導入された少人数制の特別指導時間であり，生徒の能力や知識のレベルあるいは教科に対する意欲など「多様な基準によってグループに分類し，全ての生徒の成功を支援する」ことを目的にしている（Roger-François Gauthier, 〈module〉, in Philippe Champy, Christiane Étévé (dir.), *Dictionnaire encyclopédique de l'éducation et de la formation*, 3e édition, Retz, 2005, p. 644）．
8 ONISEP, *L'orientation au collège*, Collection INFORMER, 2007, p. 25.
9 "rapport annexé", Loi n°2005-380 du 23 avril 2005, http://www.senat.fr/leg/tas04-090.html（2007.6.18）．
10 この「知」の複合化・総合化という方向性は，フランスに限らず多くの先進諸国に共通する動きである．例えば日本では，1996年に出された第15期中央教育審議会の第一次答申において「生きる力」が定義され，その後教育課程に教科横断的な「総合的な学習の時間」が導入された．ただし，古賀も指摘しているように，日本が情感的な価値を全面に打ち出して体験学習重視の方向に向かっていったのに対して，フランスはあくまで知育の方法を改良・再編するという前提は崩さなかった（古賀毅「フランスにおける初等・中等カリキュラムの動向」『日仏教育学会年報』第8号，2002年，28-34頁）．
11 田崎徳友「フランスの初等・中等教育改革―新教育基本法からジャック・ラング国民教育相の教育政策を中心として―」『日仏教育学会年報』第8号，2002年，14-22頁参照．
12 Françis Ropé, 〈compétence〉, in Philippe Champy, Christiane Étévé (dir.), *op.cit.*, pp. 197-199.
13 Commission présidée par Pierre Bourdieu et François Gros, *Principes pour une réflexion sur les contenus d'enseignement*, 1990, p. 12. ブルデューとグロを委員長とする教育内容検討委員会，堀尾輝久解説「教育内容の検討のための諸原則」『世界』第541号，岩波書店，1990年5月号，141頁参照．
14 "découverte professionnelle au collège", http://eduscol.education.fr/D0072/dp_accueil.htm（2007.8.13）．
15 1999年に改訂された「テクノロジー」のカリキュラムでは年間約20時間が「職業の発見」（découverte des professions）の活動に割り当てられており，これがDP3の原型になった（*B.O.* hors-série no 10 du 2 nov.1999, pp. 4-9）．

16 Alain Crindal, Régis Ouvrier-Bonnaz, *La découverte professionnelle: guide pour les enseignants, les conseillers d'orientation psychologue et formateurs*, Delagrave, 2006, p. 21.

17 Arrêté du 14-2-2005（NOR ： MENE0500301A）, *B.O.* no 11 du 5 mars 2005, pp. 570-573.

18 Ministère de l'éducation nationale de l'enseignement supérieur et de la recherche, *Vade-mecum découverte professionnelle option facultative 3 heures*, 2006, http://eduscol.ed ucation.fr/D0072/dp3h_vademecum.pdf（2007.11.24）.［以下 *Vade-mecum 3 heures* とする］

19 Arrêté du 14-2-2005（NOR：MENE0500301A）, *op.cit.*, p. 571.

20 *Ibid.*, p. 571.

21 *Vade-mecum 3 heures*, pp. 4-5.

22 *Ibid.*, pp. 7-8.

23 Michel Bonte, René Bourgeois, Yvan Demangel, *Découverte professionnelle option 3 heures cahier d'activités*, Delagrave, 2006.

24 Ministère de l'éducation nationale de l'enseignement supérieur et de la recherche, *Classe de troisième découverte professionnelle option facultative: document d'accompagnement*, 2005, pp. 26-29, http://eduscol.education.fr/D0082/dpdocac3h.pdf（2007.11.24）.

25 Michel Bonte, René Bourgeois, Yvan Demangel, *op.cit.*, pp. 5-111.

26 Edger Morin et les autres, *Relier les connaissances: le défi du XXIe siècle*, Seuil, 1999. 石堂常世「エドガー・モランの教育改革論にみる「思考」革命―カリキュラム改革を方向づける現代の認識論―」『早稲田教育評論』第20巻, 第1号, 2006, 9頁参照。

27 Michel Bonte, René Bourgeois, Yvan Demangel, *op.cit.*, p. 3.

28 Alain Crindal, Régis Ouvrier-Bonnaz, *op.cit.*, pp. 27-29.

29 Arrêté du 14-2-2005（NOR: MENE0500302A）, *B.O.* no 11 du 5 mars 2005, pp. 574-578.

30 Ministère de l'éducation nationale de l'enseignement supérieur et de la recherche, *Vade-mecum découverte professionnelle module 6 heures*, 2006, http://eduscol.edu cation.fr/D0072/dp6h_vademecum.pdf（2008.1.27）.［以下 *Vade-mecum 6 heures* とする］

31 Arrêté du 14-2-2005（NOR：MENE0500302A）, *op.cit.*, p. 574.

32 *Vade-mecum 6 heures*, pp. 5-6.
33 *Ibid.*, p. 4.
34 Alain Crindal, Régis Ouvrier-Bonnaz, *op.cit.*, p. 25.
35 Alistair Ross, *Curriculum: construction and Critique*, Falmer Press, 2000, pp. 97-149.
36 *Ibid.*, p. 147. 例えば，エリート教育は第1の軸を，職業訓練は第2の軸を，教育の機会均等は第3の軸を重視するようなカリキュラムになっているという。
37 Alain Crindal, Régis Ouvrier-Bonnaz, *op.cit.*, p. 27.
38 *Ibid.*, pp. 27-29.
39 具体的には，職業教育免状（BEP），職業適性証書（CAP）などを取得する。これらの職業資格は非常に細分化されているため（CAPで約300種類，BEPで約60種類），コレージュ第4学年におけるコース選択は非常に重要である。
40 Julie Chupin, *op.cit.*, p. 33.
41 *Ibid.*, p. 33。
42 Frédéric Jdenak, "La DP 6 :vers une orientation réussie pour des élèves en grande difficulté", Dominique Odry（coord.）, *L'orientation, c'est l'affaire de tous: 2. les pratiques*, CRDP de l'académie d'Amiens, 2007, p. 138.
43 ONISEP, 2007, *op.cit.*, p. 4.
44 Frédéric Jdenak, *op.cit.*, p. 139.

第2節　「職業と教育・訓練の発見行程」を通じた移行支援

1．PDMF導入の背景と経緯

　2008年の「職業と教育・訓練の発見行程」（PDMF）の導入には，フランス国内のみならず，欧州レベルでの進路指導をめぐる動向の変化が影響を与えている。

(1) 欧州における進路指導政策の影響

 2000年12月,欧州連合はビアリッツにおいて『欧州覚書』(Le mémorandum européen) を発表した。そこでは,「生涯進路指導」(orientation tout au long de la vie) という新たな概念が提唱され,「欧州全土において,生涯を通して教育の提供に関する良質の情報,および相談に各人が容易にアクセスできるように留意すること」が定められている[1]。これに伴い,若者の職業社会への移行を改善する手段として,学校教育全体を通じた進路指導の整備が欧州レベルで要請されるようになってきた。

 さらに,欧州議会および欧州評議会は,2006年12月18日に「生涯を通した学校教育と職業訓練のためのキー・コンピテンシー」(compétence clés pour l'éducation et la formation tout au long de la vie) に関する勧告を採択した[2]。これらのうち,「学び方を学ぶ」(Apprende à apprendre),「社会的・市民的コンピテンシー」(compétences sociales et civiques),「自発性・起業家精神」(Esprit d'initiatives et d'entreprise) の3つを達成するという目的が,PDMFの開始に向けた原動力になったとされる[3]。

 さらに,2008年2月21日には,フランスが議長国を務めた欧州評議会において,「生涯を通じた学校教育と職業訓練のストラテジーに生涯進路指導を含む」[4]ことが決議された。その中では,「生涯を通して自らを方向づける能力の習得を促進する」ことが推奨されており,各国は自国内の状況に応じて,普通・職業・高等・成人教育のカリキュラムにこの目標を取り入れなければならない。フランスでは,この目標は以前から教育システム内で優先されてきたが,決議に従って,将来に訪れる移行や職業的発達の機会を個人が最大限に活用できるように準備するプログラムが考案されることになったのである[5]。

(2) フランスにおける国内政策の与えた影響

 第1に指摘されるのが,欧州での動向が「進路教育」(EAO) のさらなる

進化を促したことであろう。EAO は「未来の社会の構成員たちが自らの向う進路を定め，急速に進化している現代社会へ移行することを可能にする一般的コンピテンシーの習得」[6]を目標としており，生涯進路指導の理念に合致している。しかし，EAO はコレージュとリセ（普通科・技術科）に別置されたため継続性が担保されず，また職業リセに至っては設置すらされなかった。このような接続に関する問題の解決を目指したのが PDMF であり，時間的なつながりを確保することで，中等教育全体を通じた指導を可能にしている。

第2に，2005年に教育基本法として「未来の教育のための基本計画法」[7]が制定され，その方向性に沿った進路指導の遂行が求められるようになったことである。同法の付属報告書では，同一世代の100％が最低水準（第Ⅴ水準）の資格に，80％をバカロレア水準（第Ⅳ水準）に，50％を高等教育段階の免許状（第Ⅲ水準以上）に到達させることが目標として掲げられた[8]。3つの数値目標のうち，前者2つは1986年に国民教育大臣シュヴェーヌマン（Jean-Pierre Chevènement, 在位1984-1986）によって表明され，1989年教育基本法（ジョスパン法）に引き継がれたが，未だに達成されていない。2009年度に最低水準の資格に到達した者の割合は94.3％，2008年度のバカロレア資格取得者の割合は64.5％である。付属報告書では，これらに加えてさらに高等教育段階の資格到達目標も規定された。

そのため，進路指導を通して生徒の中途退学を減少させ，学業継続の可能性を高めるための措置が推進されてきたが，PDMF も全生徒の資格水準の向上という，この野心的な公共政策の一環を成すものである。実際のところ，資格水準は就学終了後の失業率（進路決定および進路先への定着状況の指標）に顕著な影響を与えている（表4-6）。

また同法第9条に従って，「2006年7月11日の830号政令」[9]において義務教育段階で全員が必ず習得するべき「共通基礎知識技能」(socle commun de conaissances et de compétence) が制定されたことも PDMF 創設を後押しした。

表4-6 資格,性別,教育・訓練離脱後の年数に応じた失業率(2009-2010年度)

(%)

	男性	女性	高等教育	バカロレア,CAP,BEP	修了証,CEP,免状なし	合計
教育・訓練を離脱後1〜4年	22.2	18.2	9.6	23.1	49.2	20.2
教育・訓練を離脱後5〜10年	10.4	10.7	4.8	11.9	26.5	10.5
教育・訓練を離脱後11年以上	6.6	7.5	4.3	6.3	10.8	7.0

※CAP=職業適性証書,BEP=職業教育免状,CEP=初等教育証書
出典:http://www.insee.fr/fr/themes/tableau.asp?reg_id=0&ref_id=NATnon03314
(2010.10.1)

　ここに示された7項目のうち,「6.社会的・市民的コンピテンシー」と「7.自律性・自発性」(l'autonomie et l'initiative)は,進路指導においても育成することが期待されており,コレージュにおけるPDMFの中軸に位置づけられている。

　さらに,同法の第5条において「特に進路指導に関して,男女の混生と平等を促進する」と規定されたことも無関係ではない。バカロレア取得者において男子は理系で女子は文系という選択傾向がみられることや,学業成績が良いにも関わらず女子の進路選択の幅が狭いことは,以前から問題視されてきた。PDMFには,このように生徒が早期に特定進路を放棄(les abandons précoces)しなければならない状況を改善することが求められたのである。特に,科学技術領域において国家が必要とする教育コースへの進学を強化することが目指されており,それは出身階層間のみならず,男女間の機会均等の実現に寄与すると考えられた。

2．PDMFの基本的構造

(1) PDMFの目標と内容

「2008年7月11日の92号通達」によると，PDMFの目標は次の通りである[10]。

①現時点での学習活動と生徒が構築する進路行程とのつながりを認識させる。

②家庭内や自らの生活圏において遭遇する職業と教育に対する「表象」（représentation）を越えて個人の視野を拡大する。

③教育・訓練に慣れ親しむことによって，個人の進路希望を強固なものにする。

④移行期において，生涯を通して進学や職業に関する選択を準備するために知識や積極的態度を構築し，可能な限り強固な基盤のもとで選択を行う。

これらの4つの目標の達成を通して，自己を方向づける能力を獲得することが目指されるが，そのプロセスは「職業の発見」「教育・訓練の発見」「自己評価・自己理解」の3つの側面によって構成される（表4-7）。この三側面は，2008年度の欧州議会決議を土台として定められたが，同時にEAOの「固有のシーケンス」における3つの目標にも対応している。したがって，PDMFはEAOの理念を発展的に継承しているとみなすことができよう。

国民教育省によると，三側面のうち特に重視されるのが「自己評価・自己理解」である[11]。それは，自分自身を内省して長所と短所を認識し，獲得した知識や経験に応じて自らの興味・関心，性向，価値観がどのように変化したか把握することを意味している。生徒はこの第3の側面に基づき，希望進路に対して開かれたアプローチを採用し，出願書類を作成し，選択した学習の継続に身を投じる。それはまさに「共通基礎知識技能」で示された自律性の構築であり，「選択の自由」（une liberté de choix）の行使であるといえよう。

表4-7　PDMFの3側面と「2008年欧州決議」および「進路教育」との関係

PDMFの3側面	「2008年欧州決議」	「進路教育」の目標
1．職業の発見 (Découverte des métiers)	経済環境，企業，職業に慣れ親しむ。	社会的・経済的環境と職業に対する表象の理解
2．教育・訓練の発見 (Découverte des formations)	学校教育，職業訓練，資格保証のシステムについて理解する。	教育・訓練の理解
3．自己評価・自己理解 (Auto-évalutation-connaissance de soi)	自己評価でき，自己理解でき，フォーマル・インフォーマル・ノンフォーマルな教育の範囲内で習得したコンピテンシーを発揮できる。	自己に対する肯定的な表象の構築

出典：次の文献を参考に筆者作成。Ministère de l'éducation national, *Apprendre à s'orienter tout au long de la vie*, 2009, pp. 2-3. Conseil de l'Union Européenne, "Resolution du Conseil sur Mieux inclure l'orientation tout au long de la vie dans les strategies d'education et de formation tout au long de la vie", 2008. Circulaire No 96-204 du 31-7-1996, *B.O.* no 31 du 5 sept. 1996, pp. 2070-2080.

　これらの三側面を基盤として各学年において様々な活動が組織化されるが，中軸を構成するのが系統的に展開される「職業段階と重要局面」（"étapes-métiers" et "temps forts"）と呼ばれる時間である。それは，就学期間の中で教員，生徒，保護者にとって極めて肝要な鍵となる時期（「重要局面」）のうち[12]，PDMFの各段階（「職業段階」）に包含されるものを指す。具体的には，PDMFにおける日々の学習を総括する非日常的な行事が配置される（表4-8）。

　PDMFの実施にあたっては，各学校の管理評議会（conseil d'administration）が学校教育計画の一環としてカリキュラムを策定する[13]。それに従って原則として教育チームが実践を担うが，教科領域における活動については学習指導チームがイニシアチブを発揮することになっている。また，外部機関とのパートナーシップも不可欠であり，多くの学校が業界団体，大企業，領事館等と提携協定を締結している。さらに，活動には職業，教育，就職口等に関する多様な情報リソースが必要とされるため，校内の資料・情報センター

第4章 「職業」による進路指導と教科指導の融合　283

表4-8　「職業段階と重要局面」に含まれる主な行事

活動の名称　　　　　　　　学年	実施時期					
	コレージュ			リセ・職業リセ		
	2	3	4	1	2	3
「職場観察のシーケンス」 (séquence d'observation en milieu professionnel)	△	○	△	△	△	△
「学校公開日」(journéé dans un établissement de formation)		○		○		
「進路個人面談」(Entretiens personnalisé d'orinetation)			○	※	○	○
「進路指導・教育パスポート」(passeport orientation formation) の作成	○	○	○	○	○	○
「職業人や卒業生との面談」 (rencontres avec professionnels et des anciens élèves)	△	△	△	△		
「積極的進路指導」(orientation active)					○	○

○：必修　　△：随時実施　　※職業リセのみ必修
出典：Ministère de l'éducation national, *Apprendre à s'orienter tout au long de la vie*, 2009, pp. 5-6より筆者作成。

(CDI) に加え，各地域に設置された情報・進路指導センター（CIO）も活用されることになっている。

(2)「進路指導・教育パスポート」の活用

　「職業段階と重要局面」のうち，PDMFの理念を具現化するために新たに考案された取り組みが「進路指導・教育パスポート」である。「2008年7月11日の92号通達」によると，それはPDMFにおける探究活動を記録した「フォローアップのための個人簿」（un livret personnel de suivi）であり，生徒の歩んできた経歴やプロジェクト，各学年において習得した知識とコンピテンシー，および経験のヒストリーを包含する。このパスポートはPDMFの

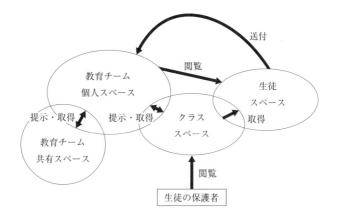

図4-2　ウェブ・ファイリングシステムの構造
出典：ONISEP, *Formation-Passeport Orientation (WebClasseur)*, Académie, 2009, p. 6 より筆者作成。

三側面を結びつける役割を果たしており，以下のことを可能にしている[14]。

①個人的な発見と内省が準拠している水準や学年を識別する。

②学校・都市・家族生活の範囲内において，市民的・社会的・スポーツ的・共同的参加という名目で生徒が実施した活動に言及する。

③学校内外において獲得した国家免許状，肩書，資格，証明書を再結集させる。

このようなパスポートの仕組みを最大限に活用するため，国立教育・職業情報局（ONISEP）によって開発されたのが「ウェブ・ファイリングシステム」（webclassseur）であり，パスポートをデジタル化し，相互にリンクされた4つのスペースに分けて管理する（図4-2）。

システムの中心となるのが，関係者全員がアクセス可能な「クラススペース」であり，教育チームのメンバーやONISEPが各種進路情報をアップする。保護者はその情報を閲覧することが，生徒は閲覧に加えて，さらにそこから自分に必要なものを選択して「生徒スペース」にストックすることがで

きる。「生徒スペース」は，生徒が進路学習の成果を記入したり，進路選択に必要な情報を保存したりする個人空間で，教育チームは閲覧できるが保護者はできない。また，ここで作成した活動の振り返りなどを教育チームに直接送付することも可能である。「教育チーム個人スペース」では，収集した進路情報や生徒から送付されてきた資料を各メンバーが整理し，必要に応じて「クラススペース」にアップする。さらに，生徒の活動を評価して即時フィードバックする際にも活用される。「教育チーム共有スペース」では，PDMFの事前準備のために各メンバーが打ち合わせをしたり，「クラススペース」に提示する情報について議論したりする[15]。

　開発担当者であるシャンボン（Bruno Chambon）によると，このシステムの活用によって特に2つの効果が期待できるという[16]。第1に，コレージュ第2学年からリセ・職業リセの最終学年まで「生徒スペース」にあるファイルをもち歩くため，PDMFの時間的連続性が維持される。生徒が履歴書や希望進路申告書を作成する際に参照したり，担任教員や進路指導心理相談員（COP）が個人進路面談にあたって使用したりすることにより，6年間の学びの履歴をふまえた進路選択が可能となるであろう。

　第2に，活動の記録を進路指導に関わる多様な関係者と共有することで，空間的連続性が担保される。例えば，企業研修後に個人レポートを「生徒スペース」で作成して「教育チーム個人スペース」に送付，担任教員がチェックして評価コメントを付したものを「クラススペース」にアップすることで，生徒同士で成果をシェアできる。さらに，保護者がそれを閲覧することで，親子間の対話を促進する機会にもなり得るのである。

3．各段階における PDMF の展開

(1)前期中等教育におけるプログラムの特色

　コレージュにおいては，共通基礎知識技能のうち「6．社会的・市民的コンピテンシー」と「7．自律性・自発性」の習得に貢献することで，職業

6．社会的・市民的コンピテンシー
A．社会で生きる
知識：集団規則，倫理規範，公私の区別。性，健康，安全に関する教育。応急手当の知識。
能力：校則の遵守。共同作業。行動した結果の評価。応急手当資格の取得。交通安全規則の遵守。
態度：自己，他者，異性，私生活の尊重。争いの平和的解決。他者の重要性に対する意識。
B．市民生活を準備する
知識：「人権宣言」。「児童の権利条約」。共和国のシンボル。民主的生活，法，条約，政治，EU 等の理解。
能力：偏見の評価。仮想と現実，合理性と権威性の区別。情報の整理・分類。メディアの影響。自己の意見の確立。
態度：権利と義務の意識。公的生活への関心。投票の重要性の認識。市民活動への参加の意思。

(特に PDMF との関わりが深いと思われる箇所に___を付した)

7．自律性・自発性
A．自律性
知識：学習過程や自己の長所・短所の理解。企業，職種，資格，教育コースなど経済環境の理解。
能力：学習方法の習得。指示の尊重。論理的に推論する力。自己評価。進学先の選択。忍耐力。身体の制御。
態度：自己の知的・身体的能力の発見。学習機会の選択。価値や選択に他者が与える影響。多様な職種に意識を開く。
B．自発的精神
知識：個人的・集団的計画の実施に役立つ他の共通基礎知識技能の内容すべて。
能力：計画に適したアプローチ。協力者の発見。リスクを考慮した決定。他者との意見交換。優先順位を付けた役割遂行。
態度：好奇心と創造性。目標達成のための動機と決断。

(「職業の発見」と関わる箇所に___，「教育の発見」と関わる箇所に＿＿＿，「自己評価・自己理解」と関わる箇所に〜〜〜を付した)

図4-3　共通基礎知識技能と PDMF の関係

出典：Décret No 2006-830 du 11-7-2006, *B.O.* no 29 du 11 juillet 2006, pp. XII-XV を参考に筆者作成。

的・社会的生活への建設的参加を促進する（図4-3）。前者がPDMFの目標と間接的に関わるのに対し，後者は直接重なる部分が多く，三側面の内容が含まれている。

表4-9は3年間にわたる展開を示したものであるが，各教科，「学級生活の時間」，「職業段階と重要局面」が主な活動領域として想定されている。教科指導を通じた進路学習はこれまでなかなか浸透してこなかったが，ONISEPによって5教科に関する専用教材が開発されており，それらを活用した実践が期待される。

第2学年では，「職業という広大なパレット」（une large palette de métiers）を理解するため，職業に関する調べ学習や，企業訪問や職業人との面談など体験活動が実施される[17]。例えば，「想像の町を描く」（Dessin de la ville imaginaire）という活動では，クラスが4つ〜5つのグループに分かれて自分たちの生活してみたい，働いてみたい街を構想する。その後，各グループは「食べる」，「成長する」，「建てる」，「楽しむ」など様々な要素から町の存在理由や長所を説明し，さらにそれらを職業に結びつけていくことで，社会構造における職業の位置に関心をもつ。最後に，選択した1つの職業について資料・情報センターで調べる[18]。

第3学年では，教育コースを発見して職業と結びつけることで，教育課程や学習の継続に親しみをもつとともに，自らが進学可能なコースについて情報収集し，与えられた選択肢の幅を理解する。そのために，大学区や県で企画される学校公開日には上級学校（軍事リセと海洋リセを含む）で1日を過ごし，多様な教育機関の特徴を把握することになっている。

第4学年では，2005年から導入された「職場観察のシーケンス」[19]が組み込まれている。PDMFによって生徒は4年間のうち最低10日間，労働世界や職業人との交流の中で過ごすことが義務付けられたが，その中の5日間がこのシーケンスに充てられる。また，週3時間の選択科目「職業発見」（DP3）も新たにPDMFに包含された。「職業発見」と第3学年までの進路学

表4-9 前期中等教育におけるPDMFの展開

学年	コレージュ第2学年	コレージュ第3学年	コレージュ第4学年
主要な活動	職業を発見する。	教育コースを発見する。	コレージュ卒業後の準備をする。
目標	職業を理解すること、学び、情報を収集し、自分の興味・関心の発見に努め、自分の将来を予想する。	合理的なアプローチを実施し、データを分析し処理する方法を習得し、批判感覚および問題を提起する能力（対象から距離を保ち、熟考する能力）を発達させる。	進路を選択し自らを位置付けるため、知識に一貫性をもたせ、自らのものとする。
「職業段階と重要局面」	●進路指導・教育パスポートの作成を開始する。 ●職業人と面会し、企業を訪問する。	●学校公開日：りせ、職業りせ、農業りせ、見習い訓練コース（CFA）など。	●進路に関する個人面談 ●職場観察のシークエンス ●進路指導手続き（procédure d'orientation）と振り分け（affectation）
活動の道筋 職業の発見	●身近な人や著名人の職業について記述する。 ●資料（資料・情報センターにあるオスク、ONISEPのサイトなど）を活用する。 ●発見されたあるいは映し出された職業に必要とされる資格を言い表す。 ●教育員の職務を説明する。 ●身近なあるいは遠く離れた環境において調査し職業を分類する。 ●職業実践の中において情報・コミュニケーション技術が占める位置をとどめる。	●資格の概念、および資格と職業とのつながりを認識する。 ●多様な職業と水準に対応する教育コースを見分ける。 ●多様な活動分野に対応した企業を地理的に位置づける。	●財とサービスの生産に参加する職種を挙げて明示する。 ●1つの産業部門に関して、全ての資格水準における職種を列挙する。 ●複数の産業部門に共通する職種を見つける。 ●職業カードであるいは求人に関して期待される任務を言い表す。 ●企業組織について観察し、記述する。 ●多様な種類の活動について、その問題点とリスクを認識する。
活動の道筋 教育・訓練の発見	●学校の教科を研究領域および職業と結びつけ、具体的な事例を挙げる。 ●コンタクトした職業訓練コースについて記述する。	●教育機関の位置を突き止め、特徴に応じて分類する。 ●教育・訓練に関する情報機関を選別する。 ●いくつかの教育コースの内容を記述する。 ●選択した1つの職業に向けて学習するための可能性。	●観察されたあるいは映し出された職業コースについて記述する（職業訓練の内容、雇用へのアクセス、コースの移動の可能性）。 ●教育・訓練に関する情報リソースについて情報探索のストラテジーを入念に準備し、計画する。

第 4 章 「職業」による進路指導と教科指導の融合　289

自己評価・自己理解	●1つの職業を観察し、先入観と照合する中で発見したことを識別する。●発見したことから、自分の興味・関心を言い表す。	●全体図を描き、考えうる教育コースを比較する。●教育訓練にアクセスするための基準、および正確な入学手続、おおよび多様な職業の資格水準を識別する。●国家免許状。	●発見した様々な職業や教育・訓練に対する興味・関心や困難について個人的な意見を述べる。●1つの教育コースに入学できる自分自身の可能性を認識するため、自分と短所について自己評価する。●自分の興味・関心や価値観について、新たな発見をしてそれらを豊かなものにして広げることができる。	●進路選択に向けて、具体的な入学条件を理解し、アクセスの機会（手続き、受け入れの容量）や移動の機会（進路変更制度）について評価する。●議論を通じて、希望する進路を表明し裏付け、必要があればそれを拡大する。●職場観察のシーケンスの後に、職業、資格、企業に対する表象がどのような点で変化したかを認識する。第2学年で探究したことと比べて、興味・関心の中心や価値観がどう変化しているかを確認できる。
生徒に提案される実施事例	●資料を用いた探究とともに職業に関するアンケート調査を実施する。●職業人との面会・インタビューの報告書をまとめる。●企業を訪問し、報告書を作成する。●職業に関するシンポジウム（Carrefours métiers）を行う。●コレージュ第4学年の生徒が証言する（「職場観察のシーケンス」に基づいて）。●卒業生（リセ生徒、大学生）が証言する。●生徒の保護者が証言する。●ポスターの掲示、展示会などを行う。	●職業人、雇用者、職業組織と交流する。●職業人の発言を要約する。●教育機関を訪問し、そのことを報告する。●教育課程について、探究したことを後に記述する。●リセの生徒を見習いセンターのリセに対してインタビューを行う。●生徒や組織による後援事業のための仕事について解明する。●企業自己評価の一覧表やその他のチーム一つでのプレイに参加する。●進路指導、教育パスポートを管理し、明るみに出す。	●労働世界のケーストと討論する。●企業研修の報告を行う。●職業と教育・訓練に関するフォーラムや展示会に参加する。●進路指導要録（dossiers d'orientation）を作成する。●共通基礎と前期中等教育修了証書（DNB）に関する評価の範囲内において、期待される制作物を作成するため、進路指導・教育パスポートを明るみに出す。●「職業発見」（DP）の授業による深化（週3時間の選択科目と週6時間のモジュール）もPDMFに加えられる。

出典：Ministère de l'éducation national, *Apprendre à s'orienter tout au long de la vie*, 2009, pp.12-15 より筆者作成。

表4-10 後期中等教育におけるPDMFの展開

学年		リセ/職業リセ第1学年	リセ/職業リセ第2学年	リセ/職業リセ第3学年
主要な活動		リセからバカロレア後に至る有用な情報を探索し、組織する。	バカロレア後に向けて自分を投影し、推論し、見積もり、予測する。	最終決定し、選択を実行し、提示し、伝達する。
目標		●リセにおける教育コースの次に来るものを準備する。●少なくとも2つの活動領域を探索する。	●高等教育に対する表象を構築する。●少なくとも1つの活動分野、時間の中におけるその変化、地域空間、国家空間、欧州空間におけるその組織について学ぶ。	●自らの選択を最終決定し、ストラテジーを入念に準備できるよう生徒を支援する。
「職業段階と重要局面」		進路指導デーあるいは「進路指導週間」(semaine de l'orientation)	●進路に関する個人面談●学校公開日 (JPO : journées portes ouvertes) の範囲内において、高等教育機関にて1日を過ごし、個人体験入学や集団活動同席を実施する。	●進路に関する個人面談、進路指導に充てられる学級評議会●予備登録とバカロレア後の入学許可 (APB : Admission-post-bac)●積極的進路指導。高等教育機関によって提供される助言
活動の道筋	職業の発見	●1つの職種、職業領域を探求し、自己の表象と比較する。●1つの産業部門を選択し、潜在的な雇用者を設定する。●労働に結びつけられる報酬の違い（資格水準、責任、困難度、在職期間など）について記述する。●科学領域と多様な産業部門におけるこれらの応用との結びつきを評価する。	●職業部門の変化に影響を与える可能性がある社会的背景の要因を識別する。●多様な求人チャンネルを認識する。●労働市場に入るため、またその準備のために通過しなければならない段階を認識する。●職業生活に特有の進路を描く。	●国家・欧州・国際情勢における雇用の源泉を識別する。●領事館、経営者の職業組織、労働組合の場所をつきとめる。●雇用公共サービス機関の位置をつきとめ、提供されるサービスの内容をはっきりさせる。●職業に関する多様な成功（発明家、研究者、大商人、大工場経営者）の主たる要因を識別する。

第4章 「職業」による進路指導と教科指導の融合

教育・訓練の発見	●多様なバカロレアの系統と専門領域の内容、およびその先にある就職口を理解する。 ●多様な教育機関の目的と役割について表現する。 ●多様な教育的措置（技術バカロレアのためのグランドゼコール準備学級（CPGE）、進路変更制度、全国学力コンクール、職業学士号（licences professionnelles）など）について認識する。 ●学業選択が多様な決断の結果と影響を認識する。	●職業訓練や競争試験に必要とされる事前の要求を認識する。 ●生涯を通じた教育の必要性を見つけ出す。 ●同じ事例を提供する複数の教育機関を位置付ける。 ●準備するバカロレアの系統、自らの専門性に適したコースを認識する。 ●試験や国家免許状における合格、学業継続や職業社会への参入に関する指標、学業継続や職業社会への参入に含む統計に関する指標を含む統計。準備しているバカロレアの系統や専門領域における生徒の将来を対象とする統計を比較する。 ●同じ教育目的、あるいは同じ専門的目的に到達するために、可能な経路が多様なものであるので、ふさわしい選択の利点に気がつく。 ●準備するバカロレアの系統に固有の特徴とふさわしい選択の結果を見積もり、その利点を理解する。	●高等教育の目的と内容を比較する。 ●予定する教育コースとその先にある労働市場の入口との結び付きを確立する。 ●自分の進む教育コースについて、1つの機関が受け入れる容量を認識する。 ●試験における合格、学業継続。予定する教育コースにおける職業社会への移行に関する統計を理解する。 ●予定する高等教育にかかる費用と経済的支援について理解する。 ●情報源を多様化し、それらを掛け合わせる。
自己評価-自己理解	●能力を備えた人々を見つけ、連絡し、助言を請う。 ●明確な個人的基準に従って、職業を序列化する。 ●教育と職業社会への移行に関する。	●就職面談の準備を行い、履歴書と志望動機書を作成する。 ●進路に関する個人プロジェクトの中での変化を総括する。 ●高等教育に入学を認められる可能	●自分の選択肢を序列化し、他の選択肢について述べ、代替案を分析し、入学できる可能性を考慮に入れて、希望進路に対して開かれたアプローチを採用する。

生徒に提案される実施事例				
●個別の進路に向けて、活動計画を入念に準備する。 ●進路に関して決断するにあたって考慮するべき多様な要因を序列化する。	●グループで職業人と面会してインタビューを実施し、また職業人と討論する。 ●職場を訪問し、企業において短期研修を実施する。 ●企業あるいは組織においては入手できるパンフレット、ビデオ、資料を収集する。 ●卒業生が証言する。 ●近くにある中等教育機関の学校公開日を利用する。 ●中等教育機関、見習い訓練センター、大学校を訪問する。 ●職業指導の作業に従事する。 ●個人的総括、自己評価のエクササイズ、原稿の作成、口頭発表を実施する。 ●進路指導・教育パスポートを管理し、明るみに出す。	性を見積もる。 ●制約について認識し、教育プロジェクトに与える影響を見積もる。 ●興味の中心や価値観がどう変化したかの評価を前学年と比べて認識することをとめる。 ●学校公開日を経て、自分の表象がどのように変化したかを認識する。	●職業人、雇用者、卒業生自身の職業経歴について講演してもらう。 ●若者に関するウェブサイト、新聞、雑誌において進路相談を行う。 ●新聞の求人にある特殊な要素を探索する。 ●判断に必要な要素をテレビ、ビデオ、書物、インターネット、マルチメディアツールを用いて職業人について学習する。 ●伝記あるいはライフ・ヒストリーを作成する。 ●企業の組織図に基づいて学習する。 ●職業について証言してもらう。 ●生徒の両親や退職者に自らの職業経験について証言してもらう。 ●進路に関して集団で意見交換し、ディスカッションする。	●進路を決定することができ、実施される手続きに従うことができる。 ●国家職業証書目録、企業検索エンジン「コンパス」(KOMPASS)、職業専門誌を利用して進路相談を行う。 ●オンラインで提供されるサービスを利用して、多様な産業部門における技術革新についてウォッチングを創設する。 ●著名人の伝記を作成し、その生涯について学ぶ。 ●教育機関で教育・訓練について紹介したパンフレットや小冊子を集め、学習する。 ●国立統計・経済研究所(INSEE)のウェブサイトに基づいて雇用や職業について学習する。 ●個人的総括、自己評価のエクササイズを実施する。 ●原稿の作成、口頭発表などを実施する。

	●優れた面談や履歴書の内容について、ロール・プレイを実施する。 ●職業展示会 (expo-métiers) やキャリア・デー (journée-carrières) を企画する。 ●進路指導・教育パスポートを管理し、明るみに出す。	●進路指導・教育パスポートを管理し、明るみに出す。
積極的進路指導の準備	●積極的進路指導を準備する多様な局面において展開される活動に関連して、自分自身の活用し、他者のために情報を調査して活用し、他者のために情報を伝達して共有する。	●高等教育機関への入学に関して、統一指導要録の範囲内で実施される手続きに従い、必要な指導要録を作成して送付し、進路希望に対して開かれたアプローチを入念に準備する。

出典：Ministère de l'éducation national, *Apprendre à s'orienter tout au long de la vie*, 2009, pp. 17-21 より筆者作成。

習との関係が明確になったことは，教科指導と進路指導の融合に寄与すると考えられる。学年末には，個人面談をもとに「進路指導・教育パスポート」が作成され，後期中等教育へと引き継がれていく。

(2)後期中等教育におけるプログラムの特色

リセ（普通科・技術科）と職業リセにおいては，バカロレア取得後の生活に向けての支援，すなわち「学業の継続」あるいは「職業社会への移行」の準備が行われる。ただし，資格水準の向上という動機に示されるように，相対的に重視されているのは進学である。卒業後の就職を目的に職業バカロレアを取得したとしても，将来的に高等技術教育にアクセスする可能性もあり，その権利を保持することは進路形成の上で大きな意味をもつ[20]。ゆえに，職業リセにおいても，リセと同じ基準のもとでPDMFを展開することが想定されている。「バカロレア準備という同じ時間を過ごす」「進路変更の制度が拡大している」「個々人の進路が多様化している」といった単純な理由でコース間の区別が無視されているわけではない。

表4-10は3年間にわたる進行過程を示したものであるが，コレージュでの活動との接続が意識された内容になっている[21]。第1学年では，目指す資格に応じて進路が分化することを考慮して，各コースにおいてどのような教育が提供されるかを発見する。また職業リセでは，希望進路（就職か進学か）を認識させ，何の資格も取得することなく中退する生徒を減少させるために個人面談が行われる。

第2学年では，バカロレアの系統や専門を理解し，それらに固有の進路や就職先を把握する。そのため，学校公開日には大学，技術大学部（IUT），上級技術者養成課程（STS），グランドゼコール準備学級のいずれかで1日過ごすことが義務付けられている。

第3学年は，第2学年に続いて実施される「積極的進路指導」（出口指導）に大部分の時間が充てられる。進学を希望する生徒は「進路指導・教育パス

ポート」を手がかりに,高等教育機関への入学に必要な書類を作成する。他方で就職希望者は,履歴書の作成方法や採用試験の合格方法に関する「個別伴走支援」(l'accompagnement personnalisé) を受けた上で,パスポートを手がかりに履歴書や志望動機書を作成する。

【註】

1 Francis Danvers, "orientation", in Philippe Champy, Christiane Étévé (dir.), *Dictionnaire encyclopédique de l'éducation et de la formation*, 3e édition, Retz, 2005, p. 691.
2 "Recommandation du parlement europeen et du conseil du 18 decembre 2006 sur les competences cles pour l'education et la formation tout au long de la vie", *Journal officiel de l'Union européenne*, L 394 du 30.12.2006, pp. 10-18.
3 Ministère de l'éducation national, *Apprendre à s'orienter tout au long de la vie: 15 repères pour la mise en œuvre du parcours de découverte des métiers et des formations*, 2009, p. 2.
4 Conseil de l'Union Européenne, "Resolution du Conseil sur Mieux inclure l'orientation tout au long de la vie dans les strategies d'education et de formation tout au long de la vie", http://www.consilium.europa.eu/uedocs/cms_Data/docs/pressdata/fr/educ/104237.pdf (2010.8.31.)
5 Ministère de l'éducation national, *op.cit.*, p. 2.
6 Bernard Desclaux, "L'éducation à l'orientation en tant qu'innovation", in Francis Danvers (dir.), *Perspectives documentaries en éducation: l'éducation à l'orientation*, No60, INRP, 2003, p. 20.
7 Loi n°2005-380 du 23 avril 2005 d'orientation et de programme pour l'avenir de l'école, *B.O.* no 18 du 5 mai 2005, pp.I-XIV.
8 "rapport annexé", Loi n°2005-380 du 23 avril 2005, http://www.senat.fr/leg/tas04-090.html (2010.8.31).
9 Décret n°2006-830 du 11-7-2006, *B.O.* no 29 du 11 juillet 2006, pp.I-XV.
10 Circulaire n°2008-092 du 11-7-2008, *B.O.* no 29 du 17 juillet 2008, p. 1470.
11 Ministère de l'éducation national, *op.cit.*, p. 3.
12 "Les temps forts de l'année scolaire", http://www.education.gouv.fr/cid165/les-

temps-forts-de-l-annee-scolaire.html（2010.9.12）
13　Circulaire n°2008-092 du 11-7-2008, *op.cit.*, p.1473.
14　Ministère de l'éducation national, *op.cit.*, p.7.
15　ONISEP, *Formation-Passeport Orientation (WebClasseur)*, 2009, pp.5-7.
16　筆者が2009年9月25日にONISEPで実施したシャンボンへのインタビューより。
17　Circulaire n°2008-092 du 11-7-2008, *op.cit.*, pp.1471-1472.
18　ONISEP, *Au collège: le parcours de découverte des métiers et des formations*, éqipes éducatives, 2008, p.23.
19　Décret n°2005-1013 du 24-8-2005, *B.O.* no 31 du 1 septembre 2005, pp.X-XⅡ.
20　Ministère de l'éducation national, *op.cit.*, p.3.
21　Circulaire n°2008-092 du 11-7-2008, *op.cit.*, p.1472.

第3節　教科指導を通した進路形成に向けた挑戦

1．進路指導と教科指導の統合プロセス

(1)「進路教育」と教科指導の関係

　PDMFによって本格的に実現される進路指導と教科指導の統合は、EAOが導入された折から検討されていた。つまり、第3章で示したようにEAOには4つの目標があるが、そのうちの1つが教科指導に対応しており、以下のような「教科横断的な知識やコンピテンシー」の習得が目指されている[1]。

　　a．情報リソースや助言を与えてくれるリソースを活用できる。
　　b．多様なコミュニケーションの場面（文書、音声映像、マルチメディア、口頭での交流）において、与えられた基準を考慮して情報を選択する。
　　c．活動の方法と学習成果に関して、自己評価できる。
　　d．ある状況の長所と短所を評価する（妥協することができ、代替となる解決法を準備することができる）。

e．チームで活動することができる。
　　f．観察によるアプローチを構築し，活用することができる。
　それでは，生徒の進路指導にとって，この目標の達成はいかなる意義を有するであろうか。第1に，ギシャールとユトが指摘するように，「横断的コンピテンシー」とは，換言するならば「自律的進路指導」のためのコンピテンシーである[2]。EAOにおいて生徒は理性的存在としてみなされており，自分自身の進路に対して責任を負っているという。彼らは情報を収集し，自己を評価し，現実社会を分析し，決断し，ときには妥協し，代替案を考え，主体的に進路を切り開かなければならない。学校は，そのために必要なコミュニケーション能力，評価能力，協調性，観察能力などを習得させる責任を負っているのである。
　第2に，知識の活用と関わりの深い「横断的コンピテンシー」は，生徒が円滑かつ効果的に教科活動に取り組むために有用である。デュサルジェによると，教科におけるEAOは生徒の知的関心を喚起し，学ぶ喜びを実感させることにつながるという[3]。1980年代以降，若年層の高い失業率を背景に，就職の門戸を開ける免許状を取得することを唯一の目的として，高等教育まで学業を継続する生徒が増加した。学業不振の生徒に加えて，功利的な進路選択をするこれらの生徒たちも，知識習得そのものに対する意義を見出せていないのである。彼らの学習意欲を拡充することは，間接的に進路指導へ貢献すると考えられる。
　この点に関しては，1996年の通達においても，生徒がEAOを通じて教科学習の意義を理解し，「現実世界における教科の位置や影響を発見し，教科が自らの発達にどのように関与するか発見する」[4]ことは重要であると明記されている。デュサルジェによれば，教科というのは複雑な現実社会を観察するための「解読格子」(grilles de lecture) であるという[5]。教科という「小窓」を通して将来世界にアプローチすることにより，生徒は現実を詳細かつ正確に理解できるし，さらに学校での学習内容と進路指導の「個人プロジェ

クト」を結びつけることが可能になる。それは，生徒の進路選択にとって有益であると同時に，彼らの学習に対するモチベーションを高めることに寄与するであろう。

以上のように考えると，教科指導における EAO は，「固有のシーケンス」における目標，すなわち職業社会や教育・訓練の理解，自分に対する肯定的な表象の構築とも密接に関連している。後段にて検討するが，「横断的コンピテンシー」が教授方法の工夫によって習得されるのに対し，これら「固有のコンピテンシー」は教授内容の見直しによって習得される。

(2) 「進路教育」における教科指導の実施状況

教科指導を通した EAO は，教員によってどの程度実践されていたのであろうか。第3章で確認したように，1998年の時点で，教科において EAO を実施していると回答した教員は3割前後にとどまる[6]。また，EAO の学校教育プロジェクトの作成に参加している教科担当は，4割前後に過ぎなかった。

それに対して，2007年の全国調査によると[7]，9割以上の教員が何らかの形で，現代社会における教科の意義や影響を説明するように努力している。また，EAO を教科に統合している（「統合している」+「はっきりしないが統合している」）と回答したのは7割であり（教科担当：68％，担任教員：74％）であり，教科担当にも EAO の意義が次第に理解されつつあるといえよう。ただし，このうち，はっきりと「統合している」と回答したのは教科担当18％，担任教員39％であり，やはり前者よりも後者のほうが積極的な姿勢である。また，各教科系統で比較してみると，社会科教員の意識がわずかに低いものの，教科間の差異はほとんどみられない（図4-4）。

さらに，「横断的コンピテンシー」（a～f）のうち，具体的にどの目標が重視されるかは教科により異なる（表4-11）。例えば，「e．チーム活動」は集団活動を基本とする体育・スポーツ系において，「f．観察によるアプローチ」は実験を伴う科学系において重視されており，そこには各教科の特性

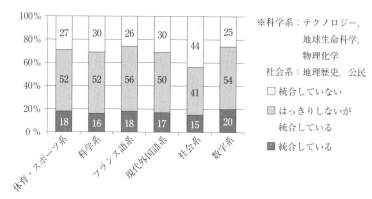

図4-4 あなたは，EAOを担当教科に統合していますか。

出典：Jeanne Benhaïm-Grosse, "Les pratiques d'éducation à l'orientation des professeurs de troisième", *Éducation & formations*, no 77, novembre 2008, pp. 32-33.

表4-11 各教科において重視されるコンピテンシー
(重視すると回答した教員の割合／単位：％)

コンピテンシー　　　　　　教科系等	全科目	体育・スポーツ系	科学系	フランス語系	現代外国語系	社会系	数学系
a／b．情報の活用／選択	90	50	90	90	90	90	90
c．自己評価	50	80	40〜60	40〜60	40〜60	40〜60	40〜60
d．長所と短所の評価	40	50	40	50	40	60	30
e．チーム活動	70	100	80	60	80	60	40
f．観察によるアプローチ	70	70	90	60	60	80	70

出典：Jeanne Benhaïm-Grosse, "Les pratiques d'éducation à l'orientation des professeurs de troisième", *Éducation & formations*, no 77, novembre 2008, p. 33より筆者作成。

が顕著に表れている。最も多くの教科で重視されているのは，「a／b．情報の活用／選択」であり，体育・スポーツ系を除くと9割を超える。

以上のように，EAO創設から十数年を経て，ようやく公的文書に示された理念は学校現場に根付き，教科への統合が促進されたと考えられる。他方，2007年の調査でEAOに「固有のシーケンス」には年間平均10時間が割かれ

ており，これは1998年時点から全く増えていない。さらに，この時間中に行われた活動の種類（個人面談，学校訪問，企業訪問など）に関しては，減少傾向にさえあるという。このことは，何を意味するであろうか。

　教科指導はあらかじめ制度として規定され，教員給与が発生する「学校時間」に位置づけられるのに対して，「固有のシーケンス」は「学級生活の時間」での実施を除くと，「学校外時間」に含まれてきた。しかし，教員がEAOに対して熱心なのは「学校時間」の範囲内においてであり，EAOにおいて「固有のシーケンス」から「教科領域」への転移が徐々に進みつつある。同調査では，その理由として授業外でEAOを実施する負担が重いこと，進路指導に関する教員養成・研修が不十分であることの2点があげられている[8]。

(3)「職業発見」と教科指導の関係

　このような状況においては，「固有のコンピテンシー」の目標である職業社会や教育・訓練の理解をいかにして実現するかが課題となる。現在，この部分を補う役割を果たしているのが，学習指導チームによって実践される「職業発見」である。給与の発生する「学校時間」であるにもかかわらず，これまで「学校外時間」での習得が期待されてきた「固有のコンピテンシー」を扱う職業発見は，教員にとっても好都合であり，歓迎されている。

　特に，DP3は学際性を重視しているため，労働社会・職業社会と関連づけることで，教科において習得した一般教養を補完し拡大する機能をもっている。ここでは，DP3用の学習ノートの中から2つの単元を抽出し，例示してみたい[9]。

　第1に，「活動2-1 水とその関連職業分野」においては，水という資源が人間の日常生活や産業社会において，どのように活用されているか検討し，その上で調べ学習を行うことになっている（図4-5）。教科との関連としては，特に「地理歴史」「地球生命科学」との結びつきが深い。

第4章 「職業」による進路指導と教科指導の融合　301

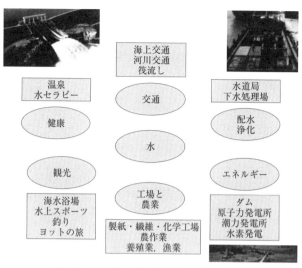

図4-5　水とその関連職業分野（活動2-1）

出典：Michel Bonte, René Bourgeois, Yvan Demangel, *Découverte professionnelle option 3 heures cahier d'activités*, Delagrave, 2006, p. 40.

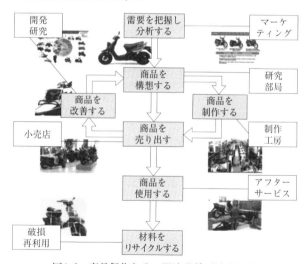

図4-6　商品製作とその関連職種（活動2-4）

出典：Michel Bonte, René Bourgeois, Yvan Demangel, *Découverte professionnelle option 3 heures cahier d'activités*, Delagrave, 2006, p. 49.

第2に,「活動2-4 商品製作とその関連職種」では, 1つの製品が開発され, 消費者の手元に届き使用されるまでのプロセス, いわば商品の「生涯」について学習する (図4-6)。教科との関連としては,「テクノロジー」との結びつきが深い。
　DP3を設置している学校は, 2007年の全国調査では73％に達し, また7％の学校は他校の生徒も受け入れている[10]。したがって, 進路指導と教科指導の融合に一定の役割を果たしていると判断できるが, 他方でいくつかの問題点が散見されることは, 既に指摘した通りである。さらに, 学際性を特色とするにもかかわらず, 担当教員の専門領域に偏りがみられ, 48％がテクノロジーに集中し, 他教科はそれぞれ10％前後にとどまることも改善が求められる[11]。

2.「職業と教育・訓練の発見行程」(PDMF) における教科指導

　2008年に導入されたPDMFは, コレージュ第2学年～第4学年の生徒に, 教科を通じた「職業の発見」(3側面の1つ) を義務づけており, 教科指導と進路指導の融合に寄与することが期待されている。そのため, 国立教育・職業情報局 (ONISEP) は2006年～2009年にかけて,「地球生命科学」,「フランス語」,「地理歴史」,「英語」,「数学」の5科目において, 専用の教材を開発した[12]。本項では, これらのうち「英語」に注目し, EAOおよびPDMFの観点から, その内容構成と実践原理を明らかにする。
　教材『英語と職業の発見』(Anglais et découverte des métiers) は, 職業世界の理解と教科としての「英語」との関連づけを促進することを目的に, 中小企業交互訓練管理組合 (AGEFA PME: Association de gestion des formations en alternance pour les PME) の協力を得て作成された。国民教育省総視学局局長ペレ (François Perret) によると, この教材を利用することで,「他国の労働世界や同年代の若者の経験について英語で発見することができる」という。また, 欧州統合の進展によって域内で雇用や職業訓練の流動性が高まってい

るが，この教材は国際言語としての英語の習得にも寄与する。

その学習内容に関しては，コレージュ第4学年段階の学習指導要領に準拠したものになっている。そこで，『英語と職業の発見』を分析するのに先立って，まずは進路指導の観点からみた「英語」の指導要領の特徴について確認しておきたい。

(1)「英語」の学習指導要領にみる進路学習

「現代語」(langue vivante) は，外国語あるいは地域語を学習する教科であるが，「英語」は「外国語」の一科目として設置されている。「外国語」は，コレージュでの4年間に，第1段階（Palier1）と第2段階（Palier2）に分けて習得されることになっている。前者は「欧州言語共通水準枠」(CEF: the common European framework of referance for languages) におけるA2レベル，後者はB1レベルへの到達を目標とする[13]。ここでは，第4学年を対象にしているため，2007年に改定された第2段階の「外国語」の学習指導要領を中心に検討を進める[14]。

学習指導要領によると，この教科は言語のみならず，その言語が媒介となって伝える文化の学習と切り離すことができないという[15]。なぜならば，文化こそが言語に意味を付与し，生命を吹き込むのであり，言語構造そのものが各文化に固有の思考様式を表現しているからである。第2段階では，第1段階のテーマ「現代と伝統」(modernité et tradition) に続くものとして[16]，「国内と海外」(l'ici et l'ailleurs) というテーマが掲げられている。外国文化というのは，もちろん海外において観察されるものであるが，さらに自国内において，身近な場所でその形跡を発見することも可能である。したがって，生徒は想像力に訴えて外部世界を探究し，空間と時間を自由に往来することで，類似した社会背景の中にある異文化の可視的要素を具現化させる。この点に関して，テーマ「国内と海外」は後期中等教育（リセ第1学年）でのテーマ「共に生きる」(vivre ensemble) とも調和するものであり，コレージュ

卒業後に学習を継続する際に支障がないように，学びの連続性が保障されている。

以上のような「現代語」の授業は，他教科においても習得される「一般的コンピテンシー」(les compétences générales)，具体的には観察・解釈・議論などの技術の発達に寄与すると考えられている。それは，教科におけるEAOが目標としてきた「横断的コンピテンシー」の習得とほぼ共通するものであるといってよい。設定されたテーマのもとで，生徒は自分の性向，興味，関心に応じた様々な問題に取り組むが，その入口として「旅」(voyage)，「私たちの中にある海外の足跡／しるし」(traces/signes de l'ailleurs chez nous)，「学校世界／社会」(le monde de l'école/de la société)，「科学／空想科学」(sciences/sciences fiction)，「言語」(les langages) の 5 つが挙げられている[17]。このうち，特に進路指導との関わりが深いのは，「学校世界／社会」であり，そこでは学校制度，学校外活動，人道的活動への関与，労働世界の発見，市民権の行使，交通安全といった内容を扱うことが規定されている。それらの多くは，EAOの「固有のコンピテンシー」と重なる部分も多く，元々は教科外での学習が想定されていた内容までも，この科目に包含されているといえよう。

さらに，学習指導要領の「英語」の部分では，より具体的な教育課程基準が示されている[18]。その構造に着目すると，教授方法の観点から「読み取り」(compréhension de l'écrit)，「聞き取り」(compréhension orale)，「口頭表現」(expression orale)，「筆記表現」(expression écrite) の 4 パートに分類されている。教授内容に関しては，パートごとに「事例」(exemple)と「表現方法」(formulations) が記され，さらに「文化・語彙」(culturelle et lexicale)，「文法」(grammaticale)，「発音」(phonologique) の 3 項目について習得すべきコンピテンシーが明記されている。

(2) 『英語と職業の発見』にみる進路学習

それでは，学習指導要領に示された特色を考慮しつつ，EAO と PDMF のための教材『英語と職業の発見』の意義について考察を試みる。第1に，教材全体の内容と構成は，表4-12のようにまとめられる。教授内容に関しては，学習指導要領の示すところの「学校世界／社会」に焦点化されており，通常の「英語」に比べて「固有のコンピテンシー」に示された内容の占めるウェイトが多くなっているといえよう。学習単元は，職業世界を発見するプロセスに合わせて4つのテーマにグループ化されている。順序としては，職業選択とは何かを考えることに始まり，続いて自分自身の職業観に目を向け，その上で実際にどのような働き方があるのか理解し，最後に就職方法について学ぶという流れである。

また教授方法に関しては，学習指導要領に示された4つの方法が活かされており，リーディング，ライティング，リスニング，スピーキングの全てが網羅されているが，特に「自分の考えを述べること」(s'exprimer) が重視されている点は特徴的であろう。逆に，学習指導要領と異なるのは，文法や発音にあまり力が入れられていない一方で，語彙について細かく提示されており，職業や労働に関する語彙に加え，状況評価や自己表現に必要とされる語彙の習得が目指されていることである。そのために，各学習単元には「語彙サポート」(vocabulary help) の欄が設置され，単語の意味，同義語，対義語などが示されている。

したがって，確かに『英語と職業の発見』は学習指導要領に準拠しているが，指導要領が教授方法を中心に構造化されているのに対して，この教材は職業発見の過程をふまえて教授内容を中心に構造化されているといえよう。

第2に，各学習単元に目を向けてみると，それぞれ2つのパートから構成されている[19]。1つは「資料」(le document) であり，英文を読んだり聞いたりすること通して，言語的コンピテンシーを習得すると同時に，職業に対する表象を豊かにすることが期待される。このパートと対になる形で設置され

表4-12 『英語と職業発見』の内容と構成

テーマ	学習単元	学習方法				語彙						文法	イラストを説明
		読み取り	筆記表現	聞き取り	口頭表現	長所と短所	職業・進学指導	職種	関心と意識	労働と職業経験	農業		
仕事の選び方	進路に関するアドバイス	○	○		○	○	○						
	好きな仕事を見つける	○	○		○				○	○			
	仕事に必要な能力	○					○					※1	○
仕事に関する好き嫌い	10代の夢：進路選択トップ10	○			○			○				※2	
	仕事は喜びか苦痛か	○						○	○				
	仕事について語る人々			○				○	○				
	今日の農業		○		○						○		○
働く経験	放課後の仕事	○	○		○		○						
	パート・タイムの仕事		○				○	○					
	海外で働く	○			○		○		○				
	海外で学ぶ	○			○								
仕事を探す	仕事をする機会			○		○	○	○					
	求人広告	○											
	履歴書を書くための秘訣	○				○				○			
	仕事についてのインタビュー		○					○	○				○

※1 補助動詞の"should"　※2 比較級と最上級
出典：ONISEP, *Anglais et découverte des métiers, éqipes éducatives*, 2008より筆者作成。

ているのが，「活用」（exploitation）のパートである。ここでは，文章内容に関する質問に答えたり，自分自身について筆記や口頭で表現したりする演習（excercise）が実施される。2つのパートを通じて，生徒は進路情報を収集し，活用し，選択する能力を高めることができると考えられる。表4-11でも現代外国語系のEAOにおいて，これらの能力の習得が重視されていることが確

認されている。

　さらに，4つのテーマの末尾にそれぞれ4頁～5頁にわたって「洞察学習」（mise en perspective）のパートが設置されていることも注目される。ここでは，テーマ内の全ての単元を見通して，それらを進路指導の角度から教育的に深化させるための活動が行われる。その目的は，教科と環境との関連性を強調することで，生徒を個人プロジェクト構築に積極的に参加させることにあるという。英語ではなくフランス語で行われる「洞察学習」には，教科担当のみならず担任教員やCOPも介入することになっており，第4学年末に行われる進路面談に向けた準備の一環としてみなされる。

　このような各単元の構成は，教科におけるEAOで目標とされる6つの横断的コンピテンシー（a～f）を効果的に習得するための工夫であると考えられる。この点について，テーマ「職業に関する好き嫌い」に含まれる単元「仕事は喜びか苦痛か」を例として，学習展開を追ってみたい[20]。同単元の「資料」は，ジンバブエ，南アフリカ，ベルギー，アメリカの4カ国で働く6人の労働者が自らの職業生活について語ったものである（図4-7）。「活用」のパートは，グループワークの形で実施され（図4-8），生徒は資料を読み，語り手の職業は何か，その職業をどのように捉えているか，なぜ働いているかといった質問にグループで回答する（e，f）。さらに，「洞察学習」のパートでは，生徒は好きな職業5つを選び，選択の理由を明らかにする（c）。その上で，選択基準の順位づけを行い，その長所と短所について自らの価値観と照らし合わせて吟味する（d）。パート末尾にある「さらに一歩進めて」（pour aller plus loin）の欄には，ONISEPの資料が紹介されており，単元で取り上げた職業についてより詳しく調べることができるようになっている（a，b）。

(3)**教材の利用に関する問題**

　以上のように，『英語と職業の発見』は進路指導の目標と教科としての

❶ ビッグボーイ氏／ジンバブエ，ハラーレ

私はハラーレの郊外で「ライオン・チーターパーク」のマネージャーをしています。私は自分の仕事が大好きで，これに優るものは何もありません。動物と共に働くのはすばらしいことです。最も面白いのは，猿，ヒヒの赤ちゃんや生後1カ月のライオンの子の面倒を見ることです。

❸ エバーモア氏／ジンバブエ，ハラーレ

私は美容師です。本当に自分の仕事が好きで，この美容院で14年間働いています。仕事の創造的な面，特に顧客のためにユニークなヘアスタイルを思いつくことが大好きです。いつの日か，自分自身の美容院を経営したいです。もしこの職業に就いていなかったら，会計士になったかもしれないと思っています。

❷ グレンビル氏／南アフリカ ケープタウン

私は勤勉な性格なので，都市を清潔に保つように，午前6時30分と早くから仕事を始めたいと思っています。私たちが1週間に1度ゴミを集めなかったら，街路がどんなに小さく見えるか，あなたは想像できますか？

❹ グロリア氏／ベルギー

私は現在，修士号を取得するためにベルギーで勉強している学生です。奨学金を受けていないので，食器洗いや掃除のようなアルバイトで生活しなければなりません。微々たる賃金しか稼げなかったとしても，その仕事のおかげで，私が家に帰ってする事務を高く評価することができます。

図4-7　単元「仕事は喜びか苦痛か？」（資料パート）

出典：出典：ONISEP, *Anglais et découverte des métiers*, éqipes éducatives, 2008, p.28.

❶　グループ・ワーク

グループで記事と仕事を1つ選んで，これらの質問に答えてください。そして，あなたのグループからクラス全体に記事を紹介する人を選んでください。

■1ビッグボーイ氏／ジンバブエ，ハラーレ
◆これらの単語を正しく仏訳しなさい。
・Outskirts:　☐ dans le centre-ville
　　　　　　　☐ dans la banlieue
・A monkey:　☐ un singe　☐ un âne
・A cub:　☐ un petit　☐ un animal
◆ビッグボーイは何の仕事をしていますか？

◆彼は自分の仕事が好きですか？

◆その理由はなぜですか？

◆彼は何の仕事をしていますか？

◆彼は自分の仕事をどのように感じていますか？

■3エバーモア氏／ジンバブエ／ハラーレ
◆エバーモアは何の仕事をしていますか？

◆彼女は自分の仕事の何が一番好きですか？

◆彼女は将来の何を計画していますか？

図4-8　単元「仕事は喜びか苦痛か？」（活用パート）

出典：ONISEP, *Anglais et découverte des métiers*, éqipes éducatives, 2008, p.29.

「英語」の目標を両立させた優れた教材であるといえるが，実際に学校現場でどの程度利用されているのであろうか。筆者が制作責任者である ONISEP の教育・情報媒体部長ルー（Claudine Roux）に尋ねたところ，「それが最大の問題である」との返答であった[21]。フランスでは，教科指導の内容や方法に関しては教員の自律性が高く，彼らは教科としての専門性に固執する傾向にある[22]。それゆえ ONISEP の教材は，教科担当の理解を充分に得るに至っていない状況にある。ルーによると，普及を進めるために教科だけでなく，「学級生活の時間」において使用してもらうことを検討しているという。しかし，それは「学級生活の時間」という教員の伝統的職務の外部で EAO を行っていた導入期への回帰にもなりかねず，果たして進路指導と教科指導の融合に寄与するか疑わしい。進路指導を目的とした「学級生活の時間」は，その設置理念を鑑みたとき，特定教科を学ぶ時間してふさわしいとはいえず，また教科担当ではなく担任教員が中心となって実施するという課題もある。

【註】

[1] Circulaire n°96-204 du 31-7-1996, *B.O.* no 31 du 5 septembre 1996, p. 2079.
[2] Jean Guichard, Michel Huteau, *L'orientation scolaire et professionnelle*, Dunod, 2005, pp. 97-98.
[3] Paul Ricaud-Dussarget, "L'esprit des texts officiels de 1996", in Francine Grosbras (coord.), *l'éducation à l'orientation au collège*, Hachette, 1998, pp. 137-138.
[4] Circulaire n°96-204 du 31-7-1996, *op.cit.*, p. 2080.
[5] Paul Ricaud-Dussarget, *op.cit.*, p. 138.
[6] Jeanne Benhaïm-Grosse, *Les dossiers: la rénovation du collège 1998*, no 110, juin 1999, Ministère de l'éducation nationale, de la recherche et de la technologie.
[7] Jeanne Benhaïm-Grosse, "Les pratiques d'éducation à l'orientation des professeurs de troisième", Direction de l'évaluation, de la prospective et de la performance, *Éducation & formations*, no 77, novembre 2008, ministère de l'éducation nationale, pp. 31-48. 600校から第4学年の教員1,200名を無作為抽出，593校（99％）に所属する担任教員434名（72％），教科担当430名（72％）／DP3担当347

名（88％）が回答した。
8 *Ibid.*, p. 31.
9 Michel Bonte, René Bourgeois, Yvan Demangel, *Découverte professionnelle option 3 heures cahier d'activités*, Delagrave, 2006.
10 Jeanne Benhaïm-Grosse, *op.cit.*, pp. 40-41.
11 *Ibid.*, p. 41.
12 ONISEP, *Science de la terreet découverte des métiers*, éqipes éducatives, 2006.
   ONISEP, *Français et découverte des métiers*, éqipes éducatives, 2007.
   ONISEP, *Histoire géographieet découverte des métiers*, éqipes éducatives, 2007.
   ONISEP, *Anglais et découverte des métiers*, éqipes éducatives, 2008.
   ONISEP, *Mathématiques et découverte des métiers*, éqipes éducatives, 2009.
13 2001年，欧州評議会（Conseil Europe）は，第1・第2外国語の到達目標を6水準（低い方からA1, A2, B1, B2, C1, C2）で規定した「欧州言語共通水準枠」を発表した。これは，外国語教育の教育課程，教科書，試験の作成時および学習者の能力評価の共通基準となるものであり，フランスでは2005年に学校教育へ導入された（上原秀一「フランス」文部科学省『諸外国の教育の動き2005』，国立印刷局，2006，100-101頁参照）。
14 Arrêté du 17-4-2007, *B.O.* hors-série n°6 du 25 août 2005, p. 3. この改訂は，2006年に義務教育段階の全ての児童・生徒に完全習得させるべき「共通基礎知識技能」が定められたことを受けたものである。7項目のうち1つに「1つの現代外国語の実用」が盛り込まれており，指導要領においても到達目標をより明確にする必要性が生じた。
15 "Programmes de l'enseignement de langues vivantes étrangères au collège", *B.O.* hors-série n°6 du 25 août 2005, p. 25.
16 第1段階のテーマ「現代と伝統」では，固定観念を超えて文化的アイデンティティに対する関心を喚起することに重点がおかれている。その目的は，学習した国の文化を受け入れることで，祖国について自覚させることにあるとされる。
17 "Programmes de l'enseignement de langues vivantes étrangères au collège", *op.cit.*, p. 25.
18 *Ibid.*, pp. 50-69.
19 ONISEP, 2008, *op.cit.*, pp. 4-5.
20 *Ibid.*, pp. 25-44.
21 筆者が2009年9月25日にONISEPの本部で実施したルーへのインタビューより。

22 教員採用試験受験者は，受験動機のトップに雇用保障と自分の専攻教科に対する愛情をあげている（エルヴェ・アモン「なぜフランスの教員は思い悩むのか」園山大祐，ジャン＝フランソワ・サブレ編著『日仏比較変容する社会と教育』明石書店，2009，172頁）。

小結―進路指導と教科指導の関係性の再検討―

　「職業」（profession）を触媒とする進路指導と教科指導の融合という考え方は，21世紀に入って突如生まれたわけではない。第三共和政期には一部の教科において教科書を用いて職業世界を学ぶということが実践されてきた。それは，「教育的概念」に依拠した職業指導が初めて導入されたという点では画期的なことであったが，学校教育と教科指導が同義であった時代に知育による進路形成が試みられたことは，他に選択の余地がなかったためであるとも考えられる。その後20世紀になり，教科書を通じた職業理解や職業観の育成が社会的要請に合わなくなると，「教育的概念」は「診断的概念」にとって替わられ，さらに進学指導の重視によって職業指導そのものが衰退していった。

　しかし，産業主義の時代が終わりを告げ，「機械モデル」による振り分けが進路形成に十分な効力を発揮しなくなると，「進路」と「教科」の融合が希求されるようになる。その第一歩となったのが，1996年の「進路教育」（EAO）であったが，両者の接近は容易に進んだわけではない。まず，養成課程をみても明らかなように，教員の専門性はあくまで教科指導にあり，心理学の素養や職業社会に関する知見が必要とされる進路指導は，彼らの専門性を超えたものであった。さらに，現実的にも進路指導を担ってきたのは進路指導心理相談員（COP）であり，教員（特に担任教員ではない教科担当）はほとんど関与してこなかった。EAOの実践が教科ではなく「学級生活の時間」

を中心に開始されたのは，そのことを象徴しているといえよう。

　この状況にまず変化を与えたのが，2004年の「職業発見」の導入であった。それは，教科の内部で進路指導を行うというよりも，教科との関連性に配慮しながら，職業理解に特化した時間を配置する試みである。教育を受ける生徒の状況に応じて，DP3とDP6という目的の異なる2種類のカリキュラムが使い分けられており，生徒の多様性に応え，個々人にふわしい進路を構築することに重点が置かれた。

　特にDP3は，教科における一般教養の習得と教科外での職業的な専門教養の習得という対立を乗り越え，両者の橋渡しをするという点で，進路指導と教科指導の融合に一定の貢献が認められる。「特設領域」であるがゆえの制度的不安定さ，選択科目であるがゆえの履修率の低さという課題を差し引いても，戦後は職業教育の「専売特許」であった職業・労働世界をテーマとした学習に普通教育を参入させた意義は決して小さくなかろう[1]。

　他方で，DP3が有効性を発揮するためには，各教科との結びつきがどこまで担保されるかがカギとなる。その点で，職業的教養を一般教養と断絶したものとして捉える教員がいるという実態は無視できない問題であろう。また，「職業発見」を担当する教員の専門性の偏りも，大きな懸念材料となりうる。

　結局のところ，進路指導と教科指導が真に融合するためには，各教科の内部に進路指導の視点が盛り込まれることが望ましいわけであるが，現段階においてその大きな牽引力となっているのが国際社会からの要請である。つまり，労働市場の統合を背景に「生涯進路指導」の重要性が欧州レベルで推進されたことによって，学校教育における進路指導もさらなる進化を遂げざるを得なかった。EAOは「生涯にわたって適切なときに，見識ある現実的な適当な選択を行うことができるようにする」という目的に象徴されるように，そもそも特定の進路選択というよりも，長期的な進路形成を見据えた「未来への準備」(préparation au futur) を目指しており，「生涯進路指導」の理念に

合致している。しかし，コレージュ内部だけで実践されたこともあり，実質的には卒業後のコース選択に向けた準備として捉えられてきた[2]。こうした中，資格へのアクセスが最大の進路保障であるという認識のもと，高学歴化および資格取得水準の向上を目指す国内の政策事情も後押しし[3]，2008年に「職業と教育・訓練の発見行程」(PDMF) が導入されたのである。

改めて，移行支援としてのPDMFのインパクトを整理しておく。第1に，これまでコレージュ，リセ，職業リセで煩雑に行われてきた進路指導を系統的に整理し，連続性をもった必修カリキュラムへと仕上げている。第2に，「進路指導・教育パスポート」の導入によって時間的・空間的広がりを確保することで，生徒の構築した進路学習の道筋を顕在化させた。第3に，10日間の企業研修を生徒に義務付けている。そして，第4に各教科を通じた職業と教育・訓練の発見を重視していることである。

第4のインパクトに関して，進路指導と教科指導との融合という観点からみたとき，どのような意義が見いだせるであろうか。「英語」の学習指導要領をみても明らかなように，教科というものは系統主義に則って，前期中等教育と後期中等教育，さらには高等教育に至るまでの連続性をふまえて配列されている。そこで，教科の系統性の遡上に進路学習をのせることで，一般教養の習得を通じて職業世界へと系統的にアプローチし続けることが可能となる。言い換えれば，常に「働くこと」や「生きること」を意識しながら「学ぶこと」ができるのであり，それは教科教育そのものが進路指導になることを示唆している。

ただし，「職業発見」にしても，PDMFとしての教科指導にしても，1880年代～1910年代に行われた職業指導，すなわち知識の習得とそれを通じた価値観の教化とはいささか異なっている。つまり，主知主義を尊重するフランスの学校らしく，職業や教育・訓練に特化した知識の理解に重点をおきつつも，それにとどまることなく，コンピテンシー (汎用的能力) の育成を試みているのである[4]。知識基盤社会における進路形成では，知識そのものと共

に，同時にそれを実際に使いこなす能力が欠かせない。したがって，EAO から「職業発見」を経て，PDMF が導入されるプロセスは，「教育的概念」に基づく進路指導が新たな形で復権する過程であるとみなすことができよう。

最後に，進路指導と教科指導の融合は，進路指導の「担い手」という観点からみたとき，興味深い変化をもたらしたことを指摘しておく。「固有のシーケンス」からの転移という形で，教科指導を通した EAO が徐々に進展したという事実，ここには可能な限り「学校時間」を用いた進路指導を望む教員の姿勢が影響していると同時に，教員主導の進路指導を推進する国民教育省の方針が反映されているように思われる。かつての進路指導は，「学校外時間」を用いた COP の進路相談を軸としていたが，EAO の導入以後，次第に教員の関与が強められてきた。さらに，「職業発見」や PDMF の創設も，「学校外時間」で実施されてきた EAO の一部を「学校時間」に包含する動きであり，同じ延長線上にあると考えられる。

【註】

1 教育課程の職業専門化（professionalisation）は高等教育で最も顕著であり，「国際標準」として定着しつつあるコンピテンシーと伝統的な個人主義モデルである職人的技能を相補的に組み入れることで，長期的な職業アイデンティティを形成し安定した進路を築くことが目指されている（大前敦巳「大学教育資格に付与される職業能力の変容―métier と compétence の関係に着目して―」『日仏教育学会年報』第 13 号，2007，43-57 頁）。

2 政策上は，1996 年にリセ（普通科・技術科）においても EAO の導入が決定されており，「論理的裏付けのある進路決定を行うことができる知識と分析のツールを各生徒に与える」ことが目的とされた（Circulaire n°96-230 du 1-10-1996, *B.O.* no 36 du 10 octobre 1996, p. 2480）。しかし，実際には「バカロレア」と「バカロレア以後」の選択を意識した「進学指導」の色合いが非常に強く，教育的進路指導とはやや距離がある。筆者がこれまで現地でインタビューした進路指導関係者も，EAO をコレージュに限定された取り組みとみなしている。

3 高学歴化政策にはフランス国内でも賛否両論ある。社会学者ベラ（Marie Du-

ru-Bellat）によると，「学歴インフレ」（l'inflation scolaire）をもたらす教育の拡大は，逆に若年層の社会的適応にマイナスの効果をもたらしている可能性があるという（マリー・デュリュ＝ベラ著，林昌弘『フランスの学歴インフレと格差社会能力主義という幻想』明石書店，2007）。

4 比するに日本のキャリア教育では，職業観・勤労観という価値観の形成が重視され，「人間関係形成能力」「情報活用能力」「将来設計能力」「意思決定能力」といった汎用的能力の育成が目指されてきた（国立教育政策研究所生徒指導研究センター『児童生徒の職業観・勤労観を育む教育の推進について』（調査研究報告書），2002）。これに対しては，「畳の上での水泳練習」に陥っており，もっと職業教育的視点を取り入れるべきであるという批判もある（斎藤武雄，佐々木英一，田中喜美，依田有弘編著『ノンキャリア教育としての職業指導』学文社，2009，1-21頁）。

第 5 章　進路指導における学校と外部機関の連携

　フランスにおける進路指導の特色の 1 つとして挙げられるのが，学校と外部専門機関である情報・進路指導センター（CIO: Centre d'information et d'orientation）との連携である。1971年の設置以来，CIO は中等教育機関に進路指導心理相談員（COP: conseiller d'orientation psychologue）を定期的に派遣し，教員との強力なパートナーシップのもと進路指導を推進している。本章では，これまでの考察で明らかになった教員の役割をふまえ，COP が果たす役割を教員との連携という観点から明らかにしたい。まず，学校外部において独立機関としての CIO が担う職務と，学校内部に介入した COP が担う職務についてそれぞれ論じる。次に，リヨンでのインタビュー調査をもとに教育困難校を事例として，教員と COP との連携に関する現状と課題を分析し，両者のパートナーシップの意義を考察する。最後に，COP の免許状と質保証をめぐる議論を整理し，「教育的概念」に基づく進路指導の発展がサービス（公役務）の在り方に与えた影響を検討する。

　それに先立って，まず CIO および COP が進路指導システムの中でどのような位置にあるのか，その全体像を俯観しておく。フランスでは現在，国民教育省の管轄下に582もの CIO が存在しており，巨大な進路指導ネットワークを形成している。また，CIO はその他の公的機関とも連携しつつ，地域における進路指導サービスの中心拠点としての役割も果たしている（図5-1）。各 CIO には数名から十数名の COP がおり，フランス全土では約4,500人に達する。また，特定の要件を満たした COP は CIO 所長の職務に就き，所属する CIO 施設の運営を取り仕切ることになっている[1]。

　CIO の組織や活動は，創設以来一貫したものではなく，時代背景とそれを反映した進路指導政策に左右されてきた。現在では，その任務は「受け入

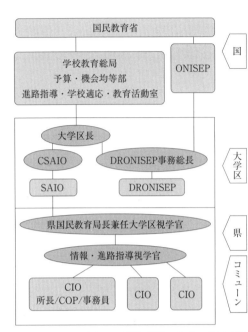

図5-1　進路指導における行政系統と CIO の占める位置
出典：吉本圭一，水島和則著『フランス教育制度と職業参入』日本労働研究機構，1993，85-94頁。
　　　上記文献における本図に，以下の資料により若干の修正・加筆を加えた。
　　　"Personnels d'encadrement", http://www.education.gouv.fr/pid50/personnels-d-encadrement.html (2007.1.25).
　　　Jean-Louis Auduc, *L'école en France*, Nathan, 2006, pp. 76-85.

れ」(accueil)，「資料作成」(documentation)，「情報提供」(information)，「相談」(conseil) という4つに分けられるが，これらは CIO 施設と学校現場という2つの場所において実施される。

　まず前者に注目すると，CIO はフランスに住む全ての人々，とりわけ就学している生徒とその家族を優先的に受け入れることになっている[2]。利用者は，そこでデータベースや国立教育・職業情報局（ONISEP）の発行する資料を用いて学業・職業訓練・職業資格・職種に関する情報を収集したり，関心のある教育・訓練機関を検索したりすることが可能である。また，COP

との個人面談も可能であり，そこでは必要な情報の提供や相談を通じた自己理解の促進など，進路選択の支援がなされることになっている。

次に後者に目を向けてみると，旧リセ学区ごとに設置されている各 CIO は平均して約10校のコレージュと5校～6校のリセ（普通科・技術科）・職業リセを担当しており，週に1日～2日，これらの中等教育機関に COP を派遣している[3]。校内において，COP は生徒の継続的な観察を行い，生徒が学校で成功するための環境を整備する。また，特に担任教員と協力して，進路指導の個人プロジェクトの構築を支援することになっている。

【註】

[1] "Acteurs de l'orientation", http://www.education.gouv.fr/cid158/acteurs-de-l-orientation.html（2007.9.14）.
[2] "Le réseau des services d'information et d'orientation/Les CIO: Centres d'Information et d'Orientation", http://eduscol.education.fr/D0095/CIO01.htm（2007.3.23）.
[3] Michel Huteau,〈Centre d'information et d'orientation (CIO)〉, in Philippe Champy, Christiane étévé（dir.）, *Dictionnaire encyclopédique de l'éducation et de la formation*, 3e édition, Retz, 2005, p. 165.

第1節　学校内外における進路指導心理相談員の役割

1．情報・進路指導センター内部における COP の役割

(1)国民教育省調査にみる CIO の実態

ここでは，国民教育省の評価・未来研究局が1996年6月に実施した COP の役割に関する実態調査（以下「1996年調査」とする）を参考に[1]，マクロな視点で CIO の置かれている状況を客観的に検討してみたい。COP の労働時間

表5-1　COPが勤務する多様な場所における労働時間の割合（％）

場所／労働時間	0％	1～29%	30～40%	41～50%	50%以上	無回答	合計	平均
CIO	0.3	14.2	37.6	32.9	13.8	1.2	100	41.9
コレージュ	10.5	25.9	34.4	15.7	12.3	1.2	100	33.5
職業リセ	63.5	31.6	3.1	0.6	0.0	1.2	100	6.0
リセ	39.6	38.6	15.8	3.3	1.5	1.2	100	15.5
高等教育機関	93.8	2.0	0.2	2.5	0.3	1.2	100	1.6
その他	84.2	12.4	0.5	1.4	0.3	1.2	100	2.0

出典：Régine Gentil, "La fonction de conseiller d'orientation-psychologue des centre d'information et d'orientation", *Note d'information*, no.43, octobre 1997, p.2.

は約40％がCIO，約30％が前期中等教育機関（コレージュ），約20％が後期中等教育機関（リセ・職業リセ）で実施されており（表5-1），CIO施設内（学校外）での活動に充てられる時間は半分近くを占める。ただし，COPの大部分は学校とCIO施設の両方に勤務しており，施設のみで活動をしている者は4％しかいない。

　CIOの半数以上は週5日間開館しているが，5日半あるいは4日半開館している施設もそれぞれ20％程度存在する。開館中，訪問者はCOPの案内のもと資料を参照することができ，また約70％のセンターでは事前予約なしでCOPと個人面談が可能である。訪問者は，中等教育機関に通う生徒とその保護者が多いが（約60％），残り40％はそれ以外の訪問者であり，内訳は大学生（約16％），社会への移行を準備している人々（9％），成人（14％）となっている（表5-2）。したがって，CIOは就学者のみならず，幅広い年齢層に属する人々を受け入れているといえよう。

　COPの職務では，個人面談が勤務時間の平均60％を占め，最も重要な位置を占める。50％以上を占めると回答した者は全体の3分の2に達する。一方で，資料探索に関する業務にはさほど多くの時間が割かれていない。進路適性検査のための心理テストに至っては平均9％にとどまり，回答者の5分

表5-2 COPがCIO施設に受け入れる多様な利用者の相対的割合（％）

利用者 カテゴリー	0％	30％ 未満	30〜 50％	51〜 70％	70％ 以上	無回答	合計	平均
生徒の保護者	2.4	89.8	4.6	0.2	0.1	2.9	100	11.2
中等教育の生徒	0.4	10.2	45.4	32.6	8.5	2.9	100	49.5
大学生	1.2	81.8	13.0	0.8	0.3	2.9	100	16.3
成人	1.0	87.7	8.0	0.3	0.1	2.9	100	14.0
社会移行準備者	5.6	89.2	2.0	0.0	0.3	2.9	100	9.0

出典：Régine Gentil, "La fonction de conseiller d'orientation-psychologue des centre d'information et d'orientation", *Note d'information*, no.43, octobre 1997, p.3.

の4は30％以下の時間しか充てておらず，5分の1は全く実施していない。

(2) パリにある CIO の実態

2007年の時点で，パリには「通常のCIO」が11施設，「特殊なCIO」が3施設，計14施設が存在している（表5-3）[2]。

まず「通常のCIO」に注目してみると，11のCIOは地理的に万遍なく市内に広がっており，隣接する1〜4の行政区を1つのCIOが受け持つことで，パリ全域をカバーしている。各CIOが担当する学校の数は，コレージュが6校〜15校，リセおよび職業リセが7校〜13校とかなり幅があるが，これは受け持つ地区の人口にほぼ比例している。また，各施設に勤務するCOPの数も5人〜13人と幅があるが，これは地区人口と担当学校数に比例している。したがって，パリにおけるCIO施設は，公正かつ効率的に配置されているといえるだろう。また開館時間に関しては，登校期間と学校休暇期間で異なっており，また各施設によって若干の差もみられるが，平日の10時頃〜17時頃に設定されているところが多い。したがって，「土曜日や夜間における受け入れ体制の整備」という『シュワルツ報告』（1981年）の提言は，

表5-3 パリにある CIO の概要

担当行政区	担当するコレージュの数	担当するリセ/職業リセの数	COPの数	職員の数	開館時間①（登校期間）	開館時間②（学校休暇期間）	担当行政区の合計人口
通常のCIO（11施設）							
1区～4区	7	6/3	6	2	月～金/13h～17h30[※1] 月・水～金/10h～13h[※2]	月～金/10h～12h30 /14h～17h	102,150
5区・13区	16	11/4	13	3	月・水～金/9h～17h 火/14h～18h	月～金/10h～13h /14h～17h	241,950
6区・14区	8	10/0	6	2	月～金/9h30～17h30	月～金/12h～17h30	179,850
7区・15区	10	14/0	10	2	月・水～金/10h～17h30 火/13h30～17h30	月～金/10h30～12h30 /13h30～17h	287,800
8区・16区	9	9/0	11	2	月・木・金/9h30～17h、火/13h～17h、水/9h30～17h	月～金/10h～13h /14h～17h	188,200
9区～10区	8	9/0	8	2	月・水～金/9h～17h 火/13h30～17h30	月～金/10h30～17h	147,350
11区～12区	13	6/5	13	2	月/13h30～17h 火～金/9h～17h	月～金/10h～13h /14h45～17h	290,900
17区	6	6/0	5	2	月・水～金/10h～17h30 火/14h～17h30	月～金/10h～17h	160,300
18区	10	6/0	9	2	月・水～金/10h～17h30 火/13h30～17h	月～金/10h～13h /14h～17h	188,700
19区	12	8/0	9	2	月・水～金/10h～17h30 火/10h～13h30	月～金/10h～13h /14h～17h	187,200
20区	10	6/0	10	2	月・木・金/9h～17h 火・水/9h～17h30	月～金/10h～13h /14h～17h	191,800

特殊なCIO（3施設）				
名称	COP	職員	開館時間①	開館時間②
少年裁判所隣接CIO	4	2	月～金/9h～12h45(水13h) /13h30～17h30(金17h)	月～金/9h30～12h30 /13h30～17h
高等教育CIO	13	2	月・火・木・金/14h～18h30、火/12h～18h	
メディアコムCIO	11	2	月～金/13h～17h30(コーナーによって異なる)	

※1 利用者が自分で資料を探索することが可能な時間帯。
※2 COPとの面談か可能な時間帯。
出典：以下のウェブサイトを参照に筆者作成。
　　　http://www.paris.fr (2007.12.23) http://paris-cio.scola.ac-paris.fr/cios.htm (2007.12.23)

少なくともパリにおいては実現されていないことがわかる[3]。

　人々は全てのCIO施設を利用できるが，原則として自らが居住する地区を担当するCIOを利用することになっている。その所在地等はウェブサイト「進路指導と教育・訓練」(orientation & formation)[4]において検索することができる。利用者は自らの住む地域のCIOを探し出し，訪問，電話，メールという3つの手段で進路相談を受ける。ただし，メールに関しては，個人の特別なニーズに関する質問にのみ応じることになっている。一般的な質問に関しては，ウェブサイト「職業ネット」(les metiers. net)[5]の利用が奨励されており，限られたCOPの労力を合理的に活用するための工夫がなされている。訪問については，事前予約がなくとも全ての施設で個人面談が可能である。

　なお，CIOは施設内部の仕事とは別に，管轄の中等教育機関にCOPを派遣するが，11施設ある「通常のCIO」には合計100人のCOPがおり，1人あたり平均で1.09校のコレージュ，1.03校のリセと職業リセを担当している。実際には1人あたり合計で3校～4校を担当することが多いが，この数値は全国平均に比べてかなり低く，パリのCIOの職務環境はかなり恵まれているといえよう。

　次に，「特殊なCIO」の役割について，簡潔に触れておきたい。第1に，「少年裁判所付設情報・進路指導センター」(CIO près le Tribunal pour enfant)は，少年院や刑務所から釈放された非行少年，あるいは保護観察中の非行少年の社会復帰を支援する機関である。

　第2に，「高等教育情報・進路指導センター」(CIO des Enseignement Supérieurs)は，支援対象をバカロレア取得者に限定している。リセの生徒に対する高等教育への進学指導に加えて，高等教育機関に在籍する学生に対して進路選択，進級，進路変更，職業訓練に関する情報を提供したり進路相談を行ったりする。そのために，地理的に近いパリ第1，第4～第6大学の大学情報・進路指導部（SCUIO: service commun universitaire d'information et orientation）と相互に連携して業務にあたることになっている。

　第3に，メディアコム情報・進路指導センター（CIO Médiacom）は，通常のCIOのような学区による地理的な利用制限がなく，全ての人々を予約なしで受け入れる。ただし，可能な限り多くの人が相談できるように，また遠距離からでも利用できるように，COPによる対応は電話，FAX，メールに限定されている。つまり，同センターはマルチメディアを活用することで，COPの人員不足を補う機能を果たしているといえよう。また，青少年情報・資料センター（CIDJ: Centre d'information et de documentation jeunesse）[6] など学校外の多様な機関にCOPを派遣しており，幅広く活動を展開している。

2．学校内部におけるCOPの役割

　学校とCIOとの連携を検討するにあたって，より重要な意味をもつのが，学校内でCOPが果たしている役割である。そこで本項では，主に次の資料に依拠して，COPが校内の進路指導にどのような形で介入しているか，その実態と課題を浮き彫りにしたい。

　第1に，COPの職能団体（Association des COP de France）による2005年の全国調査（以下「2005年調査」）[7]，および「1996年調査」であり，COPを取り巻く現状をマクロな視点で捉えるのに有用である。後者の調査に関しては，既に十数年が経過しているが，教員や生徒を対象とするCOPの職務に関する調査はこれ以外に見当たらない。COPの総数や職務が当時と大きく変化していないことなどから，現在でもある程度の妥当性があると判断する。

　第2に，セーヌ・サン・ドゥニ県にあるジョルジュ・ブラサン中学校（collège George-Brassens）とブレイズ・サンドラ職業高校（lycée professionnel Blaise-Cendras）に勤務する2人のCOP，シルヴィ（Sylvie Amici）とアリヌ（Aline Robin）の仕事を特集した『ルモンド教育版』（2007年5月号）の記事であり，COPの実体がミクロな視点から描かれている[8]。

　さて，具体的な検討に入る前に，COPの職務を分析するにあたっての枠

表5-4　COP が重視する活動
（1：全く重要でない／2：あまり重要でない／3：重要である／4：非常に重要である）

活動の内容	評価	活動の内容	評価
a.進路面談の実施	3.85	i.外部の連携パートナーとの会合の組織	2.59
b.教育チームに対する技術的助言	3.19	j.教員など連携パートナーの訓練	2.56
c.学級評議会への参加	3.17	k.電話・メールによる質問への回答	2.4
d.集団での体系的な情報提供の組織	3.16	l.職業フォーラムの組織	2.47
e.個人の心理学的総括	2.96	m.企業訪問・研修の組織	2.16
f.文書資料の作成	2.82	n.集団での心理学的評価	1.81
g.「進路教育」における集団活動	2.66	o.雇用探索の技術的助言	1.80
h.グループ活動の活性化	2.63		

出典：ACOP-F, CNAM-INETOP, *Les Activites professionnelles des conseillers d'orientation psychologue*, pp.58-59.

表5-5　COP が重視する職務カテゴリーと対応する活動

職務カテゴリー	評価	活動の内容
1.個別的性質（individuel）をもち1対1で行われる活動	3.10	a／e／k
2.制度的性質（institutionnel）をもつ活動	2.71	b／c／f／i／j
3.集団的性質（collectif）をもち，グループで実施される活動	2.41	d／g／h／l／m／n／o

出典：ACOP-F, CNAM-INETOP, *Les Activites professionnelles des conseillers d'orientation psychologue*, p.60より筆者作成。

組みを示しておきたい。表5-4は「2005年調査」において，COP が重視する活動を4段階評価で尋ねたものである。「進路面談の実施」(3.85) の評価が群を抜いて高く，その他は各活動によってまちまちである。さらに同調査では COP の職務カテゴリーについて重要度を尋ねており，評価の高い順に①「個別的活動」(3.10)，②「制度的活動」(2.71)，③「集団的活動」(2.41) となっている。表5-4に示された各活動の性質を考慮して，各カテゴリーに分

類すると表5-5のようになる。以下では，戦後の進路指導政策の変遷過程を踏まえた上で，表5-4と表5-5の結果に依拠して職務カテゴリーごとにCOPの活動を記述する。

(1)制度的活動―「進路指導手続き」と教育チームの支援―

校務として制度に組み込まれたCOPの仕事は，大きく2つに分類される。生徒を各コースに振り分ける「進路指導手続き」への参加（表5-4のc, f）と，教員を中心とする進路指導のアクター（関係者）に対する助言・指導である（b, i, j）。

1980年代以降，「教育的概念」に依拠した進路指導が相対的に重視されるようになったとはいえ，進路指導手続きは選抜試験に代わる進路決定システムであり，学校在籍者数を管理する機能を果たすことから，COPにとって依然として重要な職務である。COPは個人プロジェクトや家庭の進路希望をもとに「進路指導要録」（dossier d'orientation）を作成するが，それは学級評議会の決定に大きな影響を与える[9]。

次に，進路指導関係者への助言・指導に関しては，協働に基づく進路指導が定着する1990年代以降，COPの役割として強く認識されるようになった。1989年教育基本法の8条で，進路指導が「教育共同体」によって取り組むべき活動と定められ，EAOの導入によって教育チームがその中軸を担うことになった。デュサルジェによると，COPは教育チームの「技術的助言者」（conseiller technique）としての立場を有しており，進路指導に関して「教員を養成する」という役割を遂行しなければならないという[10]。進路相談にあたって様々な技術とツールを駆使できるCOPは，専門家としての指導力を発揮し，他のメンバーを支援する。

(2)個別的活動―進路相談―

生徒の進路相談は，COPにとって学校内で最も重要な職務である（表5-4

のa, e, k)。生徒が日常的にCOPのもとを訪れるほか，最終学年では校長，COP，担任教員，生徒，保護者による定期グループ面談を通じて，生徒の心理学的総括が実施されるという[11]。

　ここでは，シルヴィが勤務するブレイズ・サンドラ職業高校において日常的に行われる進路面談に注目し，COPの果たす役割を明らかにしたい[12]。彼女は専用の相談室で生徒を待っているが，生徒指導専門員（CPE）によって困難を抱えた生徒が強制的に送られてくる場合と[13]，生徒が自主的に訪問する場合の2通りのパターンがある。前者に関しては，通常多くの生徒が自分のことを何も話さず，そのまま生徒指導専門員のもとに送り返されてしまうという。後者のケースに関して『ルモンド教育版』に紹介された2つの事例を引用し，筆者による若干の考察を加えてみたい。

ケース1：鼻にリングをつけた，褐色の髪をした小柄な女子生徒（第1学年）

　女子生徒は移民家庭の子どもであるが，家庭が学校教育に熱心であり，コレージュではかなり優秀な成績を残していた。しかし，職業リセ（BEPコース）[14]に進学後，暗記が得意であった彼女は数学についていけなくなってしまった。その一方で，彼女は普通リセのバカロレアS科に進学することを望んでおり[15]，成績の低下に苦しんでいる。シルヴィは既に3回彼女と面談を行っていたが，つい先週の学級評議会でも彼女のことが話題になったばかりであったという。取材当時は，バカロレアS科だけが全てではなく，他にも選択肢はあるという事実のもとで，彼女と話し合いを進めている最中であった。

ケース2：少し動作の鈍い太った男子生徒（最終学年）

　職業バカロレア電気工学科の最終学年では，優秀な生徒の多くがリセ付属の上級技術者養成課程（STS: Section de technicien supérieur）に進学する[16]。男子生徒も例外ではなく，STSの芸術コースへ進学することを第1希望としていた。通常，このコースに進むための条件は，職業リセで選択科目「造形芸術」（l'option arts plastiques）を履修していることであるが，男子生徒はこれを満たしていなかった。しかしシルヴィは，進路変更の制度を利用すればSTSの造形芸術の深化学級に合流できることを

知っており，進学を勧めた。ただし，そのためには直ちに学校を決定する必要がある。男子生徒は公立校の「学校公開日」(journée portes ouvertes) に全く学校訪問をしておらず，適当に1つの学校を選択していた。そこでシルビィが改めて調べてみると，彼の自宅により近いファントネ＝ス＝ボアに別の学校があったため，その学校に自分で電話するように促した。彼は不器用に電話をかけたが，「職業バカロレアをまだ取得していない」との理由で，事務所段階で話が行き詰ってしまった。そこで，シルビィが再度電話をかけ直して談判を行い，最終的に彼の学校に勤める造形芸術の教員の紹介状を添えるという条件で，指導要録（dossier）を審査してもらえることになった。

さて，第2希望の進路として彼が考えていたのは，工業製品の企画立案に関する交互職業訓練（une formation en alternance）に進むことである。彼の指導要録は優秀だったので，いくつかの企業と直接コンタクトをとってみることになった。一般的な社会通念としては，彼の希望する分野において契約を結んでくれる企業を見つけ出すことは困難である。無論，シルビィもそのことを知っていたが，彼には告げず，「気をつけなさい，職業訓練契約を問題にしているということを企業側にはっきりと伝えるのですよ」とだけ助言した。

　以上の事例から見えるのは，生徒の要望や自主性を尊重する「助言者」(conseiller) としての立場を堅持するCOPの姿であろう。国民教育高等学院のオドリー（Dominique Odry）は，それを「伴走支援」(accompagnement) という言葉で表現している[17]。これは，生徒の個人プロジェクトに耳を傾け，実現にあたっての困難に寄り添って支援を行うという意味である。COPは，夢や可能性を奪うことのないように配慮した上で，正しい現実を1つの情報として伝えることにより，生徒が自らの進路選択に向けて動きやすい環境を整備している。「1996年調査」によると，リセやコレージュの生徒の大部分が，COPは自分たちの学業選択（70%～89%）や情報発見（71%～87%）を支援するために学校に来ていると認識している[18]。

　その一方で，同校でも困難を抱えた生徒との面談がうまくいっていないことに象徴されるように，本来は最も支援が必要なはずの生徒に対する進路相談がなされていない傾向にある。「1996年調査」では，COPの個人面談を受

けたことがある生徒は，コレージュで5分の3に達するものの，リセでは4分の1～3分の1にとどまっており，さらに半数の生徒がそもそもCOPとの面談を希望していないと述べている[19]。また，自分の学校のCOPを知らないと答えている生徒は，コレージュの最終学年ではわずかであるが（10％），リセでは約3分の1，職業リセ（BEPコース）最終学年では2分の1に達する。したがって，前期中等教育よりも後期中等教育で，普通・技術系コースよりも職業系コースでCOPによるサービスが活用されていない。家庭との連携も不十分であり，「保護者がCOPを認知しているかわからない」と回答したリセ担任教員は30％～40％にも上る。

(3)集団的活動─進路情報の提供と「進路教育」─

　進路相談を中心とする個別的活動に力を入れるCOPにとって，集団的活動に対する意識は必ずしも高いとはいえない。しかしながら，進路情報の提供（表5-4のd）とEAO（g）については，その中でも比較的重視されている。

　前者に関して，学校教育の大衆化により進路選択が複雑化した現代において，選択の自由は情報へのアクセスに依存しており，COPによる進路情報の提供がもつ意義は大きくなっている。具体的には，大量の情報リソースを整理して，シンプルで分かりやすい情報を提供することが求められる。情報があまりに複雑すぎて，そこへのアクセスが制限されてしまうことは，社会的排除のメカニズムを強化し，とりわけ下流階層の家庭と学校との距離を広げてしまうことにつながりかねない。また，時間の概念（la notion de temporalité）を意識して，生徒の発達段階や思考レベルをふまえて正確な情報を与えることも重要である。換言するならば，生徒の個人プロジェクトに沿った情報提供を実施する必要があり，ゆえに集団的活動と個別的活動の相互活用が有効であるといえよう。

　シルヴィとアリヌは，COPは進路情報に精通している必要があるとしつつも，単に履修コースのしくみを理解しているだけでは不十分であると考え

ている[20]。なぜならば，コースは確かに学校制度の中に存在するものであるが，同時に実社会での職業活動に向かって開かれている。それゆえ，職業社会からみた各コースの問題点について，進路指導のプロセスに関わる全てのアクター，特に生徒，家庭，教員に対して説明する責任があるという。

さらに，シルヴィらは，生徒に対して単なる就職口の情報を与えるのではなく，学校と社会とを「関連づける」(faire le lien) ことが必要であると指摘する。彼女らは「職業リセの生徒は，現場で観察した職業活動や企業研修で学んだ技術と，学校の内部で発見し実践した，しばしば規格化され理論化された仕事を結びつけるのに苦労している」[21] との認識を抱いている。この関連付けがなされなければ，生徒は，学校で学ぶことは社会で何の役にも立たないと感じ，学習意欲を喪失してしまう。あるいは逆に，実地での学習は自分の期待に適合していないと感じ，職業社会に対する興味を喪失してしまう。こうした「学ぶこと」と「働くこと」の関連付けの重要性は，コレージュの生徒についても同じことがいえるであろう。

次に，EAOにおいて，教育チームの一員としてのCOPが果たす役割について検討してみたい。ギシャールらによると，EAOには100以上もの教育方法があり，その大部分がCOPによって開発されたものであるという[22]。一例として，「生徒が自らの適性，関心，価値観，特徴，個性，決断スタイル等に関する質問に答え，それを平均的回答（標本）と比較することで自己理解を促進するといったエクササイズ」があげられている。

さらにEAOの核として設置された「職業発見」は，教員がCOPと連携して実施することになっている。例えば，シルヴィらは電気工学コースを紹介する視聴覚教材を作成し，DP3の時間を用いて上映会を行っている[23]。このイベントには，授業を履修しているコレージュ第4学年の生徒に加えて，彼らを担当する教育チームのメンバーや，さらには職業リセの生徒も参加しており，世代や学校を超えた多様な交流が実現されている。これは，シルヴィらがコレージュと職業リセの両方を担当するCOPだからこそできること

であろう。また，彼女らは「職業のイメージとイメージ上の職業」（Image des métier et métier à image）という題目のDP3用教材も開発しており，各校の教育チームに配布している。この資料は，授業の中で「電気工学の関連産業について，従来と異なったイメージを生徒に与える」ために活用されているという。

3．COPが直面する職務遂行上の困難

　学校内部におけるCOPの職務の内容およびその意義について，3つの職務カテゴリーに焦点を当て明らかにした。しかし，『ルモンド教育版』の記事の題目が「COPの病理」（Malaise chez les conseillers d'orientation）であることに象徴されるように，異校種間，あるいは学校と社会を橋渡しするCOPの任務は，必ずしも円滑に遂行されているわけではない。それどころか，現在COPは内的要因（職務遂行上の障害）と外的要因（進路指導サービスの私事化）の両面から，その存在意義を脅かされるほどの困難に直面している。後者については本章第3節に譲り，ここでは前者の内的要因について整理を試みたい。

　「2005年調査」によると，COPの76％が自らの職務に満足していると回答しており，主たる理由は「公衆と若者に対する活動」（13.1％），「職務の豊かさ」（12.8％）などである[24]。他方，満足しない要因としては「具体的手段の欠如」（22.7％），「役割の不均質性（hétérogénéité）」（19.0％），「COPの総数の不足」（15.6％）などが目立つ[25]。相談業務を中心とするCOPの活動によって解決できない問題が存在することや，多様な役割を求められるために，現在の人数では問題に対応できないことへの不満が読み取れる。

　他方，「1996年調査」によると，学校長の約70％～90％がCOPの活動は学校側のニーズに合致しているとみなしているのに対し，担任教員の回答は勤務する学校種によって多様である[26]。各学校の最終学年で比較すると，コレージュで約80％，リセで約50％～60％，職業リセ（BEPコース）で約50％

と教育段階が上がるにつれて満足度は低下している。同調査はその原因について，COPと教員の教育観の違いではなく，COPの不十分な在校時間にあるとする。事実，学校長の約40％は，COPの在校時間が足りないと感じており，その背景には，COPの人員不足という実態がある。全国中等教育教員組合（SNES: syndicat national de l'enseignement secondaire）によると，2007年には1人のCOPが平均1,400人の生徒を担当しており，進路指導はCOP個人の並外れた個人的努力によって成り立っている[27]。

こうした量的不足はCOPの個々の活動の「質」にも悪影響を与えかねない。COPは自らの活動を担当校とCIO施設で分割せざるを得ないため，複数の職場で板ばさみになっており，学校や生徒からの個々のニーズに応じることが困難な場合がある。ゆえに，オデュック（Jean-Louis Auduc）は「COPが進路指導に関して選択したり計画を立てたりするにあたって，1つの学校に在学して入念に準備する中で得るアイデンティティと居場所は重要である」[28]と指摘する。同様に，アルティエ・ネグル（Monique Altier-Negre）も「COPが異動せずに同じ学校に長く勤務し，教員とのパートナーシップを構築していくことが求められる」[29]としており，そのためにも量的充実が欠かせないと主張する。

ただし，教員とのパートナーシップを妨げているのは，COPの量的不足だけではない。デュサルジェは，COPの介入が教員の進路指導に対する関わりを希薄化させてしまう可能性を指摘し，「COPのみを進路指導の活動の専門家にしてはならない」[30]と警鐘を鳴らしている。逆に，教員が自己中心的であり，「部外者」であるCOPが全く指導力を発揮できないというケースも想定される。今後，COPの人員が増加に転じる可能性が限りなく低いことを考慮するならば，専門家としてのCOPがどのような形で教員と職務を分担したら効果的な連携につながるのか，いっそう問われるであろう。

【註】

1 Régine Gentil, "La fonction de conseiller d'orientation-psychologue des centre d'information et d'orientation", Ministère de l'éducation nationale, de la recherche et de la technologie, *Note d'information*, no. 43, octobre 1997. 調査対象は，300の CIO に所属する CIO 所長と COP であり，有効回答は CIO 所長：290名（97％），COP：2129人（85％）である。また，合わせてコレージュ，リセ，職業リセ各200校を無作為抽出して質問紙調査を行っており，学校長485名（81％），担任教員1,322名（70％），生徒1,634名（67％）が回答した。

2 "Les C.I.O.: mode d'emploi", http://paris-cio.scola.ac-paris.fr/mode%20d%27emploi.htm（2007.10.18）

3 Bertrand Schwartz, *L'insertion professionnelle et sociale des jeunes*, la documentation française, 1981, p. 146.

4 "Orientation & Formation", http://www.orientation-formation.fr/（2007.11.18）。このサイトには，582の CIO 全ての所在地が掲載してあり，利用者は最寄りの CIO を検索できる。

5 "Les metiers.net", http://www.lesmetiers.net/（2007.11.5）　このサイトはイル・ド・フランス地域圏とパリ，クレテイユ，ヴェルサイユの大学区情報・進路指導局（SAIO）が共同で運営しており，職業に関する質疑応答のサービスを提供する。

6 各地方にある青少年情報センター（CIJ: Centre d'information jeunesse）の中央機関であるCIDJ は，教育・訓練・雇用・住居・レジャー・海外旅行・留学・スポーツなど生活全般に関わる情報を提供しており，利用者は1日あたり2,000人に達する（吉本圭一，水島和則著『フランス教育制度と職業参入』日本労働研究機構，1993，93-94頁）。

7 ACOP-F, CNAM-INETOP, *Les Activites professionnelles des conseillers d'orientation psychologue: résultats de l'enquête nationale*, 2006. 無作為抽出された COP と CIO 所長が回答し，有効回答数は1,010名（全体の21％）であった。

8 Luc Cédelle, "Malaise chez les conseillers d'orientation", *Le monde de l'éducation*, no 358, mai 2007, pp. 35-36. シルビィは，社会教育・生涯教育の担い手であるアニマトゥール（animateur）として助産婦の研究に従事した後，COPとして15年間勤務している。アリヌは精神障害者の支援に携わった後，COPとして6年間勤務している。彼女らのように，COPになる前に何らかの職業経験を有している者は全体の60％に達する（ACOP-F, CNAM-INETOP, *op.cit.*, p. 34）。

9 筆者が2010年9月15日に CIO ストラスブール・シュッド（Strasbourg sud）にお

いて，COP のボスカト（Graziana Boscato）に行ったインタビューより。

10　Paul Ricaud-Dussarget, "L'esprit des texts officiels de 1996", in Francine Grosbras (coord.), *l'éducation à l'orientation au collège*, Hachette, 1998, p. 136.

11　筆者が2009年9月21日，リヨン郊外にあるコレージュM・C校において，学校長のA氏に行ったインタビューより（本章第2節参照）。

12　Luc Cédelle, *op.cit.*, p. 36.

13　生徒指導専門員は，教職員，生徒，家庭といった学校に関わるアクター間の「仲介者」としての役割を果たし，「学校運営」「教職員との連携」「教育活動の活性化」を担う。

14　2年間の職業教育免状（BEP）コースを修了した生徒は，職業バカロレア取得コースかリセ（普通科・技術科）の第2学年に進学できる。

15　バカロレアには，社会経済系（ES），文学系(L)，科学系(S)の3種類があり，旧バカロレア資格のC科（数学・物理学科）を引き継ぐS科が最も高い権威をもつ。S科では，数学が第2学年で週4時間，第3学年で週4.5時間あり，全教科で最も学習時間が長い。またバカロレア試験でも数学の配点指数が最も高く，苦手な生徒のS科進学は困難である。

16　後期中等教育を卒業後，上級技術者養成課程（STS）において2年間の教育を受けることで，各種の上級技術者免状（BTS: Brevet de technician supérieur）を取得することができる。

17　Dominique Odry, "Conseillers d'orientation: une richesse mal exploitée", *Cahiers pédagogiques*, no 463, CRDP, mai 2008, p. 37.

18　Régine Gentil, *op.cit.*, p. 5.

19　*Ibid.*, pp. 5-6. 以下，本段落の記述は同調査の結果に依拠している。

20　Luc Cédelle, *op.cit.*, p. 36.

21　*Ibid.*, p. 36.

22　Jean Guichard, Michel Huteau, *L'orientation scolaire et professionnelle*, Dunod, 2005, pp. 98-99.

23　Luc Cédelle, *op.cit.*, p. 35-36.

24　「1996年調査」でも，COP の約70％が自分たちの仕事は有用であると感じており，特にコレージュに務めるCOP は96％が職務に満足している（Régine Gentil, *op.cit.*, p. 5)。

25　ACOP-F, CNAM-INETOP, *op.cit.*, pp. 129-135.

26　Régine Gentil, *op.cit.*, pp. 5-6.

27　Luc Cédelle, *op.cit.*, p. 36.
28　Jean-Louis Auduc, *L'école en France*, Nathan, 2006, p. 94.
29　筆者が2009年3月12日，パリ第8区・16区 CIO において COP のアルティエ・ネグルに行ったインタビューより。
30　Paul Ricaud-Dussarget, *op.cit.*, p. 137.

第2節　教育困難校における教員と進路指導心理相談員との連携

1．調査の概要と対象校の進路指導プログラム

　本節では，コレージュの進路指導において教員と COP がいかなる形で連携しているか，リヨン郊外の教育困難校である M・C 校を事例として検討する。筆者は2009年9月21日に同校を訪問し，学校長の A 氏，および担任教員の B 氏（地理歴史科）と C 氏（体育科）に対してインタビュー調査（半構造化面接法）を実施した。さらに，9月22日，近隣にある情報・進路指導センターを訪問し，同校を担当する COP である D 相談員にもインタビューを行った。両調査の結果を比較対照することで，両者の連携に対する認識の共通点と相違点を分析し，実態を解明したい。

　インタビュー調査に依拠して連携実態を質的に分析した先行研究は管見の限り見当たらないが，量的分析については国民教育省が1996年[1]，2001年[2]，2007年[3]，COP の職能団体（ACOP-F: Asociation des COP de France）が2005年[4]に質問紙調査を実施している（以下，「1996年調査」，「2001年調査」，「2007年調査」，「2005年調査」とする）。ここでは，こうしたマクロな視点からの研究と比較することで，M・C 校が全体に占める位置を提示し，ミクロなインタビュー調査の結果を相対化することを試みる。

　調査対象校である M・C 校は，生徒数464名，教員数50名（2009年度）の比

較的小規模なコレージュであり，リヨン北東のリリウー・ラ・パプ（Rillieux la Pape）に位置している。D相談員によると，この地域には職業的・社会的地位が低い家庭が集中しているため[5]，同校の生徒についても両親が無資格の単純労働者や失業者である場合が多く，ひとり親家庭や再婚家庭の出身者の割合が高いとされる。また，パリやリヨン中心部から引っ越してきた家庭も多く，地域社会への統合も困難な状態にある。したがって，同校の生徒は優れた学業成績を収めることが難しい環境に置かれており，前期中等教育修了証書（DNB: diplôme national du brevet）[6]の取得率も全国平均と比べて低い（図5-2）。それゆえ，生徒の進路に関しても，職業リセに進学する割合が全国より高くなっている（図5-3）。

　以上のような理由から，2006年度以降，同校は「学業成功網」（RRS: réseaux de réussite scolaire）[7]の優先教育校に指定されており，多様な機関と連携しつつ，生徒の成功に向けて学校全体で取り組んでいる。A校長によると，その中でも進路指導は最も重要な取り組みの1つであり，第3学年から多様な活動が実施される（表5-6）[8]。全生徒が参加する活動がある一方で，学校からドロップアウトしつつある一部の生徒を対象にしたものも多く，個々の生徒の状況に即した支援プログラムが用意されている。

　さて，進路指導の担当者に注目すると，教員が授業を通した進路学習，すなわち「進路教育」（EAO）を実施し，COPが「進路相談」（le conseil d'orientation）を実施するといった形で，ある程度明確な分担がなされている。両者が直接連携して取り組む活動は，進路相談の一部と「職業発見」（DP）の2つである。同校ではDP3に18名（学年の約16%），DP6に20名（約18%）が参加しており，職業コースへの進学者が多いということもあって，その割合は全国平均（DP3: 11.5%，DP6: 4.4%）に比べて高い[9]。DP6が職業リセで実施される少人数コース（le module）であるのに対して，DP3はコレージュで履修できる選択科目であり，同校の進路指導プログラムに含まれる。

　以降では，授業外の活動である進路相談，および授業の範囲内で実践され

第5章　進路指導における学校と外部機関の連携　337

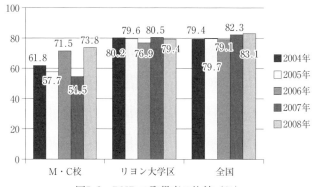

図5-2　DNBの取得率の比較（％）

出典：Ministère de l'éducation nationale, *Repères et références statistiques sur les enseignements, la formation et la recherche*, 2009, p. 227. "Bassin de formation LYON 10696", Academie de Lyon, Service prospective et Statistique, fiche d'identité より筆者作成。

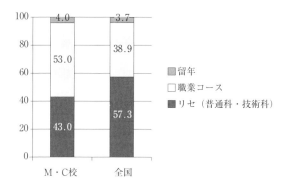

図5-3　卒業後の進路比較（％）

出典：Éduscol, "Bilan de l'orientation dans le secod dégre public", http://eduscol.education.fr/cid47381/classe-de-troisieme-generale.html（2010.4.23），および A 校長に対するインタビューより筆者作成。

るDP3に注目し,教員とCOPとの連携の現状と課題について考察する(表5-7の質問a～h)。

表5-6 M·C校における進路指導プログラムと主な担当者

第3学年 活動内容	担当者 教員	担当者 COP	第4学年 活動内容	担当者 教員	担当者 COP
1. 学級生活の時間（heure de vie de classe）* 担任教員が進路学習を行う。	○		11. 職業発見：DP3	○	○
2. アクション「真の生活・真の挑戦」* 2日間，通常授業を中断し，各クラスで職業に関するロールプレイを行う。	○		12. 短期企業研修* 3日間の職場体験を実施する。	○	
3. 内部措置（dispositif interme） 保護者も参加して，生徒に興味ある職業を発見させ，学習意欲を高める。	○		13. 長期企業研修	○	
4. 日常進路相談 第4学年に進級するにあたって，選択科目等の相談や情報提供を行う。		○	14. 定期進路面談* 校長，COP，担任教員，生徒，保護者によるグループ面談を行う。	○	○
5. 長期企業研修 学業からの離脱が深刻な生徒が参加する。	○		15. 職業リセ短期研修 1日～数日間，希望者が参加する。	○	
6. 職業フォーラム（forum des métier）* 社会人や職業リセの生徒と対話する。	○		16. 学校訪問* 学校公開日にリセ等を訪問する。	○	
7. 職業指導に向けた準備 第4学年でDP6など特別なコースに参加する生徒と保護者に対して面談する。	○	○	17. 職業フォーラム*	○	
8. 交互教育（alternance） 深刻な学業不振に陥っている生徒は，授業と並行して企業研修を受ける。	○		18. 保護者・教員集会* 定期的に，あるいは予約した上で教員と保護者が面談する。	○	
9. 進路指導の時間* 担任教員が進路学習を行う。	○		19. 交互教育	○	
10. 日常進路相談 個人プロジェクト構築のための面談や情報提供を実施する。		○			

※ *印のついた活動は全ての生徒/家庭，その他は希望者や学業不振の生徒/家庭が参加する。
出典：Collège Maria Casares, "l'orientation au collège", 2009（校内文書）より筆者作成。

第5章　進路指導における学校と外部機関の連携　339

表5-7　教員とCOPに対するインタビューの結果（a～h）

a．進路指導におけるCOPの職務についてどのように考えていますか。

A校長の回答	D相談員の回答
COPは，若者が社会生活に近づくことを妨げる要因は何か発見するために，職業指導を超えて面談を行い，そのために進路指導の観点から心理士の技巧（métier）を行使します。	COPの仕事の根底は進路相談，英語でいうところのカウンセリングである。多くの生徒は，目先の進学先のことしか頭にありません。私は言説（discours）を心理学的に分析し，個人プロジェクト構築に向けて彼らの発達を支援します。

b．進路面談において，COPはどのような役割を果たしていますか。

A校長の回答	D相談員の回答
COPは，生徒の家庭と面談を行います。なぜなら，生徒が望むことと，保護者が望むことの間に大きな隔たりが存在していることがあるからです。例えば，ある女生徒は学校で悪くない学業成績をおさめており，将来に対して大きな野望をもっていましたが，家庭では全く勉強しない娘としてみられていました。このような場合，COPは両者の間に立ち，生徒と保護者が互いのことを充分に理解できるように仲介を行うのです。	COPは進学先が決定していない生徒とその保護者を中心に面談を行います。そこでは，まず労働市場において生徒がアクセス可能な職種について，次にそれらの職種に合致する受入先の学校をいかに発見するか話し合います。しかし，進学先の発見は困難であり，生徒に残された学校との調整も全く行われていないケースも多いのが実情です。そこで，学校の外側にあるCOPが，様々な衝突を引き起こす困難な状況を打開していくのです。

c．進路指導における教員とCOPとの役割分担はどのようになっていますか。

C担任の回答	D相談員の回答
担任教員は担当クラスの全生徒に対する責任を負っています。そのために，私はクラスに対する包括的なビジョンをもち，生徒をとりまく全ての業務（学業監督，成績の総括，生活指導，処罰など）を調整し，教育チームを活性化させます。その中の1つに進路指導もあるのです。それに対し，COPは進路指導のみに携わり，私たちの支援を行います。 また，教員とCOPとでは養成課程および専門性が全く異なります。学習指導の専門家である私たちが，知識をいかに構築するかという視点から生徒を見るのに対して，COPは心理学的な視点を有していま	教員が生徒の情報を提供することで，私は開かれた進路指導を行うことができます。特に状況が困難かつ複雑なケースでは，面談によって生徒と家庭に関して深く掘り下げることがCOPの重要な役割です。COPは心理学的，社会学的，経済学的知識によって，開かれた眼差し（un regard éclairé）をもたらす専門家であるといえます。

す。異なる視線を集約する（la convergence de le regard différente）ことにより，生徒とって良いチャンス（bon chance）がもたらされるでしょう

d．M・C校ではCOPと教員とのパートナーシップに問題はありませんか。

C担任の回答	D相談員の回答
はい，全くありません。進路指導における教員とCOPとの連携は非常に強力なものです。また，生徒の進路を決定する学級評議会などにおいても両者の協力関係は重要です。	教育チームのメンバーとは頻繁に連携しており，基本的に問題はありません。特に担任教員には空き時間があり，簡単に話し合うことができました。他方で，担任でない教員に会えるのは授業の合間，休み時間のみであり，連携は困難でした。

e．1996年の「進路教育」（EAO）導入以降，COPの職務は変化しましたか。

A校長の回答	D相談員の回答
EAOの導入以降，政府の方針により学校教育プロジェクトの中に進路指導の箇所を設けることが義務付けられるようになりました。それに伴ってCOPの役割は少し修正され，進路指導をより魅力的なものにするために，学校の進路指導計画の運搬人（porteur de projet orinetation）になることが求められています。また，進路指導の総括や進路の追跡調査を行い，その数値結果を政府に送ることもCOPの任務になりました。	私たちの役割は，EAOによって少しだけ変化しました。COPが教員全員と協力して，生徒の教育活動や若者の進路の追跡調査にあたることは重要になってきていますが，時間不足のためにEAOへの参加は困難です。

f．生徒の進路指導にとって，DP3は意義があると感じていますか。

B担任の回答	D相談員の回答
はい，非常に大きな意義があります。DP3はコレージュ卒業後の全ての可能性を提示するために，進学のために何を準備すれば良いか示すために，進路選択を容易なものにするためにあります。例えば，学校と企業とを結び付けるために，1年間に3回～4回企業を訪問し，企業組織が深い部分においてどのように機能しているか発見させます。それは生徒にとって，企業の内部における日常的困難や，経済的困難，さらには人材管理の果たす機能に気がつく	はい，有用であると思います。DP3によって，生徒は労働世界に対する現実に直面する多様な機会を得ることができます。それは，複雑な進路を提示し，生徒を進路決定に向けて，前進させたり後退させたりします。重要なのは，選択を目の前にして生徒が立ち往生してしまわないことであり，そのような複数の選択肢が必要です。自らの進路を完全に制御することはできませんが（例えば死期は制御不能），複数の選択肢を提示することで，多様な人生の歩

| ための手段なのです。 | み方があることを示すのです。 |

g．DP3において，COPはどのような役割を果たしていますか。

B担任の回答	D相談員の回答
D相談員は，いくつかの場面において，DP3に介入し，学習指導チームによって実施される活動を補います。特に，職業に関する情報を補って完全なものにします。生徒は，複雑な職業社会を理解することで，1つ～3つの興味ある職業と自分をつなげることができるのです。	私の役割は，生徒が職業社会の複雑性に対応できるように，職業社会に関する客観的知識（des sciences）を提示することです。その狙いは，即時的な経験に関して，生徒や教員が距離をおいてみることができるように支援することにあります。言い換えれば，それは職業社会へと移行するために複数の筋道（des pistes）を与える作業なのです。

h．COPの職務の在り方をめぐって，どのような問題がありますか。

A校長の回答	D相談員の回答
COPの人数が圧倒的に不足しており，1人あたりの担当する生徒数が多すぎることです。最近COPの業務は多忙化しており，生徒と向き合うことができる時間は年々減りつつあります。多くの生徒がCOPとの面談を希望していますが，全員必修の定期進路相談を除くと，実際に相談を受けることができる生徒は全体の半数以下です。確実に面談するために，生徒や家庭は15日前にあらかじめ予約しておかなければならないという状況にあります。ゆえに，私たちはD相談員の手が空いているとき，そのことをすぐに生徒に伝えるように努力しています。	リヨンではCOPは1人で1,600人の生徒を担当しており，非常に忙しいです。私たちは蝶のようにあちこちを飛び回り（papillonne），重要事項に少しずつ関わっています。職務が分散されており，コレージュでの協議後にすぐリセで協議することもしばしばです。COPがより効果的に職務を遂行するためには，ポストの数を増やすと同時に，役割をより細分化し，各ケースに細かく対応できるようにすることが望ましいと思います。これは，教員側に関しても同じことがいえます。COPと教員が多数かつ多様な役割を担っているという問題を解決し，両者が拘束されず，自由であることが求められます。

2．授業外における教員とCOPとの連携

(1)進路相談におけるCOPの職務

　まず，A校長（教員側）もD相談員（COP側）も共通して，進路指導におけるCOPの一義的な職務は，心理学に依拠した進路相談であると考えている（質問a）。「2005年調査」においても，進路相談はCOPの業務の中で最も重視されており（4段階評価で3.84)[10]，この傾向は困難校でも同様であるといえよう。ただし，M・C校においては，多様なコースを備えた職業リセへの進学者を対象とする支援が中心となっており，そこでは生徒を含めた各家庭との面談が特に大きな意味をもつ。

　面談にあたってCOPに期待される役割に関しては，両者の間で若干の差異がみられる（質問b）。すなわち，A校長は進路相談によって生徒と保護者との進路希望をすり合わせることに重きを置いており，これは公的文書等に示される一般的なCOP像に近いように思われる。すなわち，COPの活動の本質は「伴走支援」にあり，個人プロジェクトに沿って，生徒が進路選択に向けて動きやすい環境を整備することにあると考えられている。それゆえ，生徒と保護者との進路観ギャップを解消することは，COPの重要な任務の1つとみなされる。さらに，進路を希望する側である家庭と進路に振り分ける側である学校が対立関係に陥るケースもあり得る。こうした場合にも，中立的な立場であるCOPが間に入ることで両者を仲介し，問題解決に導くのである。

　他方，D相談員は家庭の希望を尊重しつつも「とにかく生徒を受け入れてくれる教育機関」への進学を優先せざるを得ない現実を強く意識しており，次のように理由を述べている。

　　「多くの生徒が職業バカロレア取得課程に進学することを希望しますが，実際に進学可能な場所を見つけることは困難です。なぜなら，進学の際にコレージュ第1学年からの指導要録（dossier）を提出する必要が

ありますが，その内容があまりに悪すぎるからです。ゆえに，私は生徒の人格や希望に基づいた活動を心がけていますが，容易ではありません。また，特定の職業コースに対してステレオタイプを抱いている生徒も多いです。例えば，見習い訓練センター（CFA: centre de formation d'apprentis）など技術的な職業訓練を行う場所は工業社会に多数存在しますが，彼らはそこに進学することを望みません。大部分の生徒は『ものづくり』ではなく，人と話をする職業や子どもの世話をする職業を希望しています。」[11]

発言の中に「伴走する」（accompagner）という表現は一度も登場せず，「生徒の居場所を発見する」（trouver sa place）という表現が頻繁に用いられていた。それでは，D相談員はどうやって生徒に進学先を発見させるのであろうか。

「2009年現在，24名，1クラスあたり約5人の生徒がまだ進路に振り分けられていません。彼らを何とかするのが，私の最も重要な仕事です。そのために，生徒やその家庭と『絆』（lien）をつくって解決法を模索していますが，それはさほど多くありません。私は生徒に『移行総合ミッション』（MGI: mission generale pour insertion）[12]，社会統合のための企業研修，職業リセでの学習などに参加し，職業社会や企業を発見することを提案します。こうして，指導要録を少しでも良いものに改善し，受け入れてくれる場所を見つけていくのです。」[13]

以上のように，D相談員の考えるCOPの役割観には，学業成功網に指定された困難校特有の事情が，教員にも増して色濃く反映されているといえよう。

(2) 教員とCOPの役割分担

進路指導における教員とCOPの役割分担に関しては，教育学と心理学という専門性の差異，およびそれに起因する「視線」の違いがその境界線を形

成するとみなされている（質問c）。異なる視線が合わさり，複眼的に生徒を捉えられることは，連携の最大の意義といえるであろう。ただし，C担任が行動連携を求めているのに対して，D相談員はどちらからといえば情報連携を重視しているように思われる。つまり，教員が生徒の学習や日常生活に関する情報をCOPに提供し，それをもとにCOPが進路相談を実行するという連携形態が想定されているのである。

とはいえ，両者とも教員とCOPとのパートナーシップは，基本的に問題なく円滑に機能していると回答する（質問d）。表5-6で確認したように，具体的な活動における担当者の区別は明確であるが，教員とCOPが共に参加する進路相談の機会も設けられている。「2007年調査」において，「両者共同で行う面談が全くないと」回答した教員が50％に達することを考慮すると[14]，M・C校の行動連携は進んでいると判断できる。さらに，D相談員は「フランス企業運動」（MEDEF）の協力を得て，教員に対して企業発見のための研修も実施している[15]。COPは進路指導の「技術的助言者」としての立場から教員養成の役割を遂行しなければならないと考えられていたが，同校ではそれが実現されているといえよう。

しかしながら，D相談員が担任教員以外の教科担当教員とはほとんど連携できていないと述べていることは看過できない。この発言は，教育共同体の成員全体で生徒の進路選択能力を発達させていくというEAOの理念が浸透していないことを示している。

3．授業を通じた教員とCOPとの連携

「2003年調査」によると，COPがEAOを効果的に実施しているのはコレージュの55％にとどまっており，優先教育地域にある学校では25％に過ぎない[16]。その理由として，①「EAOの包括的な戦略の発展が困難である」（53％），②「進路指導のアプローチが分裂している」（41％），というのが上位を占めている。さらに①の原因に関して，69％のCIO所長が「チームで

活動することが困難であるから」と回答している。また,「2005年調査」でも，COPはEAOをさほど重視しない傾向にあるが（4段回評価で2.88),COP間での意見の相違も非常に大きい（変動係数29％)[17]。

　以上の特徴はM・C校においても同様であり，表5-6が示すようにEAOは主に教員によって実施されている。EAOの導入以降，政府の方針によってCOPにはその舵取りが要求されているが，多忙ゆえに教科担当との連携は難しく，チームワークがうまく機能していないと考えられる（質問e)。つまり，生徒のために使える時間が極めて限られているD相談員は，実施する活動を取捨選択せざるを得ず，結果として大部分を進路相談に充てる。

　唯一，EAOの範囲内で教員とCOPとの行動連携が実現しているのが，DP3の授業である。DP3は2人以上の教員から構成される「学習指導チーム」によって実施され，状況に応じてCOPも介入することが規定されている。同校においても，B担任と同僚のテクノロジー教員がチームを組み，いくつかの場面でD相談員が参加している。DP3は通常，職業情報を収集して資料を作成し，それをプレゼンテーション等によって共有する時間であり，主に学内で実践される。しかし，同校では授業のほとんどが学校外で実施され，職業リセ，見習い訓練センター，ショッピングセンター，建築物の工事現場，企業等を訪問している[18]。体験活動を重視する教育内容は，学業不振の生徒を対象とするDP6にむしろ近い。

　DP3が進路指導として大きな意義をもつことについては，共通理解が得られている（質問f)。職業・労働社会の発見は人生に新たな可能性を与えるため，生徒の進路を拡げることにつながるとされる。進路決定は早ければ良いわけではなく，多様な選択を前にして試行錯誤し，それらの選択肢の入念な吟味を経て，徐々に進路を絞っていくことが重要であるとされている。そのために，COPはDPにおいて職業情報の補完を行うとB担任は指摘する（質問g)。D相談員も同じ見解であるが，さらにその狙いは生徒に自らの進路を相対化して捉えさせることにあると付け加えている。つまり，生徒は

DP3において様々な職場体験をするが，COPはそこに客観的な職業情報を付与することで，彼らが個人の経験や感覚のみを頼りに進路を決定することに一定の歯止めをかけるというのである。

他方，D相談員が嘆くように，COPのDP3への関与は決して十分なものではない。

> 「DP3への参加はCOPの義務ではありませんが，優先事項です。しかし，私たちには優先事項が多すぎます。学習指導チームから多くのことを要求されますが，私たちはあまりに仕事が多いとき，それに満足に応じることができません。数年前からやむを得ず，DP3に参加する時間を減らすよう求めています。」[19]

よって，COPの業務の多忙化がDP3にも影響を及ぼしており，不本意ながら期待された役割を果たすことができない状態にあると解釈できよう。

4．連携を阻害する要因とその改善策

COPの職務をめぐる課題については，COPの人員不足，またそれに起因する時間不足が挙げられる（質問h）。D相談員の担当する生徒が1,600人（M·C校以外の生徒も含む）というのは，全国平均の1,269人を大きく上回る。困難校ということもあり，個人面談を希望する生徒が多いにもかかわらず，それに適切に応えることができていない。また，進路相談以外の活動に関しても，積極的にイニシアチブをとることが不可能な状況にある。

もっとも，前節で指摘したようにCOPの人員不足は古くて新しい問題であり，COPの個人面談を受けたことがある生徒は約60％にすぎず，10％の生徒は自校のCOPが誰かさえ知らないという。また，「保護者がCOPを認知しているかわからない」と回答した第4学年の担任教員も約10％に達し，家庭との連携にも負の影響を与えている。さらに，COPは自らの活動を担当校やCIOで分割せざるを得ないため，複数の職場で板ばさみになっており，各学校や家庭からの細かい要求に応じることが困難であるとされる。

ゆえに，1人のCOPがそれぞれ1つの学校を担当し，そこでの進路支援に専念することが望ましいという見解もあるが[20]，この点について教員側はどのように考えているのだろうか。A校長は次のような意見を表明している。

「D相談員がコレージュとリセを同時に担当することで，2校間の『つながり』(le lien) を作っていることは，非常に重要です。確かに，COPの担当する生徒数を少なくする必要があり，そのためには私たちのコレージュだけを担当してもらう必要があります。しかし，COPがコレージュとリセとの絆を作り，生徒に対して，リセでどのような教育が行われているか説明してくれていることも事実です。もっとも，それは『COPが担当する生徒数』という問題に比べれば二の次かもしれませんが……。」[21]

つまり，COPが生徒と面談を行う時間を充分に確保できることを前提に，COPは複数の学校に介入することが望ましいという見解である。この条件を満たすためには，1つの学校に複数のCOPが介入するという方法が提案可能であろう。

それに対してD相談員は，担当する生徒数が多いことに加えて，COPの任務の多様性が多忙化を招いていると指摘する（質問h）。ゆえに，COPのポスト数の増加に加えて，役割を細分化し，生徒に対してきめ細かい対応を行うことを提案している。事実，「2005年調査」でも，職務に対する不満の原因として，「役割の不均質性」(19.0%) を挙げたCOPの数は，「COPの人数不足」(15.6%) を上回っている[22]。またD相談員は，連携相手である教員も進路指導に取り組む時間が足りないと感じている。校務分掌をもたない教員集団にあって，教科担当がいかなる形で進路指導に関与するのか，担任教員の多様な役割の中で進路指導をどう位置づけるのか明確にすることが，さらなる連携促進のために要請される。

しかしながら，政府の基本政策は，この提案に逆行するものである。2006年度以降，国民教育省はCOPの採用者数を半減させ，進路指導を「職業と

教育・訓練の発見行程」（PDMF）という形で教育課程に明示し，それを教員に担わせる方向性で改革を進めつつある。

【註】

1 Régine Gentil, "La fonction de conseiller d'orientation-psychologue des centre d'information et d'orientation", Ministère de l'éducation nationale, de la recherche et de la technologie, *Note d'information*, no.43, octobre 1997.
2 Jeanne Benhaïm-Grosse, "Les politiques en faveur de l'éducation à l'orientation en collège et lycée général et technologique, Ministère jeunesse, éducation nationale et recherche, *Note d'information*03-18, avril 2003. 400施設のCIO，コレージュとリセ各400校を無作為抽出，有効回答はCIO所長368名，学校長606名である。
3 Jeanne Benhaïm-Grosse, "Les pratiques d'éducation à l'orientation des professeurs de troisième", Direction de l'évaluation, de la prospective et de la performance, *Éducation & formations*, no 77, novembre 2008, ministère de l'éducation nationale, pp. 31-42. コレージュ600校から第4学年の教員1,200名を無作為抽出，有効回答は864名である。
4 ACOP-F, CNAM-INETOP, *Les Activites professionnelles des conseillers d'orientation psychologue: résultats de l'enquête* nationale, 2006.
5 フランスでは，第Ⅴ水準（最低水準）の資格に到達できなった場合，無資格（san qualification）の労働者にならざるを得ないが，就業条件は極めて厳しい。
6 2006年に義務教育で習得すべき「共通基礎」が定められたことを受け，それまで任意であったDNB取得試験への参加が義務化されたが，試験結果は進路指導には反映されず，試験に合格せずとも後期中等教育への進学は可能である。
7 1981年以来，政府は地域や家庭の文化的・社会的・経済的事情から学業不振の生徒が多い地区を「優先教育地域」（ZEP: zone d'éducation prioritaire）に指定し，財政の重点的配分や教員加配を行ってきた。2006年には第4次優先教育政策として，最も困難なコレージュ249校（全生徒の5%）と小学校1,715校（3.4%）が「成功願望網」（RAR: réseaux ambition réussite）に指定され，次いで困難なコレージュ870校（16.4%）と小学校5,426校（10.5%）が「学業成功網」に指定されている（園山大祐「移民の子どもの教育と優先教育」フランス教育学会編『フランス教育の伝統と革新』大学教育出版，2009，259-267頁）。
8 筆者が2009年9月21日にA校長に行ったインタビューより。

9　Ministère de l'éducation nationale, *Repères et références statistiques sur les enseignements, la formation et la recherche*, 2009, p. 99
10　ACOP-F, CNAM-INETOP, *op.cit.*, p. 92.
11　筆者が2009年9月20日にD相談員に行ったインタビューより。
12　大学区情報・進路指導局（SAIO）によって提供される公役務であり，学業失敗などにより学校から中退した生徒を対象に，復学（le raccrochage）に向けた様々な支援が行われる。
13　筆者が2009年9月20日にD相談員に行ったインタビューより。最終的に，一部の生徒はやむを得ず希望外のコースに進学する。最後まで進学先を見つけられなかった生徒は，卒業後に見習い訓練コースに進まざるを得ないが，ごく稀にそれさえもできず，どこにも居場所がない生徒がいることもある。このような生徒は「ミッション・ローカル」（ML: mission locales）で支援を受けるという。
14　Jeanne Benhaïm-Grosse, 2008, *op.cit.*, p. 38.
15　Collège Maria Casares, "l'orientation au collège", 2009（M・C校の校内文書）。
16　Jeanne Benhaïm-Grosse, 2003, *op.cit.*, pp. 2-3.
17　ACOP-F, CNAM-INETOP, *op.cit.*, pp. 92-93.
18　筆者が2009年9月21日にA校長に行ったインタビューより。
19　筆者が2009年9月20日にD相談員に行ったインタビューより。
20　Jean-Louis Auduc, *L'école en France*, Nathan, 2006, p. 94.
21　筆者が2009年9月21日にA校長に行ったインタビューより。
22　ACOP-F, CNAM-INETOP, *op.cit.*, p. 132.

第3節　進路指導サービスの「質保証」をめぐる葛藤

1．進路指導心理相談員の免許状と養成制度

　本節では，1991年に規定されたCOPの養成制度の検討を通じて，COPに期待される専門性とはいかなるものか，またその専門的能力はどのように培われているのか，公役務の質保証という観点から明らかにする。さらに，欧

州内における動向もふまえつつ，進路指導サービスの質保証をめぐる諸議論を読み解くことで，その有効性と限界について論じる。

(1)国家免許状の創設の背景

まず，COP の国家免許状が創設される1991年以前の養成課程を概観しておきたい。1971年に創設された進路指導相談員の資格を得るためには，採用試験に合格して，進路指導適性証書（CAFCO: certificat d'aptitudes aux fonctions de conseiller d'orientation）を取得する必要があった[1]。この試験の受験資格は，次のいずれかに該当するものに与えられる。第1に，種別を問わず，何らかの学士号（licence）を保持している者である[2]。第2に，大学一般教育免状（DEUG: diplôme d'études universitaires générales）を取得した上で，競争試験に合格して進路指導相談員候補生（ECO: élève conseiller d'orientation）になり，2年間の養成課程を修了した者である（図5-4）。

しかし，1989年にジョスパン法が制定され，相談員の職務の中心が生徒の適性診断から個人プロジェクトの支援に移行したことで，進路指導に必要とされる能力も大きく変化した。すなわち，労働世界や職種，教育コースなど進路先に関する知識に加え，以前にも増して個人のパーソナリティや職業的発達を適切に理解する必要性が生じたのである。そのためには，経験則に基づくアプローチでは限界があり，科学的基盤として心理学に精通していることが求められる。こうして，より高度な専門性を確保するために，ジョスパン法のもとで施行された「1991年5月20日の291号政令」[3] によって COP 国家免許状（DECOP: diplôme d'État de COP）が創設され，COP の新たな養成課程が整備された。

(2)法令にみる COP の採用過程

COP の採用に関する規定は，「1991年5月20日の290号政令」[4] において定められている（図5-5）。まず，COP の職務に就くことを希望する者は，心理

図5-4　進路指導適性証書（CAFCO）取得までの流れ
出典：Régine Gentil, "La fonction de conseiller d'orientation-psychologue des centre d'information et d'orientation", *Note d'information*, no. 43, octobre 1997, p. 2 より筆者作成。

図5-5　COP 国家免許状（DECOP）取得までの流れ
出典：「1991年5月20日の290号政令」より筆者作成。

学の学士号を有していることが絶対条件とされている。この条件を満たす志願者は，採用試験（1次試験と2次試験）を受け，合格することで COP 研修生になることができる（第8条）。試験には外部試験と内部試験の2種類があり，前者が一般の志願者を対象としているのに対して，後者は次のいずれかに該当する志願者を対象とする（第4条）。

①国家公務員，地方公務員，公立学校の教職員で各機関に3年以上勤務した者。
②国民教育大臣の管轄下の情報・進路指導機関や公立学校において，特定の資格をもたずに情報提供や進路指導の業務に3年以上従事した者。

ただし，内部試験による採用者は，採用者全体の50％を超えてはならないとされる（第5条）。2004年度～2006年度の採用試験の結果に注目してみると（表5-8），合格率は外部試験で約5％～10％，内部試験で約8％～20％となっており，非常に狭き門であるといえよう。特に，2006年度以降は採用者数を半減させたこともあり，合格率は外部試験，内部試験ともに10％を下回っ

表5-8 COPの採用試験の結果（2004年度～2006年度）

年度	試験の種類	募集人数	受験登録者数	受験者数	1次試験合格者数	合格者数	合格率（合格者／受験者）
2006年度	外部試験	50名	2,020名	875名	125名	50名	5.71%
	内部試験	5名	187名	66名	13名	5名	7.58%
2005年度	外部試験	110名	2,008名	981名	257名	110名	11.21%
	内部試験	10名	177名	86名	20名	20名	11.63%
2004年度	外部試験	110名	1,742名	974名	258名	110名	11.29%
	内部試験	10名	82名	48名	25名	10名	20.83%

出典：2004年度 http://www.education.gouv.fr/cid5296/concours-de-cop.html（2008.8.25）
　　　2005年度 http://www.education.gouv.fr/cid5300/concours-de-cop.html（2008.8.25）
　　　2006年度 http://www.education.gouv.fr/cid5306/concours-de-cop.html（2008.8.25）

ている。

　合格してCOP研修生に任命された者は，高等教育担当大臣の指定する高等教育機関に設置されたCOP養成課程において2年間の養成訓練を受け，修了認定を受けることで，国家免許状を授与される（第9条）。なお，現在COPの養成課程を設置している機関は，パリにある国立労働・職業指導研究所（INETOP: Institut national d'études du travail et d'orientation professionnelle）[5]，エクス・マルセイユ第1大学（Aix-Marseille I），リール第3大学（Lille III），レンヌ大学（Rennes）の4つである[6]。

(3)国家免許取得のための養成課程基準

　COPの養成課程基準について定めた「1991年5月20日の省令」[7]（以下「5月20日の省令」とする）によると，COP研修生は指定を受けた機関において，次の3つの活動に参加しなければならない（第1条）。

　①教育訓練（第2条）

　　COP研修生は，COPの職務に関する理論，方法，実践に関して，約40週間にわたって1,000時間の教育を受ける（表5-9）。最も多くの時間が

表5-9 法令に定められたCOPの養成課程基準(教育訓練)

教 育 内 容		時間数
Ⅰ．進路指導心理学 (500時間)	1．心理学の理論と応用 ○知識の獲得と学習心理学・社会心理学 ○教育状況・労働状況に対する心理学的アプローチ ○青年と成人に関する心理学・精神病理学 ○進路決定をするにあたっての心理的・精神病理的な支障 ○学校の選択，社会的・職業的移行の選択（物理的な制約，心理学的・教育心理学的プロセス，そこにおいて働く社会心理学的メカニズム）	約200時間
	2．進路相談における選択準備のための理論・方法・実践 ○進路希望の分析と状況分析 ○潜在能力の評価（プロセス，方法，実践） ○決断と実行に向けた支援 ○自律的な選択に向けた教育	約150時間
	3．グループや組織に対する相談の理論・方法・実践 ○評価，集団での情報提供，グループの活性化，進路指導に関わるパートナーとの意思疎通と協力（伝達と情報操作に関する現代科学技術を含む）	約150時間
Ⅱ．進路指導に対する社会学的・経済学的・制度的アプローチ（360時間）	1．学校教育に対する社会学的・経済学的・制度的アプローチ，学校への移行の社会構造的な側面	約80時間
	2．歴史的・地理的（特にヨーロッパ）・社会的・行政的な次元からみた教育・訓練と進路指導の機能と構造	約100時間
	3．労働経済学と労働社会学：情報提供と進路相談の観点からみた労働現場・職業・活動分野に関する知識	約80時間
	4．教育・訓練と雇用の関係，社会的・職業的移行の問題	約80時間
	5．職業倫理と職業上の義務	約20時間
Ⅲ．進路指導に応用されるデータの収集・統計的処理・分析（140時間）	（この教育内容は，情報ツールの学習を想定したものであり，とりわけ現実の状況に即した活動と，学校の中での実践活動に基づかなければならない）	約140時間

出典：「1991年5月20日の省令」より筆者作成。

表5-10　国家最終試験の概要

試験内容	試験形態	試験時間	配点指数
a．心理学	筆記試験	4時間	2
b．労働と教育・訓練の十分な理解	筆記試験	4時間	2
c．COPの実践	口頭試験	1時間	2

表5-11　養成課程における評価

評価対象	配点指数
①教育訓練の成績	9（3＋6）
○授業の成績 　○国家最終試験	3 6
②研修レポートの成績	4
③研究論文の成績	4

表5-10・表5-11の出典：「1991年5月20日の省令」より筆者作成。

　割かれているのは心理学の学習であり，そこには社会心理学や精神病理学，発達心理学，臨床心理学の内容が含まれる。構成としては，心理学の基礎理論と応用を習得するとともに，個人および集団を対象とする進路相談の理論・方法・実践を学ぶことになっている。また，進路を取り巻く環境，特に労働・職業社会に関する学習にも360時間が充てられている。さらには，データの収集と分析に140時間という少なくない時間数が配当されている。科学に依拠して支援を行うCOPには，統計を用いた高度な研究論文を理解できると同時に，自らの職業活動において統計処理を活用できることが求められる。

　これらの教育訓練の成績は，授業成果の継続的評価（成績）と国家最終試験の点数によって決定される。最終試験に関しては，a．心理学，b．情報提供および生徒の進学・職業プロジェクト準備の観点からみた労働と教育・訓練の理解，c．COPの職務実践（個人や制度に関するケー

ス・スタディと進路相談），の3つのテーマを対象に実施され，表5-10の配点指数に従って得点が算出される。

②実地研修（第3条）

　COP研修生は，約20週間にわたって実地研修に参加し，教育訓練で得た知識を深め，活用することになっている。まず，CIOやその他の進路指導機関において12週間〜14週間の研修が実施される。このうち少なくとも3分の1は学校現場に派遣される。さらに，企業においても6週間〜8週間の研修が実施される。

③研究論文の作成（第5条）

　COP研修生は，研究テーマを選択し，そのテーマについて論理的・技術的に優れた技法を証明する論文を作成しなければならない。そのために1年目の授業時間の一部が研究活動に充てられ，少なくとも50時間，ゼミナールに参加することになっている。

　以上の3つの活動は，表5-11の配点指数に従って評価され，合計得点が満点の50％以上に到達すれば，国家免許状が授与される。1991年に規定されたこの養成課程基準は，その後変更されることなく，現在に至るまで効力を有している。

2．国立労働・職業指導研究所のCOP養成課程

　4つの指定養成機関では，省令に示された養成課程基準に基づいて，実際の養成課程が編成されている。ここでは，筆者が資料を入手したINETOPの養成課程（2008年度）について，省令に示された基準と比較してみたい[8]。

　まず，養成課程の構造に着目すると，COPの職務に合致した4種類の内容，すなわち「a．個々人の支援：個人的介入」，「b．個々人の支援：集団的介入」，「c．制度上の関係者に対する介入」，「d．労働，企業，職業，社会的移行」を軸として，各講義が配置されている[9]。「a」「b」が生徒の進路指導という職務に対応しているのに対して，「c」は担任教員を中心とす

表5-12　INETOPにおけるCOP研修生の養成課程（2008年度）とその特性

講義名	①	②
A．進路指導・心理相談への心理学的アプローチ 　－心理学的・社会心理学的アプローチ 　－進路指導の心理学	a b	Ⅰ-1
B．個人の評価 　－個人の心理学的評価の理論と技法 　－学習の心理学	a	Ⅰ-2
C．個人面談の実践と理論	a	Ⅰ-2
D．進路指導における集団活動の理論・実践	b	Ⅰ-3
E．進路指導における情報提供の理論・実践	a b	Ⅰ-3
F．社会制度，教育・訓練，進路指導の公役務の理解 　－最初の教育・訓練 　－COPの職務—制度的側面とパートナーシップ	a b c	Ⅱ-1
G．教育と進路指導に対する経済学・社会学的アプローチ	a～d	Ⅱ-2
H．労働の職業世界の理解 　－職業と労働市場 　－進路指導と労働心理学の歴史，労働の心理学的分析，職業世界の理解 　－生涯を通した職業訓練と進路指導	d	Ⅱ-3 Ⅱ-4 Ⅱ-5
Ⅰ．統計学とデータ分析	a～d	Ⅲ
J．セックス・ジェンダーと進路指導	a～d	×
K．進路指導における教育的アプローチ	a b c	×
L．進路指導における情報・コミュニケーション技術	a b c	Ⅰ-3
M．実践活動の分析	a～d	×
N．研究・調査活動	a～d	論文

※①4種類の内容軸（a～d）との対応関係
※②表5-9の養成課程基準（Ⅰ～Ⅲ）との対応関係を示す。ただし「N．研究・調査活動」は，「1991年5月20日の省令」第5条の「研究論文の作成」に対応している。
出典：INETOP, *Formation des conseiller d'orientation psychologue stagiaires*, CNAM, 2008, p.13より筆者作成。

る教育チームの支援,「d」は職業社会との関わりを想定した教育内容になっている。

表5-12は,シラバスに掲載された各講義について,4つの軸(a～d)との対応関係,表5-9の養成課程基準(Ⅰ～Ⅲ)との対応関係をそれぞれ示したものである。ここからは,4つの軸が養成課程の中に組み込まれ,理論的,方法論的,実践的な側面から扱われていることがわかる。また,表5-9の基準におおむね従った内容になっているが,省令が作られてから十数年という時間の経過をふまえ,INETOP が実態に合わせて追加したと思われる講義もある。

例えば,「J.セックス,ジェンダーと進路指導」の講義の設置には,男女間での進路へのアクセスの機会不均等が問題視されていることが背景にある[10]。2005年に制定されたフィヨン法(教育基本法)では,教育機関は「とりわけ進路指導に関して,男女の混生(mixité)と平等を促進」(L.121-1条)しなければならないと明記された[11]。

また,「K.進路指導における教育的アプローチ」の講義については,1996年にコレージュ(とリセ)に「進路教育」(EAO)が導入され,進路指導における「診断的概念」から「教育的概念」への機能的変容が起こったことが関係している。この講義では,COP 研修生が EAO の理念,カリキュラム,組織,方法論などを学ぶことに重点が置かれている。

さらに,全講義内容を統合する時間として,「M.実践活動の分析」と「N.研究論文の作成」が設置されている点も特徴的であろう。後者は,研修生が自分の受けてきた教育訓練を個別に総括する時間であり,省令第5条に示された「研究論文の作成」に相当するものである。それに対して,前者は研修生が自らの経験を交換・共有して,集団で総括を行うというものであり,INETOP が独自に設定した時間である。

実地研修については,省令の基準通りに実施されている[12]。CIO における研修では,進路指導のスケジュール,手続き,見習い訓練コースに関する理

解を深め，COP の多様な職業活動を分析したり，実践したりすることになっている。また，企業における研修では，企業，職種，労働世界を発見することが企図されている。

3．国家免許状創設の意義と課題

　1991年の改革，すなわち進路指導適性証書（CAFCO）から COP 国家免許状（DECOP）への転換とそれに伴う養成制度の新設は，3 つの側面において COP の一律的な質保証を目指した取り組みであると解釈できる。

　第 1 に，DECOP が COP の専門性，特に心理学的能力を保証するという側面である。1991年以前，相談員になるためには，必ずしも心理学の学士号を取得する必要はなかったが[13]，現在は義務付けられている。相談員の職務には心理学的基盤が不可欠であるとの判断から，大学で心理学を 3 年間学ぶことが求められるようになったのである。また 2 年間の COP 養成課程も，心理学を中心に据えた内容構成になっており，かつて学士号の保持者はこの養成課程の履修を免除されていたが[14]，DECOP の取得にあたっては全ての志願者が必ず履修しなければならない。したがって，COP はその名称通り，「進路指導」の専門家であると同時に「心理学」の専門家として「二重の資格」（double qualification）を有しているといえよう。

　第 2 に，COP のもつ社会的地位がその職務の質を担保しているという側面である。1991年以前の相談員が所有する資格は，大学一般教育免状（DEUG）と 2 年間の養成，あるいは学士号の段階で取得できる CAFCO であり，それは第 2 水準（バカロレア＋ 3 年〜 4 年）に位置づけられていた。それに対して，学士号と 2 年間の養成を経て取得できる DECOP は，最高の第 1 水準（バカロレア＋ 5 年）に位置づけられている。「バカロレア＋ 5 年」という肩書は，長期にわたる教育を受けた証であり，この学歴こそが COP に対する教育関係者の信頼，特に生徒やその保護者の信頼を呼び起こしている。

　第 3 に，採用試験による選抜が COP 研修生の質を維持しているという側

面である。とりわけ相談員の社会的地位の上昇は志願者の数を増加させ，選抜の機能を高めるという結果をもたらした。ここ数年，採用試験（外部試験）は10倍〜20倍という高倍率で推移しており，優秀な学生のみが養成課程に参加する権利を与えられているといえよう。

　以上，COP養成制度の意義について考察してきたが，最大の問題はこうしたCOPの質保証が現実的にサービスの質の向上に結び付いているかどうかである。

　両者の間に溝を生じさせる要因として，ここでは2点を指摘しておきたい。第1に，COPの習得した心理学的能力の重要性が一部の人々，特に若者を雇用する企業側に軽視されているというジレンマである[15]。COPに就職斡旋の役割を期待する企業の多くが，心理学の観点から若者の進路を考えるCOPの態度を不条理であると考えており，その専門性が効果的に機能しない場合も少なくないとされる。第2に，COPの専門性が保証されても，その専門性が発揮されるような環境が整備されておらず，実際の進路指導の改善に結びついていないことがあげられる。前述のように，1人のCOPが平均で1,400人の生徒を担当しており，最も困難な状況に置かれた生徒に充分な支援が行き届いていない。

　ただし，COPの質保証は，職務環境上の不備という表層的な部分のみならず，より根底の次元で捉えるべき問題である。つまり，政府はそもそも国家免許状と養成課程の整備による質保証が想定通りに機能していないと考えており，その原因がCOP自身にあるとみなしている。こうした批判は，本当の意味でのサービスの質保証を求める欧州の政策にも後押しされ，次第に強まりつつある。

4．欧州における進路指導の質保証に向けた動き

　ボーダレス化が進行し，労働市場の流動性が飛躍的に高まった現代社会では，若者の進路指導は各国が協力し取り組むべき主要なテーマの1つを形成

している。EU諸国では，2000年に「生涯進路指導」の理念が提唱され，進路指導サービスへのアクセス向上が提言されたことを受け，若者の職業社会への移行を支援する「進路指導サービスの質」（qualité des services d'orientation）が再検討されるようになった。

例えば2003年の欧州委員会とOECDによる報告でも，進路指導サービスの改善が喫緊の課題であるとされ，アクセス，内容，提供者，財政，戦略的経営を効率化し，サービスの目標と実際の公共活動（action publique）との隔たりを解消するための方策が模索された[16]。また，2008年の欧州連合理事会（Conseil de l'UE）の報告では，①国家・地域・地方のレベルでサービスを提供する多様なアクター間の調節，②質が保証されたサービスへの全ての市民のアクセス，の2点が基本原則として掲げられている[17]。

欧州における動向の影響を受けて，フランスでも進路指導サービスの質に関する議論が活発化している。例えば，2008年の教育高等評議会（Haut conseil de l'Éducation）の報告では，政府がサービスへの介入に対して消極的な姿勢であり，必要なサービスにアクセスできる可能性が低いことが強調された[18]。こうした状況を改善するため，個々のサービスの質を向上させると同時に，利用者や年齢に応じて細分化・複雑化している進路指導ネットワークを再整備することが求められている。

上記のような文脈の中で，とりわけ個々のサービスの質の担保という点で批判にさらされているのが，CIOおよびその職員であるCOPである。フランスの教育法典では，「進路相談，および教育……職業資格の取得，職業，就職口，職業的展望に関する情報を受ける権利は，教育への権利の一部を成す」[19]と定められており，国家は進路指導の公役務（service public）を担っている。全国に配置されたCOPはその中核的存在として，教員との連携のもとで公役務を牽引してきたが，その存在意義が問われつつある。

以下では，進路指導サービスの質保証の手法について整理した上で，政府がCOPをどのような方法で管理してきたか論じる。さらに，関係者に対す

表5-13　インタビュー調査の概要

	回答者氏名	職名	場所	日時
①	ルー（Claudine ROUX）	ONISEP 教育・情報媒体部長	ONISEP（パリ近郊ローニュ）	2009年9月25日
②	ロアレ（Even ROARER）	INETOP 所長	INETOP（パリ5区）	2009年9月23日
③	アメル（Antoinette HAMEL）	CIO 所長	パリ11・12区担当 CIO	2010年3月16日
④	ジャルジャ（Guy JARJAT）	COP	リヨン市リリウー CIO	2010年3月14日
⑤	プルティエ（Danielle POURTIER）	ACOP-F 代表	CIO Médiacom（パリ6区）	2010年3月17日

るインタビュー調査（半構造化面接法）をもとに，COP の職務をとりまく諸議論を紐解くことで，質保証の現状と課題に迫りたい（表5-13）。

5．質保証の方法—3つのパターン—

ボラ（Isabelle Borras）とロマニ（Claudine Romani）は，世界の多様な国家において発展した進路指導サービスの質を改善するための方法を①自発的統制，②市場原理の導入，③公権力によるコントロール，の3つに整理している[20]。

(1) 自発的な職務規範の明確化

第1の路線は，進路指導サービスを提供する専門家集団が職業倫理や職務に必要なコンピテンシーの指標を明示し，自らに課することによって質を統制する（contrôle-qualité）というものである。この路線を採用しているのはカナダであり，関係者が綿密な協議を重ねて『カナダにおけるキャリア発達の専門家のためのガイドブック』（*Guide canadien pour les professionnels en développement de carrière*）を作成している。

フランスにおいては，COP の職能団体（ACOP-F）が，結成の目的の1つとして「職業の道徳的重要性（les intérêts moraux）を擁護し，進路指導・情

報サービスの発展に貢献する」[21] ことを掲げており，職務に関する一定の枠組みを提供している。2005年には，「1．私たちの進路指導の考え方」「2．学校における特殊な立場」「3．進路指導のための場所CIO」「4．COPの養成」の4つに分けて勤務上の心構えを規定しており，例えば「2」では「COPは心理士としての職業倫理規範に従い，個人の尊重と職業上の秘密に責任をもつ」と記されている[22]。もっとも，「職業倫理規範」が詳細に明示されていないことに象徴されるように，この枠組みは非常に抽象的かつ大まかなものである。COPの専門性や職務に必要とされるコンピテンシー等にも触れられておらず，規範遵守も努力義務にとどまることを考慮すると，質の統制に大きな役割を果たしたとは考えられず，実際COPは個人の自律性が著しく高かった。

(2)市場メカニズムの導入による競争

第2の路線は，利用者に対する有料の進路指導サービスを発展させ，私的機関の間で，あるいは私的機関と公的機関との間でサービスを競合させることによって，質の維持および向上をはかろうとする方法である。いわば，新自由主義の方針に則った，市場化による質保証といえるであろう。確かに，完全市場における民間セクターの競争は，提供されるサービスの幅や利用者の選択の幅を拡大する可能性がある。しかし，進路指導を「公役務」として捉える限り完全な民営化はあり得ず，政府は業務に関する一定の規制を設けざるを得ない。したがって，成立するのは歪んだ不完全な市場であり，その中で質の改善がどこまで期待できるかは慎重に吟味されなければならない。また，本来は公益に属するサービスに積極的に金銭を支払う利用者が果たしているのかといった点も問題視されるという。

こうした問題を考慮してか，フランスにおいては第2の路線は政策としては採用されていない。しかしながら，近年ビジネスとして進路指導を行う私企業が出現しており，それがCOPの在り方に影響を与えているとの指摘は

注目に値する。例えば,『ルモンド教育版』では,大手学習塾のアカデミア (Acadomia) が2007年5月から進路相談を5時間につき420ユーロで提供するサービスを開始したことが紹介されている[23]。相談を担当する社員は第Ⅰ水準の資格を有しており,これはCOP免許状と同一レベルである。若者に現実に就職可能な職業を提案する企業の進路相談は人気を博しており,COPの職務と競合関係にあるとされる。他方で,COPのジャルジャは,企業による進路指導サービスとCOPの公役務は本質的に異なるものであり,両者は競合関係にないと主張する。

> 「お金によって恵まれた人々を引きつけることは容易です。しかし,それは金銭的に最も不利な立場に置かれた人のための公役務を放棄することに帰着し,裕福な人々のために,進路指導の商業化を促進することに帰結します。」[24]

したがって,上流階層の進路支援に関しては,企業とCOPは競合する可能性も否定できないものの,COPの公役務は何らかの困難を抱えた生徒・家庭の支援に重点を置いており,両者のもつ社会的意義には顕著な差があるといえよう。ターゲットとする市場(対象)が異なるため,競争原理は機能せず,質保証の効果も極めて限定的であると推察できる。

(3) 政府の規制によるコントロール

第3の路線は,予算を監督する政府,すなわち公権力が中心となって,管理規則 (normes de gestion) を設けることで質を「標準化」(normaliser) するというものである。この規則を満たすことが,公役務を担う進路指導機関として承認され,財源を付与されるための絶対条件であり,ゆえにこの規則はサービスを提供する職員の質に関する内容も含んでいる。

こうした政府によるコントロールは,①サービスの内容,②アクセスの条件,③サービスを提供する職員の資格,の3つに分類される。また規制の策定にあたっては,サービスを提供する多様な機関を横断する包括的規則を設

けるか，あるいは機関ごとに専門化された規則を設けるかが問題になる。

　フランスにおいては，相対的にみて三路線のうちこの路線が中心であるが，利用者の特性に応じてサービスが複雑に細分化されているため，各機関それぞれに関係法令が適用されてきた。しかし，教育高等評議会が報告しているように全般的に拘束力が弱く，とりわけCOP個人の自律性を重視したため，3つのうち「①サービスの内容」に関しては細かい規制が策定されなかった。第2章3節で確認したように，1971年にCIOが創設されたときに定められた進路指導相談員の職務に関する指針は，抽象度の高い4項目のみであった。

　1980年と1991年にもCOPの地位に関する法令が制定されたが，いずれも同レベルの規制にとどまっており，職務の大部分は慣習的に決定されてきたといってよい。その原因については後段で検証するとして，まずは「②アクセスの条件」と「③サービスを提供する職員の資格」に関して，政府がどのように管理してきたかに言及したい。

6．COPに関する政府の事前規制

(1)アクセス条件に関するコントロール

①「地理的近接」によるアクセスの保証

　COPが所属するCIOの特徴の1つとして，大学区長の権限下で設置されており，中央レベルでの統括機関をもたず，県単位で運営されることが挙げられる。これは，利用者との「地理的近接」(la proximité)の原理に基づき，利用者から近い場所で進路指導を実践することを重視したためである。加えて，各COPが担当校に介入し，生徒と直接対面して進路相談を行う制度もサービスへのアクセスを容易なものにしてきたといえよう。

　その一方で，こうした「地理的近接」を優先したため，国民教育省の管轄する学校教育において進路指導サービスが「周縁的地位」(marginalité)に置かれてきたのも事実である。すなわち，COPは国家公務員であるにもかかわらず地域に対して責任を負っており，それがある面では国家レベルの政策

や方針に背を向けることになってきたとされる。こうした矛盾を解決するために，2003年には進路指導サービスを各大学区に完全に移転し，COPを地方公務員化することが計画された。この方策について，ジャルジャは「進路指導サービスに関する意思決定は，現場からできる限り遠くないほうがよい」として賛意を示している[25]。

しかしながら，同様の意見は少数にすぎず，現実にはCOP側の反対によって移転計画は頓挫した。2005年の全国調査では，COPの95％が希望する地位として国家公務員を挙げており（地方公務員は0.6％），また国家がサービス財源に責任をもつことが望ましいとの回答も84％に達する[26]。つまり，国家が安定供給に責任を負っている公役務の範囲内において，地方分権を進めることには一定の限界があったといえよう。

②遠隔サービスによるアクセスの保証

そこで近年推進されているのが，遠隔サービスを活用した進路指導の再集約と内容統一である。情報コミュニケーション技術の発達により，「地理的近接」はもはやアクセスを保障する唯一の手段ではなくなった。知識基盤社会の中で高まりつつある進路情報に対するニーズに応えるため，進路相談においても効率性の向上が求められており，電話やインターネット・ポータルの活用が模索されている。

アミアン，ボルドー，リモージュの各大学区では，2009年5月から新たな遠隔サービスが実験的に開始された[27]。生徒はチャット，電話，電子メールを通じて情報提供や進路相談を受けることができ，問題を抱えた一部の生徒のみCIOにおいて対面式の面談を実施する。メゾヌーヴ（Marie-Laure Maisonneuve）によると，この新制度は，COPが学校現場に定期的に直接介入する従来のシステムを根本的に変える可能性を秘めているという[28]。

もっとも，ONISEPのルーはこの見解を否定しており，遠隔サービスで実施されるのは，情報提供の最初の段階（premier niveau）だけで，その内容

も個人的な相談というよりは、教育・訓練のしくみや進路に関する社会状況など一般的な質問に答えることを想定しているという[29]。ウェブ上や電話でのファースト・コンタクトの後は、従来の対面式での支援が見込まれる。

しかしながら、COPの採用者数が年々減少していることを考慮すると、メゾヌーヴの推測も一定の信憑性を有するといわざるを得ない。COPの職能団体も、情報へのアクセス保証は自分たちの職務を決定づけるものではなく、その役割の本質は「伴走支援」にあるとして、新サービスの導入に強く反対している。団体代表を務めるプルティエによると、COPの仕事とは「ピンポンの試合」(une partie de ping-pong) のようなものであり、生徒と直接向き合い、活発に対話する中でこそ課題解決に向けた道筋が示されるという[30]。また、ジャルジャも「相談状況の複雑性を考慮することに対して目をつむってしまう」ため、このサービスは有用でないと主張する[31]。COPらに共通する懸念は、アクセスばかりを重視して内容の質を軽視することで、サービス全体の質の低下につながってしまうことである。

(2) サービス提供者の資格管理

1971年にCIOが誕生したとき、進路指導相談員の資格も定められたが、資格に求められるコンピテンシーは明記されず、専門性に乏しかった。ゆえに1980年代以降、相談員の役割をより明確にし、専門性という不確定要素を除去するために、職能団体（現在のACOP-F）は、心理士（psychologue）の地位を要求してきた。またこの時期、就学から職業生活への移行期間の長期化、個人の進路の多様化などの影響を受けて、相談員の職務の中心は「教育コースへの振り分け」から「プロジェクト構築の支援」に移りつつあった[32]。非指示的カウンセリングなど心理学的技法の重要性が増しており、相談員側からの要求は当時の社会からの要請を反映したものであったといえよう。結局、心理士の肩書の付与により相談員に複数の機能性が備わるとの判断から、政府はこの要求を受け入れ、1991年にはCOP国家免許状（DECOP）が創設さ

れた。

　しかし，免許状による質保証は果たして有効に機能し，COPの提供する進路指導サービスの質を保証しているのであろうか。この点について，国民教育省は非常に懐疑的であり，学校評価高等評議会の報告書によると，職能団体は機能的理由から心理士の地位を要求したのに，実際にはCOPは「心理士の肩書を誇示するようになった」というのである[33]。大部分のCOPは，その職務を3つのファクターに分類したとき，①「心理士」(psychologue)，②「相談員」(conseiller)，③「進路指導員」(d'orientation) の順に優先されると考えている。つまり，心理士が相談員や進路指導員の役割を果たすという考え方であり，これは進路指導員や相談員が新たに心理士の専門性を備えることを想定した政府の意図に反する。両者の立場の相違は進路指導心理相談員の略語にも反映されており，政府が"COP"と表記するのに対して，「心理士」のファクターを特に重視する職能団体は"CO-P"と表記している。

　同評議会は，こうしたファクターの逆転現象を「心理士という観念の堕落」(dévoiement de la notion du psychologue) と呼ぶ[34]。「心理士」というレッテルがCOPの提供するサービスの内容を偏向したものにしたという意味である。表5-14と表5-15は，COPが自らに近いとみなす職業領域と職種を示したものである。「衛生士」や「心理士」といった職業が上位にあるのに対し，「情報提供者」や「教育者」であるとの意識は共有されていない。

　表5-16に示されるように，この傾向はCOPの任務にも影響を与えている。進路相談が最も重視される一方で，「情報提供」はそれより下位にあり，「進路教育」(EAO) に関してはかなり消極的である。この実態について政府は，養成課程の教育内容が心理学に偏向しているため職業社会の仕組みや現状をCOPが正確に理解しておらず，進路情報の提供に支障をきたす一因になっていると分析する。COPが心理的支援という「過去から相続したイメージを改めず，多様な分野における雇用の実質的機会を充分に強調しないことにいかなる理由があるのか」という批判は，政府側のこうした不満を端的に表

表5-14 COPに近い職業領域(%)

職業領域	割合
衛生士	29.0
社会的・文化的介入の専門家	19.0
社会・経済的介入の専門家	18.0
継続教育・訓練の専門家	12.0
初期教育・訓練の専門家	8.0
管理・運営職	6.0
情報伝達・連絡の専門家	6.0

表5-15 COPに近い職種(%)

職種	割合
臨床心理士/学校心理士	25.8
雇用と社会的移行の相談員	17.6
社会活動への介入者	11.3
職業訓練の相談員	8.1
教育者，教育的介入者	6.8
普通教育の教員	4.8
情報管理の専門家	4.7

表5-16 COPの重視する任務(4段階)

任務	評価
進路相談	3.84
プロジェクト作成の支援	3.81
生徒と家庭への情報提供	3.72
生徒の学習の観察	3.27
職業社会への移行準備	2.95
進路教育(EAO)	2.88

※職業領域および職種の分離は，国立雇用局（ANPE）の職種・職業実用目録（ROME）に基づく。
出典：ACOP-F, CNAM-INETOP, *Les Activites professionnelles des conseillers d'orientation psychologue: résultats de l'enquête nationale*, 2006, pp. 92-112.

しているといえよう。

しかしながらCOP側は，上記の政府批判は根拠を欠くとして強く反論している。プルティエは1991年以前もCOPの95％は心理士の資格を保持し，心理学を自らの専門とみなしてきたのであり，国家免許状の導入のせいにするのは筋違いであると指摘する[35]。また，大部分のCOPは過去に何らかの職業に従事した経験をもっており[36]，労働市場に精通していないとの見解も正しくないとしている。

さらに，CIO所長のアメルは，政府をはじめ多くの人々に「若者に対して進路情報を与えれば進路指導として十分であるという素朴なイデオロギー（idéologie naïve）」があると述べている。その上で，「ブリキ加工業（chaudronnerie）に就きたくないが，賃金を得るためにその仕事を探している若者」を例に，COPの役割について次のように説明する。

「ブリキ加工業の業界においてどのような就職口があるか情報提供するのは私たちの仕事でしょうか。そうであれば，確かに心理学の専門性は必要ありません。しかし，人生というのは情報によってのみ構築されていくわけではありません。私は若者がなぜその職業に就きたくないか，進路相談によって明らかにします。そこには，経済的理由，固定観念，偏見，家庭のストーリー，職業ヒエラルキーにおける位置など様々な要因があります。それらを解きほぐすことで，彼らの職業的表象（représentation professionnnelle）を構築していくのが私の任務なのです。」[37]

COPの職務は，若者が適切な進路を選択できるように表象を構築するという「教育的次元」（dimension éducative）にあり，そのために心理学の専門性が必要とされる。しかし，それが「素朴なイデオロギー」の裏側に隠されてしまっているというのがアメルの主張である。

7．進路指導サービスの評価―事前規制から事後監視へ―

(1) COPの自律性と事前規制の空洞化

これまで確認したように，フランスにおける進路指導サービスの質保証は，様々な葛藤や対立を孕みつつも，国家による事前規制を中心に展開されてきた。しかしながら，今日最も問題視されている点は，COPが広範な自律性を有するために，職務に関する規則が緩やかなものにならざるを得ず，提供されるサービス内容の統一が実現しなかったことである。政府は1991年の改革によるCOPの資格管理がサービス内容にまで大きな影響を及ぼしたと論じているが，その要因も内容面での規制の欠如に求めることができよう。

COPの自律性の源，それは学校制度から相対的に独立した地位にある。ギシャールによると，1960年代末に制度設計がなされた折，学校内部に相談員を直接配属させるか，独立機関に配属させるかが議論の焦点となったが，その際にアメリカのスクール・カウンセラーの実態をふまえて判断がなされ

たという[38]。すなわち，スクール・カウンセラーは各学校に配置され，学校長の指揮・監督権限のもとで活動したため，進路指導以外の多様な業務に動員されることも多く，本来任務に勤務時間の50％以上割くことができる者はほとんどいなかった。また，学校への帰属心から，カウンセラーが自校の宣伝屋（les agents du publicité）になってしまうこともあり，それが生徒の不信を引き起こす一因にもなっていたとされる。

　以上のようなアメリカの状況を踏まえ，フランスでは相談員は中立的な機関であるCIOに配置されることになった。ゆえに，COPは学校に適用される様々な法令や制度から離れて自由に行動することができたのである。さらに，「地理的近接」の原則を尊重して画一的な統制を避けたため，諸規則も職務の大枠を示すにとどまり，COPがどの教育機関に介入し，具体的に何の活動を行うか明確化されなかった。そして，1991年に定められた新たな地位はCOPを専門職化し，自由の範囲を拡大させたのである。

　しかしながらCOPの自律性は，提供されるサービスの質の不安定性と表裏一体の関係にある。学校評価高等評議会は，社会から孤立したCOPの不明確な立場は，「個々人に依存した，絶えず流通的で多様化された曖昧な関係を有機的に生み出し」[39]てきたと指摘する。COPが歴史的慣習と個人の価値判断に依拠して活動してきた結果，COP同士のチームワークが消滅し，CIOは組織的に機能してこなかった。事実，ジャルジャも「常に変化するCOPの職務は多様であり，我々の上司（CIO所長）であっても，職務の範囲を定めることは難しい」[40]ことを認めている。こうした安定性に欠けるサービスを長年にわたり疑問視してきたのは，生徒の将来的な進路先でもある企業社会であり，特にCOPが心理的分析に偏ったサービスばかり提供してきたことに対して批判的である[41]。また，職務の多様性はCOP自身にとっても重荷になっている可能性があり，COPの自らの職務に対する不満の原因は，「役割の不均質性」（19.0％）が第1位を占めている[42]。

(2)評価によるサービスの事後監視に向けた動向

　現在，企業社会や家庭からの厳しい要求に応える形で，COPの職務に関する質保証の在り方が見直されつつある。不安定性と多様性の解消に向けて，その役割や他の進路指導機関との関係などを再定義する必要があるが，ある程度の自律性を維持するためには過度の画一的統制は望ましくない。そこで，効果的であると考えられているのが事後監視，すなわち進路指導サービスの評価を強化することである。

　国家権力から相対的に独立して活動するCOPは，自らの提供するサービスに対する評価，およびそれに基づくコントロールを受けてこなかった。学校評価高等評議会によると，COPは「リーダーをもたず，法的な拘束を受けず，結果を評価されない」ばかりでなく，「自らの活動に関する中央行政からの命令は全く役に立たないとみなしている」という[43]。こうした文脈の中で，適切な評価の導入に向けて，次の3点が審議されている[44]。

　　①評価の実施者：COP自身か，利用者か，財源の提供者か
　　②評価の対象：情報提供・進路相談・伴走支援といった個々のサービスか，それらのサービスの総体か，サービスを提供する機関か，サービスのネットワーク全体か
　　③評価の基準：利用者の満足度か，アクセスの条件か，サービスの効率性か

　いかなる評価方法が妥当かについてはさらなる議論の展開が待たれるが，②に関してはネットワーク全体を評価する方向性が有力であろう。利用者のニーズに応じて細分化されてきたフランスの進路指導サービスは，今後システム全体の再構成が予想される[45]。INETOP所長のロアレによると，進路指導のみならず金銭的援助や健康指導など多様な側面からの支援を「統一窓口」（guichet unique）に一本化することや，年齢や校種をまたぐ形でサービスの継続性を維持し，生涯を通じて若者に伴走する体制を整えることが検討されている[46]。それは，いわばタテ（時間）およびヨコ（空間）の連結を確保

し，サービスの効率を改善しようとする試みであるが，COP の評価も多機関連携を基盤とする進路指導システムの評価の一部として実施される可能性が高い。

ただし，留意しなければならないのは，生徒の進路選択の「結果」がそのまま COP の提供するサービスの評価に直結するわけではないということである。この部分を COP は特に危惧しており，ジャルジャは次のように述べている。

> 「家庭・企業・政府は，COP が進路指導の専門家だからといって，一般的な進路問題全ての解決を私たちの進路相談に押し付ける傾向にあります。しかしながら，進路相談によって非常に複雑で入り組んだ社会問題を解決することは難しいのです。」[47]

希望進路に進めるかどうかは社会構造や経済状態に左右されることが多く，進路相談という教育的営みの射程外にあるが，それにもかかわらず，COP はしばしば批判対象とされてきた。プルティエも「経済問題，教育問題，雇用問題がしばしば COP の責任にされている」[48] ことを憂いている。したがって事後評価にあたっては，進路指導における COP の役割を再定義して明示した上で，その役割に限定して責任を判断するべきであろう。

【註】

1. Régine Gentil, "La fonction de conseiller d'orientation-psychologue des centre d'information et d'orientation", Ministère de l'éducation nationale, de la recherche et de la technologie, *Note d'information*, no.43, octobre 1997. p. 2
2. フランスの大学は3年制で，2年間の課程を修了することで大学一般教育免状（DEUG）を取得でき，さらに1年学ぶことで学士号を取得できる。
3. Décret n°91-291 du 20-5-1991, *B.O.* no 14 du 4 avril 1991, p. 1067.
4. Décret n°91-290 du 20-5-1991, *B.O.* no 14 du 4 avril 1991, pp. 1061-1066.
5. INETOP は，行動心理学に基づく進路指導を考案したピエロン（Henri piéron, 1881-1964）によって1928年に設立された研究機関である。

6　"Le réseau des services d'information et d'orientation/Les conseillersd'orientation-psychologues", http://eduscol.education.fr/ D0095/cop01.htm（2008.8.7）.
7　Arrêté du 20-5-1991, *B.O.* no 14 du 4 avril 1991, pp. 1067-1069.
8　INETOP, *Formation des conseiller d'orientation psychologue stagiaires*, CNAM, 2008.
9　*Ibid*, p. 12.
10　大津尚志「フランスにおける男女平等と進路指導」（フランス教育事情）『日仏教育学会年報』第14号，2008，166-169頁参照。
11　Loi n° 2005-380 du 23 avril 2005 d'orientation et de programme pour l'avenir de l'école, *B.O.* n°18 du 5 mai 2005, pp.I-XIV.
12　INETOP, *op.cit.*, p. 22.
13　1996年に国民教育省が300のCIOに所属する2,192人のCOPを対象に行った調査では，約3分の1が心理学の学士号を取得していないが，従来の進路指導相談員からCOPへ移行した者たちであると想定される（Régine Gentil, *op.cit.*, p. 1）。
14　1996年の国民教育省の調査では，COPの約4分の1は2年間の養成課程を履修していないが，進路指導相談員からCOPへ移行した者たちであると想定される（*Ibid.*, p. 1）。
15　Luc Cédelle, "Malaise chez les conseillers d'orientation", *Le monde de l'éducation*, no 358, 2007, p. 36.
16　Commission européenne, OCDE, *L'orientation professionnelle guide pratique pour les décideurs*, 2004. この報告書は，OECDおよびEU加盟国36カ国で実施した調査結果をもとに，各国における進路指導サービスの問題点と改善策をまとめたものである。
17　Conseil de l'Union Européenne, "Mieux inclure l'orientation tout au long de la vie dans les stratégies d'éducation et de formation tout au long de la vie", *Journal officiel de l'Union européenne*, n° C319 du 13/12/2008, pp. 4-7.
18　Haut conseil de l'Éducation, *L'orientation scolaire: bilan des résultats de l'École*, 2008.
19　Article L.313-1, *Code de l'éducation*, les éditions des journalaux officiels, 2008, p. 101. この規定は1989年にジョスパン法で登場し，2005年にフィヨン法に引き継がれ，その後，教育法典として整備された。
20　Isabelle Borras, Claudine Romani, "La qualité de l'orientation en débat", *Bref*, no 264, mai 2009, pp. 3-4.

21 ACOP France, *Une association de spécialisets de l'orientation.* (パンフレット)
22 ACOP-F, "Le service public d'orientation et les conseillers d'orientation psychologues, http://acop-asso.org/images/stories/acopf/texte2005.pdf (2010.74).
23 Luc Cédelle, *op.cit.*, p. 36.
24 筆者が2009年9月20日にジャルジャに行ったインタビューより。
25 筆者が2009年9月20日にジャルジャに行ったインタビューより。
26 ACOP-F, CNAM-INETOP, *Les Activites professionnelles des conseillers d'orientation psychologue: résultats de l'enquête nationale*, 2006, pp. 118-120. 有効回答はCOPとCIO所長1,010名（全体の21％）である。
27 Marie-Laure Maisonneuve, "Le métier de COP……àdistance ?", En pratique, Jeudi 07 mai 2009, http://www.vousnousils.fr/page.php? P=data/pour_vous/temoignages/en_pratique/&key=itm_20090501_212152_le_metier_de_cop_a_distance_.txt (2009.5.13)
28 *Ibid.*
29 筆者が2009年9月25日にルーに行ったインタビューより。
30 筆者が2010年3月17日にプルティエに行ったインタビューより。
31 筆者が2009年9月20日にジャルジャに行ったインタビューより。
32 Jean Guichard, Michel Huteau, *L'orientation scolaire et professionnelle*, Dunod, 2005, p. 96.
33 Maryse Hénoque, André Legrand, *L'évalution de l'orientation à la fin du collège et au lycée*, Haute Conseil de l'évaluation de l'école, 2004, p. 31.
34 *Ibid.*, p. 31.
35 筆者が2010年3月17日にプルティエに行ったインタビューより。
36 「1996年調査」によると，COPの約75％が過去に1つ以上の職業経験を有しており，約25％は2つ以上の職業経験を有している（Régine Gentil, *op.cit.*, pp. 1-2.)。
37 筆者が2010年3月16日にアメルに行ったインタビューより。
38 Jean Guichard, "Pour une réforme des procédures et dispositifs d'orientation et d'insertion", *Questions d'Orientation*, Revue de l'ACOP France, n°3, 1999, pp. 7-26.
39 Maryse Hénoque, André Legrand, *op.cit.*, p. 27.
40 筆者が2009年9月20日にジャルジャに行ったインタビューより。
41 Luc Cédelle, *op.cit.*, p. 36.
42 ACOP-F, CNAM-INETOP, *op.cit.*, p. 132.

43　Maryse Hénoque, André Legrand, *op.cit.*, p. 29.
44　Isabelle Borras, Claudine Romani, *op.cit.*, p. 4.
45　本書は2010年までを研究対象にしているため詳しく触れないが，2009年に制定された「生涯進路指導・職業訓練法」を受けて，2011年以降，進路指導サービスの再組織とネットワーク単位での評価制度の構築が進みつつある。
46　筆者が2009年9月23日にロアレに行ったインタビューより。
47　筆者が2009年9月20日にジャルジャに行ったインタビューより。
48　筆者が2010年3月17日にプルティエに行ったインタビューより。

小結―「教育的概念」の具現化による連携の揺らぎ―

　子どもの進路形成における情報・進路指導センター（CIO）および進路指導心理相談員（COP）の存在意義は，①学校外における進路支援機関としての役割，②学校内における進路指導の推進者としての役割，の2つに分けて捉えることができる[1]。

　学校外の役割に関しては，CIOは学校から中途退学した生徒や，卒業はしたものの就職も進学もできなかった若者の受け皿になってきた。パリにおいては，「通常のCIO」は多様かつ多数の人々を受け入れるために工夫を凝らし，また「特殊なCIO」は特定の人々のニーズを補完する役割を果たしてきた。このように，進路形成に関する困難を抱える人々が支援の網からこぼれ落ちることのないよう，多角的かつ網羅的な組織体制が築かれている。

　しかし，本書のテーマとより関連が深いのは，学内の役割である。コレージュにおける進路指導は，教員とCOPの連携の上に成り立っているといっても過言ではない。特に，1980年代，硬直的な学校システムが依然として「診断的概念」偏重から抜け出せない中，時代的要請に敏感に反応し，「進路教育」（EAO）の正式導入に先立って，教育的進路指導を創意工夫のもと実施してきたCOPの役割を過小評価することはできない。1991年には進路指

導を受ける権利を保障する公役務の提供者として位置づけられ，新たに整備された国家免許状と養成課程は，試験による入学者の選抜，心理学的能力の発達，社会的地位の向上という3つの機能による一律的な質保証を目指してきた。

　しかし，政府はこの改革がCOPの職務を「心理的支援」に傾斜させ，「進路情報の提供」やEAOなど「人格教育」（éducation）に対する消極的態度をもたらしたと批判している[2]。全国調査のデータをふまえると，「職務の偏向」という批判には一定の妥当性がありそうだが，果たしてそれは「心理士」の資格付与に起因するものなのか。即断は避けたいが，政府による批判の背景には，教員との関係性の変化という事象があるように思われる。

　1989年教育基本法によって本格的に始まった教員とCOPとの協働は，両者に様々な軋轢を生じさせることにもなった。その典型がEAOをめぐる問題であろう。教育課程基準において，EAOを教育チームに担わせ，その中心に担任教員を据えたことは[3]，それまでEAOの実践成果を水面下で蓄積してきたはずのCOPの関与を弱めることになった。さらに「職業発見」についても学習指導チームという教員集団が実施することになっており，COPの参加は任意にすぎない[4]。教育的進路指導の担い手として教員を想定する政策は，理念としては自然であるかもしれないが，実態においてはCOPとの関係を微妙にしている。そして，これに拍車をかけているのがCOPの人員不足という深刻な課題である。

　リヨンのM・C校では，教員が授業を通じた実践であるEAO，COPが授業外で実施される進路相談の中軸を担っており，職務分担を前提とした情報連携がなされていることが明らかになった。他方で，EAOへのCOPの参加は限定的であり，DP3を除くと行動連携は充分に実現されていない事実が示された。だが，その背景には政府報告書が指摘するように，「教育学」対「心理学」といった専門分野の衝突があるわけではない。むしろ，多様な角度からの生徒理解を可能にするとして，専門性の違いは教員とCOPの双

方に歓迎されている。行動連携を難しくしている主因は，担当する生徒数が過大であるためCOPが多様な職務を遂行できず，一義的な任務である進路相談に専念せざるを得ないことにあった。

さらに，人員不足以外にも，COPは様々な職務上の障壁に直面している。すなわち，COPの心理的支援に対する教育行政・企業・家庭の不信，有償で進路指導サービスを行う営利企業の台頭に象徴される私事化のプレッシャー，などである。しかし，政府報告書はこうしたCOPの窮状には全く触れず，事前規制の範囲外にあるCOPの自律性を非難することに終始している。確かに，高い若年層失業率や中退率などは[5]，COPの進路支援が期待された効果を発揮していないとする根拠となっている。だが，「COPの病理」を解決することなく，進路指導の「結果」の責任を一方的に負わせることは，果たして正当であろうか。

現状を改善するためには，教員とCOPとの連携・協働というシステムの在り方そのものを見直すか，このシステムを維持しつつ，それがうまく機能するように条件整備を施すことが求められるが，国民教育省の目指すべき方向は前者に近い。

第1に，COPの資格管理を通じた職務のコントロールがうまくいかず，サービス内容のバランスを損なわせる一因となったとの判断から，事前規制ではなく事後監視を導入しようとしている。進路指導の評価を強化することで，「進路相談」（カウンセリング）の役割を重視してきたCOPの自律性を制限しようとする意図がうかがえる。

第2に，COPの任務の重点を「進路情報の提供」にシフトさせることを検討しており，アミアン，ボルドー，リモージュの3つの大学区では新たな遠隔サービスが実験的に導入された。このオンラインによる情報サービスは，対面式の面談を必ずしも前提としない。

第3に，これまでCOPが担ってきた進路指導をEAO，さらにはその発展形である「職業と教育・訓練の発見行程」（PDMF）という形で顕在的カリ

キュラムに明示し，教員に担わせる基本構想を描いている。2006年以降，新規採用者数を半減させたため，COPの総数は純減しており，「その存在は将来的には消滅する」[6]ことになるであろう。

　しかしながら，COPの果たしてきた職務を教員が担うことの是非・可能性については，充分な議論がなされていない。教員に進路指導（職業指導）を実施する専門的能力が欠如しているのではないのかという議論は，第三共和政期（1871-1940）からなされている。現在でも，フランスの教員養成は教科指導に特化したカリキュラムになっており，進路指導に関する内容は含まれていない。他方，デンマーク，オランダ，ギリシャなど多くの欧州の国々では，従来から教員しか進路指導の相談者になり得ないと考えられてきた[7]。その点で，COPという専門家が進路指導サービスの中軸を担うフランスの制度は特徴的であったが，その独自性は大きな曲がり角にあるといえよう。

　以上のように，「教育的概念」に依拠した進路指導が制度化されるプロセスは，見方を変えると，教員主導の進路指導が実現されるプロセスであり，それは教員とCOPとの連携，すなわち学校と外部機関との連携というフランス的進路指導の土台を揺さぶり続けている。

【註】

[1] 日本の進路指導は，①自己情報の理解，②進路情報の理解，③啓発的経験，④進路相談，⑤卒業後の進路の選択決定への支援，⑥追指導，に機能分化されるが，6つ機能の全てを教員が担っている（文部省『中学校・高等学校進路指導の手引―中学校学級担任編―』日本進路指導協会，1994，18-19頁）。フランスでは①，②，④，⑥についてCIOとCOPが中心的役割を果たしてきた。なぜならば，①，②に関しては職業社会に関する高度な理解，④に関しては心理学の専門性が強く求められるからである。また，既に学校を離れた生徒を対象とする⑥についても，外部機関であるCIOが地域，年齢，国籍などを超えた幅広い進路支援の受け皿を提供してきた。

[2] Maryse Hénoque, André Legrand, *L'évalution de l'orientation à la fin du collège et au lycée*, Haute Conseil de l'évaluation de l'école, 2004, p. 31.

第5章　進路指導における学校と外部機関の連携　379

3 Circulaire No 96-204 du 31-7-1996, *B.O.* no 31 du 5 sept. 1996, p. 2081.
4 Ministère de l'éducation nationale de l'enseignement supérieur et de la recherche, *Vade-mecum découverte professionnelle option facultative 3 heures*, 2006, http://eduscol.ed ucation. fr/D0072/dp3h_vademecum.pdf (2008.1.20), pp. 7-10.
5 2009年の15歳～24歳の失業率は23.7%である（15歳～65歳は9.1%）。また，2012年の調査では，18歳～24歳の若者の11.6%が何の資格も取得しないまま学校を離れている。
6 筆者が2010年3月16日にパリ11・12区担当CIOでアメルに行ったインタビューより。その他のCOPも同様の趣旨の発言をしていた。
7 Maryse Hénoque, André Legrand, *op.cit.*, pp. 27-28.

終章　進路指導の展開過程にみる機能変容とその帰結

1. 結論

　本書では，フランスに進路指導における機能の変容について，「診断的概念」と「教育的概念」という2つの概念に着目して検討し，さらにそれが進路指導の制度や実践にいかなる帰結をもたらしたかを明らかにした。まずは，第三共和政期から現代に至るまでの進路指導の展開過程を振り返ることで，機能的変容の特色を再確認してみたい（表6-1）。

　フランス革命，産業革命，二月革命という3つの革命を経て誕生した「職業指導」概念は，公教育制度の成立とともに現実化されることになった。というのも，義務教育は子どもを労働者として社会に送り出すことを使命としながら，就学期間中に彼らを大人社会から強制的に隔離してしまうというジレンマを抱えており，それを解消する役割が職業指導に期待されたからである。「手工」における「失敗」に象徴されるように，小学校教員は試行錯誤しながら自らの本分である教科指導を通した実践を試みた。中でも「読み取り」の時間における職業観の育成は一定の成果を挙げたが，その際『2人の子どものフランス巡歴』に代表される教科書は，児童の職業理解の促進に大きく貢献した。このように，草創期である第Ⅰ期（1871年～1910年代）には，「教育的概念」に基づく職業指導が展開されたのである。

　1922年，公的文書において初めて職業指導が定義されたが，その目的は「就職斡旋に先立って」「子どもの身体的・道徳的・知的能力を明らかにする」ことにあるとされた。それは学校で蓄積されてきた職業指導実践の延長線上にあるものではなく，アメリカから輸入されたパーソンズの職業選択理論に依拠している。ボストンの職業案内所に倣ってフランス各地に職業指導

表6-1　進路指導の展開過程にみる機能変容（筆者作成）

時期	年号	メルクマール	2つの概念のバランス
第Ⅰ期	1871	第三共和政成立	
	1877	ブリュノ著『2人の子どものフランス巡歴』刊行	
	1879	上院議員コルボンが政府報告書を発表	
	1882	義務教育開始，小学校に「手工」「読みとり」「地理」「道徳」など17教科を設置	
	1904	『幼児期における実物学習』刊行	
第Ⅱ期	1922	職業指導が公式に法令で定義される	
	1924	パリ第15区に初めて職業指導センター創設，1946年に127か所に達する	
	1928	パリに「国立職業指導協会」設立，センター指導員の養成開始	
	1933	ゾレッティが「進路指導期」構想を発表	
	1937	ゼイが進路指導学級の実験を開始	
	1938	17歳以下の若者に職業相談を義務付け	
第Ⅲ期	1945	全国90都市で「新しい学級」の実験開始	
	1947	「ランシュヴァン・ワロン教育改革案」発表	
	1959	ベルトワン改革において観察課程設置	
	1963	フーシエ改革において観察指導課程設置	
	1971	情報・進路指導センター設立	
	1975	アビ改革において統一コレージュ創設，観察・進路指導課程設置	
	1980	進路指導相談員の役割の見直し	
	1981	『シュワルツ報告』発表	
	1985	『未来の教育のための提言』発表	
第Ⅳ期	1989	ジョスパン法に進路指導を受ける権利を明記	
	1991	進路指導心理相談員（COP）の免許創設	
	1996	コレージュに「進路教育」を導入	
	2004	コレージュ最終学年に「職業発見」を導入	
	2006	この年以降，COPの採用者数半減	
	2008	中等教育に「職業と教育・訓練の発見行程」を導入	
	2009	3つの大学区で進路相談の遠隔サービスを実験的に開始「生涯進路指導・職業訓練法」の成立	

（2つの概念のバランス：教育的概念／診断的概念　折れ線グラフ上に1922年，1945年，1989年，1996年の位置を表示）

センターが設立されると，活動の中心は学校外での職業相談に置かれるようになる。他方で，中等教育では1846年にコースが分化して以来，次第に進学指導が教育課題として認識されるようになっていった。1939年に実施されたジャン・ゼイの「進路指導学級」の実験は，適性や能力の見極めによる進学先決定を制度化しようとする取り組みである。このように，変革期である第Ⅱ期(1920年代〜1945年)には，「診断的概念」に基づく職業指導と進学指導が展開され始めた。

　戦後になると，義務教育年限が伸びたこともあり，進路指導は小学校段階ではなくコレージュ段階で行われるようになる。その根本理念とされるのが1947年の「ランジュヴァン・ワロン教育改革案」であり，それは実質的にゼイ改革を引き継いでいるとみなしてよい。「正義の原則」と「進路指導の原則」では，社会階層による進路の不平等を是正するため，選抜(試験)による進路選択を改め，適性・能力の診断結果に従って進路決定することが掲げられた。これを不完全ながら実現したのが1959年のベルトワン改革であり，観察課程の中で教員の評価によって生徒を各進路に振り分けるシステムが確立された。観察課程制度はフーシエ改革による修正を経て，1975年のアビ改革による統一コレージュ創設によって完成に至るが，他方で文化資本の格差やそれに起因する希望格差を無視した振り分けは，階層の再生産をもたらした。こうした弊害は，学校からの中途退学の増加や若年層失業率の悪化という形で徐々に顕在化してくる。結局，1981年の『シュワルツ報告』を契機として，学校外部から戦後進路指導の見直しが提起された。すなわち，生徒の主体的な進路選択を尊重し，その実現に向けて支援する進路指導の在り方が模索されるようになったのである。

　このように，確立期である第Ⅲ期(1945年〜1989年)には，「診断的概念」に基づく進学指導が定着するとともに，その綻びが生じ始め，「教育的概念」の復権に向けた動きが起こりつつあったといえよう。

　その後，1989年に成立したジョスパン法(教育基本法)において「進路指

導を受ける権利」が明記されたことで，主体性を重視した教育的進路指導に関する施策が次々に打ち出された。「振り分け」システムとしての「進路指導手続き」は残されたものの，そこに至るまでのプロセスでいかなる教育をするかが大きな意味をもつようになったのである。1996年には，進路選択や進路構築に必要なコンピテンシーを育成する「進路教育」(EAO) が導入された。2004年には EAO の核として「職業発見」(DP) が設置され，戦後長らく断絶してした学校社会と職業社会との連結が目指された。さらに2008年，「生涯進路指導」の理念のもとで創設された「職業と教育・訓練の発見行程」(PDMF) では，異校種間の接続を意識してこれまでの実践が体系化され，資格取得水準の向上に向けた挑戦が始まっている。このように，発展期である第Ⅳ期（1989年～2010年）には，「教育的概念」に基づく進路指導が拡充され，相対的に主要な位置を占めつつ，「診断的概念」と共存しているといえよう。

　以上のように，進路指導の展開過程における「教育的概念」と「診断的概念」の関係は，4つの時期に分けて捉えることができる。それは，先行研究で指摘されたような，「機械モデル」（診断的概念）から「人間モデル」（教育的概念）へという単純なパラダイム転換では捉えることができない，複雑な様相を呈しているのである。こうした機能的変容が進路指導の制度や実践をどのように変化させたのか，4つのポイントに着目してまとめてみる。

(1) どこに向けて指導するのか？―進路指導の内容―

　進路指導とは「学業」と「職業」に関する方向付けであるが，そのバランスは時代に応じて微妙に異なる。第Ⅰ期，小学校卒業者の多くは就業しなければならず，職業選択に向けて指導が展開された。しかし，第Ⅱ期になって上級初等教育や中等教育への進学率が上昇すると，学業選択に向けた指導が求められるようになってくる。第Ⅲ期に観察課程が設置され，修了生のほとんどが何らかのコースに振り分けられるようになると，職業指導は完全に忘却され，進学指導のみが行われるようになった。したがって，「教育的概念」

から「診断的概念」への移行に並行する形で，「職業指導」から「進学指導」への転換が起きたといえよう。

しかし，第Ⅳ期に入って「教育的概念」が再評価されると，目先の進路選択だけではなく，生涯にわたる選択能力を育成しなければならないとの認識が広まった。その結果，職業や労働に関する学習に力が入れられ，「職業発見」やPDMFの導入により職業指導としての側面に再び光が当てられる。現在では進学指導としての側面と職業指導としての側面が，完全ではないにしろ統合された状態にあると考えられよう。

このように，進路指導の機能的変容は，「学業か職業か」という内容に関する変容をもたらしたのである。

(2) 誰が指導するのか？―進路指導の担当者―

進路選択プロセスには，教員，専門家，生徒，両親など様々なアクターの関与が想定されるが，進路指導の主たる担い手は時代によって変化してきた。職業指導が学校教育の一環として成立したことからも明らかなように，第Ⅰ期の担い手は教員である。しかし，第Ⅱ期に「診断的概念」が登場すると，労働や職業についての専門知識をもたない教員が指導するのは困難であるとの認識が共有されるようになり，職業指導センターが次々と設立された。こうして徐々に進路指導は専門家の手に委ねられるようになるが，他方で最終的な進路決定は教員が担う仕組みが模索される。1939年のゼイ改革は，センター職員の指導を前提としつつ，試験ではなく教員の合議によって進路決定することを目指した。

第Ⅲ期には，こうした「指導」と「決定」の分離が制度として定着し，進路「指導」は進路指導相談員に，進路「決定」は教員による進路指導手続きに委ねられた。この状況を転換させることになったのが，1980年代以降にみられる「教育的概念」の再評価である。進路選択に生徒の意志を可能な限り反映させるため，教員は個人プロジェクトの作成，すなわち出口に至るまで

の指導プロセスに参加することが求められた。第Ⅳ期にこの方向性は確固たるものになり，進路指導心理相談員（COP）の人数が削減されるなど，専門家の役割は衰退しつつある。

　このように，進路指導の機能的変容は，「教員か専門家か」という担当者に関する変容をもたらしたのである。

(3) どこで指導するのか？―進路指導の場所―

　進路指導を実施する場所は，担当者に付随する形で変化してきた。第Ⅰ期，教員が職業指導を担った時代は当然学校内で行われたし，第Ⅱ期に専門家が登場すると，学校外の職業指導センターで行われるようになった。第Ⅲ期，職業指導センターは情報・進路指導センター（CIO）に改組されたが，このとき学内に組織を組み込むべきか，学外に設置して相対的に独立させるべきか議論され，最終的に後者が選択される。「振り分け」の決定権を教員側が握っていたため，学校と家庭（生徒）が対立関係に陥る可能性があり，相談員は中立的地位で指導することが求められたのである。

　相談員が学校システムの論理にとらわれず活動できたことは，結果的に「教育概念」の復権に寄与した。他方で，国家の統制を何ら受けないCOPの自律性は質保証の観点から厳しく批判され，ひいては不要論すら台頭するようになる。第Ⅳ期に入って進路指導の主導権はCOPから教員に移りつつあり，原則として校内で教育実践を行い，それを学外活動によって部分的に補完するという形式が定着してきた。CIOを学外に設置したことが，学内における進路指導の推進に向けた趨勢の一因となったことは，ある意味皮肉な結果である。

　このように，進路指導の機能的変容は，「学校外か学校内か」という場所に関する変容をもたらしたのである。

(4)どうやって指導するのか？―進路指導の方法―

　担当者の変化は，進路指導の方法にも一定の影響を及ぼしている。第Ⅰ期には教科領域における職業知識の提供，およびそれを通じた価値観の醸成という形で教員による指導が行われた。しかし，第Ⅱ期に活動が学外の職業指導センターに移されると，専門家による職業相談や適性診断が大部分を占めるようになる。第Ⅲ期に「指導」と「決定」の分離が進むと，校内で教員による能力・適性の観察が，校外で専門家による進路相談が実施された。ただし，戦後期は「振り分け」のための相談業務であったのに対し，1980年代以降は個人プロジェクト作成のための進路相談に変化しており，その社会的意義は異なる。

　第Ⅳ期に教員の役割が相対的に拡大すると，進路指導は位置づけの曖昧な「学校外時間」から給与の発生する「学校時間」に転移し始める。不定期に行われる進路相談のような当事者任せの取り組みを脱し，進路指導を正式な教育活動として顕在的カリキュラムに明示する意図があったと考えられる。それでも，EAO は導入当初，「学級生活の時間」など教員の伝統的職務である教科の範囲外で実施されていた。

　しかし，「職業発見」という進路学習に特化した科目が導入され，さらに PDMF では教科を通じた進路指導がこれまでになく強調された。したがって，進路指導と教科指導は融合に向かって進んでいるが，これは第Ⅰ期における教科書を用いた実践とは意味合いが異なる。すなわち，主知主義に則って職業や教育・訓練に関する知識を重視しつつも，同時に生涯進路指導に必要なコンピテンシー（汎用的能力）の習得が目指されている。

　このように，進路指導の機能的変容は，「進路相談か教科指導か」という方法に関する変容をもたらしたのである。

　以上，進路指導の機能的変容とその帰結を整理すると，表6-2のようになる。第Ⅱ期と第Ⅲ期の特徴が比較的似ているが，この時期は学校教育制度が

表6-2　各期における進路指導の機能，および制度・実践の特色（筆者作成）

時期		第Ⅰ期	第Ⅱ期	第Ⅲ期	第Ⅳ期
進路指導の機能		教育的概念	診断的概念	診断的概念	教育的概念
進路指導の制度・実践	内容	職業	職業／学業	学業	職業・学業
	担当者	教員	専門家／教員	専門家／教員	教員
	場所	学校内	学校外	学校外	学校内
	方法	教科指導	進路相談	進路相談	教科指導

※各期において相対的に重視されたものを「特色」として抽出している。

飛躍的に発展したこともあり，中等教育では就学期間中の進路形成に重きが置かれた。また，第Ⅰ期と第Ⅳ期も類似しているが，これはある意味で現代社会において，進路指導の根本理念に関する原点回帰が起きているのかもしれない。2つの時代に共通するのは，学校と職業との関係の問い直し，すなわち将来子どもが職業社会において生きていくために，学校教育で何を学び，どのような能力を身に付ける必要があるかという時代を超えた命題であろう。

以上のような進路指導の機能的変容とその帰結，それはいわば「どうすれば子どもの進路形成を公的に保障できるか」という普遍的問いに対して，フランス社会が導き出してきた1つの形である。不確実性の時代を迎え，進路がよりいっそう不透明になりつつある世界で，この難問に対していかなる答えを見出していくか，本書の成果が与える示唆は小さくない。

2．本書の課題

第1に，最大の課題として挙げられるのが，進路指導の機能変容が子どもの実際の進路形成にいかなる影響を及ぼしたのか考察できなかったことである。制度レベル，あるいは不充分ながら実践レベルにおいて機能的変容の「帰結」を明らかにしたが，進路指導の結果レベルにおいては「帰結」を提示するに至らなかった。それでも第Ⅲ期に関しては，「階層と進路」が政策

の主要テーマであったこともあり，具体的なデータを引きつつ一定の検証を行うことができたが，第Ⅳ期においては理念やカリキュラムなどの分析が中心で，その成果にまで踏み込めていない。特に1980年代以降，進路格差の拡大に対する批判に呼応して「教育的概念」が優勢になったことを考慮すると，教育的進路指導が格差縮小に寄与したのか否か検証することが不可欠である。今後，EAO，「職業発見」，PDMFなどの新たな試みが有効であったかどうかを含め，子どもの進路形成にもたらした「帰結」をエビデンスに依拠して実証的に解明することが求められる。

第2に，第3章および第4章で教育的進路指導について論じているにもかかわらず，具体的な教育実践の分析が乏しいことである。機能的変容のもたらした帰結をより正確に明らかにするためには，制度レベルのみならず実践レベルに焦点を当て，学校現場で具体的にどのような活動が行われたか検討することが望ましい。本書でもEAOに関しては授業記録を読み解くことでその一端を提示できたが，「職業発見」やPDMFについては使用教材のテキスト分析にとどまる。今後，コレージュにおける進路学習の参与観察やアクションアプローチを通じて，授業実践の視点から進路指導を捉えていきたい。

第3に，第3章〜第5章（表6-2の第Ⅳ期）については，専ら「教育的概念」に基づく制度や実践を取り扱っており，「診断的概念」への言及がほとんどなされていないことである。これはジョスパン改革以降，「教育的概念」が相対的に重視されたためであるが，本書でも指摘したように，「診断的概念」は消滅したわけではなく，依然として「進路指導手続き」による振り分けは残されている。その場合，「診断的概念」は第Ⅱ期や第Ⅲ期と全く同じものなのか，あるいは微妙な変化が生じているのか明らかにすることができなかった。進路指導の機能的変容をより精密に把握するためにも，学級評議会や教員評議会の実態を調査し，現代における振り分けのプロセスを解明することが求められる。

以上のような課題を念頭に今後の研究を進め，「どのような機能に依拠し

て，どこに向けて，誰が，どこで，どうやって指導する」ことが子どもの進路保障に有効であるか追究していきたい。

参 考 文 献

1．外国語文献（アルファベット順）

ACOP-F, CNAM-INETOP, *Les Activites professionnelles des conseillers d'orientation psychologue : résultats de l'enquête nationale*, 2006.

ACOP France, *Une association de spécialisets de l'orientation*.

ACOP-F, "Le service public d'orientation et les conseillers d'orientation psychologues, http://acop-asso.org/images/stories/acopf/texte2005.pdf（2010.74）.

"Acteurs de l'orientation", http://www.education.gouv.fr/cid158/acteurs-de-l-orientation.html（2007.9.14）.

"Affectation et orientation", http://cap.ac-aix-marseille.fr/etablissement/corps.php?id=0131266 F5（2009.4.25）.

Aimé Dupuy, "Hiroire sociale et manuels scolaires : Les livres de lecture de G. Bruno", *Revue d'histoire économique et socilale*, volume 31, 1953, pp. 128-151.

Alain Chappin, "Manuels scolaires et politique éducatives en France",『日仏教育学会年報』第 3 号, 1997, pp. 11-22.

Alain Crindal, Régis Ouvrier-Bonnaz, *La découverte professionnelle : guide pour les enseignants, les conseillers d'orientation psychologue et formateurs*, Delagrave, 2006.

Alain Girard et Roland Pressat, "Deux études sur la démocratisation de l'enseignement", *population*, 1962, NO1, I.N.E.D., pp. 9-28.

Alain Girard et Henri Bastide, "La stratification sociale et la démocratisation de l'enseignement", *population*, 1963, NO3, I.N.E.D., pp. 435-472.

Alain Girard et Henri Bastide, "Orientation et sélection scolaires.Cinq années d'une promotion :de la fin du cycle élémentaire à l'entrée dans le 2e cycle du second degré.Deuxième partie.", *population*, 1969, NO2, I.N.E.D., pp. 195-261.

Alain Girard, Henri Bastide et Guy Pourcher, "Enquête nationale sur l'entrée en aixième et la démocratisation de l'enseignement", *population*, 1963, NO1, I.N.E.D., pp. 9-48.

Alistair Ross, *Curriculum :construction and Critique*, Falmer Press, 2000.

Antoine Léon, *Psychopédagogie de l'orientation professionnelle*, nouvelle encyclopédie pédagogique 31, Presses Universitaire de France, 1957.

Antoine Léon, *Histoire de l'éducation technique*, collection "Que sais-je ?", No.938, Presses Universitaires de France, 1961.

Antoine Léon, *Histoire de l'enseignement en France*, collection "Que sais-je ?", No.393, Presses Universitaires de France, 1967.

Antoine Prost, 《l'École et la famille dans une société en mutation》, *Histoire générale de l'enseignement et de l'éducation en France*, TomeⅣ, Nouvelle librairie de France, 1981.

Antoine Prost, *Éducation, société et politiques : Une histoire de l'enseignement de 1945 à nos jours*, Éditions de Seuil, 1997.

Bertrand Schwartz, *L'insertion professionnelle et sociale des jeunes, la documentation française*, 1981.

Bruno Magliulo, *Le guide des années lycée : réussir l'orientation de son enfant*, L'Etudiant, 2005.

Campbell, C.A. & Dahir, C.A., *The National standards for school counseling programs*, the American School Counselor Association, 1997.

Charlotte Rieder (dir.), *La Réforme de l'enseignement, conférence faite par Jean ZAY et documentation rassemblée par Henri BELLIOT*, Paris, 1938.

C.Chassage, *Éducation à l'orientation*, Magnard, 2002.

Ch. Makarian, "Orientation scolaire : les pièges", *Le point*, 25-31 mars 1985, pp. 70-74.

Christian Nique, Claude Lelievre, *L'ecole des presidents : de Charles de Gaulle a Francois Mitterrand*, Editions O. Jacob, 1995.

Christian Marbach, "L'Entreprise: faut-il lui donner une place 《à part》 dans les apprentissages du collège et du lycée ?", L'observatoire des PME, 《Connaissance de l'entreprise par les élèves Contribution du collège et du lycée》, *Regards sur les PME*, N°6, pp. 5-8.

Code de l'éducation, les éditions des journalaux officiels, 2008.

Collége de France, *Propositions pour l'enseignement de l'Avenir*, 1985.

Collège Maria Casares, "l'orientation au collège", 2009.

Commission présidée par Pierre Bourdieu et François Gros, *Principes pour une réflexion sur les contenus d'enseignement*, 1990.

Condorcet, "Nature et objet de l'instruction publique", *Bibliothèque de l'homme public*, 1791.

Condorcet, "Rapport et projrt de décret sur organisation générale de l'instruction publique", les 20 et 21 avril 1792.

Daniel Halévy, *La République des ducs*, Grasset, 1937.

"découverte professionnelle en classe de 3e", http://www.education.gouv.fr/cid157/decouverte-professionnelle-en-classe-de-3e.html (2007.6.2).

"découverte professionnelle au collège", http://eduscol.education.fr/D0072/dp_accueil.htm (2007.8.13).

Dominique Odry (coord.), *L'orientation, c'est l'affaire de tous : 1. les enjeux*, CRDP de l'académie d'Amiens, 2007.

Dominique Odry (coord.), *L'orientation, c'est l'affaire de tous : 2. les pratiques*, CRDP de l'académie d'Amiens, 2007.

Dominique Odry, "Conseillers d'orientation: une richesse mal exploitée", *Cahiers pédagogiques*, no 463, CRDP, mai 2008, pp. 37-39.

D.Pelletier, G.Noiseux, R.Bujold, *Développement vocationnel et croissance personnelle*, Mc Graw-Hill, 1974.

Edger Morin et les autres, *Relier les connaissances : le défi du XXIe siècle*, Seuil, 1999.

"Éducation à l'orientation", http://www.education.gouv.fr/cid188/education-a-l-orientation.html (2007.3.22).

Éduscol, "Organisation et modalités d'attribution du diplôme national du brevet", http://eduscol. education.fr/cid46835/organisation-et-modalites-d-attribution. html (2010.4.24).

Francine Grosbras (coord.), *l'éducation à l'orientation au collège*, Hachette, 1998.

Francis Andreani, Pierre Lartigue, *L'orientation des élèves comment concilier son caractère individuel et sa dimension sociale*, Armand Colin, 2006.

Francis Danvers (dir.), 《L'éducation à l'orientation》, *Perspectives documentaries en éducation*, No60, INRP, 2003.

François Marchand, "Les conseils de classe", Ministre de l'éducation nationale, *L'Éducation*, No.152, 2 novembre 1972, pp. 8-10.

Françoise Mayeur, 《de la Révolution à l'École républicaine》, *Histoire générale de l'enseignement et de l'éducation en France*, TomeⅢ, Nouvelle librairie de France, 1981.

G.Bruno, *Le tour de la France par deux enfants*, Librairie Classique Eugène Belin, 1877.

Gébelin Cécile, "Troisième à projet ⟨orientation et découverte des métiers⟩", http://eprofsdocs.crdp-aix-marseille.fr/Troisieme-a-projet.html (2009.5.10)

Gérard Doulsan, "De nouvelles missions pour l'orientation", *B.O.* no 38 du 24 octobre 1996, pp. 2585-2589.

Groupe de travail national sur les seconds cycles, *Les lycées et leurs études au seuil du XXIe siècle*, CNDP, 1983.

Guy Sinoir, *L'orientation professionnelle*, Presses Universitaire de France, deuxième édition entièrement revue, 1950.

Haut conseil de l'Éducation, *L'orientation scolaire: bilan des résultats de l'École*, 2008.

H. Bosc. R.Vauquelin, *Lectures professionnelles*, Hachette, 1939.

INETOP, *Formation des conseiller d'orientation psychologue stagiaires*, CNAM, 2008.

Institut pédagogique national, *Encyclopédie pratique de l'éducation en France*, Société d'édition de dictionnaires et encyclopédies, 1960.

Isabelle Borras, Claudine Romani, "La qualité de l'orientation en débat", *Bref*, no 264, mai 2009, pp. 3-4.

Jean Guichard, "Pour une réforme des procédures et dispositifs d'orientation et d'insertion", *Questions d'Orientation*, Revue de l'ACOP France, n°3, 1999, pp. 7-26.

Jean Guichard, Michel Huteau, *L'orientation scolaire et professionnelle*, Dunod, 2005.

Jean-Jacques Rousseau, *Émile, ou de l'éducation*, 1762.

Jean-Louis Auduc, *L'école en France*, Nathan, 2006.

Jeanne Benhaïm-Grosse, "La rénovation du collége 1998", Ministère de l'éducation nationale, de la recherche et de la technologie, *Les dossiers*, no 110, juin 1999.

Jeanne Benhaïm-Grosse, "Les politiques en faveur de l'éducation à l'orientation en collège et lycée général et technologique, Ministère jeunesse, éducation nationale et recherche, *Note d'information* 03-18, avril 2003.

Jeanne Benhaïm-Grosse, "Les pratiques d'éducation à l'orientation des professeurs de troisième", Direction de l'évaluation, de la prospective et de la performance, *Éducation & formations*, no 77, novembre 2008, ministère de l'éducation nationale, pp. 31-48.

Joël Lebeaume, "An history of manual work for boys within primary school in France", 名古屋大学大学院教育発達研究科技術・職業教育学研究室『技術・職業教育研究室研究報告』第3号, 2006, pp. 1-13.

J. Pellerano, G.Noiseaux, D.Pelletier, E.Pomerleau, R.Solazzi, *Programme Education des Choix*, E.A.P., Paris, 1988.

Julie Chupin, "Au collège, la vie professionnelle en option", *Le monde de l'éducation*, no 358, 2007, pp. 33-34.

Kenneth B.Hoyt, *Career education: history and future*, The National Career Development Association, 2005.

K. Lewin, "Time perspective and morale", *Resolving social conflicts*, New York, 1948.

Le Collège des années 2000, supplément au B.O. no 23 du 10 juin 1999.

"Le réseau des services d'information et d'orientation/Les CIO : Centres d'Information et d' Orientation", http://eduscol.education.fr/D0095/CIO01.htm (2007.3.23).

"Les metiers.net", http://www.lesmetiers.net/ (2007.11.5)

"Les C.I.O. : mode d'emploi", http://paris-cio.scola.ac-paris.fr/mode%20d%27emploi.htm (2007. 10.18).

"Les temps forts de l'année scolaire", http://www.education.gouv.fr/cid165/les-temps-forts-de-l-annee-scolaire.html (2010.9.12)

Louis Legrand, *Pour un collège démocratique : rapport au Ministre de l'éducation nationale*, La Documentation française, 1982.

Luc Cédelle, "Malaise chez les conseillers d'orientation", *Le monde de l'éducation*, no 358, mai 2007, pp. 35-36.

Luc Decaunes, M.L.Cavalier, *Réformes et projets de réforme de l'enseignement Français de la révolution á nos jours (1789-1960)*, L'institut pédagogique national, 1962.

Lynn Olson, *The School-to-Work Revolution*, the Sagalyn Literacy Agency, 1997.

Marie-Laure Maisonneuve, "Le métier de COP... à distance ?", En pratique, Jeudi 07 mai 2009,http://www.vousnousils.fr/page.php?P=data/pour_vous/temoignages/en_pratique/&key=itm_20090501_212152_le_metier_de_cop_a_distance_.txt (2009.5.13)

Marguerite Altet, *Les pédagogies de l'apprentissage*, Presses Universitaires de France, 1997.

Maryse Hénoque, André Legrand, *L'évalution de l'orientation à la fin du collège et au lycée*, Haute Conseil de l'évalution de l'école, 2004.

Maurice Chavardès, *Un ministre éducateur : Jean Zay*, Institut pédagogique national, 1965.

Michel Bonte, René Bourgeois, Yvan Demangel, *Découverte professionnelle option 3 heures cahier d'activités*, Delagrave, 2006.

Ministre de l'éducation nationale, *Informations statistiques*, no77, janvier 1966.

Ministère de l'éducation national, *Collège : Programmes et instructions 1985*, CNDP, 1985.

Ministère de l'éducation nationale de l'enseignement supérieur et de la recherche, *Repères et références statistiques sur les enseignements, la formation et la recherche*, 2006.

Ministère de l'éducation nationale de l'enseignement supérieur et de la recherche, *Repères et références statistiques sur les enseignements, la formation et la recherche*, 2007.

Ministère de l'éducation nationale de l'enseignement supérieur et de la recherche, *Repères et références statistiques sur les enseignements, la formation et la recherche*, 2008.

Ministère de l'éducation nationale de l'enseignement supérieur et de la recherche, *Repères et références statistiques sur les enseignements, la formation et la recherche*, 2009.

Ministère de l'éducation nationale de l'enseignement supérieur et de la recherche, *Vade-mecum découverte professionnelle option facultative 3 heures*, 2006, http://eduscol.education.fr/ D0072/dp 3 h_vademecum.pdf (2007.11.24).

Ministère de l'éducation nationale de l'enseignement supérieur et de la recherche, *Vade-mecum découverte professionnelle module 6 heures*, 2006, http://eduscol.education.fr/D0072/dp6h _vademecum.pdf (2008.1.27).

Ministère de l'éducation national, *Apprendre à s'orienter tout au long de la vie: 15 repères pour la mise en œuvre du parcours de découverte des métiers et des formations*, 2009.

Olivier Brunel (coord.), *99 questions sur...l'éducation à l'orientation*, CNDP, 2001.

ONISEP, *Guide du collège : des pistes pour accompagner votre enfant*, Eyrolles, 2006.
ONISEP, *Science de la terreet découverte des métiers,* éqipes éducatives, 2006.
ONISEP, *L'orientation au collège*, Collection INFORMER, 2007.
ONISEP, *Le collège dans l'académie de Paris*, 2007.
ONISEP, *Français et découverte des métiers,* éqipes éducatives, 2007.
ONISEP, *Histoire géographie et découverte des métiers,* éqipes éducatives, 2007.
ONISEP, *Anglais et découverte des métiers,* éqipes éducatives, 2008.
ONISEP, *Mathématiques et découverte des métiers,* éqipes éducatives, 2009.
"Orientation & Formation", http://www.orientation-formation.fr/(2007.11.18).
Pascal Blaise, *Pensées*, Hachette, 1950.
Paul Clerc, "La famille et l'orientation scolaire au niveau de la sixiéme. Enquête de juin 1963 dans l'agglomération parisienne", *population*, 1964, NO4, I.N.E.D., pp. 627-672.
Paul Foulquié, *Dictionnaire de la langue pédagogique*, Presses Universitaires de France, 1971.
Paul Langevin et Henri Wallon, *Projet de réforme*, IPN, 1947.
Paul Ricaud-Dussarget (entretien avec Gérard Doulsan), "Donner à l'élève les moyens de faire des choix", *B.O.* no 38 du 24 octobre 1996, pp. 2583-2584.
Paul Robert, *Le grand Robert de la langue française dictionnairealphabétique et analogique de la langue française*, deuxième édition, Le Robert, 1985.
Philippe Champy, Christiane Étévé (dir.), *Dictionnaire encyclopédique de l'éducation et de la formation*, 3e édition, Retz, 2005.
Philippe Ariès, *L'enfant et la vie familiale sous l'ancien régime*, Éditions du Seuil, 1973.
Pierre Bourdieu, J.C. Passeron, *Les héritiers : les étudiants et culture*, Éditions de Minuit, 1964.
Pierre Bourdieu, "L'école conservatrice, les inégalités devant l'école et devant la culture", *Revue Francaise de sociologie*, VII, 3, juillet-septembre 1966, pp. 335-347.
Pierre Bourdieu, "Systèmes d'enseignement et systèmes de pensée", *Revue internationale des sciences sociales, fonctions sociales de l'éducation*, XIX, 3, 1967, pp. 367-388.
Pierre Bourdieu, *Algérie60 : structures économiques et structures temporelles*,

Éditions de Minuit, 1977.

Pierre Bourdieu, *La Distinction : Critique sociale du jugement*, Éditions de Minuit, 1979.

Pierre Bourdieu, *Choses dites*, Éditions de Minuit, 1987.

Pierre Bourdieu, Entretien avec A. Spire, *Si le monde social m'est supportable, c'est parce que je peux m'indigner*, L'aube, 2002.

Pierre Bourdieu, J.C. Passeron, et M. Saint Martin, "les étudiants et la langue d'enseignement", Chaiers du Centre de Sociologie Européene, *Rapport pédagogique et communication*, Sociologie de l'éducation 2, Paris-La Haye, Mouton&Co., 1965, pp. 37-69.

Pierre Nora (dir.), *Les lieux de mémoire : 1. la République*, Éditions Gallimard, 1984.

"Principaux acteurs et principales actions d'éducation à l'orientation dans l'académie de Montpellier en 2006-2007", http://intranet.ac-montpellier.fr/Ressources/Education_Orientation/CR_Liste_etab_EAO_2006-07_Ac_Montpellier.htm (2007.10.11).

"Programmes de l'enseignement de langues vivantes étrangères au collège", *B.O.* hors-série n° 6 du 25 août 2005.

"Programme d'orientation 2006-2007", http://intranet.ac-montpellier.fr/Ressources/Education_Orientation/pdf/EAO_Trenze_Vialas_48_2006-07.pdf (2007.10.11).

Régine Gentil, "La fonction de conseiller d'orientation-psychologue des centre d'information et d'orientation", Ministère de l'éducation nationale, de la recherche et de la technologie, *Note d'information*, no. 43, octobre 1997.

René Haby, *Propositions pour une modernisation du système éducatif*, Documentation Française, 1975.

René Haby, *Combat pour les jeunes française*, Julliard, 1981.

René Hubert, *Traité de pédagogie générale*, Presses Universitaires de France, 1946.

René Hubert, *Histoire de la pédagogie*, Presses Universitaires de France, 1949.

R.Solazzi et al., *Éducation des choix / apprendre à s'orienter*, E.A.P., Paris, 1994-1997.

Viviane Isambert-Jamati, "La notion d'orientation dans l'enseignement secondaire; analyse historique des critères proposés dans les textes officiels", *L'orientation scolaire et professionnelle*, No2, 1972, pp. 129-141.

2．日本語文献（あいうえお順）

荒井文雄「フランスにおける学区制度と学校回避—大都市圏における学校回避の現状—」『フランス教育学会紀要』第21号，2009，51-64頁。

アラン・ショッパン著，星三和子訳「フランスにおける教科書と教育政策」『日仏教育学会年報』第3号，1997，23-30頁。

アントワーヌ・プロスト著，村上眞弓訳『20世紀のフランス』松籟社，1994。

アントワーヌ・レオン著，もののべながおき訳『フランスの技術教育の歴史』白水社，1968。

アントワーヌ・レオン著，池端次郎訳『フランス教育史』白水社，1969。

池田賢市著『フランスの移民と学校教育』明石書店，2001。

石岡学著『「教育」としての職業指導の成立』勁草書房，2011。

石堂常世「フランスの〈学校論議〉の根底にあるもの—現代教育をめぐる理論的葛藤—」『日本比較教育学会紀要』第13号，1987，76-84頁。

石堂常世「エドガー・モランの教育改革論にみる「思考」革命—カリキュラム改革を方向づける現代の認識論—」『早稲田教育評論』第20巻，第1号，2006，1-12頁。

ヴィヴィアンヌ・イザンベール＝ジャマチ著，田崎徳友訳「中等教育における進路指導の概念（フランス）」『福岡教育大学紀要』第44号，第4分冊，教職科編，1995，39-47頁。

梅根悟，勝田守一監修『公教育の原理』（世界教育学選集），明治図書，1963。

梅根悟，勝田守一監修『空想的社会主義教育論』（世界教育学選集），明治図書，1970。

梅根悟，勝田守一監修『フランス革命期の教育改革構想』（世界教育学選集），明治図書，1972。

梅根悟監修，世界教育史研究会編『フランス教育史Ⅰ』（世界教育史体系9），講談社，1975。

梅根悟監修，世界教育史研究会編『フランス教育史Ⅱ』（世界教育史体系10），講談社，1975。

梅根悟監修，世界教育史研究会編『技術教育史』（世界教育史体系32），講談社，1975。

大津尚志「フランスにおける男女平等と進路指導」（フランス教育事情），『日仏教育学会年報』第14号，2008，166-169頁。

大津尚志「フランスの教師に求められる職務能力—今後の教員養成のための大綱的基準」（資料翻訳），『日仏教育学会年報』第14号，2008，147-154頁。

大場淳「フランスの大学における学生支援—進路指導並びに大学情報・進路指導センター（SCUIO）の活動を中心に—」『広島大学高等教育センター大学論集』第34

集, 2004, 41-61頁。

大前敦巳「大学教育資格に付与される職業能力の変容— métier と compétence の関係に着目して—」『日仏教育学会年報』第13号, 2007, 43-57頁。

小澤浩明「P.ブルデューの合理的教育学の展開と再評価—ネオ・リベラリズム批判の視点から—」『日仏教育学会年報』第10号, 2003, 89-98頁。

ガストン・ミヤラレ著, 石堂常世訳『教育科学』白水社, 1987。

ギー・シノアール著, 日比行一訳『職業指導』白水社, 1955。

木村正義著『職業指導』隆文館, 1930。

キャリア教育の推進に関する総合的調査研究協力者会議『報告書〜児童生徒一人一人の勤労観, 職業観を育てるために〜』, 文部科学省, 2004。

C.キャンベル, C.ダヒア著, 中野良顯訳『スクールカウンセリングスタンダード』図書文化, 2000。

ケネス・ホイト編著, 仙﨑武, 藤田晃之, 三村隆男, 下村英雄訳『キャリア教育—歴史と未来』社団法人雇用問題研究会, 2005。

古賀毅「フランスにおける初等・中等カリキュラムの動向」『日仏教育学会年報』第8号, 2002, 28-34頁。

古賀毅『E.ラヴィスの歴史教科書にみる国民育成教育の基本理念に関する研究』, 博士学位申請論文, 早稲田大学教育学研究科, 2002。

国立教育政策研究所生徒指導研究センター『児童生徒の職業観・勤労観を育む教育の推進について』(調査研究報告書), 2002。

国立教育政策研究所生徒指導研究センター『キャリア教育体験活動事例集』2009。

国立教育政策研究所生徒指導研究センター『キャリア発達にかかわる諸能力の育成に関する調査研究報告書』2011。

五島茂, 坂本慶一編『世界の名著続8 オーエン, サン・シモン, フーリエ』中央公論社, 1975。

小杉礼子, 堀有喜衣編『キャリア教育と就業支援』勁草書房, 2006。

小林順子編『21世紀を展望するフランス教育改革—1989年教育基本法の論理と展開—』東信堂, 1997。

児美川孝一郎著『権利としてのキャリア教育』明石書店, 2007。

コレージュ・ド・フランス教授団, 堀尾輝久解説「未来の教育のための提言」『世界』第512号, 岩波書店, 1988, 289-316頁。

コンドルセ他著, 阪上孝編訳『フランス革命期の公教育論』岩波書店, 2002。

斎藤武雄, 佐々木英一, 田中喜美, 依田有弘編著『ノンキャリア教育としての職業指

導』学文社，2009。
清水幾太郎編『世界の名著36 コント スペンサー』中央公論，1970。
ジョエル・ルボム，濱島大地訳「フランスの初等学校における男子のための手工科の歴史」，名古屋大学大学院教育発達研究科技術・職業教育学研究室『技術・職業教育研究室研究報告』第4号，2007，92-102頁。
須永和之「フランスの学校図書館：BCDとCDI，ドキュマンタリスト教員の養成と採用について」『学校図書館学研究』第8号，2005，55-59頁。
仙﨑武，藤田晃之，三村隆男，鹿嶋研之助，池場望，下村英雄編著『キャリア教育の系譜と展開』雇用問題研究会，2008。
仙﨑武著『欧米におけるキャリアエデュケーション』文教大学出版部，1979。
園山大祐，ジャン＝フランソワ・サブレ編著『日仏比較変容する社会と教育』明石書店，2009。
園山大祐編著『学校選択のパラドックス』勁草書房，2010。
高橋洋行「フランスにおける市民性教育に関する理念と実践」東京学芸大学教育学科『教育学研究年報』第21号，2002，24-41頁。
田﨑德友「フランス中等教育改革における「実験的試行」の位置と意義―ジャン・ゼイの「指導学級」を中心として―」『広島大学教育学部紀要』（第一部），22巻，1973，49-60頁。
田﨑德友「ランジュヴァン・ワロン教育改革委員会（1944～1947）およびその改革案に関する研究（Ⅰ）」『福岡教育大学紀要』第33巻，第4分冊，1983，37-62頁。
田﨑德友「フランスの中等教育における進路指導政策―バカロレア資格およびその他の資格と，それらへ向けての進路指導の現実」『福岡教育大学紀要』第34号，第4分冊，教職科編，1984，1-50頁
田﨑德友「フランスの進路指導における生徒の「指導要録」」『福岡教育大学紀要』第36号，第4分冊，教職科編，1986，39-63頁。
田﨑德友「フランス中等教育における進路指導の理念と現実」『日本比較教育学会紀要』第13号，1987，85-91頁。
田中寓年著『生きること・働くこと・学ぶこと「教育」の再検討』技術と教育，2002。
ディドロ，ダランベール編，桑原武夫訳編『百科全書序論および代表項目』岩波書店，1971，157頁。
テーラー著，上野陽一訳『科学的管理法』技報堂，1957。
手塚武彦著『フランスの観察・指導課程』日本職業指導協会，1966。
手塚武彦編著『各年史フランス 戦後教育の展開』エムティ出版，1991。

東京府少年職業相談所『佛国における徒弟予備教育と職業指導』職業指導参考資料第2集，1926。

内藤貞著『フランスの観察指導期―進路指導の組織と方法』（教育調査第72集），文部省大臣官房，1967。

長尾十三二監修『国民教育の改革』（世界新教育運動選書1），明治図書，1983。

夏目達也「フランスにおける初等教育改革と職業指導―1920-1930年代を中心に―」『名古屋大学教育学部紀要』（教育学科），第29巻，1982，261-270頁。

夏目達也「フランス統一学校論における「進路指導期」の形成過程」『名古屋大学教育学部紀要』（教育学科），第31巻，1984，195-203頁。

夏目達也「フランス第2段教育における進路指導の形成過程」『名古屋大学教育学部紀要』（教育学科），第32巻，1985，265-275頁。

夏目達也「フランスの前期中等教育段階における技術教育をめぐる動向―CAP準備コースとテクノロジー学級―」『技術教育研究』第44号，1994，50-56頁。

夏目達也「職業教育における学校の役割とその相対的縮小―職業教育のフランス的特徴とその現状―」『フランス教育学会紀要』第17号，2005，69-78頁。

夏目達也「社会経験による能力の評価に基づく学位授与方式―フランスにおける社会経験認定制度―」『名古屋高等教育研究』第10号，2010，117-138頁。

西尾裕，山内太郎「ランジュヴァン案とクラス・ヌヴェル―フランスにおける教育機会について―」『東京大学教育学部紀要』第3巻，1958，20-31頁。

日本キャリア教育学会編『キャリア教育概説』東洋館出版社，2008。

服部憲治「フランスにおける教員の現職研修―クレテイユ大学区の中等教育教員研修を中心に―」『大阪教育大学紀要』第Ⅳ部門，第56巻，第2号，2008，129-145頁。

原田種雄「フランス中等教育の改革の動向と課題―ベルトゥアン改革の進展と観察課程の運営を中心に―」『レファレンス』166号，1964，61-97頁。

原田種雄，手塚武彦，吉田正晴，桑原敏明編『現代フランスの教育』早稲田大学出版部，1988。

樋口陽一著『人権 一語の辞典』三省堂，1996。

広田照幸著『教育には何ができないか』春秋社，2003。

広田照幸著『ヒューマニティーズ 教育学』岩波書店，2009。

ピエール・ノラ編，谷川稔監訳『記憶の場：2 統合』岩波書店，2003。

P.ブルデュー著，石崎晴己訳『構造と実践』新評論，1988。

P.ブルデュー著，加藤晴久編『ピエール・ブルデュー 超領域の人間学』藤原書店，1990。

P. ブルデュー著，石井洋二郎訳『ディスタンクシオンⅠ』藤原書店，1990。
P. ブルデュー著，石井洋二郎訳『ディスタンクシオンⅡ』藤原書店，1990。
P. ブルデュー，パスロン著，石井洋二郎監訳『遺産相続者たち 学生と文化』藤原書店，1997。
P. ブルデュー他著，安田尚訳『教師と学生のコミュニケーション』藤原書店，1999。
P. ブルデュー，堀尾輝久，加藤晴久「いま教育に何を求めるか」『世界』第541号，岩波書店，1990年5月，114-134頁。
フィリップ・アリエス著，杉山光信，杉山恵美子訳『〈子供〉の誕生』みすず書房，1980。
藤田晃之著『キャリア開発教育制度研究序説』教育開発研究所，1997。
フランス教育学会編『フランス教育の伝統と革新』大学教育出版，2009。
フランスにおける排除と包摂研究会『フランスにおける社会的排除のメカニズムと学校教育の再構築』（課題番号19330180），平成19～21年度科学研究費補助金（基盤研究（B））研究成果報告書，2010。
ブリュノ著，北澤種一監修，熊代豊子訳『祖国に帰る』郁文書院，1930。
ブルデューとグロを委員長とする教育内容検討委員会，堀尾輝久解説「教育内容の検討のための諸原則」『世界』第541号，岩波書店，1990年5月号，135-144頁。
細谷俊夫著『技術教育概論』東京大学出版会，1978。
堀内達夫著『フランス技術教育成立史の研究―エコール・ポリテクニックと技術者養成―』多賀出版，1995。
堀内達夫「フランス第2帝制における技術教育の展開―徒弟制度の「危機」への対応」『日本の教育史学』，第30集，1987，112-128頁。
堀内達夫「フランスにおけるリセのカリキュラム改革と総合的な学習」『産業教育学研究』第34巻第1号，2004，51-58頁。
マリー・デュリュ＝ベラ著，林昌弘訳『フランスの学歴インフレと格差社会』明石書店，2007。
三村隆男「明治・大正期の学校教育制度における職業指導の基盤形成に関する考察」『東洋大学大学院紀要』第38集，2002，567-588頁。
三村隆男著『キャリア教育入門』実業之日本社，2004。
宮崎擴道著『創始期の手工教育実践史』風間書房，2003。
宮島喬著『移民社会フランスの危機』岩波書店，2006。
宮島喬編『移民の社会的統合と排除』東京大学出版会，2009。
宮脇陽三著『フランス大学入学資格試験制度史』風間書房，1981。

武藤孝典，新井浅浩，山田真紀「フランス・ドイツ・イギリスにおける「学級づくり」活動の実践に関する比較検討」『日本特別活動学会紀要』第15号，2007，17-28頁。

武藤孝典「フランスの学校におけるスクール・ガイダンスと「学級生活の時間」」『日仏教育学会年報』第10号，2004，188-198頁。

武藤孝典，新井浅浩編著『ヨーロッパの学校における市民的社会性教育の発展—フランス・ドイツ・イギリス—』東信堂，2007。

森藤吉著『フランスにおける教育改革と進路指導—特にその観察指導について—』萬字堂，1968。

文部省『中学校・高等学校進路指導の手引—中学校学級担任編—』日本進路指導協会，1994。

文部科学省編『諸外国の高等教育』教育調査第131集，国立印刷局，2004。

文部科学省編『諸外国の教育の動き 2005』国立印刷局，2006。

文部科学省編「『諸外国の教員』国立印刷局，2006。

文部科学省編『諸外国の教育改革の動向 2009』ぎょうせい，2010。

吉田正晴「フランス教育改革と進路指導—中等教育の機会均等のために」『レファレンス』121号，1961，70-90頁。

吉本圭一，水島和則著『フランス教育制度と職業参入』日本労働研究機構，1993。

リン・オールソン著，三村隆男，渡辺三枝子訳，仙﨑武監修『インターンシップが世界を変える』社団法人雇用問題研究会，2000。

ルネ・アビ著，村田晃治訳『若きフランス人のための戦い—アビ教育改革回想録—』東信堂，1989。

ルネ・アビ著，村田晃治訳『教育制度の現代化—フランスの初等・中等教育改革—』未公刊，1984。

ルソー著，今野一雄訳『エミール』（上），岩波書店，1962。

渡辺三枝子編著『新版キャリアの心理学 キャリア支援への発達的アプローチ』ナカニシヤ出版，2007。

関 係 法 令

Loi du 11 décembre 1880, *J.O.* 12 décembre 1880, p. 12213.
Loi du 28 mars 1882, *J.O.* 29 mars 1882, p. 1698.
Arrêté du 27 juillet 1882, *J.O.* 2 aout 1882, pp. 4162-4171.
Loi du 25 juillet 1919, *J.O.* 27 juillet 1919, pp. 7744-7748.
Décret du 26 septembre 1922, *J.O.* 1 octobre 1922, p. 9830.
Ordonnance n°59-45 du 6 janvier 1959, *B.O.* no2, 1959, I.N.P., p. 3.
Décret n°59-57 du 6 janvier 1959, *B.O.* no2, 1959, I.N.P., pp. 3-11.
Arrêté du 2 juin 1960, *B.O.* no22, 1960, I.N.P., pp. 3-14.
Circulaire du 24 mars 1962, *B.O.* no14, 1962, I.N.P., p. 15.
Décret n°63-794 du 3 août 1963, *B.O.* no31, 1963, I.N.P., pp. 1733-1735.
Décret n°64-319 du 14 avril 1964, *B.O.* no17, 1964, I.N.P., pp. 1068-1069.
Arrêté du 7 février 1964, *B.O.* no17, 1964, I.N.P., pp. 1093-1095.
Circulaire n°64-219 du 27 avril 1964, *B.O.* no19, 1964, I.N.P., pp. 1198-1202.
Décret n°70-738 du 12-8-1970, *B.O.E.N* no 33 du 3 septembre 1970, pp. 2427-2430.
Décret n°71-541 du 7-7-1971, *B.O.* no 28 du 15 juillet 1971, pp. 1723-1724.
Arrêté du 5-3-1973, *B.O.* no 14 du 5 avril 1973, pp. 1173-1174.
Loi n°75-620 du 11 juillt 1975, *B.O.* no 29 du 24 juillet 1975, pp. 2281-2285.
Décret n°76-1303 du 28 décembre 1976, *B.O.* numéro spécial du 6 janvier 1977, pp. 4584-4589.
Décret n°76-1305 du 28 décembre 1976, *B.O.* numéro spécial du 6 janvier 1977, pp. 4595-4609.
Circulaire n°80-099 du 25-2-1980, *B.O.* no 9 du 6 mars 1980, pp. 676-679.
Loi n°89-486 du 10 juillet 1989, *B.O.* spécial no 4 du 31 août 1989, pp. 3-13.
Rapport annexé de loi n°89-486 du 10 juillet 1989, *B.O.* spécial no 4 du 31 août 1989, pp. 14-30.
Arrété du 20-5-1991, *B.O.* n°14 du 4 avril 1991, pp. 1067-1069.
Le Nouveau contrat pour l'école, *B.O.* no 25 du 23 juin 1994, pp. 1734-1750.
Circulaire n°96-204 du 31-7-1996, *B.O.* no 31 du 5 septembre 1996, pp. 2078-2082.
Circulaire n°96-230 du 1-10-1996, *B.O.* no 36 du 10 octobre 1996, pp. 2480-2483.

Note de service n°96-132 du 10-5-1996, *B.O.* no 20 du 16 mai 1996, pp. 1472-1473.

Circulaire n°96-103 du 15-4-1996, *B.O.* no 23 du 6 juin 1996, p. XXIV.

Arrête du 14-1-2002, *B.O.* no 8 du 21 février 2002, pp. 425-426.

Circulaire n°2000-093 du 23-6-2000, *B.O.* no 25 du 29 juin 2000, p. 1217.

Circulaire n°2002-074 du 10-4-2002, *B.O.* no 16 du 18 avril 2002, pp. XXX-XXXII.

Arrêté du 2-7-2004, *B.O.* n°28 du 11 juillet 2004, pp. 1465-1466.

Loi n° 2005-380 du 23 avril 2005 d'orientation et de programme pour l'avenir de l'école, *B.O.* no 18 du 5 mai 2005, pp. I-XIV.

"rapport annexé", Loi n°2005-380 du 23 avril 2005, http://www.senat.fr/leg/tas04-090.html (2007.6.18).

Décret n°2005-1013 du 24-8-2006, *B.O.* no 31 du 1 septembre 2005, pp. X-XII.

Décret n°2006-830 du 11-7-2006, *B.O.* no 29 du 11 juillet 2006, pp. I-XV.

Arrêté du 17-4-2007, *B.O.* hors-série no 6 du 25 août 2005, p. 3.

Arrêté du 14-2-2005 (NOR: MENE0500301A), *B.O.* no 11 du 5 mars 2005, pp. 570-573.

Arrêté du 14-2-2005 (NOR: MENE0500302A), *B.O.* no 11 du 5 mars 2005, pp. 574-578.

"Recommandation du parlement europeen et du conseil du 18 decembre 2006 sur les competences cles pour l'education et la formation tout au long de la vie", *Journal officiel de l'Union européenne*, L 394 du 30.12.2006, pp. 10-18.

Conseil de l'Union Européenne, "Resolution du Conseil sur Mieux inclure l'orientation tout au long de la vie dans les strategies d'education et de formation tout au long de la vie", http://www.consilium.europa.eu/uedocs/cms_Data/docs/pressdata/fr/educ/104237.pdf (2010.8.31.)

Circulaire n°2008-092 du 11-7-2008, *B.O.* no 29 du 17 juillet 2008, pp. 1470-1473.

初出（関連論文）一覧

1. 京免徹雄「1960年代フランスにおける進路指導と階層再生産の問題─第6学級への進路指導を中心に─」『早稲田大学教育学会紀要』第8号，2007，82-89頁【第2章第1節】
2. 京免徹雄「1960年代フランスのコレージュにおける進路指導の考察─ブルデュー「再生産」理論の分析を用いて─」『早稲田大学大学院教育学研究科紀要』別冊第15号-1，2007，207-218頁【第2章第1節】
3. 京免徹雄「1960年代フランスのコレージュにおける進路指導の研究─フーシエ改革の展開と実践原理を中心に─」『早稲田大学大学院教育学研究科紀要』別冊第15号-2，2008，155-165頁【第2章第2節】
4. 京免徹雄「フランスにおける進路指導の新展開に関する研究─コレージュにおける「進路への教育」のカリキュラム分析を中心に─」日本カリキュラム学会『カリキュラム研究』第17号，2008，15-28頁【第3章第2節】
5. 京免徹雄「フランスにおける生徒の職業的発達に向けたコンピテンシーの育成─科目「職業発見」のカリキュラムと実践原理の考察を中心に─」日本比較教育学会『比較教育学研究』第37号，2008，155-175頁【第4章第1節】
6. 京免徹雄「コレージュでの「進路への教育」における科目「職業発見」の機能と意義─DP3とDP6のカリキュラムの比較・分析─」日仏教育学会『日仏教育学会年報』第14号，2008，28-34頁【第4章第1節】
7. 京免徹雄「1960年代フランスにおける生徒の進路形成過程に関する一考察─ブルデュー再生産理論における「軌道」概念を用いた分析─」『早稲田大学大学院教育学研究科紀要』別冊第16号-1，2008，165-175頁【第2章第2節】
8. 京免徹雄「1970年代フランスにおけるコレージュの進路指導に関する一考察─アビ改革の展開と影響を中心に─」『早稲田大学大学院教育学研究科紀要』別冊第16号-2，2009，149-159頁【第2章第3節】
9. 京免徹雄「フランスにおける進路指導心理相談員の養成制度─国家免許状による「質」保証の現状と課題─」日仏教育学会『日仏教育学会年報』第15号，2009，70-81頁【第5章第3節】
10. 京免徹雄「ブルデュー教育論にみるフランスの進路指導の課題と可能性─社会階層に影響されない公正な進路指導への展望─」『早稲田大学大学院教育学研究科

紀要別冊』第17号-1，2009，193-200頁【第2章第3節】

11. 京免徹雄「フランスの学校教育における「職業指導」概念の成立過程―18～19世紀に起こった3つの革命の影響に着目して―」早稲田大学本庄高等学院紀要『教育と研究』第27号，2009，1-15頁【第1章第1節】

12. 京免徹雄「フランスの進路指導における情報・進路指導センターの役割―職務の歴史的変遷と現状に注目して―」『早稲田大学大学院教育学研究科紀要別冊』第17号-2，2010，169-179頁【第5章第1節】

13. 京免徹雄「フランス中等教育における「進路への教育」のカリキュラム構造―教育課程基準と学校教育プロジェクトの分析―」早稲田大学大学院教育学研究科比較・国際教育学研究会『比較・国際教育学論集』第3号，2010，19-33頁【第3章第2節】

14. 京免徹雄「1880～1910年代フランスにおける職業指導の展開と実践―小学校での教科指導を通した職業観・勤労観の育成―」日本産業教育学会『産業教育学研究』第40巻第2号，2010，16-23頁【第1章第2節】

15. 京免徹雄「「進路への教育」導入期における教員の進路指導への関与―分業体制から協業体制への移行に着目して―」日仏教育学会『日仏教育学会年報』第16号，2010，123-134頁【第3章第3節】

16. 京免徹雄「フランスの職業指導における手工教育の意義に関する一考察―第二共和政期の初等教育に着目して―」『早稲田大学大学院教育学研究科紀要別冊』第18号-1，2010，147-157頁【第1章第2節】

17. 京免徹雄「フランスにおける専門機関の介入を基盤とした進路指導―進路指導心理相談員の職務の実態に着目して―」『早稲田大学大学院教育学研究科紀要別冊』第18号-2，2011，155-165頁【第5章第1節】

18. 京免徹雄「フランスの「学級生活の時間」における「進路への教育」の実践―教員と資料専門員との連携に着目して―」日本特別活動学会『日本特別活動学会紀要』第19号，2011，43-53頁【第3章第3節】

19. 京免徹雄「フランスの進路指導における教員と相談員との連携―リヨン郊外の教育困難校を事例として―」日本キャリア教育学会『キャリア教育研究』第30巻第1号，2011，15-23頁【第5章第2節】

20. 京免徹雄「フランスにおけるキャリア教育の方法に関する一考察―「進路への教育」の理念と理論に着目して―」郡山女子大学『紀要』第48集，2012，89-100頁【第3章第1節】

21. 京免徹雄「フランスにおける「職業と教育制度の発見行程」を通じた移行支援―

生涯進路指導と資格水準の向上への取り組み―」日仏教育学会『日仏教育学会年報』第18号，2012，39-49頁【第4章第2節】
22. 京免徹雄「フランスの学校教育における進学指導の成立過程―職業指導との関係性に着目して―」郡山女子大学『紀要』第49集，2013，129-140頁【第1章第3節】
23. 京免徹雄「フランスの進路指導における質保証の論理と実践―進路指導心理相談員の公役務をめぐる諸論議に着目して―」早稲田大学教育総合研究所『早稲田教育評論』27号第1巻，2013，83-96頁【第5章第3節】

年表：フランスにおける進路指導の動き

		政治・教育に関する主な動き		進路指導に関する動き
進路指導前史	1789	フランス革命：「人間および市民の権利の宣言」の採択	1673 1788	財務総監コルベールが全職種を同業組合に編成
	1792	コンドルセが「公教育の全般に関する報告および法案」を国民議会に提出	1791	ラ・ロシュフコー伯爵が孤児，貧しい労働者や兵士の子弟のための学校を設置する（1803年，国立工芸学院に改組）
	1795	ドヌー法の成立：中央学校が設立される		アラルド法によって同業組合が禁止される
	1804	第一帝政の成立（〜1814）		
	1808	ナポレオンが「帝国大学学校教育団体」を組織，初等・中等・高等教育の全てが組み入れられる	1848	ル・シャプリエ法によって労働者の団結権とストライキが禁止される
	1830	七月王政の成立（〜1848）	1851	失業者に仕事を提供する「国立作業所」が創設される
	1833	ギゾー法の成立：各地に公立小学校が設立される		徒弟の保護立法が成立，労働時間規制や普通教育の保障，技術教育に対する責任などが明記される
	1848	二月革命：第二共和政の成立（〜1852）		
	1850	ファルー法の成立：教育の自由が広く認められる		
	1852	第二帝政の成立（〜1870）	1852	公教育大臣フォルトルがリセに文科と理科を設置，第4学年以降の学科が分岐する
	1867	パリ万国博覧会	1863	農商務大臣ルエルが職業教育委員会を設置
			1865	公教育大臣デュルイが「専門中等教育課程」を創設
第Ⅰ期	1871	パリ・コミューンの崩壊，第三共和政の成立（〜1940）	1873	パリに職業学校としてディドロ学校が創立される
	1875	高等教育自由法の制定	1877	ブリュノ著『2人の子どものフランス巡歴』が刊行される
	1879	フェリーが公教育大臣に就任する（〜1880）	1879	上院議員コルボンが職業指導に関する報告書を発表
	1880	カミュ・セー法成立：女子中等教育が整備される		庶民のための職業学校として「徒弟手工学校」が創設される
	1882	6歳〜13歳までの児童に対して義務教育が開始される	1880	「国立職業高等小学校」の設立（後に「国立職業学校」に改編）

第Ⅰ期	1898	初等教育が完全に義務化される 教育課程から宗教的要素が排除される ドモランによって「ロッシュの学校」が設立される	1881 1887 1890 1891 1892 1902	小学校に「手工」「読みとり」「地理」「道徳」など17教科を設置 師範学校で「手工」の特別講座が開始される（1889年まで） サリシスの後任としてルブランが「手工」の公教育視学官に就任，「工作室なき手工」が発展する 公教育大臣ブルジョワが専門課程を「現代科」に改組する 高等小学校職業科が「商工業実践学校」に改編される 公教育大臣レグが中等教育にコース制を導入する
	1904	教団経営の学校が禁止され，公教育が世俗化される	1904 1908 1910 1913	『幼児期における実物学習』が刊行される 「手工」から「線図」が教科として独立する パーソンズがアメリカのボストンに職業案内所を設置する 職業指導の専門機関が初めてパリの第16区に設置される 労働心理学や職業適性の研究委員会が労働省に設置される
	1914 1919	第1次世界大戦（～1918) コンパニオンが結成され，統一学校運動が始まる	1919	技術教育憲章「アスティエ法」の成立
第Ⅱ期	1923 1924 1926 1927	国民教育大臣ベラールの中等教育改革 小学校からリセ・コレージュへの転校が認められる リセ・コレージュの初等科と小学校の教育課程が同一になる 中等教育の第一段教育が無償化される	1922 1924 1928	職業指導が公式に法令で定義される パリ第15区に初めて公立の職業指導センターが創設される（1946年に127か所に達する） パリに「国立職業指導協会」設立，センター指導員の養成開始 ピエロンによって国立労働・職業指導研究所が設立される
			1932	ロージエによって「大学統計局」が創設される
	1933	中等教育の全教育課程の無償化が実現	1933	ゾレッティが「進路指導期」構想を発表
	1935	初等教育の実験学校としてフレネ学校が開設される	1936	小学校で「予備職業指導」に代わり「徒弟前教育」が導入される

年表：フランスにおける進路指導の動き

期	年	事項	年	事項
第Ⅱ期	1936	人民戦線内閣成立，ジャン・ゼイが公教育大臣に就任 義務教育年限が13歳から14歳へ延長される	1937	公教育大臣ゼイが進路指導学級を実験的に導入
			1938	17歳以下の若者に職業指導センターでの職業相談が義務付けられる
	1939	第二次世界大戦（〜1945）	1939	高等小学校「書き方」の教科書として『職業読本』が出版される
	1940	パリ占領，ペタンを首班とするヴィシー政権誕生		職業訓練センター開設（1949年，見習い訓練センターに改組）
	1944	デュリーを中心とする教育改革研究委員会が「アルジェ案」を提出する		
第Ⅲ期	1945	パリ解放，終戦	1945	全国90都市で「新しい学級」の実験開始（〜1952）
	1946	第四共和政の成立（〜1958）	1947	「ランシュヴァン・ワロン教育改革案」が発表される
	1958	第五共和政の成立（〜現在），ド・ゴールが大統領に就任	1952	「新しい学級」が縮小され，「先導学級」と名前を変える
	1959	国民教育大臣ベルトワンのもと，義務教育年限が13歳から16歳へ延長される	1959	ベルトワン改革において観察課程（2年間）が設置される
		職業訓練センターが「技術教育コレージュ」に改組される	1960	コレージュの一部教科に「指導付き学習」が導入される
	1963	国民教育大臣フーシエが中等教育コレージュを設置	1962	リセとコレージュに「推移学級」が設置される
	1967	ブリュッセル条約に基づき欧州共同体（EC）が発足	1963	フーシエ改革において観察指導課程（4年間）が設置される
	1968	国民教育大臣フォールのもと高等教育基本法が成立	1968	ラテン語学習の開始が中等教育第3学年に延期される
	1969	国民教育大臣ギシャールが三区分教授法を導入	1970	国立教育・職業情報局（ONISEP）が設立される
	1973	第一次石油ショック	1971	情報・進路指導センター（CIO）が設立される
	1974	国民教育大臣フォンタネが教育改革法案を提出	1973	コレージュ内部に資料・情報センター（CDI）が設置される
	1975	国民教育大臣アビのもと，統一コレージュが創設される。	1974	ケベックでペルティエらが「職業的・個人的発達活性化理論」（ADVP）を発表
	1976	技術教育コレージュが「職業教育リセ」に改称される	1975	アビ改革において観察・進路指導課程（2＋2年）が設置される
	1981	ミッテランが大統領に就任（〜1995），モロワ内閣においてサヴァリが国民教育大臣に就任（〜1984） 教育優先地域政策（ZEP）が開始される	1980	進路指導相談員の役割が見直される
			1981	『シュワルツ報告』が発表される

期	年	事項	年	事項
第Ⅲ期	1982	ルグランが『民主的なコレージュのために』と題するコレージュ改革案を発表 ペレッティが教員養成改革案を発表	1982	「ミッション・ローカル」（ML）と「受入・情報提供・進路指導常設窓口」（PAIO）が設立される
	1983	プロストがリセ改革案を発表	1984	バカロレア取得者を同一世代の80％にする目標が掲げられる
	1984	高等教育法（サヴァリ法）の成立 ファビウス内閣においてシュヴェーヌマンが国民教育大臣に就任（〜1986），「目覚まし」廃止に伴い公民教育が復活	1985	コレージュ・ド・フランス教授団が『未来の教育のための提言』を発表 学習指導要領の付属文書で「進路指導のための学校時間」の設置が推奨される 職業リセおよび職業バカロレアの創設
第Ⅳ期	1989	国民教育大臣ジョスパンが新教育基本法を制定 教員養成大学センター（IUFM）が創設される	1989	ジョスパン法第8条に「進路指導を受ける権利」が明記される
	1990	教育内容検討委員会が「教育内容の検討のための諸原則」を発表	1991	進路指導心理相談員（COP）の免許状が創設される
	1991	職業教育改革に関する「タンギー報告」が発表される	1994	「新しい契約」で定期的な「選択のための教育」が推奨される 民間団体「トルーヴェ・クレエ」が『選択の教育』を発表する
	1992	リセに「モジュール」（少人数指導）が導入される	1995	コレージュ第2学年に「進路教育」が実験的に導入される
	1993	マーストリヒト条約に基づき欧州連合（EU）が発足	1996	「進路教育」が全コレージュの第2〜第4学年に拡大される
	1994	国民教育大臣バイルーが「学校のための新しい契約」を発表	2000	欧州連合がビアリッツにおいて『欧州覚書』を発表
	1995	シラクが大統領に就任する（〜2007） コレージュの学習指導要領が改訂され「特設領域」が導入される	2001	テクノロジー学級が「職業準備コース第4学年」に改編される
	1996	コレージュに「市民性教育」が導入される	2002	「横断的学習」が「発見の過程」に改編される（第2・第3学年に週2時間配当） 「学級生活の時間」が第1〜第3学年で年10時間必修化される 「経験知識認証制度」（VAE）が導入される
	1997	マルセイユに離学者を受け入れるセカンド・チャンス・スクールが開校（2008年までに約30校が設置）		
	1999	欧州高等教育圏の構築に向け「ボローニャ宣言」が採択される	2003	欧州委員会とOECDが各国の進路指導サービス改善に関する報告書を発表

第Ⅳ期	2000	デュベ報告『2000年代のコレージュ』が発表される 「学級生活の時間」の導入が提案される（15日間に1時間）	2004	コレージュ最終学年に「職業発見」が導入される 「第4学年職業プロジェクト学級」の設置が認可される
	2001	コレージュに「横断的学習」が導入される	2005	フィヨン法で同一世代の100％を最低水準，80％をバカロレア水準，50％を高等教育資格に到達させる目標が掲げられる
	2004	欧州評議会が「欧州言語共通水準枠」を公表		
	2005	学校内での宗教的シンボルの着用を禁止する法律が成立 国民教育大臣フィヨンが新教育基本法である「未来の教育のための基本計画法」を発表 学習困難な生徒に対する「教育成功個別プログラム」を導入 就職に強い専攻を置く職業リセを「職業専門リセ」として認定	2006	この年以降，COPの新規採用者数が半減される コレージュに「職場観察のシーケンス」が導入される 欧州議会と欧州評議会が「生涯を通した学校教育と職業訓練のためのキー・コンピテンシー」に関する勧告を採択
	2006	パリ郊外で若者の大規模な暴動が勃発 国民教育省が「教師に求められる職務能力」を提示 義務教育段階で習得する「共通基礎知識技能」が制定される 「前期中等教育修了証書」取得試験の受験が義務化される 第4次優先教育政策として「成功願望網」と「学業成功網」が指定される 初期雇用契約（CPE）法案が成立，若者の大規模な反対デモにより事実上の撤回に追い込まれる	2007	国民教育大臣を含む8大臣が連名で報告書『教育制度における男女間の平等の取り決め』を発表 大手学習塾アカデミアが進路相談サービスを開始
			2008	欧州評議会（議長国フランス）で「学校教育と職業訓練のストラテジーに生涯進路指導を含む」ことが決議される 欧州連合理事会で進路サービスの質保証が掲げられる 中等教育に「職業と教育・訓練の発見行程」が創設される
	2007	サルコジが大統領に就任，学区制が撤廃される 大学自由責任法（ペリクレス法）の成立	2009	アミアン，ボルドー，リモージュの三大学区で進路相談の遠隔サービスが実験的に開始される フランス語圏比較教育学会による国際シンポジム「進路指導と世界化」がディジョン教育研究所で開催される 「生涯進路指導・職業訓練法」成立

あ と が き

　本書は，2013年1月に早稲田大学大学院教育学研究科に提出した博士学位申請論文『フランスの学校教育における進路指導の成立と展開―進路形成に関する機能の変容とその帰結―』を一部修正したものである。刊行にあたって独立行政法人日本学術振興会平成26年度科学研究費助成事業（科学研究費補助金）（研究成果公開促進費）（課題番号265211）の助成を受けた。

　私は大学院に進学した当初，本書にも登場する社会学者ブルデューの教育思想について研究していた。学部生時代にその著作に触れ，子どもの進路選択の幅を拡大するはずの学校が進路格差を拡大再生産しているという主張に驚愕し，そのメカニズムを自分なりに検証してみたいと考えたからである。しかし，不充分ながらも修士論文をまとめた後，博士課程進学を前にして迷いが生じた。このまま思想研究を継続し，再生産理論を深めたとして，果たして日本の学校教育にどれだけ貢献することができるだろうか。元来から私には「研究者」というよりも「教育者」でありたいという思いが強かった。そうであるならば，学校が再生産の場所ではなく，個々人の進路を公的に保障する場所になるためにどうすればよいか，より実践的な視点で探究したいと決断するに至った。

　かくして，フランスにおける進路指導の比較研究を開始することになり，2009年度以降は科研費の補助も受けて，現地で積極的にフィールドワークを試みた。しかし，語学力が未熟なまま初めて海外の地を踏んでみたものの，やはり研究・調査協力者に出会うまでの苦労は並大抵ではなかった。飛び入りで学校や関連機関を訪れ，門前払いされた経験は1度や2度ではない。しかし，研究に興味を示してくれる人が徐々に増え始め，結果として多方面にわたる関係を築くことができた。こうした進路指導の発展に向けて志を同じ

くするフランス人との出会いは，私の研究生活における最大の財産である。

　外国の比較研究である本書が「日本の学校教育への貢献」という壮大な目的にどれだけ寄与できているかは極めて心もとない。ただ，フランスとの比較を通じて日本のキャリア教育を総体的に捉え直し，国際的な視野でもって再考する１つの契機になればと願っているが，その判断は読者の方々にお任せしたい。忌憚のないご意見・ご感想を頂戴できれば幸いである。

　本書を上梓するまでには，実に多くの方々の指導と援助をいただいてきた。まずは，指導教官である石堂常世先生（早稲田大学名誉教授・郡山女子大学副学長）に心より御礼申し上げたい。論文執筆の基礎を教えていただき，また，内容面でも多岐にわたる助言をくださり，私の研究者としてのキャリアを拓いていただいた。また，院生時代をともにし，教育について日々語り合った石堂ゼミの先輩・後輩の方々にも大変お世話になった。

　博士論文の副査を引き受けてくださった長島啓記先生（早稲田大学），三村隆男先生（早稲田大学），柳田雅明先生（青山学院大学）には，非常に丁寧な指摘を頂戴した。この場を借りて感謝をお伝えしたい。

　フランスの職業指導研究の先達である夏目達也先生（名古屋大学）にも御礼申し上げる。先行研究から多くのことを学ばせていただいたのみならず，学会発表の場で何度も有益なコメントをいただいた。

　さらに，研究しやすい環境を設けてくれた前の職場である郡山女子大学の方々，現在の職場である愛知教育大学の同僚のみなさまに感謝している。本書の刊行にあたっては，風間書房の風間敬子氏および斉藤宗親氏に編集の労をおとりいただいた。多大なるご尽力に御礼申し上げたい。

　最後に，私の「ワガママ」をいつも笑顔で許してくれる妻の淳子に「ありがとう」。

2014年12月20日

京免徹雄

〈著者紹介〉

京免徹雄(きょうめん　てつお)

愛知教育大学学校教育講座講師。博士(教育学)。
1982年広島生まれ。2011年に早稲田大学大学院教育学研究科博士後期課程を単位取得退学，郡山女子大学短期大学部講師を経て，2014年から現職。現在，日本キャリア教育学会理事(事務局長)，日本特別活動学会理事。専門はキャリア教育・特別活動の比較研究。
主著に『学校選択のパラドックス』(共著，勁草書房，2012年)，『D・E・スーパーの生涯と理論』(共訳，図書文化，2013年)など。

フランスの学校教育におけるキャリア教育の成立と展開

2015年1月31日　初版第1刷発行

著　者　　京　免　徹　雄

発行者　　風　間　敬　子

発行所　　株式会社　風　間　書　房

〒101-0051　東京都千代田区神田神保町 1-34
電話 03(3291)5729　FAX 03(3291)5757
振替 00110-5-1853

印刷　太平印刷社　　製本　高地製本所

©2015　Tetsuo Kyomen　　　　　　　　NDC 分類：370
ISBN978-4-7599-2064-2　Printed in Japan
JCOPY 〈(社)出版者著作権管理機構 委託出版物〉

本書の無断複写は，著作権法上での例外を除き禁じられています。複写される場合はそのつど事前に(社)出版者著作権管理機構(電話 03-3513-6969, FAX 03-3513-6979, e-mail: info@jcopy.or.jp)の許諾を得てください。